Hannah Arendt
Ich will verstehen

PIPER

Zu diesem Buch

Hannah Arendt gibt in diesen Texten über sich selbst Auskunft: über ihre Person, ihr Leben, die Motive ihres Denkens und ihrer Philosophie. Auch wenn sie zeitlebens überaus zurückhaltend war mit Äußerungen über sich und nie einen autobiographischen Text geschrieben hat, enthüllt sie doch in Briefen und öffentlichen Gesprächen viel von sich. Ihr lebenslanges Credo »Ich will verstehen« dient als Leitmotiv. Eine vollständige Bibliographie, die Ursula Ludz zusammengestellt hat, ist diesem Band als wertvolle Quelle für die Beschäftigung mit Hannah Arendt beigegeben.

Hannah Arendt, am 14. Oktober 1906 im heutigen Hannover geboren und am 4. Dezember 1975 in New York gestorben, studierte unter anderem Philosophie bei Martin Heidegger und Karl Jaspers, bei dem sie 1928 promovierte. 1933 emigrierte Arendt nach Paris, 1941 nach New York. Von 1946 bis 1948 arbeitete sie als Lektorin, danach als freie Autorin. Sie war Gastprofessorin in Princeton und Professorin an der University of Chicago. Ab 1967 lehrte sie an der New School for Social Research in New York.

Hannah Arendt

Ich will verstehen

Selbstauskünfte zu Leben und Werk

Mit einer vollständigen Bibliographie

Herausgegeben von
Ursula Ludz

Von Hannah Arendt liegen im Piper Verlag vor:

Eichmann in Jerusalem

Fragwürdige Traditionsbestände im politischen Denken der Gegenwart

Der Liebesbegriff bei Augustin

Rahel Varnhagen

Vita activa oder vom tätigen Leben

Über die Revolution

Im Vertrauen

Wir Juden

Vor Antisemitismus ist man nur noch auf dem Monde sicher

Was heißt persönliche Verantwortung in einer Diktatur?

Schreib doch mal ›hard facts‹ über dich

Wie ich einmal ohne Dich leben soll, mag ich mir nicht vorstellen

Denktagebuch

Ich selbst, auch ich tanze

Wahrheit gibt es nur zu zweien

Briefe 1936–1968 (mit Heinrich Blücher)

Eichmann war von empörender Dummheit

Wahrheit und Lüge in der Politik

In der Gegenwart

Zwischen Vergangenheit und Zukunft

Das Urteilen

Menschen in finsteren Zeiten

Über das Böse

Denken ohne Geländer

Ich will verstehen

Was ist Politik?

Vom Leben des Geistes

Elemente und Ursprünge totaler Herrschaft

Macht und Gewalt

Originalausgabe
Oktober 1996 (TB 2238)
ISBN 978-3-492-24591-3
1. Auflage Dezember 2005
9. Auflage März 2022
© Piper Verlag GmbH, München 1996
Umschlaggestaltung: semper smile, München
Umschlagabbildung: Courtesy Hannah Arendt Literary Trust
Gesamtherstellung: CPI books GmbH, Leck
Printed in the EU

INHALT

Einleitung

Wer war, wer ist Hannah Arendt? – Das vorliegende Bändchen wendet sich an alle, die, von alter oder neu erwachter Neugier angestachelt, diese Frage stellen und aufgrund eigener Lektüre beantworten wollen. Hier wird der Versuch unternommen, Hannah Arendt sich selbst vorstellen zu lassen.

Hannah Arendt hat keine Autobiographie geschrieben, auch keine entsprechenden Aufzeichnungen hinterlassen, ja so etwas wie ein autobiographisches Interesse lag ihr fern.[1] Sie hat darüber hinaus nie einen Schülerkreis haben, geschweige denn eine Schule begründen wollen.[2] Und sie ist davor zurückgeschreckt, für sich ein öffentliches Image zu lancieren. Dennoch wissen wir viel über ihr Leben und Werk – heute mehr als zu ihren Lebzeiten. Die umfangreiche Biographie von Elisabeth Young-Bruehl unter dem Leitmotiv *For Love of the World*, 1981 in den USA und 1986 in Deutschland veröffentlicht,[3] war die erste und ist bis heute eine wichtige Informationsquelle. Hinzu kam als einzigartiges Dokument, 1985 in Deutschland und 1992 in den USA, der Briefwechsel mit Karl und Gertrud Jaspers, dem weitere Brief-Editionen[4] gefolgt sind. Sie informieren nicht nur über Arendts Lebensumstände, persönliche Philosophie und aktuelle (politische) Anschauungen, sondern lassen in der Unterschiedlichkeit der Briefstile und -mitteilungen auch die Facetten ihrer Persönlichkeit ahnen. Darüber hinaus gehört es inzwischen zum Standardwissen unter Kennern, daß Arendts Werke – insbe-

---

1 Vgl. dazu in dieser Ausgabe S. 112 und 143.
2 Ihre eindeutige Aussage hierzu lautet: »I do not want to indoctrinate.« Siehe in dieser Ausgabe S. 80, 82 f. und 112.
3 Elisabeth Young-Bruehl, *Hannah Arendt: For Love of the World*, New Haven–London: Yale University Press, 1982; dt. (übers. von Hans Günter Holl), *Hannah Arendt: Leben, Werk und Zeit*, Frankfurt / M.: Fischer, 1986.
4 Titel Nr. 301, 302, 305, 306, 310, 316, 318, 323, 330, 331. Vgl. auch unten »Zur Neuausgabe 2005«, S. 27 f.

sondere ihr Buch *Rahel Varnhagen: Lebensgeschichte einer deutschen Jüdin aus der Romantik*[5] und die Porträts, die unter dem Titel *Menschen in finsteren Zeiten*[6] gesammelt wurden – eine Interpretation erlauben, die im Rückbezug auf die Autorin zu fruchtbaren Einsichten gelangen kann. Anders gesagt: Sie können als indirekt-autobiographische Zeugnisse gelesen werden. Die Sekundärliteratur ist Legion, und viele Studien enthalten biographische wie werkgeschichtliche Details. In Deutschland gab es im Jahre ihres 90. Geburtstages, als dieses Bändchen erstmals erschien, sechs Einführungen in Hannah Arendts Werk.[7] Ihre Zahl ist seitdem stetig gestiegen,[8] so daß eine Einführung in die Einführungen ein nicht unsinniges Buchvorhaben sein mag, vor allem auch wenn die entsprechenden Veröffentlichungen in anderen Sprachen einbezogen werden.

Mit der Bekanntheit des Namens und der »Erhebung« einiger aus dem Gesamtwerk herausgegriffener Thesen und Zitate zu Gemeinplätzen der öffentlichen Diskussion ist das Originalwerk zunehmend zugedeckt, seine Autorin (nach oben wie nach unten) stilisiert worden. Die »eigentliche« Hannah Arendt ist der breiten Öffentlichkeit eher unbekannt, es wird mittlerweile – diese Behauptung darf gewagt werden – mehr Unwissen als Wissen über Hannah Arendt verbreitet. Diesem Trend versucht das vorliegende Bändchen entgegenzuarbei-

---

5 Bibliographie Titel Nr. 149. Siehe ferner in dieser Ausgabe S. 214–220.

6 Bibliographie Titel Nr. 273.

7 Delbert Barley, *Hannah Arendt: Einführung in ihr Werk*, Freiburg–München: Alber, 1990; Heiner Bielefeldt, *Wiedergewinnung des Politischen: Eine Einführung in Hannah Arendts politisches Denken*, Würzburg: Königshausen und Neumann, 1993; Karl-Heinz Breier, *Hannah Arendt zur Einführung*, Hamburg: Junius, 1992; Wolfgang Heuer, *Hannah Arendt mit Selbstzeugnissen und Bilddokumenten* (rowohlts monographie 379), Hamburg 1987, 7. Aufl., 2004; Ingeborg Nordmann, *Hannah Arendt* (Campus Einführungen, 1081), Frankfurt–New York 1994; Siegbert Wolf, *Hannah Arendt: Einführungen in ihr Werk*, Frankfurt/M.: Haag und Herchen, 1991.

8 Als Autoren/Autorinnen von in Arendts Leben und Werk einführenden deutschen Buchtiteln der vergangenen 10 Jahre (Erstveröffentlichungsjahr in Klammern) seien genannt: Hauke Brunkhorst (1999), Ingeborg Gleichauf (2000), Antonia Grunenberg (2003), Julia Kristeva (2001), Alois Prinz (1998), Kurt Sontheimer (2005), Annette Vowinkel (2004).

ten, indem es daran erinnert, wie Hannah Arendt sich selbst gesehen und was sie tatsächlich geschrieben hat. Zwei Teile dieser Veröffentlichung sind Selbstauskünften zu Leben und Werk gewidmet, der dritte einem Werkverzeichnis.

Eingeleitet wird der erste Teil mit dem berühmt gewordenen Brief an Gershom Scholem (Hannah Arendt nennt ihn lebenslang »Gerhard«), der eine in Kürze und Entschiedenheit unübertreffliche Antwort auf Scholems Kritik an ihrer Person und politischen Haltung enthält und damit Wesentliches über sie selbst aussagt. Es folgen drei Fernsehinterviews – die wichtigsten unter den insgesamt fünf, zu denen sich Arendt zeitlebens bereit erklärt hatte. Zwei von ihnen, das Gespräch mit Günter Gaus und das mit Thilo Koch (beide aus dem Jahr 1964), sind Nachdrucke, während das dritte, mit Roger Errera (von 1973), hier zum ersten Mal erscheint. Außerdem werden die von Melvyn Hill unter dem Titel »On Hannah Arendt« zusammengestellten Selbstauskünfte aus den öffentlichen Gesprächen, welche im November 1972 in Toronto stattfanden, dem deutschen Leser erstmals präsentiert. Alle diese Dokumente stammen aus einer Lebenszeit, in der Hannah Arendt mehr oder weniger von öffentlichen Attacken gegen ihren »Bericht« über Adolf Eichmann gezwungen war, sich öffentlich zu erklären, zu präsentieren, ihre Thesen verständlich zu machen und sich – soweit sie das für erforderlich hielt – zu rechtfertigen.

Dagegen sind die für den zweiten Teil ausgewählten Briefstellen freiwillige Mitteilungen – an den »lieben Verehrtesten« (in ritualisierter, ironisch-fröhlicher Briefanrede) und seine Frau Gertrud. Ebenso entscheidend wie die Freiwilligkeit ist die Tatsache, daß hier verehrte Menschen, später Freunde angesprochen werden können, ab 1961 sogar mit dem familiären »Du«. Hannah Arendt »erzählt« über sich, von ihrem Leben und ihrer Arbeit – schon ganz früh als gerade Promovierte und dann »nach dem Weltbrand« über den Ozean hinweg, hinein in ihr »europäisches Zuhause«. Die Entwicklung ihrer Beziehung zu dem seit 1948 in Basel lebenden Ehepaar Jaspers kann hier nicht dokumentiert werden, ihre Konturen aber seien mit zwei Zitaten aus Arendts Briefen nachgezeichnet. »Als ich jung war«, schreibt sie am 18. November 1957 an Karl Jaspers, »waren Sie der einzige Mensch, der mich erzogen hat.

Als ich Sie nach dem Krieg als erwachsener Mensch wiederfand und eine Freundschaft zwischen uns entstand, haben Sie mir die Garantie für die Kontinuität meines Lebens gegeben. Und heute ist es so, daß ich an das Haus in Basel wie an die Heimat denke.« Zehn Jahre später – Gertrud Jaspers hatte Porträtfotos geschickt, die Hannah Arendt zusammen mit ihrem Mann Heinrich Blücher anschaute: »Als die Photos ankamen, sagten wir beide ungefähr gleichzeitig, daß wir eigentlich das nächste Flugzeug besteigen wollten, um wieder da zu sein, wo man eigentlich hingehört. Was für ein ungeheures Geschenk diese Freundschaft ist!«

Aus den Passagen, in denen Hannah Arendt in dem umfangreichen und komplexen Briefwechsel[9] biographisch erzählt, wird hier eine Auswahl präsentiert. Sie umfaßt, in der Chronologie der Briefdaten, die Jahre 1930 bis 1968. Ebenfalls nachgedruckt sind (in ziemlicher Vollständigkeit) Arendts Gedanken zum eigenen Jüdin-Sein und zum Jude-Sein im allgemeinen sowie Erläuterungen zu ihrem Buch über Rahel Varnhagen, ihrem Monumentalwerk über die totale Herrschaft und dem Buch-Bericht vom Jerusalemer Eichmann-Prozeß. Einige ausgewählte Reflexionen zu allgemeinen Lebensthemen beschließen den zweiten Teil.

Die autobiographischen Zeugnisse werden durch ein Werkverzeichnis (1929 bis 2005) ergänzt, das zusammen mit einem tabellarischen Lebenslauf den dritten Teil dieses Bändchens bildet. Hannah Arendts deutsche und englische Schriften sind hier nach dem Ersterscheinungs- und/oder Copyrightjahr aufgeführt, wobei die Abfolge der Veröffentlichungen und deren konkrete Titel bereits aufschlußreiche Informationen bereithalten. Darüber hinaus ist die Bibliographie mit werkgeschichtlichen Details angereichert und durch einige Querverweise an die Selbstaussagen angebunden. Einzelheiten zur Vorgehensweise im bibliographischen Teil selbst können den dortigen Vorbemerkungen (S. 257 f.) entnommen werden.

---

9 Wer sich genauer informieren will, sei auf das »Vorwort« zu der Briefedition von Lotte Köhler und Hans Saner verwiesen, Bibliographie Titel Nr. 268, S. 17–33. Vgl. ferner in dieser Ausgabe S. 71 f. und 114 f.

Der in diesem Sinne konzipierten Edition ist unschwer die Empfehlung zu entnehmen, das, was Hannah Arendt selbst geschrieben und gesagt hat, in den Mittelpunkt der Auseinandersetzungen um Werk, Leben und Person zu stellen. Orientierungshilfe soll dabei – denn allzu wörtlich ist das »Denken ohne Geländer« nun auch wieder nicht zu nehmen – der ebenso einfache wie beziehungsreiche Satz »Ich will verstehen« leisten. Arendts Grundmotiv des Philosophierens und ihre grundsätzliche Haltung zur sie umgebenden Welt können mit seiner Hilfe verdeutlicht werden.[10]

Der Satz »Ich will verstehen« entstammt dem berühmten Fernsehgespräch, das der Journalist Günter Gaus im Oktober 1964 mit Hannah Arendt führte.[11] Sie war damals nach Europa gekommen, um u. a. das zu absolvieren, was man heute eine »promotion tour« nennen würde. Auf Wunsch des Verlegers Klaus Piper sollte sie – und wollte dies auch bis zu einem gewissen Grade – ihr Buch *Eichmann in Jerusalem*[12] dem deutschen Publikum persönlich vorstellen. Daß mit diesem Handeln, wie Gaus formulierte, »eine Wirkung auch in der Breite« angezielt war, ist offensichtlich. Ebensowenig läßt sich bestreiten, daß Arendt dies bewußt war – sie spricht in einem Brief an Karl Jaspers (14. Mai 1964) von Pipers »großen Propagandaideen«. Aber auf die vom fragenden Journalisten vorgeschlagene Diskussionsebene begibt sie sich dennoch nicht. Sie weicht aus, wird grundsätzlich: »Ich selber wirken? Nein, ich will verstehen. Und wenn andere Menschen verstehen – im selben Sinne, wie ich verstanden habe –, dann gibt mir das eine Befriedigung wie ein Heimatgefühl« (S. 48 f.). Vorher schon hatte sie gesagt: »Wissen Sie, wesentlich ist für mich: Ich muß

---

10 Die folgenden Erörterungen zu Arendts Ich-will-verstehen sind teilidentisch mit meinem Vortrag »Verstehen heißt Lebendigsein: Bemerkungen zu Hannah Arendts persönlicher Philosophie« auf dem Kolloquium »Hannah Arendt: Elucidation philosophique de la condition politique« am 7. April 1995 in Clermont-Ferrand. Veranstalter der Tagung waren das Collège International de Philosophie (Paris), die Université Libre de Bruxelles und der Cercle Clermontois de Philosophie Politique.

11 In dieser Ausgabe S. 46–72. Die Seitenangaben im Text hinter den folgenden Zitaten beziehen sich auf diesen Nachdruck.

12 Bibliographie Titel Nr. 170, 178.

verstehen. Zu diesem Verstehen gehört bei mir auch das Schreiben. Das Schreiben ist, nicht wahr, Teil in dem Verstehensprozeß« (S. 46). Und später in dem Interview, als Gaus ihren Werdegang abfragt, äußert sie sich wie folgt: »Irgendwie war es für mich die Frage: Entweder kann ich Philosophie studieren, oder ich gehe ins Wasser sozusagen. Aber nicht etwa, weil ich das Leben nicht liebte! Nein! Ich sagte vorhin – dieses Verstehenmüssen« (S. 53).

Verstehenwollen und Verstehenmüssen haben Hannah Arendt in der Tat bei allen ihren Arbeiten geleitet. Ihre Dissertation *Der Liebesbegriff bei Augustin*[13] kennzeichnet sie methodisch als »verstehende Interpretation«. Im Rahel-Buch wird dieselbe Intention in andere Worte gekleidet. Sie sei daran interessiert gewesen, schreibt Arendt im Vorwort, »Rahels Lebensgeschichte so nachzuerzählen«, wie Rahel selbst »sie hätte erzählen können«[14]. Die Autorin Hannah Arendt will eine Geschichte erzählen, die Rahel selbst nicht erzählt hat; sie vertieft sich in diese Lebensgeschichte, um sie »nach«-zuerzählen. Maßgeblich sind ihr, wie sie erläuternd an Jaspers schreibt, die »Kategorien«, die Rahel selbst »zur Verfügung standen und die sie irgendwie als gültig akzeptierte«[15]. Daß sie es dennoch nicht vermeidet, zu urteilen, »mit Rahel zu ›moralisieren‹«, kann in unserem Zusammenhang vernachlässigt werden. Es geht um die Intention, und diese kann mit dem Begriff Verstehen umrissen werden. Zugleich klingt im Rahel-Buch die existentielle Dimension des Arendtschen Verstehens an. Je mehr Menschen die Rahel »verstehen«, heißt es an einer Stelle, »desto realer wird sie [die Rahel, U. L.] werden«[16].

Im Vorwort zur ersten englischen Ausgabe des Totalitarismusbuches hat Hannah Arendt dann erstmals in ihrem Werk genauer abgegrenzt, was für sie »comprehension« in bezug auf wirkliche Phänomene, auf die »Wirklichkeit« bedeutet oder

---

13 Bibliographie Titel Nr. 001.
14 *Rahel Varnhagen: Lebensgeschichte ...* (Bibliographie Titel Nr. 149, Ausg. 1959), S. 10. Vgl. auch in dieser Ausgabe S. 59.
15 Siehe in dieser Ausgabe S. 218 f.
16 *Rahel Varnhagen: Lebensgeschichte ...*, S. 29.

nicht bedeutet, wobei »comprehension« hier für »understanding« und das deutsche »Verstehen« steht. Die entscheidende Stelle lautet: »Verstehen heißt nicht, das Empörende leugnen, das Noch-nie-Dagewesene aus dem Dagewesenen ableiten oder Erscheinungen durch Analogien und Verallgemeinerungen so erklären, daß der Aufprall der Wirklichkeit und der Schock der Erfahrung nicht mehr fühlbar sind. Verstehen heißt vielmehr, die Last, die unser Jahrhundert uns auferlegt hat, untersuchen und bewußt tragen – und zwar in einer Weise, die weder deren Existenz leugnet noch sich unter deren Gewicht duckt. Kurz gesagt: Verstehen heißt unvoreingenommen und aufmerksam der Wirklichkeit, wie immer sie ausschauen mag, ins Gesicht sehen und ihr widerstehen.«[17]

Eine umfassende Erörterung erfährt das Verstehensproblem anschließend bei der theoretischen Aufarbeitung des Totalitarismusbuches, wofür der Essay »Understanding and Politics«[18] aus dem Jahre 1953 Zeugnis ablegt. Bei dieser Publikation können wir, seit der erste von Jerome Kohn herausgegebene Band von Hannah Arendts »unpublished and uncollected works« vorliegt, davon ausgehen, daß ihr eine lange Zeit des Nachdenkens über »the difficulty of understanding«[19] im Zusammenhang mit dem Phänomen des Totalitarismus vorausgegangen war. Diese intensive Beschäftigung mit dem Thema ist dem veröffentlichten Text noch anzumerken. Auch scheinen Übersetzer (Hannah Arendts »Englisher«) und Redakteur(e?) Einfluß auf das Endprodukt genommen zu haben. Der Essay »Understanding and Politics« ist ein seltsam diffuses Produkt geworden, was Hannah Arendt wahrscheinlich selbst wußte.

Dennoch, denke ich, sollten die Aussagen zum Verstehen,

---

17 »Preface to the First Edition« (1950), in: *The Origins of Totalitarianism* (Bibliographie Titel Nr. 099; dt. Bibliographie Titel Nr. 308, S. 12 f.)

18 Bibliographie Titel Nr. 117.

19 Siehe die Version von »Understanding and Politics«, die Jerome Kohn zusammengestellt hat, ferner das von Kohn aus dem Nachlaß herausgegebene Manuskript »On the Nature of Totalitarianism: An Essay in Understanding«, beide in: *Essays in Understanding, 1930–1954* (Bibliographie Titel Nr. 292), S. 307 ff. resp. 328 ff.; ferner Kohns Einleitung zu den *Essays in Understanding*, S. XIX f.

die dieser Aufsatz enthält, nicht beiseite gelegt, sondern ernst genommen werden. Die Hauptthesen, in der Reihenfolge des veröffentlichten Textes »Understanding and Politics«, lauten:[20]

1. Verstehen ist »eine nicht endende Tätigkeit, durch die wir Wirklichkeit, in ständigem Abwandeln und Verändern, begreifen und uns mit ihr versöhnen, das heißt, durch die wir versuchen, in der Welt zu Hause zu sein«. (S. 110)

2. »Verstehen ist nicht-endend und kann daher keine Endergebnisse hervorbringen.« (S. 110)

3. Verstehen »ist die spezifisch menschliche Weise, lebendig zu sein, denn jede einzelne Person muß sich mit jener Welt versöhnen, in die sie als Fremder hineingeboren wurde und wo sie im Maße ihrer klar bestimmbaren Einmaligkeit immer ein Fremder bleiben wird. Verstehen beginnt mit der Geburt und endet mit dem Tod.« (S. 110)

4. »Das Ergebnis des Verstehens ist Sinn, den wir im bloßen Lebensprozeß insofern erzeugen, als wir uns mit dem, was wir tun und erleiden, zu versöhnen suchen.« (S. 111)

5. »Wissen und Verstehen sind nicht dasselbe, aber sie sind miteinander verbunden. Verstehen ist auf Wissen gegründet, und Wissen kann nicht ohne vorausgehendes, unartikuliertes Verstehen vor sich gehen.« (S. 113)

Schließlich wird Verstehen erläutert durch den Hinweis auf das »verstehende Herz«, das sich der biblische König Salomon »als größtes Geschenk, das ein Mensch erhalten und sich wünschen kann«, im Gebet gewünscht hat. Und im Zusammenhang mit dem »verstehenden Herz« wird das »Vermögen der Einbildungskraft« eingeführt (S. 126). So ergibt sich als letzte These:

6. »Wahres Verstehen ermüdet nicht beim unendlichen Dialog und Zirkelschluß, weil es darauf vertraut, daß die Einbildungskraft zumindest einen Schein des immer furchteinflößenden Lichts der Wahrheit wahrnimmt.« (S. 126 f.)

---

20 Seitenzahlen nach der deutschen Übersetzung »Verstehen und Politik« in: *Zwischen Vergangenheit und Zukunft* (Bibliographie Titel Nr. 293), S. 110 bis 127.

Vorausgesetzt wird, daß wir Menschen, »jede einzelne Person«, den Verstehensdialog benötigen und über das Vermögen der Einbildungskraft verfügen: »Ohne diese Art von Einbildungskraft, die tatsächlich Verstehen ist, wären wir niemals in der Lage, uns in der Welt zu orientieren. Sie ist der einzige innere Kompaß, den wir haben« (S. 127[21]).

Diese Thesen werden ex cathedra vorgetragen, sie werden gedanklich nicht abgeleitet und bleiben ohne philosophiegeschichtliche Referenzen. Die meisten enthalten Aussagen in der Art von Gemeinplätzen (im ursprünglichen, nicht pejorativen Sinn des Wortes). Andere wiederum könnten einem Lehrbuch der Hermeneutik entnommen sein, bleiben aber unbefriedigend, weil sie nicht in Zusammenhänge eingebunden sind und nicht problematisiert werden. Ferner klingt in der Unterscheidung zwischen Verstehen und Wissen eine Arendtsche philosophische Grundposition an: die vor allem der Kant-Lektüre geschuldete Unterscheidung zwischen Verstand (intellect) und Vernunft (reason). Und natürlich lassen die Hinweise auf das Versöhnen mit der Wirklichkeit an Hegel denken, aber diesbezügliche Assoziationen führen eher in die Irre.

Die Aussagen über das Verstehen beruhen auf einer spezifischen Vorstellung von der Wirklichkeit. Diese hat Arendt niemals expliziert, sie war ihr offenbar selbstverständlich. Schon in frühester Jugend hatte sie sich gefestigt. Das Dokument, das dies belegt, ist der Text mit dem Titel »Die Schatten«, dem in der Arendtforschung – wegen des »für M. H.« am Ende – eine zu einseitige Aufmerksamkeit geschenkt worden ist. Gewiß, diesen Aufsatz – es handelt sich um einen komponierten Text, nicht einen Erguß oder eine Mitteilung in der Manier des Tagebuch- oder Briefschreibens – hat Hannah Arendt für Martin Heidegger geschrieben, während beider Liebesaffäre, nicht danach, ja eher am Anfang der Beziehung, nämlich in den Semesterferien des Frühjahrs 1925. Er ist ein Dokument, in dem sie dem Geliebten Auskunft über sich gibt, nicht die Beziehung analysiert. Es ist ein sehr selbständiger, ein stolzer

---

21 Vgl. auch die Version des ersten zitierten Satzes, die Kohn zusätzlich anführt, in: *Essays in Understanding*, S. 327, Anm. 22.

Text eines jungen Mädchens, das um sein Verhältnis zu sich selbst und der sie umgebenden »Welt« ringt.[22]

Schon in dem frühen persönlichen Dokument wie auch später in den referierten Thesen zum Verstehen wird die Wirklichkeit als ein Gegenüber erfahren und gedacht. Der einzelne muß sich ihr stellen, ihr ins Gesicht sehen. Aber er hat individuelle Möglichkeiten des Umgangs mit ihr. Wenn man diese auf einem Kontinuum anordnet, steht am einen Ende das Verstehen im Sinne der Versöhnung, am anderen die Rebellion (nicht Revolution!), aber auch die Resignation (die Gewißheit, daß alles ein Ende hat). Die Grundsituation ist die eines Kampfes, den nur derjenige gewinnen kann, der sich unvoreingenommen auf die Wirklichkeit einläßt, dessen Haltung durch das »aufmerksame Ins-Gesicht-Sehen« und das »Widerstehen« gekennzeichnet ist.

Wirklichkeit nun ist nicht nur ein kompaktes Gegenüber, sie wird auch als zeitlich, als aufteilbar in Vergangenheit, Gegenwart und Zukunft gesehen. Und auf dieser Ebene der Reflexion wird Hannah Arendt später ebenfalls die Vorstellung des Kampfes einbringen – unter Rückgriff auf Franz Kafkas Parabel »Er«.[23] Ihre diesbezüglichen Gedanken münden, so könnte man behaupten, in der von Karl Jaspers in seiner *Logik* formulierten Forderung: »Es kommt darauf an, ganz gegenwärtig zu sein.« Dieser Satz habe sie »mitten ins Herz« getroffen, schrieb Arendt am 11. Juli 1950 an Jaspers und bat darum, ihn – zusammen mit dem Vorsatz: »Weder dem Vergangenen anheimfallen noch dem Zukünftigen« – ihrem Totalitarismusbuch als Motto voranstellen zu dürfen.

»Es kommt darauf an, ganz gegenwärtig zu sein« meint nicht: Es kommt darauf an, sich in der Gegenwart einzurichten.

---

22 Vom Manuskript »Der Schatten« gibt es im Arendt-Nachlaß in der Library of Congress zwei Versionen: eine maschinenschriftliche (wahrscheinlich aus der Zeit) und eine handschriftliche Reinschrift, letztere als kleines Heft gebunden und »Schatten« betitelt. Ein von der Nachlaßverwaltung nicht genehmigter (unvollständiger) Abdruck erschien in: Elfriede Jelinek, *Totenauberg: Ein Stück* (Bibliographie Titel Nr. 277).

23 Im Vorwort »The Gap Between Past and Future« zu *Between Past and Future* (Bibliographie Titel Nr. 208), dt. S. 13 ff.; ferner in: *Vom Leben des Geistes* (Bibliographie Titel Nr. 261), Bd. 1, S. 198 ff.

Vielmehr muß die Spannung zwischen Vergangenheit und Zukunft ausgehalten werden. So ist auch das Versöhnen oder Aussöhnen mit der Welt nicht so aufzufassen, daß ein Zustand erstrebt wird, in dem sich der einzelne »voller Behagen zu Hause«[24] fühlt, er bleibt ein »Fremder«. Es kann zwar durch Verstehen »ein Heimatgefühl« erreicht werden, aber Verstehen, so heißt es auch, »ist nicht-endend«, und so ist der Ort, an dem man durch Verstehen zu Hause ist, kein eindeutig ein für allemal feststehender, festgelegter. Verstehen ist eine Tätigkeit, aufgrund derer sich das »In-der-Welt-zu-Hause-Sein« erst einstellt oder die die Menschen brauchen, um sich immer wieder neu in der Welt einzurichten (»make themselves at home«). Dem Denken von Hannah Arendt eignet damit eine dynamische Komponente, oder anders ausgedrückt: Sie insistiert auf »der Bedeutung des Zufalls in unserem Leben« (Gray).

Der Essay »Understanding and Politics« enthält neben den oben referierten allgemeinen Thesen zum Verstehen spezielle Aussagen zum Thema »Verstehen des Totalitarismus«. Hannah Arendt stellt ihren Artikel unter die Frage, ob man den Totalitarismus bekämpfen könne, ohne ihn zu verstehen. Den Hintergrund hierzu bildet das Problem, ob man sich mit dem Verstehen zu stark auf das Zu-Bekämpfende einläßt, dieses sozusagen aufwertet und damit möglicherweise das Gegenteil von dem erreicht, was man erreichen möchte, ob Verstehen also die Kampfesmoral schwächt. Dieses Hintergrundproblem kommt in dem Essay selbst nur einleitend zur Sprache. Es wird aber in einer anderen Veröffentlichung aus der Zeit ausführlicher angesprochen: in Hannah Arendts Antwort[25] auf Eric Voegelins Kritik an *The Origins of Totalitarianism.*

---

24 Siehe Hannah Arendt, *The Life of the Mind* (Bibliographie Titel Nr. 285), Bd. 2, S. 158: »... I do not believe in a world, be it a past world or a future world, in which man's mind, equipped for withdrawing from the world of appearances, could or should ever be comfortably at home.« Zitiert bei J. Glenn Gray, »The Abyss of Freedom – and Hannah Arendt«, in: *Hannah Arendt: The Recovery of the Public World*, hrsg. von Melvyn Hill, New York: St. Martin's, 1979, S. 225–244, S. 242.

25 Bibliographie Titel Nr. 116, Seitenzahlen im folgenden nach der deutschen Übersetzung in *Über den Totalitarismus* (Bibliographie Titel Nr. 308).

Ihr Hauptproblem, schreibt Hannah Arendt dort, sei es gewesen, »wie ich historisch über etwas – den Totalitarismus – schreiben sollte, das ich nicht bewahren wollte, sondern bei dem ich mich im Gegenteil dazu aufgerufen fühlte, es zu zerstören« (S. 43), und sie rechtfertigt die von ihr gewählte Vorgehens- und Darstellungsweise. Im Zuge dieser Rechtfertigung gibt sie weitere Auskünfte darüber, was Verstehen ihrer Auffassung nach bedeutet.

Das »Verstehensproblem« wird in der »Antwort« an Erich Voegelin als ein Problem eingeführt, das die Geschichtswissenschaft seit ihren Anfängen beschäftigt hat. Grundsätzlich geht es für Hannah Arendt um die Frage, was in den Augen des Historikers eine Geschichte ist und wie diese »objektiv« beschrieben beziehungsweise erzählt werden kann. Angesichts der methodischen Tradition der Geschichtswissenschaften sieht sich die Darstellung des Totalitarismus, nach Arendts Auffassung, vor allem vor zwei Probleme gestellt. Zum einen war, als Arendt ihr Buch verfaßte, die Geschichte des Totalitarismus noch nicht an ihr Ende gelangt (ob das heute nach dem Zusammenbruch der kommunistischen Herrschaft in Osteuropa und Rußland der Fall ist, sei dahingestellt). Deshalb befinde sich, so Arendt, das Verstehen in der Lage, den Kampf gegen den Totalitarismus begleiten zu müssen. Und sie fügt an dieser Stelle einen wichtigen Nebensatz hinzu: »... so er mehr sein soll als ein reiner Überlebenskampf«[26]. Das soll heißen, wenn die Menschen einsehen, daß neben dem rein physischen auch das geistige Überleben, neben dem »animalischen« auch das »menschliche« Überleben auf dem Spiel steht.

Zum anderen werden alle Verstehensanstrengungen dadurch beeinträchtigt, daß das Aufkommen des Totalitarismus »den Ruin unserer Denkkategorien und Urteilsmaßstäbe ans Licht gebracht«[27] hat. Mit dieser »Neuheit«, meint Hannah Arendt nun, könne das Verstehen, wie es sich im Laufe von Jahrhunderten in den Geschichtswissenschaften herausgebildet hat, nicht mehr fertig werden. Die Politikwissenschaft dagegen, so stellt sie fest, sei in dieser Beziehung in einer glück-

---

26 »Verstehen und Politik«, S. 113.
27 »Verstehen und Politik«, S. 122.

licheren Ausgangslage.[28] Die Polemik sei hier übergangen; wichtig an den Feststellungen ist, was dabei, mehr oder weniger beiläufig, über das Verstehen ausgesagt wird.

Hannah Arendt besteht darauf, daß sie den Totalitarismus als ein Phänomen beschreiben wollte, das sich nicht »auf dem Mond«, sondern »in der Mitte der menschlichen Gesellschaft« ereignet habe (S. 45). Die naheliegende Vermutung aber, daß unter dieser Absichtserklärung Fakten zusammengetragen worden wären, um das zu beschreiben, was ist, führt an der Sache vorbei; denn Arendt meint, wie sie früher geschrieben hatte,[29] daß, wenn sie sich auf den Boden der reinen Tatsachen stelle, sie die Wirklichkeit als »notwendig und unzerstörbar« anerkenne. Worum es ihr geht, ist: die »Besonderheit dessen, was tatsächlich geschah« (S. 46), zu erfassen – und hierbei spielt das Verstehen die entscheidende Rolle.

Orientierungsmarke für das Verstehen ist die Sprache. In einem neuen Wort, Totalitarismus, kristallisiert sich Erfahrung, »vorgängiges Verstehen« wird in ihm ausgedrückt. Und das neue Wort setzt den Prozeß des »wahren Verstehens« in Gang.[30] Das eigentliche Verstehen, anders gesagt, ist an das neue Wort gebunden. Es wird für den Verstehenden darauf ankommen, herauszufinden, was das Neue ist, das sich in dem Wort kristallisiert, und wie es zu Bekanntem in Beziehung zu setzen ist. Das heißt, das eigentliche Verstehen operiert nicht auf der Ebene der »nackten«, der erlebten Tatsachen, sondern auf einer – wenn man so will – höheren, auf jeden Fall von der reinen Tatsachenwelt zu unterscheidenden Ebene. Es operiert, nachdem eine geistige Verarbeitung im Sinne des »vorgängigen Verstehens« stattgefunden hat, und es bleibt seinerseits an zuvor Erfahrenes und Gedachtes gebunden. Denn um etwas als »neu« zu erfahren und in Worte zu fassen, braucht man das andere, das bereits in Worte gefaßt ist und nun zum »Alten« wird. Anders gesagt: Für Arendt wie für viele Geisteswissenschaftler ist das, was im Laufe der Jahrhunderte von

---

28 »Verstehen und Politik«, S. 124.
29 »Zueignung an Karl Jaspers« (Bibliographie Titel Nr. 080), Nachdruck 1976 (Titel Nr. 249), S. 8.
30 »Verstehen und Politik«, S. 115.

Menschen gedacht und als Gedachtes in Sprache überliefert wurde, ist das Verstandene eine Wirklichkeit sui generis.

So zieht Hannah Arendt Montesquieu heran, um die »spezifische Besonderheit« des Totalitarismus zu »beschreiben«. Auch hier muß wieder mit Vorsicht gelesen werden. Montesquieu wird nicht bemüht, weil er die totale Herrschaft vorausgesehen hat, sondern weil er Erfahrungen und Beobachtungen in seinem Jahrhundert zu Erkenntnissen verdichtet hat, die bei der Verstehensanstrengung hinsichtlich des Totalitarismus weiterhelfen. Seine Lehre von den Herrschaftsformen liefert Arendt die entscheidenden Gesichtspunkte, um die totale Herrschaft als »beispiellos«, als das Noch-nie-Dagewesene, das Neue im 20. Jahrhundert zu verstehen. Diesen Gedankengang deutet Arendt im Essay »Understanding and Politics« erst an, er wird voll entwickelt im etwa zur gleichen Zeit entstandenen Essay »Ideologie und Terror«[31].

Später, diese Nebenbemerkung sei an dieser Stelle gestattet, wird dieser Verstehensansatz es Hannah Arendt ermöglichen, offenbar ohne methodologisch-methodische Skrupel ihr Buch, in dem sich ihr Verstehenwollen und -müssen auf Adolf Eichmann und den Jerusalemer Prozeß richtet, einen »Bericht« zu nennen und diesen als Bericht »von der Banalität des Bösen« zu qualifizieren. Die »Banalität des Bösen« als Erfahrungsebene: Das geht nur, wenn man das, was geschehen ist, anders perzipiert als diejenigen, die es tatsächlich erfahren haben.

Als Kennwort für das eigene Nachdenken, als – wenn man so will – methodischer Begriff wird »Verstehen« von Hannah Arendt nach der Veröffentlichung von »Understanding and Politics« fallengelassen. Aber die Aussagen, die daran gebunden sind, bleiben in ihrer Gedankenwelt präsent. So wird Arendts Auffassung vom Verstehen zusätzlich erhellt, wenn man das hinzuzieht, was sie über das »Denken«, das »Urteilen« und das »Erzählen« niedergeschrieben hat. Auch das Verstehenwollen und -müssen als persönliches Anliegen ist erhalten geblieben. Die Fragen »Was tun wir, wenn wir tätig sind?« und »Was tun wir, wenn wir denken?« beispielsweise,

---

31 Bibliographie Titel Nr. 113.

die die Bücher *Vita activa* und *Vom Leben des Geistes* hervorgebracht haben, sind ihm entsprungen.

Wo, so muß demnach gefragt werden, ist das Verstehen in Arendts späterem Werk zu lokalisieren – nachdem sie sich auf die grundsätzliche Unterscheidung zwischen Vita activa und Vita contemplativa eingelassen hat? Es gibt eine Selbstauskunft, die hier aufschlußreich ist: »Nun, ich will eine Sache zugeben. Ich will zugeben, daß ich – natürlich – in erster Linie am Verstehen interessiert bin. Das ist absolut richtig. Und ich will zugeben, daß es andere Menschen gibt, die in erster Linie daran interessiert sind, etwas zu tun. Das gilt aber nicht für mich. Ich kann sehr wohl leben, ohne etwas zu tun. Aber ich kann nicht leben, ohne nicht zumindest den Versuch zu machen, das Geschehene, was immer es sei, zu verstehen.«[32]

Wenn Verstehen so dem Handeln gegenübergestellt wird, womit sich Hannah Arendt klar in die Rolle des Zuschauers – allerdings eines aktiven (nicht bloß rezeptiven) Zuschauers – begibt, dann gibt es keinen Zweifel, daß das Verstehen in den Umkreis des Denkens, der Vita contemplativa, rückt. Und in der Tat haben wir ja bereits Äußerungen über das Verstehen gehört, die eine Verwandtschaft mit dem Denken, wenn nicht gar eine Identität beider vermuten lassen: das Verstehen als »nicht endende Tätigkeit«! Doch sollten feine Unterschiede nicht übersehen werden. Verstehen und Denken: Gewiß, beide sind »nicht endende« Tätigkeiten. Solange der Mensch am Leben ist, wird er denken und zu verstehen suchen. Das Denken aber ist noch in einem anderen Sinn »nicht-endend«, nämlich insofern, als es keine »Enden«, überhaupt keine »Ergebnisse« kennt, sprich: der Zweck-Mittel-Dimension völlig entbehrt. Vom Verstehen dagegen behauptet Hannah Arendt nur, daß es keine »Endergebnisse« zeitigt. »Ergebnisse« jedoch, Momente der Versöhnung mit der Welt, kann es hervorbringen: »Das Ergebnis des Verstehens ist Sinn …«, so hatte ich Arendt bereits zitiert und kann nun hinzufügen, daß das Verstehen, im Vergleich mit dem Denken, auf diese Weise näher an das Handeln herangerückt wird.

---

32 »Diskussion mit Freunden und Kollegen in Toronto (November 1972)«, in dieser Ausgabe S. 73–115, S. 75.

Unter der Voraussetzung, daß »das Wesen allen und besonders des politischen Handelns darin liegt, einen neuen Anfang zu setzen«, kann das Verstehen als »die andere Seite des Handelns«[33] begriffen werden. Anders gesagt: Der Verstehende und der Handelnde bewegen sich in *einer* Welt, in *dieser* Welt und nicht jenseits von ihr im Reich der Denker und des Denkens.

In *dieser* Welt ist auch der Urteilende zu Hause, und es gibt eine Verbindung zwischen Verstehen und Urteilen. Hannah Arendt deutet dies in dem Aufsatz »Understanding and Politics« an, wenn sie fragt: »Ist nicht das Verstehen dem Urteilen nah verwandt?«[34] Doch sie beantwortet die Frage nicht, und in ihren späteren, an der Lektüre von Kants *Kritik der Urteilskraft* gewonnenen Erkenntnissen über das Urteilen spielt der Begriff Verstehen keine nennenswerte Rolle. Das Verstehenwollen und -müssen inspiriert zwar weiterhin die im eigenen Werk abgehandelten Fragestellungen, aber – anders als das Urteilen – wird das Verstehen nicht zum Gegenstand ausgedehnter Reflexion.

Die Metapher vom »Versöhnen mit der Wirklichkeit«, die für das Verstehen, für das Urteilen und auch, in einem bestimmten Sinne, für das Handeln in Anspruch genommen wird, erfährt durch ein anderes Kennwort eine gewisse Verdeutlichung. Gemeint ist das Wort »Erzählen«, das »GeschichtenErzählen«. In ihrem Porträt der Raconteuse Isak Dinesen aus dem Jahre 1968 schreibt Hannah Arendt: »Es ist wahr: Das Geschichtenerzählen enthüllt Sinn, ohne den Fehler zu begehen, ihn zu benennen; es führt zu Übereinstimmung und Versöhnung mit den Dingen, wie sie wirklich sind, und vielleicht können wir ihm sogar zutrauen, implizit jenes letzte Wort zu enthalten, das wir vom Tag des Jüngsten Gerichts erwarten.«[35]

Wo früher stand: »Das Ergebnis des Verstehens ist Sinn«, da heißt es jetzt: »Das Geschichtenerzählen enthüllt Sinn.« Der Unterschied scheint unerheblich und ist es wahrscheinlich

---

33 »Verstehen und Politik«, S. 125.
34 »Verstehen und Politik«, S. 116.
35 »Isak Dinesen, 1885–1963« (Bibliographie Titel Nr. 213), hier zitiert nach: *Menschen in finsteren Zeiten*, S. 125.

auch. Durch das Verlagern der Aufmerksamkeit auf das Erzählen jedoch wird etwas erreicht, was mit dem Bedeutungsumfang des Wortes Verstehen nicht so ohne weiteres möglich ist. Erzählt werden Geschichten, und jede Geschichte hat einen Anfang und ein Ende. Das Geschichtenerzählen »versöhnt« mit der Wirklichkeit nicht nur wie das Verstehen, indem es einer kontingenten Wirklichkeit Sinn verleiht. Vielmehr kann es allein durch die Tatsache, daß es ein Ende setzt, dafür sorgen, daß das Prinzip des Anfangens bewußtgemacht wird.

Damit mag das Erzählen, eindeutiger als das Verstehen, einem grundsätzlichen Anliegen von Hannah Arendt, nämlich die Rückbesinnung auf »das Konzept von Anfang und Ursprung« zu fördern, entgegenkommen. Das Konzept von Anfang und Ursprung, so behauptete sie schon in »Understanding and Politics«, sei verlorengegangen, und wies darauf hin, wo es in der Geschichte der Philosophie zunächst »andeutungsweise« und dann »in seiner vollen Bedeutung«, nämlich bei Augustin, vorhanden gewesen ist. Mit dem Augustinischen Satz: »[Initium] ... ut esset, creatus est homo, ante quem nullus fuit« (damit ein Anfang sei, wurde der Mensch geschaffen, vor dem es niemand gab), den Hannah Arendt an vielen Stellen zitierte, wurde es von ihr immer wieder neu beschworen. Wie schon am Ende des Totalitarismusbuches ließ sie auch später keinen Zweifel daran, daß, ihrer Meinung nach, die menschliche Fähigkeit des Anfangens, diese »höchste Fähigkeit des Menschen«, die Hoffnung rechtfertige, aus der Krise, in die sich die Menschheit hineinmanövriert habe, auch wieder herauszugelangen. Mehr noch als das Verstehen, so will es scheinen, wird das Erzählen »die andere Seite des Handelns«.

Das Erzählen verdeutlicht einen weiteren Aspekt des Verstehens. »Wenn andere Menschen verstehen – im selben Sinne, wie ich verstanden habe –, dann gibt mir das eine Befriedigung wie ein Heimatgefühl«, so sagte Hannah Arendt, als sie Günter Gaus gegenübersaß. Wichtig also ist nicht nur das Verstehen, sondern auch das Verstanden-Werden – die Tatsache, daß über das Verstehen der Kontakt zu den anderen Menschen hergestellt wird. Und genau dieser Aspekt ist in der Erzählsituation eindeutiger gegeben als beim Verstehen. Eine

Geschichte erzählt man üblicherweise nicht sich selbst, sondern anderen Menschen, um Sinn zu vermitteln. Und in dem Maße, in dem dies glückt, wird man von den anderen verstanden werden, desto »realer«, desto »lebendiger« wird der Erzählende sein.

Die so fixierte Entwicklung des Arendtschen Denkens vom Verstehen zum Erzählen sollte allerdings nicht darüber hinwegtäuschen, daß das »Ich will verstehen« – und nicht wirken –, das Hannah Arendt auf der Höhe ihrer werkgeschichtlichen Lebenskurve der Öffentlichkeit mitteilte, tatsächlich so etwas wie ein lebenslang durchgehaltenes Credo ist.

Mit diesen Hinweisen seien Leser und Leserin entlassen, um sich auf eigene Erkundungsfahrten zu begeben. Es gibt viel zu entdecken, nicht nur in den ausgewählten Texten, sondern auch in der Bibliographie. Und vielleicht läßt sich der eine oder die andere von Arendts »Ich-will-verstehen« inspirieren und wählt es zum Ausgangspunkt eines kritischen »Schau-selber-nach«. Denn Hannah Arendt war eine Verführerin und Schauspielerin, was zuzugeben sie privat durchaus bereit war: »Ja natürlich, es ist entstellt«, schreibt sie, nachdem Jaspers ein Foto in der *New York Times*, auf dem sie abgebildet war, kommentiert hatte, »aber wohl nur insoweit, als ich mich bei solchen Gelegenheiten selbst entstelle.«[36] Mit ihren Selbstaussagen hat sie Selbstbildnisse entworfen und ihren Interpreten zum Verstehen und/oder Geschichtenerzählen hinterlassen.

Doch es geht um mehr als die kritische Aufarbeitung von Selbstbildnissen; denn das Werk als solches ist bedeutungsvoll. Die wahrscheinlich beste Kennerin ihrer politisch-philosophischen Schriften, die britische Politikwissenschaftlerin Margaret Canovan, hat Hannah Arendt in die Reihe der großen politischen Denker der westlichen Welt gestellt.[37] Und es gibt ernstzunehmende Interpreten, die Arendt im Rahmen

---

36 In dieser Ausgabe S. 146.
37 Margaret Canovan, *Hannah Arendt: A Reinterpretation of Her Political Thought*, Cambridge: University Press, 1992, S. 280f.

der politischen Philosophie einen Rang zuerkennen, welcher dem Heideggers in der Philosophie entspricht.[38] Zuordnungen dieser Art legen die Vermutung nahe, daß Hannah Arendt auch unseren Nachgeborenen noch etwas zu sagen haben wird. Für uns wiederum ergibt sich daraus so etwas wie eine Verpflichtung, mit Arendts Werk pfleglich umzugehen, es in dem Geiste zu lesen, in dem es verfaßt wurde. Mit anderen Worten: Hannah Arendts Ich-will-verstehen wäre rückzubeziehen und zur Maxime für den Umgang mit ihrem Werk zu erheben. Dabei wäre es – noch immer Arendt folgend – dann auch erlaubt, den »auctor« feminini generis, sprich: die Autorin dieses Werkes, besser zu verstehen, als sie sich selbst verstand.

Tutzing, März 1996   Ursula Ludz

---

38 Dana R. Villa vertrat als einer der ersten diese Auffassung in seiner Studie *Arendt and Heidegger: The Fate of the Political*, Princeton, N. J.: Princeton University Press, 1995.

Zur Neuausgabe 2005

Knapp zehn Jahre nach ihrer ersten Veröffentlichung schien es geboten, diese Edition nicht nur durchzusehen, sondern auch im gegebenen Rahmen zu aktualisieren; denn Hannah Arendts Nachruhm hat sich seitdem eher verstärkt als vermindert. Zahlreiche neue Veröffentlichungen sind erschienen, die Veränderungen in der »Einleitung« erforderten, in den Fußnoten berücksichtigt wie in die Bibliographie aufgenommen werden mußten.

Aus Anlaß der Neuausgabe sei außerdem auf eine mir häufig gestellte Frage kurz eingegangen. Warum habe ich die Textauswahl in Teil II auf Auszüge aus dem Arendt-Jaspers-Briefwechsel beschränkt? Mein Hauptgesichtspunkt ist, daß Hannah Arendt diese Briefe indirekt der Öffentlichkeit übergeben hat, was von keiner anderen der darauf folgenden Briefausgaben behauptet werden kann. Im Juni/Juli 1975 hat sie mehrere Wochen im Deutschen Literaturarchiv Marbach verbracht, um u. a. ihre Korrespondenz mit Karl und Gertrud Jaspers zu sichten, und sie wußte damals, daß Klaus Piper eine Veröffentlichung plante. Ob und in welchem Ausmaß sie einer Veröffentlichung weiterer Briefe, die inzwischen postum erschienen sind – mit Kurt Blumenfeld (1995), Mary McCarthy (1995), Heinrich Blücher (1996), Hermann Broch (1996), Martin Heidegger (1998), Melitta Maschmann (2001), Paul Tillich (2002), Uwe Johnson (2004), Salomon Adler-Rudel (2005), Alfred Kazin (2005) – zugestimmt hätte, können wir nicht wissen. Auch wenn wir ziemlich sicher sein mögen, daß sie von dem Interesse an ihrer Person überrascht und eher »not amused« gewesen wäre, und auch wenn wir ihre generelle Verfügung berücksichtigen, mit der sie ihren Nachlaß fünfundzwanzig Jahre nach ihrem Tod der Öffentlichkeit übereignete, so bleibt doch ihre Reaktion in jedem konkreten Fall ungewiß. Die Briefe an Jaspers haben darüber hinaus den Vorzug, daß sie über einen langen Lebensabschnitt – den, der die Entwicklung der öffentlichen Person Hannah Arendt in USA und Deutschland dokumentiert – ausführlich Auskunft geben, was für keine der anderen Korrespondenzen gilt. Da der Gesprächspartner derselbe bleibt (Gertrud Jaspers muß als mit einbezogen gesehen werden), erhält die Mitteilung zudem eine Einheitlichkeit, wie sie sonst eher für autobiographische Aufzeichnungen kennzeichnend ist. Das autobiographische Erzählen, dem sie sich als solchem verweigert hatte, kommt also hier sozusagen ersatzweise zum Tragen. Keine Frage: Die Person Hannah Arendt wäre als sehr viel facettenreicher vermittelt worden, hätte ich Äußerungen an andere Briefempfänger hinzugefügt. Doch dann wäre nicht nur der einheitliche Duktus verloren gegangen, sondern auch ein Umfangproblem entstanden.

Schließlich sei erwähnt, daß ein wichtiger Brief Arendts an Jaspers, der in der Edition von Lotte Köhler und Hans Saner als »im Nachlaß nicht vorhanden« angezeigt wird, inzwischen aus Aufzeichnungen von Elisabeth Young-Bruehl rekonstruiert werden konnte. Es geht u. a. um die Frage der Autorschaft für die These von der »Banalität des Bösen«, die als Untertitel von *Eichmann in Jerusalem* für große Aufregung, ja Verwirrung gesorgt hat. Hannah Arendt schreibt: »Von Heinrich stammt der Untertitel nicht; er hat einmal vor Jahren gesagt: Das Böse ist ein Oberflächenphänomen – und das fiel mir in Jerusalem wieder ein; daraus kam schließlich der Titel.« (Bibliographie Titel Nr. 311, S. 54)

München, August 2005   Ursula Ludz

TEIL I

Antworten auf Fragen zu Person und Werk

1. Brief an Gerhard Scholem

New York, den 20. Juli 1963

Lieber Gerhard,

ich fand Ihren Brief vor, als ich vor acht Tagen nach Hause kam. Sie können sich ja vorstellen, wie das aussieht, wenn man fünf Monate weg war. Ich schreibe Ihnen wirklich in dem ersten ruhigen Augenblick und vielleicht doch nicht so ausführlich, wie ich sollte.

Es gibt in Ihrem Brief einige Behauptungen, die nicht strittig sind, weil sie einfach falsch sind, und ich will sie vorwegnehmen, damit wir zu den Dingen kommen, die es wirklich wert sind, diskutiert zu werden.

Ich gehöre nicht zu den »Intellektuellen, die aus der deutschen Linken hervorgegangen sind«. Das konnten Sie nicht wissen, weil wir uns in der Jugend nicht gekannt haben. Es ist eine Tatsache, deren ich mich keineswegs rühme und die ich ungern profiliere, besonders seit der McCarthy-Zeit hier im Lande. Ich habe Marx' Bedeutung erst sehr spät erkannt, weil ich mich in der Jugend weder für Geschichte noch für Politik interessierte. Wenn ich überhaupt aus etwas »hervorgegangen« bin, so aus der deutschen Philosophie.

Bei dem zweiten Faktum kann ich leider nicht sagen, daß Sie es nicht wissen können. Es hat mich in der Tat merkwürdig berührt, daß Sie schreiben: »Ich betrachte Sie durchaus als Angehörige dieses (nämlich des jüdischen) Volkes und als nichts anderes.« Tatsache ist, daß ich nicht nur niemals so getan habe, als sei ich etwas anderes, als ich bin, ich habe niemals auch nur die Versuchung dazu verspürt. Es wäre mir vorgekommen, wie zu sagen, daß ich ein Mann sei und nicht eine

---

Nachdruck aus *Neue Zürcher Zeitung* vom 19. Oktober 1963, S. 20 f. (genauere Angaben siehe unten in der Bibliographie Titel Nr. 177). – Die Fußnoten stammen von der Herausgeberin.

Frau, also verrückt. Ich weiß natürlich, daß es ein Judenproblem auf dieser Ebene gibt, aber es ist niemals das meine gewesen. Nicht einmal in der Kindheit. Jude sein gehört für mich zu den unbezweifelbaren Gegebenheiten meines Lebens, und ich habe an solchen Faktizitäten niemals etwas ändern wollen. Eine solche Gesinnung grundsätzlicher Dankbarkeit für das, was ist, wie es ist, gegeben und nicht gemacht, »physei« und nicht »nomō«, ist präpolitisch, hat aber doch unter außergewöhnlichen Umständen, wie etwa den Umständen jüdischer Politik, auch gleichsam negativ politische Folgen: Sie macht bestimmte Verhaltensweisen unmöglich, und zwar, scheint mir, genau diejenigen, die Sie in meine Ausführungen hineinlesen. (Um ein anderes Beispiel zu geben: In seinem Nachruf auf Blumenfeld[1] sprach Ben Gurion sein Bedauern darüber aus, daß Blumenfeld in Israel nicht seinen Namen geändert habe. Daß Blumenfeld das nicht getan hat, kam natürlich aus genau der gleichen Gesinnung, die ihn in der Jugend zum Zionisten gemacht hatte.) Meine Denkungsart in diesen Dingen war Ihnen, scheint mir, bekannt, und mir ist unerklärlich, warum Sie mich in diese Schublade einordnen, in die ich nicht passe und auch nie gepaßt habe.

Nun zur Sache selbst: Um an das letztere gleich anzuschließen, will ich mit der »Ahabath Israel«[2] beginnen. (Ich wäre Ihnen übrigens sehr dankbar, wenn Sie mir sagen würden, seit wann dieser Begriff in der hebräischen Sprache und im Schrifttum eine Rolle spielt, wann er zum erstenmal aufgetreten ist usw.) Sie haben vollkommen recht, daß ich eine solche »Liebe« nicht habe, und dies aus zwei Gründen: Erstens habe ich nie in meinem Leben irgendein Volk oder Kollektiv »geliebt«, weder das deutsche noch das französische, noch das amerikanische,

---

1 Gemeint ist Kurt Blumenfeld (1883–1963), der in Ostpreußen geborene Zionist, der 1933 nach Palästina auswanderte. Er war ein Freund von Hannah Arendt. Die zwischen beiden gewechselten Briefe sind 1995 erschienen. Siehe in der Bibliographie Titel Nr. 301, ferner in dieser Ausgabe S. 213, 216.

2 Scholem hatte geschrieben: »Es gibt in der jüdischen Sprache etwas durchaus nicht zu Definierendes und völlig Konkretes, was die Juden ›Ahabath Israel‹ nennen, Liebe zu den Juden. Davon ist bei Ihnen, liebe Hannah, wie bei so manchen Intellektuellen, die aus der deutschen Linken hervorgegangen sind, nichts zu merken.«

noch etwa die Arbeiterklasse oder was es sonst so noch gibt. Ich liebe in der Tat nur meine Freunde und bin zu aller anderen Liebe völlig unfähig. Zweitens aber wäre mir diese Liebe zu den Juden, da ich selbst jüdisch bin, suspekt. Ich liebe nicht mich selbst und nicht dasjenige, wovon ich weiß, daß es irgendwie zu meiner Substanz gehört. Um Ihnen klarzumachen, was ich meine, möchte ich Ihnen von einer Unterhaltung berichten, die ich in Israel mit einer führenden politischen Persönlichkeit[3] hatte, die die meines Erachtens verhängnisvolle Nichttrennung von Religion und Staat in Israel verteidigte und dabei sinngemäß sagte – ich besinne mich auf den genauen Wortlaut nicht mehr: »Sie werden ja verstehen, daß ich als Sozialist nicht an Gott glaube, ich glaube an das jüdische Volk.« Ich bin der Meinung, daß dies ein furchtbarer Satz ist, und ich habe nicht geantwortet, weil ich zu erschrocken war, aber ich hätte antworten können: Das Großartige dieses Volkes ist es einmal gewesen, an Gott zu glauben, und zwar in einer Weise, in der Gottvertrauen und Liebe zu Gott die Gottesfurcht bei weitem überwog. Und jetzt glaubt dieses Volk nur noch an sich? Was soll daraus werden? – Also, in diesem Sinne »liebe« ich die Juden nicht und »glaube« nicht an sie, sondern gehöre nur natürlicher- und faktischerweise zu diesem Volk.

Man könnte über diese Frage auch politisch sprechen, und dann würden wir uns über die Frage des Patriotismus zu unterhalten haben. Daß es keinen Patriotismus geben kann ohne ständige Opposition und Kritik, darüber dürften wir uns beide einig sein. Ich kann Ihnen in dieser ganzen Frage nur eine Sache zugeben, nämlich, daß Unrecht, begangen von meinem eigenen Volk, mich selbstverständlich mehr erregt als Unrecht, das andere Völker begehen. Hinzu kommt, daß mir in der Tat die Rolle des »Herzens« in der Politik höchst fragwürdig erscheint. Wie oft denen, die Tatsachen berichteten, Mangel an »Herzenstakt« vorgeworfen wurde, wissen Sie so gut wie ich. Und was passiert, wenn Gefühle öffentlich zur Schau gestellt werden, darüber habe ich in meinem Buch *On*

3 Die »führende politische Persönlichkeit« war, wie aus der Kopie von Hannah Arendts Originalbrief in der Library of Congress ersichtlich ist, Golda Meir, zur Zeit des Eichmannprozesses israelische Außenministerin.

Revolution bei der Erörterung des Mitleids im Charakterbild des Revolutionärs ausführlich gehandelt.[4]

Es ist schade, daß Sie das Buch erst gelesen haben, als von israelischer und amerikanisch-jüdischer Seite eine Entstellungskampagne dagegen in Gang gekommen war. Es gibt leider sehr wenig Menschen, die von solchen Dingen unbeeinflußt sind. Ich kann mir nicht gut denken, daß Sie die folgenden Dinge mißverstanden hätten, wenn Sie das Buch unvoreingenommen und unbeeinflußt von der sogenannten öffentlichen Meinung, die in diesem Falle manipuliert ist, gelesen hätten: Ich habe natürlich Eichmann nie zu einem »Zionisten« gemacht. Wenn Sie die Ironie dieses Satzes nicht verstanden haben, der ja außerdem deutlichst in indirekter Rede, nämlich so, wie sich Eichmann selbst darstellte, spricht, dann kann ich mir wirklich nicht helfen.[5] Ich kann Ihnen nur versichern, daß Dutzende von Lesern vor der Publikation des Buches[6] hierüber nie einen Zweifel gehabt haben. Ferner, die

---

4 Hannah Arendt, *On Revolution* (siehe in der Bibliographie Titel Nr. 171), S. 79 ff. (dt.: Titel Nr. 188, S. 100 ff.).

5 Scholem hatte geschrieben: »Ich möchte ... sagen, daß Ihre Darstellung Eichmanns als eines Konvertiten des Zionismus nur bei jemand denkbar ist, der ein so tiefes Ressentiment auf alles hat, was mit dem Zionismus zusammenhängt, wie Sie. Ich kann diese Seiten in Ihrem Buch nicht ernst nehmen. Sie sind ein Hohn auf den Zionismus, und ich fürchte, daß es das ist, worauf es Ihnen dabei ankam.« – Die fragliche Stelle in H. A.s *Eichmann in Jerusalem* lautet in der deutschen Ausgabe (in der Bibliographie Titel Nr. 178, S. 69): »Seinem neuen Untergebenen [Adolf Eichmann] empfahl er [Leopold von Mildenstein, Chef des Judenreferates im Reichssicherheitshauptamt] als erstes, Theodor Herzls ›Judenstaat‹ zu lesen, *das klassische Werk des Zionismus, was Eichmann auch prompt besorgte*; es scheint, dies war das erste ernsthafte Buch, das er überhaupt gelesen hat, und es machte einen unauslöschlichen Eindruck auf ihn. Von nun an war er für immer ›Zionist‹. Seit damals, das wiederholte er immer wieder, habe er kaum etwas anderes im Kopf gehabt als die ›politische Lösung‹ der Judenfrage.« Die ursprüngliche englische Fassung, auf die Scholem sich bezieht, hat H. A. verbessert. Dort (*The New Yorker*, 16. Febr. 1963, S. 93) hatte der oben kursiv gesetzte Satzteil gelautet: »*... the famous Zionist classic, which converted Eichmann immediately and forever to Zionism*«. – Hervorhebungen v. d. Hrsg.

6 Hannah Arendt spielt mit dieser Bemerkung darauf an, daß ihr Bericht *Eichmann in Jerusalem* vor der Veröffentlichung (übrigens sowohl in der englischen wie dann auch in der deutschen Fassung) eingehend auf die Kor-

Frage, warum die Juden »sich haben töten lassen«, habe ich nie gestellt, sondern ich habe Hausner[7] angeklagt, sie gestellt zu haben. Es hat kein Volk und keine Gruppe in Europa gegeben, die sich unter dem unmittelbaren Druck des Terrors anders verhalten haben als die Juden. Die Frage, die ich aufgeworfen habe, ist die der Kooperation jüdischer Funktionäre, von denen man nicht sagen kann, daß sie einfach Verräter waren (die hat es auch gegeben, das ist aber uninteressant), und zwar zu Zeiten der Endlösung. Mit anderen Worten, bis 1939 oder 1941, wie man es nun ansetzen will, ist alles noch verständlich und entschuldbar. Das Problem begann danach. Über diese Sache wurde während des Prozesses gesprochen, ich konnte sie also nicht vermeiden. In ihr liegt das Stück »unbewältigte Vergangenheit«, das uns angeht. Und wenn Sie vielleicht recht haben, daß es ein »abgewogenes Urteil« noch nicht geben kann, obwohl ich es bezweifle, so glaube ich, daß wir mit dieser Vergangenheit nur fertig werden können, wenn wir anfangen zu urteilen, und zwar kräftig. Mein Urteil in der Angelegenheit habe ich klar ausgesprochen, aber Sie haben es offenbar nicht verstanden. Es gab keine Möglichkeit des Widerstandes, aber es gab die Möglichkeit, *nichts zu tun*. Und um nichts zu tun, brauchte man kein Heiliger zu sein, sondern man brauchte nur zu sagen: Ich bin ein einfacher Jude, und ich will mehr nicht sein. Ob diese Leute in allen Fällen verdient haben, gehängt zu werden, ist eine ganz andere Frage. Was hier zur Debatte steht, sind die Argumente, mit denen sie sich vor sich selbst und vor andern gerechtfertigt haben. Über diese Argumente steht uns ein Urteil zu. Diese Leute standen auch nicht unter dem unmittelbaren Druck des Terrors, sondern nur unter dem mittelbaren. Über die Gradunterschiede in diesen Dingen weiß ich Bescheid. Es gab da immer noch einen Raum des freien Entschlusses und des freien Handelns. Genau so, wie es bei den SS-Mördern, wie wir heute wissen, einen begrenzten Raum der Freiheit gab, sie konnten sagen: Ich mache dies nicht mit – und es passierte ihnen gar nichts.

---

rektheit der mitgeteilten Daten wie auch auf juristisch eventuell einklagbare Passagen geprüft worden ist. Siehe auch in dieser Ausgabe S. 238.

7 Gideon Hausner, Vertreter der Anklage im Eichmann-Prozeß.

Da wir es in der Politik mit Menschen und nicht mit Helden oder Heiligen zu tun haben, ist diese Möglichkeit der »nonparticipation« offenbar für die Beurteilung des einzelnen, nicht des Systems, entscheidend.

Und mit einem einzelnen haben wir es im Eichmann-Prozeß zu tun gehabt. Ich habe in meinem Bericht nur über Dinge gesprochen, die im Prozeß selber vorkamen. Ich konnte infolgedessen gar nicht die Heiligen vorbringen, von denen Sie sprechen. Ich habe statt dessen mich auf die Widerstandskämpfer beschränken müssen, deren Widerstand, wie ich auseinandersetzte, deshalb so hoch angerechnet werden muß, weil er unter Bedingungen erfolgte, unter denen es Widerstand eigentlich gar nicht geben konnte. Unter den Zeugen, die Herr Hausner vorführte, gab es keine Heiligen, es gab nur einen völlig reinen Menschen, das war der alte Grynszpan, über den ich ausführlich berichtete.[8] Es hat ja auch von deutscher Seite immerhin etwas mehr gegeben, als was ich erwähnte. Ich mußte bei dem einzigen Feldwebel Schmidt[9] bleiben, weil im Prozeß kein anderer Name erwähnt und kein anderer Fall genannt wurde.

Daß die Grenze zwischen Opfern und Verfolgten in den Konzentrationslagern selber verwischt worden ist, und zwar berechnet und absichtlich, habe ich in den *Elementen totaler Herrschaft* ausführlich dargestellt.[10] Um zu wiederholen: Dies meine ich nicht mit dem jüdischen Anteil an Schuld. Dies gehörte zu dem System und hat in der Tat mit den Juden nicht das geringste zu tun.

Wie Sie zu der Meinung haben kommen können, daß mein Buch »ein Hohn auf den Zionismus« ist, wäre mir ganz und gar unverständlich, wenn ich nicht wüßte, bis zu welchem Maße man es in zionistischen Kreisen verlernt hat, Meinungen auch nur zu hören, die nicht von vornherein abgestempelt sind und

---

8 Zindel Grynszpan, der Vater des Herschel G., welcher am 7. Nov. 1938 den deutschen Legationsrat Ernst vom Rath in Paris erschossen hatte, *Eichmann in Jerusalem* (siehe in der Bibliographie Titel Nr. 178), S. 271 ff.

9 Anton Schmidt, der Mitglieder der jüdischen Untergrundbewegung in Polen unterstützt hatte, *a. a. O.*, S. 275.

10 Siehe das Kapitel »Die Konzentrationslager« in: Hannah Arendt, *Elemente und Ursprünge totaler Herrschaft* (in der Bibliographie Titel Nr. 122), S. 676 ff.

auf die jedermann bereits gefaßt ist. Ein zionistischer Freund von mir sagte ganz naiv, daß ja vor allen Dingen das letzte Kapitel außerordentlich pro-Israel sei (Zuständigkeit des Gerichts, Rechtfertigung der Entführung), was es natürlich ist. Was Sie dabei verwirrt, ist, daß meine Argumente und meine Denkweise nicht vorgesehen sind. Oder mit anderen Worten, daß ich unabhängig bin. Und damit meine ich einerseits, daß ich keiner Organisation angehöre und immer nur im eigenen Namen spreche; und anderseits, daß es darauf ankommt, selbst zu denken, und daß, was immer Sie gegen die Resultate einzuwenden haben, Sie selbige nicht verstehen werden, wenn Ihnen nicht klar ist, daß sie die meinigen sind und niemandes sonst.

Es ist schade, daß Sie Ihren Brief nicht mit Ihrem Argument gegen die Vollstreckung des Todesurteils »belastet« haben. Denn ich glaube, daß wir in der Diskussion dieser Frage am klarsten unsere wirklich bestehenden und nicht nur unsere vermeintlichen Differenzen hätten klarstellen können. Sie sagen, es war »historisch falsch«. Meiner Meinung nach war es *politisch* und *juristisch* (das Historische interessiert hier nicht) nicht nur richtig, es wäre schlechterdings unmöglich gewesen, das Urteil nicht zu vollstrecken. Man hätte das Todesurteil nur dann nicht zu vollziehen brauchen, wenn man Jaspers' Vorschlag gefolgt wäre und versucht hätte, Eichmann an die United Nations auszuliefern.[11] Das hat ja niemand gewollt, und es war vermutlich auch unmöglich, also mußte man ihn hängen. Gnade kam nicht in Frage, nicht nur aus juristischen Gründen – sie steht ja außerhalb des Rechtsapparates –, sondern weil sie der *Person* gilt im Unterschied zur Tat; der Gnadenakt verzeiht nicht den Mord, sondern begnadigt den *Mörder*, weil er mehr sein kann als seine Tat. Das traf bei Eichmann nicht zu. Und ihn am Leben zu lassen, ohne ihn zu begnadigen, war schon rein juristisch unmöglich.

Ganz zum Schluß komme ich zu der einzigen Sache, in der Sie mich nicht mißverstanden haben, bei der ich mich gefreut habe, daß Sie sie entdeckt haben, und zu der ich mich jetzt

---

11 Siehe dazu Karl Jaspers im Interview mit François Bondy (1961), in: ders., *Provokationen: Gespräche und Interviews*, hrsg. von Hans Saner, München: Piper (Paperback 76), 1969, S. 101–107.

doch nur ganz kurz äußern will. Sie haben vollkommen recht, I changed my mind und spreche nicht mehr vom radikal Bösen. Wir haben uns lange nicht gesehen, sonst wären wir vielleicht darauf zu sprechen gekommen. Unklar ist mir, warum Sie die Wendung von der »Banalität des Bösen« ein »Schlagwort« nennen. Soviel ich weiß, hat noch niemand das Wort gebraucht; aber das ist ja egal. Ich bin in der Tat heute der Meinung, daß das Böse immer nur extrem ist, aber niemals radikal, es hat keine Tiefe, auch keine Dämonie. Es kann die ganze Welt verwüsten, gerade weil es wie ein Pilz an der Oberfläche weiterwuchert. Tief aber und radikal ist immer nur das Gute. Aber, wie gesagt, ich möchte mich über diese Dinge nicht weiter äußern, da ich die Absicht habe, darüber noch einmal in anderem Zusammenhang und ausführlich zu handeln.[12] Aber das konkrete Modell für das, was ich meine, wird Herr Eichmann wohl bleiben.

Sie schlagen vor, Ihren Brief zu veröffentlichen, und fragen mich, ob ich etwas dagegen habe. Ich möchte von einer Transformation in die dritte Person abraten. Der Wert dieser Auseinandersetzung besteht darin, daß sie Briefcharakter hat und auf dem Boden der Freundschaft geführt wird. Wenn Sie also bereit sind, Ihren Brief mit meiner Antwort zugleich zu veröffentlichen, so habe ich selbstverständlich nichts dagegen.[13] Aber lassen wir es bei der Briefform.

Ihre Hannah

12 Siehe den 1971 erschienenen Essay »Thinking and Moral Considerations« (in der Bibliographie Titel Nr. 237) sowie Arendts Spätwerk *The Life of the Mind* (Titel Nr. 258), insbesondere dessen ersten Band.

13 Scholems maschinenschriftlicher Originalbrief wird bei den »Hannah Arendt Papers« in der Library of Congress aufbewahrt, ebenso eine Kopie von H. A.s Antwortbrief, dessen Text leicht von dem der Druckfassung abweicht.

2. Fernsehgespräch mit Thilo Koch

KOCH: Welches sind die Thesen Ihres umstrittenen Buches über Eichmann?

ARENDT: Das Buch enthält eigentlich keine Thesen. Es ist ein Bericht, in dem alle Tatsachen zu Wort kommen, die in dem Jerusalemer Prozeß verhandelt wurden. Während der Verhandlungen haben sowohl die Staatsanwaltschaft wie die Verteidigung bestimmte Thesen aufgestellt, die ich berichtete und von denen dann behauptet wurde, dies seien meine Thesen gewesen – so etwa die These, daß Eichmann nur ein »Rädchen« gewesen sei, oder daß die Juden hätten Widerstand leisten können. Was das letztere anlangt, so habe ich mich ausdrücklich dagegen gewandt, und was die Rädchentheorie betrifft, so habe ich nur berichtet, daß Eichmann nicht die Meinung seines Verteidigers teilte.

Der Streit um das Buch geht leider großenteils um Tatsachen und nicht um Thesen oder Meinungen, um Tatsachen, die zu Theorien umfrisiert werden, um ihnen ihren Tatsachencharakter zu nehmen. Im Mittelpunkt des Buches wie des Prozesses steht die Person des Angeklagten. Was an den Tag kam, als über seine Schuld verhandelt wurde, war die Totalität des moralischen Zusammenbruchs im Herzen Europas in ihrer ganzen furchtbaren Tatsächlichkeit. Dieser Tatsächlichkeit kann man auf die verschiedensten Arten ausweichen – indem man sie leugnet, indem man auf sie mit pathetischen, zu nichts verpflichtenden Schuldbekenntnissen reagiert, in denen alles Spezifische untergeht, indem man von einer Kollektivschuld

Nachdruck von »Der ›Fall Eichmann‹ und die Deutschen: Ein Gespräch mit Thilo Koch«, aus *Gespräche mit Hannah Arendt*, hrsg. von Adelbert Reif, München: Piper, 1976 (Serie Piper), S. 35–40. Das Gespräch wurde am 24. Jan. 1964 für die Sendereihe »Panorama« in New York aufgezeichnet. Anlaß waren die heftigen öffentlichen Angriffe auf H. A. wegen ihres Buches *Eichmann in Jerusalem*, das 1963 erschienen war (siehe unten in der Bibliographie Titel Nr. 170). – Die Fußnoten stammen von der Herausgeberin.

des deutschen Volkes spricht oder indem man behauptet, was in Auschwitz geschah, sei nur die Konsequenz des uralten Judenhasses – das größte Pogrom aller Zeiten.

KOCH: Was man die »unbewältigte Vergangenheit der Juden« genannt hat, ist also nur ein kleiner Teil Ihrer Gedanken im Zusammenhang mit dem Jerusalemer Prozeß?

ARENDT: Da Sie mich nach meinen Gedanken fragen, kann ich nur sagen, daß die »unbewältigte Vergangenheit der Juden« in ihnen ursprünglich gar keine Rolle gespielt hat. Sie kam im Prozeß vor, und ich habe darüber berichtet. Eichmanns Taten haben sich in einer Umgebung abgespielt und nicht im luftleeren Raum. Die jüdischen Funktionäre waren Teil dieser Umgebung. Er selbst hat von seiner »Zusammenarbeit« mit den jüdischen Funktionären sehr ausführlich gesprochen in dem Polizeiverhör in Jerusalem und davor bereits in dem Interview, das er dem holländischen Nazijournalisten Sassen in Argentinien gegeben hatte.[1]

Man hat daraus, daß ich auf diese Tatsachen zu sprechen gekommen bin, geschlossen, ich hätte so etwas wie die Darstellung der Vernichtung des europäischen Judentums geben wollen, in welcher allerdings die Tätigkeit der Judenräte den ihr gehörigen Platz haben müßte. Ich habe dies aber niemals gewollt. Mein Buch ist der Bericht des Prozesses, nicht die Darstellung dieser Geschichte. Wer die Geschichte dieser Zeit schreiben will, wird nicht ausgerechnet den Eichmann-Prozeß zum Ausgangspunkt wählen.

Um aber auf unseren, den jüdischen Teil an der »unbewältigten Vergangenheit« zurückzukommen, so muß ich sagen, daß mir selbst erst durch die phantastische Propaganda der jüdischen Organisationen gegen mich, deren Wirkung sich weit über die Grenzen des eigentlich jüdischen Sektors geltend gemacht hat, klar wurde, ein wie schweres Problem offenbar diese »unbewältigte Vergangenheit« nicht so sehr im Bewußt-

---

1 Das sog. Sassen-Interview beruht auf Gesprächen, die der holländische Journalist, Willem S. Sassen, ein ehemaliges Mitglied der Waffen-SS, im Jahre 1955 mit Eichmann führte. Erste Veröffentlichung (Kurzfassung) in *Der Stern* (Juli 1960); ausführliche Fassung unter dem Titel »Eichmann Tells His Own Damning Story«, in: *Life*, 28. Nov. und 5. Dez. 1960.

sein des Volkes als im Bewußtsein der jüdischen Funktionärs-
schicht und dessen, was man zu Recht das »jüdische Establishment« genannt hat, darstellt.

KOCH: Wie konnte es zu dem Mißverständnis kommen, Ihr
Buch, Ihre Berichterstattung vom Eichmann-Prozeß seien
eine indirekte Entschuldigung oder Bagatellisierung der NS-
Verbrechen?

ARENDT: Hier, scheint mir, handelt es sich um zweierlei, nämlich einmal um eine böswillige Entstellung und zweitens um
ein echtes Mißverständnis. Daß ich die Verbrechen der Nazi-
zeit »entschuldigt« habe, kann niemand behaupten, der mein
Buch gelesen hat. Es ist damit ähnlich wie mit dem Hochhuth-
schen Buch[2] gegangen: Da Hochhuth die Stellung Pacellis zu
Zeiten der Endlösung kritisiert hat, hat man behauptet, er
habe damit Hitler und die SS entschuldigt und Pius XII. als
den eigentlichen Schuldigen dargestellt. Auf diesen Unsinn,
den niemand behauptet hat und der leicht zu entkräften ist,
versucht man die Diskussion festzulegen. Genau so steht es
mit einem Teil des Streits um das Eichmann-Buch. Man behauptet, ich hätte Eichmann »entschuldigt«, und beweist dann
Eichmanns Schuld – meist noch mit Zitaten, die aus meinem
Buch stammen. Die Meinungsmanipulation in der modernen
Welt wird bekanntlich weitgehend durch die Methoden des
»image making« bewirkt, d. h. dadurch, daß man bestimmte
»Bilder« in die Welt setzt, die nicht nur nichts mit der Realität
zu tun haben, sondern häufig nur dazu dienen, bestimmte un-
angenehme Realitäten zu verdecken. Dies ist im Falle des
Eichmann-Buches mit beträchtlichem Erfolg geschehen. Ein
großer Teil der Ihnen ja bekannten Diskussion hier in Amerika wie in Europa ist schon darum nicht zu beantworten, weil
sie sich um ein Buch dreht, das niemand geschrieben hat.

Was nun das echte Mißverständnis anlangt: Der Untertitel
»Von der Banalität des Bösen« ist vielfach wirklich mißver-
standen worden. Nichts hat mir ferner gelegen, als das größte
Unheil unseres Jahrhunderts zu bagatellisieren. Was banal ist,

---

2 Gemeint ist Rolf Hochhuths Theaterstück *Der Stellvertreter: Ein christliches
  Trauerspiel* (1963), vgl. H. A. zur Verteidigung von Hochhuth: »»The Deputy‹: Guilt by Silence?«, Bibliographie Titel Nr. 179.

ist darum weder eine Bagatelle noch etwas häufig Vorkommendes. Ich kann einen Gedanken oder ein Gefühl banal finden, auch wenn noch niemand dergleichen je vorher geäußert hat und die Konsequenzen in eine Katastrophe führen. So hat z. B. Tocqueville in der Mitte des vorigen Jahrhunderts auf die damals noch recht originellen, aber gleichzeitig sowohl »verderblichen« wie oberflächlichen Rasse-Theorien von Gobineau reagiert.[3] Das Unheil war folgenschwer. War es darum auch bedeutungsschwer? Man hat vielfach versucht, wie Sie ja wissen, den Nationalsozialismus in die Tiefen der deutschen oder sogar der allgemein europäischen geistigen Vergangenheit zu verfolgen. Ich halte diese Versuche für falsch und auch für verderblich, weil sie das eigentlich hervorstechende Merkmal des Phänomens, nämlich seine bodenlose Niveaulosigkeit, wegdisputieren. Daß etwas gleichsam aus der Gosse geboren werden kann, ohne allen Tiefgang, und doch Macht über nahezu alle Menschen gewinnt, das ist doch gerade das Furchtbare an dem Phänomen.

Koch: Darum halten Sie es also für so wichtig, Eichmann und den Fall Eichmann zu entdämonisieren?

Arendt: Ich bin nicht der Meinung, daß ich Eichmann entdämonisiert habe, sondern daß er dies selbst besorgt hat, und zwar so gründlich, daß es bis an die Grenzen des echt Komischen ging. Ich habe nur darauf hinweisen wollen, wie es um die »Dämonie« bestellt ist, wenn man sie sich von nahem ansieht. Ich selber habe daraus viel gelernt, und ich glaube allerdings, daß es wichtig wäre, daß auch andere daraus lernten. Gerade das vermeintlich Dämonische des Bösen, das noch dazu sich auf die Sage von Luzifer, dem gefallenen Engel, berufen kann, übt ja eine so außerordentliche Anziehungskraft auf die Menschen aus. (Ich darf Sie vielleicht an Stefan Georges Verse in dem Gedicht »Der Täter« erinnern – »Wer nie am Bruder den Fleck für den Dolchstoß ermaß / Wie arm ist sein Leben und wie dünn das Gedachte«[4].) Gerade weil die Verbrecher nicht von den

3 Siehe den Briefwechsel zwischen Alexis de Tocqueville und Arthur de Gobineau, in: Tocqueville, *Œuvres complètes*, Paris: Gallimard, Bd. 9 (1959).
4 Die zitierte Stelle aus Georges Gedicht »Der Täter« (aus dem Zyklus »Der Teppich des Lebens«) lautet genau: »Wer niemals am bruder den fleck für

uns bekannten bösen und mörderischen Motiven getrieben wurden – sie haben gemordet, nicht um zu morden, sondern weil es zur Karriere gehörte –, hat es uns allen nur zu nahe gelegen, das Unheil zu dämonisieren und eine geschichtliche Bedeutung in ihm zu entdecken. Und ich gebe zu: Es ist leichter zu ertragen, das Opfer eines Teufels in Menschengestalt oder, im Sinne des Staatsanwalts im Eichmann-Prozeß, eines seit Pharao und Haman waltenden geschichtlichen Gesetzes, also das Opfer eines metaphysischen Prinzips zu sein, als das eines beliebigen Hanswursts, der noch nicht einmal verrückt oder ein besonders böser Mensch ist. Was wir alle an der Vergangenheit nicht bewältigen können, ist doch nicht etwa die Zahl der Opfer, sondern gerade auch die Schäbigkeit dieser Massenmörder ohne Schuldbewußtsein und die gedankenlose Minderwertigkeit ihrer sogenannten Ideale. »Man hat unseren Idealismus mißbraucht« – so hört man es heute nicht selten von ehemaligen Nazis, die sich eines Besseren besonnen haben. Ja, in der Tat – aber was für eine minderwertige Angelegenheit ist dieser Idealismus immer gewesen!

KOCH: Welchen Beitrag könnte Ihr jetzt in Deutschland erscheinendes Buch leisten zur Bewältigung der deutschen NS-Vergangenheit von 1933 bis 1945 durch uns Deutsche im Jahre 1964?

ARENDT: Mit dieser Frage bin ich eigentlich überfragt. Immerhin darf ich vielleicht etwas erwähnen, was mich seit langem, eigentlich seit 1949, als ich zum ersten Mal wieder nach Deutschland kam, beunruhigt. Meiner Erfahrung nach sprechen alle Deutschen, die nie in ihrem Leben das geringste Unrecht begangen haben, sehr eindringlich davon, wie schuldig sie sich fühlen, während man nur einen ehemaligen Nazi zu treffen braucht, um mit dem besten Gewissen von der Welt konfrontiert zu werden – und dies auch dann, wenn er einen nicht direkt anlügt und das gute Gewissen nicht der Tarnung dient.

In den ersten Nachkriegsjahren habe ich mir diese pauschalen Schuldbekenntnisse noch im Sinne jenes großartigen Wortes von Jaspers unmittelbar nach dem Zusammenbruch

---

den dolchstoss bemass / Wie leicht ist sein Leben und wie dünn das gedachte / Dem der von des schierlings betäubenden körnern nicht ass!«

Deutschlands erklärt: »Daß wir leben, ist unsere Schuld.«[5] Inzwischen aber, vor allem angesichts der ja wirklich erstaunlichen Unbekümmertheit, mit der man in Deutschland bis zur Gefangennahme von Eichmann sich offenbar damit abgefunden hatte, »die Mörder unter uns« zu wissen, ohne ihnen den Prozeß zu machen, ja ihnen vielfach zu ermöglichen, ihre Karrieren ruhig fortzusetzen – nun natürlich ohne Mord und Totschlag –, als sei nichts oder doch beinahe nichts passiert, nun also, da all dies in den letzten Jahren an den Tag gekommen ist, sind mir doch Bedenken über die Schulderklärungen der Unschuldigen gekommen. Diese Erklärungen gerade haben vielfach dazu gedient, die Schuldigen zu decken. Wo alle rufen: Wir sind schuldig, kann man wirklich begangene Verbrechen nicht mehr entdecken. Ob einer an dem Massaker von Hunderttausenden mitgewirkt hat oder ob er nur geschwiegen und in der Verborgenheit gelebt hat, wird zu einer Frage unerheblicher Gradunterschiede. Dies, meine ich, ist unerträglich.

Und in die gleiche Kategorie des Unerträglichen gehört meines Erachtens das neueste Gerede von dem »Eichmann in uns« – als habe jeder, nur weil er eben ein Mensch ist, unweigerlich einen »Eichmann« in sich. Oder auch die neuesten Einwände gegen die Naziverbrecherprozesse, die bereits anläßlich des Eichmann-Prozesses geltend gemacht wurden, daß dies nur dazu führe, Sündenböcke zu finden, auf deren Kosten das deutsche Volk sich dann wieder kollektiv unschuldig fühlen würde.

Politisch muß das deutsche Volk ohnehin die Verantwortung für die in seinem Namen und von Gliedern der Nation verübten Verbrechen übernehmen, und daran zweifelt wohl auch heute nur noch eine nicht sehr erhebliche Minderheit. Mit persönlichen Gefühlen des einzelnen aber hat das gar nichts zu tun. Politisch, scheint mir, wird das deutsche Volk berechtigt sein, diese furchtbare Vergangenheit für bewältigt zu erklären, wenn es die Mörder, die immer noch unter ihm unbehelligt leben, abgeurteilt und alle wirklich Belasteten aus

---

5 Karl Jaspers in seiner Rede »Erneuerung der Universität« (1945), in: ders., *Rechenschaft und Ausblick*, München: Piper, 1951, S. 137–147, S. 138.

den Positionen des öffentlichen, nicht des privaten und des Geschäftslebens entfernt hat. Wenn das nicht geschieht, wird die Vergangenheit trotz allen Geredes unbewältigt bleiben – oder man wird warten müssen, bis wir alle tot sind.

3. Fernsehgespräch mit Günter Gaus

GAUS: Frau Hannah Arendt. Sie sind die erste Frau, die in dieser Reihe vorgestellt werden soll. Die erste Frau, wenn auch freilich mit einer nach landläufiger Vorstellung höchst männlichen Beschäftigung: Sie sind Philosophin. Ich komme von dieser Vorbemerkung zu meiner ersten Frage: Empfinden Sie Ihre Rolle im Kreis der Philosophen, trotz der Anerkennung und des Respekts, die man Ihnen zollt, als eine Besonderheit – oder berühren wir damit ein Emanzipationsproblem, das für Sie nie existiert hat?

ARENDT: Ja, ich fürchte, ich muß erst einmal protestieren. Ich gehöre nicht in den Kreis der Philosophen. Mein Beruf – wenn man davon überhaupt sprechen kann – ist politische Theorie. Ich fühle mich keineswegs als Philosophin. Ich glaube auch nicht, daß ich in den Kreis der Philosophen aufgenommen worden bin, wie Sie freundlicherweise meinen. Aber wenn wir auf die andere Frage zu sprechen kommen, die Sie in der Vorbemerkung anschnitten: Sie sagen, es ist landläufig eine männliche Beschäftigung. Das braucht ja nicht eine männliche Beschäftigung zu bleiben! Es könnte ja durchaus sein, daß eine Frau einmal eine Philosophin sein wird ...

GAUS: Ich halte Sie für eine Philosophin ...

ARENDT: Ja, also dagegen kann ich nichts machen, aber meine Meinung ist, daß ich keine Philosophin bin. Ich habe meiner Meinung nach der Philosophie doch endgültig Valet gesagt. Ich habe Philosophie studiert, wie Sie wissen, aber das besagt ja noch nicht, daß ich dabei geblieben bin.

Nachdruck mit einigen kleinen Berichtigungen von »Was bleibt? Es bleibt die Muttersprache« aus Günter Gaus, *Zur Person: Porträts in Frage und Antwort*, 2 Bde., München: Feder, 1964, Bd. 1, S. 13–32. Das Gespräch wurde am 28. Oktober 1964 im Zweiten Deutschen Fernsehen gesendet (siehe weiter unten in der Bibliographie Titel Nr. 185). Die Fußnoten stammen von der Herausgeberin. – Siehe auch in dieser Ausgabe S. 183 f.

GAUS: Aber ich würde dennoch gerne – ich bin sehr froh, daß wir auf diesen Punkt gekommen sind – von Ihnen genauer wissen, wo Sie den Unterschied zwischen der politischen Philosophie und Ihrer Arbeit als Professor für politische Theorie sehen? Wenn ich an einige Ihrer Werke denke, etwa an die *Vita activa,* dann möchte ich Sie doch unter die Philosophen einreihen dürfen, solange Sie mir nicht den Unterschied genauer definieren.

ARENDT: Sehen Sie, der Unterschied liegt eigentlich in der Sache selbst. Der Ausdruck »politische Philosophie«, den ich vermeide, dieser Ausdruck ist außerordentlich vorbelastet durch die Tradition. Wenn ich über diese Dinge spreche, akademisch oder nicht akademisch, so erwähne ich immer, daß es zwischen Philosophie und Politik eine Spannung gibt. Nämlich zwischen dem Menschen, insofern er ein philosophierendes, und dem Menschen, insofern er ein handelndes Wesen ist – eine Spannung, die es bei der Naturphilosophie nicht gibt. Der Philosoph steht der Natur gegenüber wie alle anderen Menschen auch. Wenn er darüber denkt, spricht er im Namen der ganzen Menschheit. Aber er steht nicht neutral der Politik gegenüber. Seit Plato nicht!

GAUS: Ich verstehe, was Sie meinen.

ARENDT: Und so gibt es eine Art von Feindseligkeit gegen alle Politik bei den meisten Philosophen, ganz wenige ausgenommen. Kant ist ausgenommen. Eine Feindseligkeit, die für diesen Komplex außerordentlich wichtig ist, weil es keine Personalfrage ist. Es liegt im Wesen der Sache selber.

GAUS: Sie wollen an dieser Feindseligkeit gegenüber der Politik keinen Teil haben, weil Sie glauben, daß es Ihre Arbeit belasten würde?

ARENDT: »Ich will an der Feindseligkeit keinen Teil haben«, das sagt: Ich will Politik sehen mit, gewissermaßen, von der Philosophie ungetrübten Augen.

GAUS: Ich verstehe. Nun, bitte, noch einmal die Emanzipationsfrage. Hat es dieses Problem für Sie gegeben?

ARENDT: Ja, das Problem als solches gibt es natürlich immer. Ich bin eigentlich altmodisch gewesen. Ich war immer der Meinung, es gibt bestimmte Beschäftigungen, die sich für Frauen nicht schicken, die ihnen nicht stehen, wenn ich einmal so sagen darf. Es sieht nicht gut aus, wenn eine Frau Befehle erteilt. Sie soll versuchen, nicht in solche Positionen zu kommen, wenn ihr daran liegt, weibliche Qualitäten zu behalten. Ob ich damit recht habe oder nicht, weiß ich nicht. Ich selber habe mich irgendwie, mehr oder minder unbewußt – oder sagen wir besser: mehr oder minder bewußt – danach gerichtet. Das Problem selber hat für mich persönlich keine Rolle gespielt. Sehen Sie, ich habe einfach gemacht, was ich gerne machen wollte.

GAUS: Ihre Arbeit – wir werden auf Einzelheiten sicherlich noch kommen – ist in wichtigen Teilen auf die Erkenntnis der Bedingungen gerichtet, unter denen politisches Handeln und Verhalten zustande kommen. Wollen Sie mit diesen Arbeiten eine Wirkung auch in der Breite erzielen, oder glauben Sie, daß eine solche Wirkung in der heutigen Zeit gar nicht mehr möglich ist – oder ist Ihnen ein solcher Breiteneffekt nebensächlich?

ARENDT: Wissen Sie, das ist wieder so eine Sache. Wenn ich ganz ehrlich sprechen soll, dann muß ich sagen: Wenn ich arbeite, bin ich an Wirkung nicht interessiert.

GAUS: Und wenn die Arbeit fertig ist?

ARENDT: Ja, dann bin ich damit fertig. Wissen Sie, wesentlich ist für mich: Ich muß verstehen. Zu diesem Verstehen gehört bei mir auch das Schreiben. Das Schreiben ist, nicht wahr, Teil in dem Verstehensprozeß.

GAUS: Wenn Sie schreiben, so dient es Ihrem eigenen, weiteren Erkennen.

ARENDT: Ja, weil jetzt bestimmte Dinge festgelegt sind. Nehmen wir an, man hätte ein sehr gutes Gedächtnis, so daß man wirklich alles behält, was man denkt: Ich zweifle sehr daran, da ich meine Faulheit kenne, daß ich je irgend etwas notiert hätte. Worauf es mir ankommt, ist der Denkprozeß selber. Wenn ich das habe, bin ich persönlich ganz zufrieden. Wenn es mir dann gelingt, es im Schreiben adäquat auszudrücken, bin ich auch wieder zufrieden.

Jetzt fragen Sie nach der Wirkung. Es ist das – wenn ich ironisch reden darf – eine männliche Frage. Männer wollen immer furchtbar gern wirken; aber ich sehe das gewissermaßen von außen. Ich selber wirken? Nein, ich will verstehen. Und wenn andere Menschen verstehen – im selben Sinne, wie ich verstanden habe –, dann gibt mir das eine Befriedigung wie ein Heimatgefühl.

GAUS: Schreiben Sie leicht? Formulieren Sie leicht?

ARENDT: Manchmal ja, manchmal nein. Aber allgemein kann ich sagen, ich schreibe niemals, bevor ich nicht sozusagen abschreibe.

GAUS: Nachdem Sie schon vorgedacht haben.

ARENDT: Ja. Ich weiß genau, was ich schreiben will. Vorher schreibe ich nicht. Ich schreibe meistens nur eine Niederschrift. Und das geht dann verhältnismäßig rasch, weil es eigentlich nur davon abhängt, wie rasch ich tippe.

GAUS: Die Beschäftigung mit der politischen Theorie, mit dem politischen Handeln und Verhalten steht heute im Mittelpunkt Ihrer Arbeit. Unter diesen Umständen scheint mir besonders interessant, was ich in einem Briefwechsel gefunden habe, den Sie mit dem israelischen Professor Scholem gehabt haben. Darin haben Sie geschrieben, wenn ich zitieren darf, daß Sie sich »in der Jugend weder für Politik noch für Geschichte interessiert« hätten.[1] Sie sind, Frau Arendt, im Jahre 1933 als Jüdin aus Deutschland emigriert. Damals waren Sie sechsundzwanzig Jahre alt. Hat Ihre Beschäftigung mit der Politik, das Aufhören des Desinteressements an Politik und Geschichte, einen ursächlichen Zusammenhang mit diesen Vorgängen?

ARENDT: Ja, selbstverständlich. Im Jahre 1933 war dieses Desinteressement nicht mehr möglich. Es war schon vorher nicht mehr möglich.

GAUS: Und hat auch vorher bei Ihnen schon aufgehört?

ARENDT: Ja, natürlich. Ich habe doch mit Spannung Zeitung gelesen. Ich habe doch Meinungen gehabt. Ich habe keiner Partei angehört, ich hatte auch gar kein Bedürfnis danach. Ich war seit 1931 fest davon überzeugt, daß die Nazis ans Ruder kommen würden. Und ich habe doch in ständiger Auseinandersetzung mit anderen Menschen über diese Probleme gestanden. Aber systematisch habe ich mich eigentlich erst in der Emigration mit diesen Dingen befaßt.

---

1 In dieser Ausgabe S. 31.

GAUS: Ich habe eine Zusatzfrage zu dem, was Sie eben gesagt haben. Ausgehend von der Überzeugung seit 1931, daß der Machtantritt der Nazis sich nicht verhindern lassen würde, hat es Sie nicht gedrängt, aktiv etwas dagegen zu tun, zum Beispiel durch Eintritt in eine Partei – oder haben Sie dies nicht mehr für sinnvoll gehalten?

ARENDT: Ich persönlich hielt es nicht für sinnvoll. Wenn ich es für sinnvoll gehalten hätte – das ist alles sehr schwer nachträglich zu sagen –, dann hätte ich vielleicht etwas gemacht. Ich hielt es für hoffnungslos.

GAUS: Gibt es in Ihrer Erinnerung ein bestimmtes Vorkommnis, von dem an Sie Ihre Hinwendung zum Politischen datieren könnten?

ARENDT: Ich könnte den 27. Februar 1933, den Reichstagsbrand, und die darauf in derselben Nacht erfolgten illegalen Verhaftungen nennen. Die sogenannten Schutzhaften. Sie wissen, die Leute kamen in Gestapo-Keller oder in Konzentrationslager. Was dann losging, war ungeheuerlich und ist heute oft von den späteren Dingen überblendet worden. Dies war für mich ein unmittelbarer Schock, und von dem Moment an habe ich mich verantwortlich gefühlt. Das heißt, ich war nicht mehr der Meinung, daß man jetzt einfach zusehen kann. Ich habe versucht zu helfen in manchen Dingen. Aber das, was mich dann unmittelbar aus Deutschland weggeführt hat – wenn ich das erzählen soll – ich habe es niemals erzählt, weil es ja auch ganz belanglos ist.

GAUS: Erzählen Sie, bitte.

ARENDT: Ich hatte sowieso die Absicht zu emigrieren. Ich war sofort der Meinung: Juden können nicht bleiben. Ich hatte nicht die Absicht, in Deutschland sozusagen als Staatsbürger zweiter Klasse herumzulaufen, in welcher Form auch immer. Ich war außerdem der Meinung, daß die Sachen immer schlimmer werden würden. Trotzdem bin ich schließlich nicht auf so eine friedliche Weise abgezogen. Und ich muß sagen, ich verspürte darüber eine gewisse Befriedigung. Ich wurde verhaftet, mußte illegal das Land verlassen – ich erzähle es Ihnen gleich –, ich hatte sofort eine Befriedigung darüber. Ich dachte, wenigstens habe ich etwas gemacht! Wenigstens bin ich nicht unschuldig. Das soll mir keiner nachsagen!

Nun, die Gelegenheit dazu gab mir damals die zionistische Organisation.[2] Ich war mit einigen der führenden Leute, vor allen Dingen dem damaligen Präsidenten, Kurt Blumenfeld, sehr eng befreundet. Aber ich war keine Zionistin. Man hat auch nicht versucht, mich dazu zu machen. Immerhin war ich in gewissem Sinne davon beeinflußt; nämlich in der Kritik, in der Selbstkritik, die die Zionisten im jüdischen Volke entfaltet haben. Davon war ich beeinflußt, davon war ich beeindruckt, aber politisch hatte ich nichts damit zu tun. Nun, 33 traten Blumenfeld und ein anderer, den Sie nicht kennen, an mich heran und sagten zu mir: Wir wollen eine Sammlung anlegen aller antisemitischen Äußerungen auf unterer Ebene. Also sagen wir einmal, Äußerungen in Vereinen, allen Arten von Berufsvereinen, allen möglichen Fachzeitschriften; kurz: dasjenige, was im Ausland nicht bekannt wird. Diese Sammlung zu veranstalten, das fiel damals unter »Greuelpropaganda«, wie man es nannte. Das konnte kein Mensch machen, der bei den Zionisten organisiert war. Weil, wenn er hochging, die Organisation hochging.

GAUS: Natürlich.

ARENDT: Ist doch klar. Sie fragten: »Willst du es machen?« Sage ich: »Natürlich.« Ich war sehr zufrieden. Erstens schien mir das sehr vernünftig, und zweitens hatte ich das Gefühl, man kann doch irgendwas tun.

GAUS: Sie sind im Zusammenhang mit dieser Arbeit verhaftet worden?

ARENDT: Ja. Da bin ich hochgegangen. Ich habe sehr großes Glück gehabt. Nach acht Tagen bin ich rausgekommen, weil ich – der Kriminalbeamte, der mich verhaftete, mit dem freundete ich mich an. Das war ein reizender Kerl. Der war ursprünglich von der Kriminalpolizei in die politische Abteilung avanciert. Der hatte keine Ahnung. Was sollte er da? Er sagte mir immer: »Gewöhnlich habe ich doch da jemand vor mir sitzen, da sehe ich bloß nach, dann weiß ich schon, was das ist. Aber, was tue ich mit Ihnen?«

GAUS: Das war in Berlin?

ARENDT: Das war in Berlin. Ich habe den Mann leider belü-

---

2 Gemeint ist die Zionistische Vereinigung für Deutschland.

gen müssen. Ich durfte ja die Organisation nicht hochgehen lassen. Ich habe ihm phantastische Geschichten erzählt, und er sagte immer: »Ich habe Sie hier hereingebracht. Ich kriege Sie auch wieder raus. Nehmen Sie keinen Anwalt! Die Juden haben doch jetzt kein Geld. Sparen Sie Ihr Geld!« Inzwischen hatte die Organisation für mich einen Anwalt besorgt. Natürlich wieder durch Mitglieder. Und diesen Anwalt schickte ich weg. Weil dieser Mann, der mich verhaftet hatte, so ein offenes, anständiges Gesicht hatte. Ich verließ mich auf ihn und dachte, das ist eine viel bessere Chance als irgendein Anwalt, der ja doch bloß Angst hat.

GAUS: Und Sie kamen raus und konnten Deutschland verlassen?

ARENDT: Ich kam raus, mußte aber illegal über die grüne Grenze, weil die Sache natürlich weiterlief.

GAUS: In dem schon erwähnten Briefwechsel, Frau Arendt, haben Sie eine Art Mahnung Scholems, Sie möchten doch stets Ihrer Zugehörigkeit zum jüdischen Volk eingedenk sein, sehr klar als überflüssig zurückgewiesen. Sie schrieben – ich zitiere wieder –: »Jude sein gehört für mich zu den unbezweifelbaren Gegebenheiten meines Lebens, und ich habe an solchen Faktizitäten niemals etwas ändern wollen«,[3] nicht einmal in der Kindheit. Dazu hätte ich gerne einige Fragen gestellt. Sie sind 1906 in Hannover als Tochter eines Ingenieurs geboren und in Königsberg aufgewachsen. Können Sie mir aus Ihrer Erinnerung berichten, was es seinerzeit für ein Kind im Vorkriegsdeutschland bedeutet hat, aus einer jüdischen Familie zu stammen?

ARENDT: Allgemein könnte ich die Frage nicht wahrheitsgemäß beantworten. Was die persönliche Erinnerung angeht: Ich habe von Hause aus nicht gewußt, daß ich Jüdin bin. Meine Mutter war gänzlich areligiös.

GAUS: Ihr Vater ist früh gestorben.

ARENDT: Mein Vater ist früh gestorben. Es klingt alles sehr komisch. Mein Großvater war Präsident der liberalen Gemeinde und Stadtverordneter von Königsberg. Ich komme aus einer alten Königsberger Familie. Trotzdem, das Wort »Jude«

---

3 In dieser Ausgabe S. 32.

ist bei uns nie gefallen, als ich ein kleines Kind war. Es wurde mir zum ersten Mal entgegengebracht durch antisemitische Bemerkungen – es lohnt sich nicht zu erzählen – von Kindern auf der Straße. Daraufhin wurde ich also sozusagen »aufgeklärt«.

GAUS: War das für Sie ein Schock?

ARENDT: Nein.

GAUS: Hatten Sie damit das Gefühl, jetzt bin ich etwas Besonderes?

ARENDT: Ja, sehen Sie, das ist eine andere Sache. Ein Schock war es für mich gar nicht. Ich dachte mir: Ja also, so ist es. Ob ich das Gefühl gehabt habe, daß ich etwas Besonderes bin? Ja! Aber das kann ich Ihnen heute nicht mehr auseinanderklabüstern.

GAUS: Welche Vorstellungen das waren?

ARENDT: Ich bin der Meinung, objektiv, daß das mit dem Jüdischsein zusammenhing. Ich wußte zum Beispiel als Kind – als etwas älteres Kind jetzt –, daß ich jüdisch aussehe. Das heißt, daß ich anders aussehe als die andern. Das war mir sehr bewußt. Aber nicht in der Form einer Minderwertigkeit; sondern das war eben so. Und dann, meine Mutter, mein Elternhaus sozusagen, war ein bißchen anders, als es gewöhnlich ist. Es war so viel Besonderes daran, auch gegenüber den anderen jüdischen Kindern oder den Kindern aus der Familie sogar, daß für ein Kind sehr schlecht festzustellen war, wo war nun das Besondere?

GAUS: Ich möchte gerne das, was Sie das Besondere Ihres Elternhauses genannt haben, etwas erläutert bekommen. Sie sagen, daß es für Ihre Mutter nie eine Notwendigkeit gegeben hatte – bis Ihnen das auf der Straße widerfuhr –, Sie über Ihre Zugehörigkeit zum Judentum aufzuklären. War die Bewußtheit, Jude zu sein, die Sie für sich in dem Brief an Scholem reklamieren, Ihrer Mutter verlorengegangen? Spielte das für sie gar keine Rolle mehr? War hier eine Assimilation geglückt, oder gab sich Ihre Mutter der Täuschung hin, daß sie geglückt sei?

ARENDT: Meine Mutter war nicht sehr theoretisch veranlagt. Daß sie da irgendwelche spezielle Vorstellungen gehabt hat, glaube ich nicht. Sie selber kam aus der sozialdemokratischen

Bewegung, aus dem Kreis um die *Sozialistischen Monatshefte*[4]; auch mein Vater, vor allen Dingen aber meine Mutter. Und die Frage hat keine Rolle für sie gespielt. Sie war selbstverständlich Jüdin. Sie würde mich nie getauft haben! Ich nehme an, sie würde mich rechts und links geohrfeigt haben, wäre sie je dahintergekommen, daß ich etwa verleugnet hätte, Jüdin zu sein. Kam nicht auf die Platte, sozusagen. Kam gar nicht in Frage! Aber die Frage selber hat natürlich in den zwanziger Jahren, in denen ich jung war, eine viel größere Rolle gespielt als für meine Mutter. Und für meine Mutter spielte sie, als ich erwachsen war, auch eine viel größere Rolle als vorher in ihrem Leben. Das liegt aber an den äußeren Umständen.

Ich, zum Beispiel, glaube nicht, daß ich mich je als Deutsche – im Sinne der Volkszugehörigkeit, nicht der Staatsangehörigkeit, wenn ich mal den Unterschied machen darf – betrachtet habe. Ich besinne mich darauf, daß ich so um das Jahr 30 herum Diskussionen darüber zum Beispiel mit Jaspers hatte. Er sagte: »Natürlich sind Sie Deutsche!« Ich sagte: »Das sieht man doch, ich bin keine!«[5] Das hat aber für mich keine Rolle gespielt. Ich habe das nicht etwa als Minderwertigkeit empfunden. Das gerade war nicht der Fall.

Und wenn ich noch einmal auf das Besondere meines Elternhauses zurückkommen darf: Sehen Sie, der Antisemitismus ist allen jüdischen Kindern begegnet. Und er hat die Seelen vieler Kinder vergiftet. Der Unterschied bei uns war, daß meine Mutter immer auf dem Standpunkt stand: Man darf sich nicht ducken! Man muß sich wehren! Wenn etwa von meinen Lehrern antisemitische Bemerkungen gemacht wurden – meistens gar nicht mit Bezug auf mich, sondern in bezug auf andere jüdische Schülerinnen, zum Beispiel ostjüdische Schülerinnen –, dann war ich angewiesen, sofort aufzustehen, die Klasse zu verlassen, nach Hause zu kommen, alles genau zu

---

4 Die Zeitschrift *Sozialistische Monatshefte* (1897–1933), welche die 1895 gegründete theoretische Zeitschrift der Sozialdemokratie *Der sozialistische Akademiker* fortführte und wie diese niemals ein offizielles Organ der SPD gewesen ist, gilt als Forum des »Revisionismus« in der SPD. Ihr Herausgeber war Joseph Bloch, der Sohn eines bekannten Königsberger Talmud-Gelehrten.

5 Vgl. dazu auch in dieser Ausgabe S. 205 ff.

Protokoll zu geben. Dann schrieb meine Mutter einen ihrer vielen eingeschriebenen Briefe; und die Sache war für mich natürlich völlig erledigt. Ich hatte einen Tag schulfrei, und das war doch ganz schön. Wenn es aber von Kindern kam, habe ich es zu Hause nicht erzählen dürfen. Das galt nicht. Was von Kindern kommt, dagegen wehrt man sich selber. Und so sind diese Sachen für mich nie zum Problem geworden. Es gab Verhaltensmaßregeln, in denen ich sozusagen meine Würde behielt und geschützt war, absolut geschützt zu Hause.

GAUS: Sie haben in Marburg, Heidelberg und Freiburg studiert bei den Professoren Heidegger, Bultmann und Jaspers; im Hauptfach Philosophie und daneben Theologie und Griechisch. Wie ist es zu dieser Studienwahl gekommen?

ARENDT: Ja, wissen Sie, das habe ich mir auch oft überlegt. Ich kann dazu nur sagen: Philosophie stand fest. Seit meinem vierzehnten Lebensjahr.

GAUS: Warum?

ARENDT: Ja, ich habe Kant gelesen. Da können Sie fragen: Warum haben Sie Kant gelesen? Irgendwie war es für mich die Frage: Entweder kann ich Philosophie studieren, oder ich gehe ins Wasser sozusagen. Aber nicht etwa, weil ich das Leben nicht liebte! Nein! Ich sagte vorhin – dieses Verstehenmüssen.

GAUS: Ja.

ARENDT: Das Bedürfnis zu verstehen, das war sehr früh schon da. Sehen Sie, die Bücher gab's alle zu Hause, die zog man aus der Bibliothek.

GAUS: Haben Sie außer Kant Lektüreerlebnisse, an die Sie sich besonders erinnern?

ARENDT: Ja. Erstens Jaspers' *Psychologie der Weltanschauungen*, erschienen, glaube ich, 1920.[6] Da war ich vierzehn. Daraufhin las ich Kierkegaard, und so hat sich das dann gekoppelt.

GAUS: Kam hier die Theologie hinein?

ARENDT: Ja. Das hat sich dann so gekoppelt, daß das beides für mich zusammengehörte. Ich hatte dann nur Bedenken, wie man das denn nun macht, wenn man Jüdin ist. Und wie das vor sich geht. Ich hatte doch keine Ahnung, nicht wahr? Da hatte

---

6 Karl Jaspers' Schrift: *Psychologie der Weltanschauungen* ist 1919 zuerst erschienen.

ich schwere Sorgen, die sich dann ohne weiteres beheben ließen.[7] Griechisch ist eine andere Sache. Ich habe immer sehr griechische Poesie geliebt. Und Dichtung hat in meinem Leben eine große Rolle gespielt. So nahm ich Griechisch dazu, weil das am bequemsten war. Das las ich sowieso.

GAUS: Respekt!

ARENDT: Nein, das ist übertrieben.

GAUS: Ihre intellektuelle Begabung, Frau Arendt, so früh erprobt – sind Sie von ihr gelegentlich als Schülerin und junge Studentin auf eine vielleicht schmerzliche Weise vom Normalverhalten Ihrer Umgebung getrennt worden?

ARENDT: Das hätte so sein müssen, wenn ich es gewußt hätte. Ich war der Meinung, so sind alle.

GAUS: Wann ist Ihnen dieser Irrtum bewußt geworden?

ARENDT: Ziemlich spät. Ich will es nicht sagen. Ich schäme mich. Ich war unbeschreiblich naiv. Das lag zum Teil an der häuslichen Erziehung. Es wurde nie darüber gesprochen. Es wurde nie über Zensuren gesprochen. Das galt als minderwertig. Jeder Ehrgeiz galt als minderwertig, zu Hause. Jedenfalls war mir die Sache nicht wirklich bewußt. Sie war mir wohl bewußt manches Mal als eine Art von Fremdheit unter den Menschen.

GAUS: Eine Fremdheit, von der Sie glaubten, sie gehe von Ihnen aus?

ARENDT: Ja, ausschließlich. Das hat aber nichts mit Begabung zu tun. Das habe ich nie mit der Begabung gekoppelt.

GAUS: Resultierte daraus gelegentlich in jungen Jahren eine Verachtung für die anderen?

---

7 E. Young-Bruehl berichtet: Als Hannah Arendt »in Rudolf Bultmanns Seminar über das Neue Testament gehen wollte, was ein Zulassungsgespräch mit dem Theologen zur Voraussetzung hatte, teilte sie Bultmann ohne Umschweife – ja, so deutlich, daß die Formulierung jedesmal unverändert zitiert wurde, wenn sie und [Hans] Jonas sich an die Geschichte erinnerten – mit, daß ›es keine antisemitischen Bemerkungen geben darf‹. Bultmann, ein ruhiger und freundlicher Mann, versicherte sie, wenn in dem Seminar irgendwelche antisemitischen Äußerungen fallen sollten, ›werden wir zwei schon mit der Situation fertig werden‹.« Elisabeth Young-Bruehl, *Hannah Arendt: Leben, Werk und Zeit*, aus dem Amerikanischen von Hans Günter Holl, Frankfurt am Main: Fischer, 1992, S. 107 f.

ARENDT: Ja, das kam vor. Das war schon sehr früh da. Und unter solcher Verachtung habe ich schon manchmal gelitten. Nämlich: daß man das eigentlich nicht soll und daß man das eigentlich nicht darf und so weiter …

GAUS: Als Sie 1933 Deutschland verlassen haben, sind Sie nach Paris gegangen, wo Sie in einer Organisation arbeiteten, die jüdische Jugendliche in Palästina unterzubringen versuchte. Können Sie mir darüber etwas erzählen?

ARENDT: Diese Organisation[8] brachte jüdische Jugendliche und Kinder zwischen dreizehn und siebzehn Jahren aus Deutschland nach Palästina und hat sie dort in den Kibbuzim untergebracht. Daher kenne ich diese Siedlungen eigentlich verhältnismäßig gut.

GAUS: Und aus einer sehr frühen Zeit.

ARENDT: Aus einer sehr frühen Zeit; ich habe damals einen sehr großen Respekt davor gehabt. Die Kinder empfingen eine Berufsausbildung, Umschulausbildung. Hier und da habe ich auch polnische Kinder untergeschmuggelt. Es war eine reguläre Sozialarbeit, Erziehungsarbeit. Man hatte große Lager auf dem Lande, wo die Kinder vorbereitet wurden, wo sie auch Stunden hatten, wo sie Landarbeit lernten, wo sie vor allen Dingen zunehmen mußten. Man mußte sie von Kopf bis Fuß anziehen. Man mußte für sie kochen. Man mußte vor allen Dingen für sie Papiere beschaffen, man mußte mit den Eltern verhandeln – und mußte vor allen Dingen auch Geld besorgen. Das blieb mir auch noch weitgehend überlassen. Ich habe mit französischen Frauen zusammengearbeitet. Also das war ungefähr die Tätigkeit. Der Entschluß überhaupt, diese Arbeit zu übernehmen: Wollen Sie es hören oder wollen Sie es nicht?

GAUS: Bitte.

ARENDT: Sehen Sie, ich kam aus einer rein akademischen Tätigkeit. Und in der Hinsicht hat das Jahr 33 bei mir einen sehr nachhaltigen Eindruck gemacht. Und zwar erstens positiv und zweitens negativ – vielleicht sollte ich sagen: erstens negativ und zweitens positiv. Man denkt heute oft, daß der Schock der deutschen Juden 1933 sich damit erklärt, daß Hitler die Macht ergriff. Nun, was mich und Menschen meiner Generation be-

---

8 Gemeint ist die Jugend-Alijah. Siehe auch in dieser Ausgabe S. 109 f.

trifft, kann ich sagen, daß das ein kurioses Mißverständnis ist. Das war natürlich sehr schlimm. Aber es war politisch. Es war nicht persönlich. Daß die Nazis unsere Feinde sind – mein Gott, wir brauchten doch, bitte schön, nicht Hitlers Machtergreifung, um das zu wissen! Das war doch seit mindestens vier Jahren jedem Menschen, der nicht schwachsinnig war, völlig evident. Daß ein großer Teil des deutschen Volkes dahinterstand, das wußten wir auch. Davon konnten wir doch nicht 33 schockartig überrascht sein.

GAUS: Sie meinen, der Schock lag 1933 darin, daß die Vorgänge vom allgemein Politischen ins Persönliche gewendet wurden?

ARENDT: Nein, nicht einmal. Oder: das auch. Erstens wurde das allgemein politische ja ein persönliches Schicksal, sofern man herausging. Zweitens aber wissen Sie ja, was Gleichschaltung ist. Und das hieß, daß die Freunde sich gleichschalteten! Das Problem, das persönliche Problem war doch nicht etwa, was unsere Feinde taten, sondern was unsere Freunde taten. Was damals in der Welle von Gleichschaltung, die ja ziemlich freiwillig war, jedenfalls noch nicht unter dem Druck des Terrors vorging: das war, als ob sich ein leerer Raum um einen bildete. Ich lebte in einem intellektuellen Milieu, ich kannte aber auch andere Menschen. Und ich konnte feststellen, daß unter den Intellektuellen die Gleichschaltung sozusagen die Regel war. Aber unter den andern nicht. Und das hab' ich nie vergessen. Ich ging aus Deutschland, beherrscht von der Vorstellung – natürlich immer etwas übertreibend –: Nie wieder! Ich rühre nie wieder irgendeine intellektuelle Geschichte an. Ich will mit dieser Gesellschaft nichts zu tun haben. Ich war natürlich nicht der Meinung, daß deutsche Juden und deutschjüdische Intellektuelle, wenn sie in einer anderen Situation gewesen wären, als sie waren, sich wesentlich anders verhalten hätten. Der Meinung war ich nicht. Ich war der Meinung, das hängt mit diesem Beruf, mit der Intellektualität zusammen. Ich spreche in der Vergangenheit. Ich weiß heute mehr darüber …

GAUS: Ich wollte Sie gerade fragen: Glauben Sie das noch?

ARENDT: Nicht mehr in dieser Schärfe. Aber daß es im Wesen dieser ganzen Sachen liegt, daß man sich sozusagen zu jeder Sache etwas einfallen lassen kann, das sehe ich immer noch so.

Sehen Sie, daß jemand sich gleichschaltete, weil er für Frau und Kind zu sorgen hatte, das hat nie ein Mensch übelgenommen. Das Schlimme war doch, daß die dann wirklich daran glaubten! Für kurze Zeit, manche für sehr kurze Zeit. Aber das heißt doch: Zu Hitler fiel ihnen was ein. Und zum Teil ungeheuer interessante Dinge! Ganz phantastisch interessante und komplizierte! Und hoch über dem gewöhnlichen Niveau schwebende Dinge! Das habe ich als grotesk empfunden. Sie gingen ihren eigenen Einfällen in die Falle, würde ich heute sagen. Das ist das, was passierte. Das hab' ich damals nicht so übersehen.

GAUS: Und deswegen lag ein besonderer Wert für Sie darin, aus diesen Kreisen, von denen Sie damals radikal Abschied nehmen wollten, in eine praktische Arbeit zu kommen?

ARENDT: Ja, die positive Seite ist folgende: Ich gelangte zu einer Erkenntnis, die ich damals immer wieder in einem Satz ausgedrückt habe, darauf besinne ich mich: »Wenn man als Jude angegriffen ist, muß man sich als Jude verteidigen.« Nicht als Deutscher oder als Bürger der Welt oder der Menschenrechte oder so. Sondern: Was kann ich ganz konkret als Jude machen? Hinzu kam zweitens die klare Absicht: Jetzt will ich mich in der Tat organisieren. Zum ersten Mal. Und organisieren natürlich bei den Zionisten. Das waren ja die einzigen, die bereit waren. Ich meine, bei den Assimilanten, das hätte ja gar keinen Sinn gehabt. Ich habe damit übrigens wirklich nie etwas zu tun gehabt. Mit der Judenfrage selber hatte ich mich vorher beschäftigt. Die Arbeit über Rahel Varnhagen war fertig, als ich Deutschland verließ.[9] Und dort spielt das Judenproblem ja eine Rolle. Ich habe das damals auch verfaßt im Sinne von: »Ich will verstehen.« Es waren nicht meine persönlichen Judenprobleme, die ich da erörterte. Aber jetzt war die Zugehörigkeit zum Judentum mein eigenes Problem

---

9 Hannah Arendt, *Rahel Varnhagen: Lebensgeschichte einer deutschen Jüdin aus der Romantik* (Bibliographie Titel Nr. 149). Zu Beginn des 1958 geschriebenen Vorworts teilt H. A. mit, daß das Manuskript »bis auf die letzten beiden Kapitel« fertig gewesen sei, als sie 1933 Deutschland verließ. Die fehlenden zwei Kapitel hat sie 1937/1938 in der Emigration in Paris geschrieben. Veröffentlicht wurde das Buch erstmals 1958 in englischer Sprache (Bibliographie Titel N. 139). Siehe auch in dieser Ausgabe S. 214 ff.

geworden. Und mein eigenes Problem war politisch. Rein politisch! Ich wollte in die praktische Arbeit und – ich wollte ausschließlich und nur in die jüdische Arbeit. Und in diesem Sinne habe ich mich dann in Frankreich orientiert.

GAUS: Bis zum Jahre 1940.

ARENDT: Ja.

GAUS: Sie sind im Zweiten Weltkrieg dann in die Vereinigten Staaten von Amerika gelangt, wo Sie heute als Professorin für politische Theorie, nicht Philosophie …

ARENDT: Danke.

GAUS: … in Chicago arbeiten. Sie wohnen in New York. Ihr Mann, den Sie 1940 geheiratet haben, ist ebenfalls als Philosophieprofessor in Amerika tätig. Nun ist die akademische Provinz, der Sie inzwischen wieder angehören – nach der Enttäuschung aus dem Jahre 1933 –, international. Dennoch möchte ich Sie fragen, ob Ihnen das Europa der Vorhitlerzeit, das es nie wieder geben wird, fehlt? Wenn Sie nach Europa kommen: Was ist nach Ihrem Eindruck geblieben, und was ist unrettbar verloren?

ARENDT: Das Europa der Vorhitlerzeit? Ich habe keine Sehnsucht, das kann ich nicht sagen. Was ist geblieben? Geblieben ist die Sprache.

GAUS: Und das bedeutet viel für Sie?

ARENDT: Sehr viel. Ich habe immer bewußt abgelehnt, die Muttersprache zu verlieren. Ich habe immer eine gewisse Distanz behalten sowohl zum Französischen, das ich damals sehr gut sprach, als auch zum Englischen, das ich ja heute schreibe.

GAUS: Das wollte ich Sie fragen: Sie schreiben heute in Englisch?

ARENDT: Ich schreibe in Englisch, aber ich habe die Distanz nie verloren. Es ist ein ungeheurer Unterschied zwischen Muttersprache und allen anderen Sprachen. Bei mir kann ich das furchtbar einfach sagen: Im Deutschen kenne ich einen ziemlich großen Teil deutscher Gedichte auswendig. Die bewegen sich da immer irgendwie im Hinterkopf – in the back of my mind –; das ist natürlich nie wieder zu erreichen. Im Deutschen erlaube ich mir Dinge, die ich mir im Englischen nie erlauben würde. Das heißt, manchmal erlaube ich sie mir jetzt auch schon im Englischen, weil ich halt so frech geworden bin, aber im allgemeinen habe ich diese Distanz behalten. Die deutsche Sprache jedenfalls ist das Wesentliche, was geblieben ist und was ich auch bewußt immer gehalten habe.

GAUS: Auch in der bittersten Zeit?

ARENDT: Immer. Ich habe mir gedacht, was soll man denn machen? Es ist ja nicht die deutsche Sprache gewesen, die verrückt geworden ist. Und zweitens: Es gibt keinen Ersatz für die Muttersprache. Man kann die Muttersprache vergessen. Das ist wahr. Ich habe es gesehen. Diese Leute sprechen die fremde Sprache besser als ich. Ich spreche immer noch mit einem sehr starken Akzent, und ich spreche oft nicht idiomatisch. Das können die alle. Aber es wird eine Sprache, in der ein Klischee das andere jagt, weil nämlich die Produktivität, die man in der eigenen Sprache hat, abgeschnitten wurde, als man diese Sprache vergaß.

GAUS: Die Fälle, in denen die Muttersprache vergessen wurde: War dies, nach Ihrem Eindruck, die Folge einer Verdrängung?

ARENDT: Ja, sehr oft. Ich habe es erlebt bei Leuten, schockartig. Wissen Sie, das Entscheidende ist ja nicht das Jahr 33; jedenfalls für mich nicht. Das Entscheidende ist der Tag gewesen, an dem wir von Auschwitz erfuhren.

GAUS: Wann war das?

ARENDT: Das war 1943. Und erst haben wir es nicht geglaubt. Obwohl mein Mann und ich eigentlich immer sagten, wir trauen der Bande alles zu. Dies aber haben wir nicht geglaubt, auch weil es ja gegen alle militärischen Notwendigkeiten und Bedürfnisse war. Mein Mann ist ehemaliger Militärhistoriker, er versteht etwas von den Dingen. Er hat gesagt, laß dir keine Geschichten einreden; das können sie nicht mehr! Und dann haben wir es ein halbes Jahr später doch geglaubt, weil es uns bewiesen wurde. Das ist der eigentliche Schock gewesen. Vorher hat man sich gesagt: Nun ja, man hat halt Feinde. Das ist doch ganz natürlich. Warum soll ein Volk keine Feinde haben? Aber dies ist anders gewesen. Das war wirklich, als ob der Abgrund sich öffnet. Weil man die Vorstellung gehabt hat, alles andere hätte irgendwie noch einmal gutgemacht werden können, wie in der Politik ja alles irgendwie einmal wiedergutgemacht werden kann. Dies nicht. Dies hätte nie geschehen dürfen. Und damit meine ich nicht die Zahl der Opfer. Ich meine die Fabrikation der Leichen und so weiter – ich brauche mich ja darauf nicht weiter einzulassen. Dieses hätte nicht geschehen dürfen. Da ist irgend etwas passiert, womit wir alle nicht fertig werden. Über alle anderen Sachen, die da passiert sind, muß ich sagen: Das war manchmal ein bißchen schwierig, man war sehr arm, und man war verfolgt, man mußte fliehen, und man mußte sich durchschwindeln und was immer; wie das halt so ist. Aber wir waren jung. Mir hat es sogar noch ein bißchen Spaß gemacht. Das kann ich gar nicht anders sagen. Dies jedoch, dies nicht. Das war etwas ganz anderes. Mit allem andern konnte man auch persönlich fertig werden.

GAUS: Ich würde gerne von Ihnen hören, Frau Arendt, welchen etwaigen Wandlungen Ihr Urteil über das Nachkriegsdeutschland, das Sie oft besucht haben und in dem Ihre wichtigsten Werke erschienen sind, seit 1945 unterworfen war?

ARENDT: Ich bin zum ersten Mal 1949 wieder nach Deutschland gekommen; damals im Auftrag einer jüdischen Organisation für die Rettung jüdischen Kulturguts, Bücher im wesentlichen.[10] Ich kam mit sehr gutem Willen. Meine Überlegung seit 1945 war die folgende: Was immer 33 geschehen ist, eigentlich – angesichts dessen, was dann später geschah – unerheblich. Gewiß, die Treulosigkeit der Freunde, wenn man es einmal so böse sagen darf ...

GAUS: ... die Sie persönlich erfahren haben ...

ARENDT: Natürlich. Aber wissen Sie, wenn einer damals wirklich Nazi geworden war und dann Artikel darüber schrieb, da brauchte er sich ja mir gegenüber persönlich nicht treu zu verhalten. Ich habe sowieso nicht mehr mit ihm gesprochen. Der brauchte sich bei mir nicht mehr zu melden, der war ja abgemeldet. Das ist doch klar. Aber das waren ja alles keine Mörder. Das waren ja nur Leute, wie ich heute sagen würde, die in ihre eigenen Fallen gegangen sind. Dies, was später kam, hatten sie ja auch nicht gewollt. Infolgedessen schien mir, daß es gerade in diesem Abgrund eine Basis geben sollte. Und das ist

---

10 Von 1949 bis 1952 war Hannah Arendt Geschäftsführerin in der Jewish Cultural Reconstruction (New York). In dieser Eigenschaft hielt sie sich vom November 1949 bis März 1950 in Europa auf. Siehe in der Bibliographie Titel Nr. 065 und 068.

auch in vielen persönlichen Dingen durchaus der Fall gewesen. Ich habe mich mit Leuten auseinandergesetzt; ich bin nicht sehr freundlich, ich bin auch nicht sehr höflich, ich sage meine Meinung. Aber irgendwie haben sich die Dinge wieder in Ordnung gezogen mit einer Reihe von Leuten. Wie gesagt, das sind ja alles nur Leute, die gelegentlich ein paar Monate oder schlimmstenfalls ein paar Jahre irgend etwas gemacht haben; weder Mörder noch Denunzianten. Also, wie gesagt: Leute, denen zu Hitler was eingefallen war. Aber das allgemeine, das größte Erlebnis, wenn man nach Deutschland zurückkommt – abgesehen von dem Wiedererkennenserlebnis, das ja in der griechischen Tragödie immer der Drehpunkt der Handlung ist –, das ist eine große Erschütterung. Und außerdem das Erlebnis, daß auf der Straße deutsch gesprochen wurde. Das hat mich unbeschreiblich gefreut.

GAUS: Mit dieser Vorstellung kamen Sie 1949?

ARENDT: So ungefähr kam ich. Und heute, wo die Dinge ja wieder alle, sagen wir einmal: in ein festes Geleis gekommen sind, da sind die Abstände eher größer geworden, als sie vorher waren. Als sie damals waren in dieser Erschütterung.

GAUS: Weil die Verhältnisse hierzulande für Ihr Gefühl allzu schnell wieder in ein festes Geleis geraten sind?

ARENDT: Ja. Und auch manchmal in ein Geleis, das ich nicht bejahe. Wobei ich mich aber nicht verantwortlich fühle. Ich sehe es von außen, nicht? Und das heißt, ich bin heute viel weniger beteiligt, als ich es damals noch war. Das kann auch an der Zeit liegen. Hören Sie, fünfzehn Jahre sind ja auch kein Pappenstiel!

GAUS: Sie empfinden also eine stärker gewordene Gleichgültigkeit?

ARENDT: Distanzierung; Gleichgültigkeit ist zuviel. Aber Distanzierung ist wahr.

GAUS: In diesem Herbst, Frau Arendt, ist in der Bundesrepublik Ihr Buch über den Eichmannprozeß in Jerusalem erschienen. Diese Arbeit ist seit ihrem Erscheinen in Amerika sehr heftig diskutiert worden. Besonders von jüdischer Seite wurden Einwände gegen Ihr Buch erhoben, von denen Sie sagen, daß sie zu einem Teil auf Mißverständnisse, zu einem anderen auf eine gesteuerte politische Kampagne zurückzuführen sind. Anstoß hat vor allem die von Ihnen behandelte Frage erregt, wieweit den Juden ihr passives Erdulden der deutschen Massenmorde angelastet werden müsse, oder wieweit jedenfalls die Kollaboration bestimmter jüdischer Ältestenräte fast zu einer Art Mitschuld geworden ist. Wie dem auch sei – für ein Porträt Hannah Arendts ergeben sich, so scheint mir, aus diesem Buch über Eichmann mehrere Fragen. Darf ich damit beginnen: Schmerzt Sie der gelegentlich erhobene Vorwurf, dieses Ihr Buch ermangle der Liebe zum jüdischen Volk?

ARENDT: Zuerst einmal darf ich mit aller Freundlichkeit feststellen, daß Sie natürlich auch schon ein Objekt dieser Kampagne geworden sind. Ich habe nirgends in dem Buche dem jüdischen Volke das Nicht-Widerstehen vorgeworfen. Das hat ein anderer Mensch getan, nämlich Herr Hausner von der israelischen Staatsanwaltschaft im Prozeß gegen Eichmann. Ich habe die von ihm in dieser Richtung ergehenden Fragen an die Zeugen in Jerusalem töricht und grausam genannt.

GAUS: Ich habe das Buch gelesen. Ich weiß das. Nur gründen sich einige der Vorwürfe, die man Ihnen gemacht hat, auf den Ton, in dem manche Passagen geschrieben sind.

ARENDT: Nun, das ist eine andere Sache. Dagegen kann ich nichts sagen. Und darüber will ich nichts sagen. Wenn man der Meinung ist, daß man über diese Dinge nur pathetisch schreiben kann … Sehen Sie, es gibt Leute, die nehmen mir eine Sache übel, und das kann ich gewissermaßen verstehen: Nämlich, daß ich da noch lachen kann. Aber ich war wirklich der Meinung, daß der Eichmann ein Hanswurst ist, und ich sage Ihnen: Ich habe sein Polizeiverhör, 3600 Seiten, gelesen und sehr genau gelesen. Und ich weiß nicht, wie oft ich gelacht habe; aber laut! Diese Reaktion nehmen mir die Leute übel. Dagegen kann ich nichts machen. Ich weiß aber eines: Ich würde wahrscheinlich noch drei Minuten vor dem sicheren Tode lachen. Und das, sagen sie, sei der Ton. Der Ton ist weitgehend ironisch, natürlich. Und das ist vollkommen wahr. Der Ton ist in diesem Falle wirklich der Mensch. Wenn man mir vorwirft, daß ich das jüdische Volk angeklagt hätte: Das ist eine böswillige Propagandalüge und nichts weiter. Der Ton aber, das ist ein Einwand gegen mich als Person. Dagegen kann ich nichts tun.

GAUS: Das sind Sie bereit zu tragen?

ARENDT: Oh, gern. Was soll man denn da machen, nicht wahr? Ich kann den Leuten doch nicht sagen: Ihr mißversteht mich, und in Wahrheit geht in meinem Herzen dies und jenes vor! Das ist doch lächerlich.

GAUS: Ich möchte in diesem Zusammenhang noch einmal auf ein Selbstzeugnis von Ihnen kommen. Darin heißt es: »Ich habe nie in meinem Leben irgendein Volk oder Kollektiv ›geliebt‹, weder das deutsche noch das französische, noch das amerikanische, noch etwa die Arbeiterklasse oder was es sonst so noch gibt. Ich liebe in der Tat nur meine Freunde und bin zu aller anderen Liebe völlig unfähig.« Vor allem aber »wäre mir diese Liebe zu den Juden, da ich selbst jüdisch bin, suspekt«[11]. Darf ich dazu etwas fragen: Bedarf nicht der Mensch als politisch handelndes Wesen der Bindung an eine Gruppe; einer Bindung, die dann bis zu einem gewissen Grade auch Liebe genannt werden kann? Fürchten Sie nicht, daß Ihre Haltung politisch steril sein könnte?

ARENDT: Nein. Ich würde sagen, die andere ist politisch steril. Zu einer Gruppe zu gehören, ist erst einmal eine natürliche Gegebenheit. Sie gehören zu irgendeiner Gruppe durch Geburt, immer. Aber zu einer Gruppe zu gehören, wie Sie es im zweiten Sinne meinen, nämlich sich zu organisieren, das ist etwas ganz anderes. Diese Organisation erfolgt immer unter Weltbezug. Das heißt, daß, was diejenigen miteinander gemeinsam haben, die sich so organisieren, ist, was man gewöhnlich Interesse nennt. Der direkte personale Bezug, in dem man von Liebe sprechen kann, der existiert natürlich in der wirklichen Liebe in der größten Weise, und er existiert in einem gewissen Sinne auch in der Freundschaft. Da wird die Person direkt und unabhängig von dem Weltbezug angesprochen. So können Leute verschiedenster Organisationen immer noch persönlich befreundet sein. Wenn man aber diese Dinge miteinander verwechselt, wenn man also die Liebe an den Verhandlungstisch bringt, um mich einmal ganz böse auszudrücken, so halte ich das für ein sehr großes Verhängnis.

GAUS: Sie halten es für apolitisch?

ARENDT: Ich halte es für apolitisch, ich halte es für weltlos. Und

---

11 Zitat aus dem Brief an Gershom Scholem, in dieser Ausgabe S. 32 f.

ich halte es wirklich für ein ganz großes Unheil. Ich gebe zu, daß das jüdische Volk ein Musterbeispiel eines durch die Jahrtausende sich erhaltenden weltlosen Volksverbandes ist ...

GAUS: »Welt« im Sinne Ihrer Terminologie verstanden: als der Raum für Politik.

ARENDT: Als Raum für Politik.

GAUS: Und so war also das jüdische Volk ein apolitisches?

ARENDT: Das würde ich nicht ganz sagen, denn die Gemeinden waren natürlich bis zu einem gewissen Grade auch politisch. Die jüdische Religion ist eine Nationalreligion. Aber der Begriff des Politischen galt eben doch nur mit sehr großen Einschränkungen. Dieser Weltverlust, den das jüdische Volk in der Zerstreuung erlitten hat und der, wie bei allen Pariavölkern, eine ganz eigentümliche Wärme zwischen denen erzeugte, die dazugehörten: Dieses hat sich geändert, als der Staat Israel gegründet wurde.

GAUS: Ist damit etwas verlorengegangen, dessen Verlust Sie beklagen?

ARENDT: Ja, man bezahlt teuer für die Freiheit. Die spezifisch jüdische Menschlichkeit im Zeichen des Weltverlustes war ja etwas sehr Schönes. Sie sind zu jung, Sie werden das gar nicht mehr gekannt haben. Es war etwas sehr Schönes: dieses Außerhalb-aller-gesellschaftlichen-Bindungen-Stehen, diese völlige Vorurteilslosigkeit, die ich sehr stark gerade bei meiner Mutter erlebt habe, die das auch gegenüber der jüdischen Gesellschaft praktizierte. All das hat natürlich außerordentlich großen Schaden genommen. Man zahlt für die Befreiung. Ich habe einmal in meiner »Lessingrede« gesagt ...

GAUS: ... in Hamburg im Jahre 1959 ...

ARENDT: Ja, da sagte ich: Diese Menschlichkeit überlebt den Tag der Befreiung, der Freiheit nicht um fünf Minuten.[12] Sehen Sie, das ist auch bei uns passiert.

GAUS: Sie möchten es nicht zurückdrehen?

ARENDT: Nein. Ich weiß, man muß einen Preis für die Freiheit zahlen; aber ich kann nicht sagen, daß ich ihn gern zahle.

---

12 Vgl. Hannah Arendt, »Gedanken zu Lessing: Von der Menschlichkeit in finsteren Zeiten«, in: dies., *Menschen in finsteren Zeiten* (Bibliographie Titel Nr. 273), S. 17–48, S. 32.

GAUS: Frau Arendt, fühlen Sie sich einer Erkenntnis, die Sie auf dem Wege der politisch-philosophischen Spekulation oder soziologischen Analyse gewinnen, so sehr verpflichtet, daß Ihnen die Publikation dieser Erkenntnis zur Pflicht wird? Oder erkennen Sie Gründe an, die das Verschweigen einer erkannten Wahrheit erlauben?

ARENDT: Ja, wissen Sie, das ist ein sehr schweres Problem. Das ist im Grunde die einzige Frage, die mich an der ganzen Kontroverse über das Eichmann-Buch interessiert hat. Die ist jedoch nie aufgekommen, außer wenn ich sie angeschnitten habe. Sie ist die einzig ernste Frage. Alles übrige ist doch reines Propagandagewäsch. Also: fiat veritas pereat mundus? Nun, das Eichmann-Buch hat de facto solche Dinge nicht angerührt. Durch das Buch wird im Grunde niemandes legitimes Interesse wirklich beeinträchtigt. Man glaubt es nur.

GAUS: Wobei Sie, was legitim ist, natürlich der Debatte überlassen müssen.

ARENDT: Ja, das stimmt. Sie haben recht. Was legitim ist, das steht noch einmal zur Debatte. Wobei ich wahrscheinlich unter »legitim« anderes verstehe als die jüdischen Organisationen. Aber nun nehmen wir also einmal an, es seien wirkliche, auch von mir anerkannte Interessen im Spiel.

GAUS: Darf man dann eine erkannte Wahrheit verschweigen?

ARENDT: Hätte ich es getan? Ja! Allerdings, geschrieben hätte ich es wohl ... Sehen Sie, es hat mich jemand gefragt: Wenn Sie das und das vorausgesehen hätten, hätten Sie das Eichmann-Buch nicht anders geschrieben? Ich habe geantwortet: Nein. Ich wäre vor der Alternative gestanden, zu schreiben oder nicht zu schreiben. Man kann ja die Schnauze halten.

GAUS: Ja.

ARENDT: Man muß ja nicht immer reden. Jetzt gibt es aber folgendes: Wir kommen jetzt auf die Frage, was man im 18. Jahrhundert die »Tatsachenwahrheiten« genannt hat. Es handelt sich ja nur um Tatsachenwahrheiten. Es handelt sich ja nicht um Meinungen. Nun, für diese Tatsachenwahrheiten sind die historischen Wissenschaften an den Universitäten die Hüterinnen.

GAUS: Sie sind nicht immer die allerbesten gewesen.

ARENDT: Nein. Sie fallen um. Sie lassen sich vom Staate vorschreiben. Man hat mir berichtet, daß ein Historiker zu irgendeinem Buch über die Entstehung des Ersten Weltkrieges gesagt hat: Ich werde mir davon nicht die Erinnerung an diese erhebende Zeit vermasseln lassen! Das ist also ein Mann, der nicht weiß, wer er ist. Aber das ist ja nicht interessant. De facto ist er der Hüter der geschichtlichen Wahrheit, der Tatsachenwahrheit. Und wie wichtig diese Hüter sind, wissen wir zum Beispiel aus der bolschewistischen Geschichte, wo Geschichte alle fünf Jahre umgeschrieben wird und die Tatsachen, etwa daß es einen Herrn Trotzki gegeben hat, unbekannt bleiben. Wollen wir dahin? Haben die Regierungen daran ein Interesse?

GAUS: Ein Interesse möglicherweise. Aber haben sie darauf ein Recht?

ARENDT: Haben sie ein Recht darauf? Sie scheinen doch selber nicht zu glauben, daß sie ein Recht darauf hätten, denn sonst würden sie ja Universitäten überhaupt nicht dulden. Also gibt es ja doch ein Interesse auch der Staaten an der Wahrheit. Ich meine hier jetzt keine Militärgeheimnisse; das ist eine andere Sache. Nun, diese Geschichten liegen ungefähr zwanzig Jahre zurück. Warum soll man denn nicht die Wahrheit sagen?

GAUS: Weil zwanzig Jahre vielleicht noch zu wenig sind?

ARENDT: Das sagen manche Leute, und andere sagen, nach zwanzig Jahren kann man die Wahrheit ja gar nicht mehr herauskriegen. Das heißt, in jedem Falle besteht das Interesse, sich selber reinzuwaschen. Das ist aber kein legitimes Interesse.

GAUS: Sie würden also im Zweifelsfalle der Wahrheit den Vortritt lassen.

ARENDT: Ich würde sagen, daß Unparteiischkeit – die ist in die Welt gekommen, als Homer …

GAUS: Auch für den Besiegten …

ARENDT: Richtig! »Wenn des Liedes Stimmen schweigen von dem überwund'nen Mann, dann laßt mich für Hektor zeugen« [13], nicht wahr? Das hat Homer getan. Dann kam Herodot und hat gesagt: »Die großen Taten der Griechen und der Bar-

---

13 Zeilen aus dem Schillergedicht »Das Siegesfest«; genauer Wortlaut: »›Weil des Liedes Stimmen schweigen / Von dem überwundnen Mann, / So will *ich* für Hektorn zeugen‹, / Hub der Sohn des Tydeus an; – /…«

baren ...«[14] Aus diesem Geiste kommt die ganze Wissenschaft, auch noch die moderne, auch die Geschichtswissenschaft. Wenn man dieser Unparteiischkeit nicht fähig ist, weil man vorgibt, sein eigenes Volk so zu lieben, daß man dauernd »Schmeichelvisiten« bei ihm ablegt – ja, dann kann man nichts machen. Ich bin der Meinung, daß das keine Patrioten sind.

GAUS: In einem Ihrer wichtigsten Werke – der *Vita activa oder Vom tätigen Leben* – kommen Sie zu dem Schluß, Frau Arendt, daß die Neuzeit den Gemeinsinn, also den Sinn für die Erstrangigkeit des Politischen, entthront hat. Sie bezeichnen als die modernen gesellschaftlichen Phänomene die Entwurzelung und Verlassenheit des Massenmenschen und den Triumph eines Menschentyps, der im bloßen Arbeits- und Konsumvorgang sein Genügen findet. Ich habe dazu zwei Fragen. Zunächst: Wie weit ist eine philosophische Erkenntnis solchen Grades auf persönliche Erfahrungen angewiesen, die den Denkprozeß überhaupt erst in Gang bringen?

ARENDT: Ich glaube nicht, daß es irgendeinen Denkvorgang gibt, der ohne persönliche Erfahrung möglich ist. Alles Denken ist Nachdenken, der Sache nachdenken. Nicht? Ich lebe in der modernen Welt, und selbstverständlich habe ich in der modernen Welt meine Erfahrungen. Im übrigen ist das ja von vielen anderen auch festgestellt worden. Sehen Sie, die Sache mit dem Nur-noch-Arbeiten-und-Konsumieren, die ist deshalb so wichtig, weil sich darin wieder eine Weltlosigkeit kundtut. Es liegt einem nichts mehr daran, wie die Welt aussieht.

GAUS: »Welt« immer verstanden als Raum, in dem Politik entsteht.

ARENDT: Jetzt noch viel größer gefaßt als der Raum, in dem Dinge öffentlich werden – als Raum, in dem man wohnt und der anständig aussehen muß. In dem natürlich auch Kunst erscheint. In dem alles mögliche erscheint. Sie besinnen sich, Kennedy hat versucht, den Raum des Öffentlichen ganz ent-

---

14 Anspielung auf den ersten Satz von »Herodots Persergeschichten«, wo gesagt wird, mit der Erzählung solle verhindert werden, daß »große und wunderbare Taten, die teils von Hellenen, teils von Barbaren getan worden sind, in Vergessenheit geraten«, siehe dazu auch Hannah Arendt, *Was ist Politik?* (Bibliographie Titel Nr. 280), S. 92.

scheidend zu erweitern, indem er die Dichter und die sonstigen Taugenichtse ins Weiße Haus geladen hat. Also das alles könnte noch mit in diesen Raum gehören. Im Arbeiten und Konsumieren jedoch ist der Mensch wirklich völlig auf sich selbst zurückgeworfen.

Gaus: Auf das Biologische.

Arendt: Aufs Biologische und auf sich selbst. Und da haben Sie den Zusammenhang mit der Verlassenheit. Im Arbeitsprozeß entsteht eine eigentümliche Verlassenheit. Ich kann jetzt hier im Moment nicht darauf eingehen, das würde uns zu weit führen. Und diese Verlassenheit ist dieses Auf-sich-selbst-zurückgeworfen-Werden, in dem dann gewissermaßen das Konsumieren an die Stelle aller eigentlich relevanten Tätigkeiten tritt.

Gaus: Eine zweite Frage in diesem Zusammenhang: Sie kommen in der *Vita activa* zu dem Schluß, daß die »eigentlichen weltorientierten Erfahrungen« – gemeint sind also Einsichten und Erfahrungen höchsten politischen Ranges – »sich mehr und mehr dem Erfahrungshorizont der durchschnittlichen menschlichen Existenz entziehen«. Sie sagen, heute sei »das Vermögen zu handeln auf wenige beschränkt«[15]. Was bedeutet dies in der praktischen Politik, Frau Arendt? Wie weit wird unter diesen Umständen eine Staatsform, die wenigstens theoretisch auf der Mitverantwortung aller Staatsbürger beruht, zu einer Fiktion?

Arendt: Ja, ich will das mal ein bißchen einschränken. Sehen Sie, erstens besteht diese Unfähigkeit des Sich-wirklich-sachgemäß-Orientierens nicht nur für die breite Masse. Sie besteht ebenfalls für alle anderen Schichten. Ich würde sagen, selbst für den Staatsmann. Der Staatsmann wird umgeben, eingekreist, von einem Heer von Experten. Und eigentlich wäre hier die Frage zu stellen zwischen dem Staatsmann und dem Experten. Der Staatsmann muß ja schließlich die Entscheidung treffen. Er kann sie sachgemäß ja kaum treffen. Er kann ja all das gar nicht wissen. Er muß es nehmen von Experten, und zwar von Experten, die sich prinzipiell immer widersprechen müssen.

---

15 Hannah Arendt, *Vita activa oder Vom tätigen Leben* (Bibliographie Titel Nr. 152), S. 316 f.

Nicht? Jeder vernünftige Staatsmann holt sich die entgegengesetzten Expertisen ein. Denn er muß die Sache ja von allen Seiten sehen. Nicht wahr? Dazwischen muß er urteilen. Und dieses Urteilen ist ein höchst mysteriöser Vorgang. In dem äußert sich dann der Gemeinsinn. Was nun, sagen wir mal, die Masse der Menschheit betrifft, so würde ich folgendes sagen: Wo immer Menschen zusammen sind, ganz egal in welcher Größenordnung, bilden sich öffentliche Interessen.

GAUS: Nach wie vor.

ARENDT: Und bildet sich Öffentlichkeit. In Amerika, wo es ja immer noch diese spontanen Vereinigungen gibt, die dann auch wieder auseinandergehen, diese »associations«, von denen schon Tocqueville gesprochen hat, da können Sie das sehr deutlich sehen. Irgendein öffentliches Interesse betrifft jetzt eine bestimmte Gruppe von Menschen, eine Nachbarschaft oder auch nur ein Haus oder eine Stadt oder eine anders gelagerte Gruppe. Dann werden diese Leute zusammenkommen, und sie sind sehr gut imstande, in diesen Dingen öffentlich zu handeln. Denn diese Dinge übersehen sie. Das heißt, worauf Sie mit Ihrer Frage zielen, das gilt ja nur für die allergrößten Entscheidungen auf allerhöchster Ebene. Und da, glauben Sie mir, da ist der Unterschied zwischen dem Staatsmann und dem Mann von der Straße prinzipiell gar nicht sehr groß.

GAUS: Frau Arendt, Sie sind mit Karl Jaspers, Ihrem ehemaligen Lehrer, im besonderen Maße als Partner in einem immerwährenden Dialog verbunden. Worin sehen Sie den stärksten Einfluß, den Professor Jaspers auf Sie ausgeübt hat?

ARENDT: Sehen Sie, wo Jaspers hinkommt und spricht, da wird es hell. Er hat eine Rückhaltlosigkeit, ein Vertrauen, eine Unbedingtheit des Sprechens, die ich bei keinem andern Menschen kenne. Dieses hat mich schon beeindruckt, als ich ganz jung war. Er hat außerdem einen Begriff von Freiheit gekoppelt mit Vernunft, der mir, als ich nach Heidelberg kam, ganz fremd war. Ich wußte davon nichts, obwohl ich Kant gelesen hatte. Ich habe diese Vernunft sozusagen in praxi gesehen. Und wenn ich so sagen darf – ich bin vaterlos aufgewachsen –: Ich habe mich davon erziehen lassen. Ich will ihn um Gottes willen nicht für mich verantwortlich machen, aber wenn es irgendeinem Menschen gelungen ist, mich zur Vernunft zu bringen, dann ist es ihm gelungen. Und dieser Dialog, der ist natürlich heute ganz anders. Das ist eigentlich mein stärkstes Nachkriegserlebnis gewesen. Daß es ein solches Gespräch gibt! Daß man so sprechen kann!

GAUS: Erlauben Sie mir eine letzte Frage. In einer Festrede auf Jaspers haben Sie gesagt: »Gewonnen wird die Humanität nie in der Einsamkeit und nie dadurch, daß einer sein Werk der Öffentlichkeit übergibt. Nur wer sein Leben und seine Person mit in das ›Wagnis der Öffentlichkeit‹ nimmt, kann sie erreichen.«[16] Dieses »Wagnis der Öffentlichkeit« – ein Zitat von Jaspers wiederum –: Worin besteht es für Hannah Arendt?

ARENDT: Das Wagnis der Öffentlichkeit scheint mir klar zu sein. Man exponiert sich im Lichte der Öffentlichkeit, und zwar als Person. Wenn ich auch der Meinung bin, daß man nicht auf sich selbst reflektiert in der Öffentlichkeit erscheinen und handeln darf, so weiß ich doch, daß in jedem Handeln die Person in einer Weise zum Ausdruck kommt wie in keiner anderen Tätigkeit. Wobei das Sprechen auch eine Form des Handelns ist. Also das ist das eine.

Das zweite Wagnis ist: Wir fangen etwas an; wir schlagen unseren Faden in ein Netz der Beziehungen. Was daraus wird, wissen wir nie. Wir sind alle darauf angewiesen zu sagen: Herr vergib ihnen, was sie tun, denn sie wissen nicht, was sie tun. Das gilt für alles Handeln. Einfach ganz konkret, weil man es nicht wissen kann. Das ist ein Wagnis. Und nun würde ich sagen, daß dieses Wagnis nur möglich ist im Vertrauen auf die Menschen. Das heißt, in einem – schwer genau zu fassenden, aber grundsätzlichen – Vertrauen in das Menschliche aller Menschen. Anders könnte man es nicht.

---

16 Hannah Arendt, »Laudatio auf Karl Jaspers«, in: dies., *Menschen in finsteren Zeiten* (Bibliographie Titel Nr. 273), S. 89–98. S. 91.

4. Diskussion mit Freunden und Kollegen in Toronto

Im November 1972 veranstaltete die Toronto Society for the Study of Social and Political Thought eine Konferenz über Hannah Arendt (»The Work of Hannah Arendt«), die von der York University und dem Canada Council finanziert wurde.

Auf die Einladung, als Ehrengast zu erscheinen, erwiderte Hannah Arendt, es wäre ihr lieber, wenn sie als Teilnehmerin kommen könnte. Natürlich wurde diesem Wunsch entsprochen. Im Verlauf des dreitägigen Gedanken- und Meinungsaustausches auf der Konferenz hat sie Aspekte ihres Denkens und Denkstils spontan enthüllt – veranlaßt sowohl durch direkte Fragen, Behauptungen oder herausfordernde Kritik wie durch die vorgetragenen Referate. Glücklicherweise hatten wir im Hinblick auf eine spätere Veröffentlichung dafür gesorgt, daß die Diskussion mitgeschnitten wurde.

Was ich hier vorlege, sind einige der von Arendt in den Gesprächen formulierten Auffassungen sowie Ausschnitte aus ihren längeren Antworten auf Bemerkungen der verschiedenen Teilnehmer, zu denen eine Reihe renommierter Denker und Autoren gehören, aber auch andere, die dem Leser nicht bekannt sein mögen. Die Beiträge wurden ausgewählt, entweder weil sie kontroverse Aspekte von Arendts Denken berühren oder weil sie zur Erhellung von Problembereichen in ihrem Werk beitragen können. Sie werden hier entsprechend den sich in ihnen spiegelnden Hauptthemen und -fragestellungen wiedergegeben, nicht in der Reihenfolge, in der sie im Verlauf der Konferenz auftraten.

In der Debatte liefen die Argumente hin und her, und um dafür eine schriftliche Form zu finden, mußte ich sie – einen Er-

---

Übersetzung von Hannah Arendt, »On Hannah Arendt«, in: Melvyn Hill (Hrsg.), *Hannah Arendt: The Recovery of the Public World*, New York: St. Martin's, 1979, S. 301–339. – Die Anmerkungen stammen von der Übers./ Hrsg.

messensspielraum beanspruchend – aus ihrem jeweiligen Zu-
sammenhang herausreißen. Mein Hauptziel dabei war, Arendts
Denken zu verdeutlichen und gleichzeitig den Anliegen und der
Kritik ihrer Gesprächspartner gerecht zu werden. [...] Ich habe
die Tonbandprotokolle veröffentlicht, um dem Leser die Mög-
lichkeit zu geben, sich einen Eindruck davon zu verschaffen,
wie Hannah Arendt ihr eigenes Werk dem angereisten Publi-
kum erläuterte. Dabei mag es so scheinen, als ob sie zu oft das
letzte Wort behält. Doch lassen Sie mich, angesichts dieses mög-
licherweise meiner Bearbeitung geschuldeten Ergebnisses, sa-
gen, daß ich nicht den Eindruck erwecken will, es wäre ihr im-
mer gelungen, ihre Kritiker zu befriedigen und ihre Herausfor-
derer aufzuklären! Darüber hinaus habe ich – getreu meiner
Absicht, die Atmosphäre der Konferenz zu erhalten – nicht ver-
sucht, die gelegentlich fremdsprachliche Syntax oder Wortwahl
in richtiges Englisch zu bringen.[1]

Melvyn A. Hill

Denken und Handeln

HANNAH ARENDT: Die Vernunft selbst, die uns gegebene Fähigkeit zu denken, hat ein Bedürfnis, sich zu betätigen. Philosophen und Metaphysiker haben dieses Vermögen zu ihrem
Monopol gemacht. Dies hat zu sehr großen Dingen geführt.
Es hat aber auch recht unerfreuliche Dinge mit sich gebracht.
– Wir haben vergessen, daß jedes menschliche Wesen ein Bedürfnis hat zu denken, nicht abstrakt zu denken, nicht um die
letzten Fragen nach Gott, Unsterblichkeit zu beantworten,
sondern, während es lebt, nichts anderes zu tun, als zu denken.
Und es tut dies ständig.

Jeder, der eine Geschichte über das, was er vor einer halben

---

1 Die Übersetzerin ist diesen Vorgaben soweit als möglich gefolgt. Hin und
wieder jedoch hielt sie es für nötig, den Protokolltext zu verdeutlichen.
Diese gelegentlichen Eingriffe jeweils zu kennzeichnen, hätte die Lesbarkeit
des Textes ungebührlich beeinträchtigt. Eine entsprechende Annotierung
oder Einfügung von Klammern ist deshalb unterblieben. Ferner wurden die
Hervorhebungen des Herausgebers nicht übernommen.

Stunde auf der Straße erlebt hat, erzählt, muß diese Geschichte in eine Form bringen. Und dieses Die-Geschichte-in-eine-Form-Bringen ist eine Art von Denken.

In dieser Hinsicht also mag es sogar erfreulich sein, daß das Monopol derjenigen, die Kant einst höchst ironisch die »Denker von Gewerbe« genannt hat, nicht mehr besteht. Wir können nämlich damit beginnen, uns darüber den Kopf zu zerbrechen, was Denken für die Tätigkeit des Handelns bedeutet. Nun, ich will eine Sache zugeben. Ich will zugeben, daß ich – natürlich – in erster Linie am Verstehen interessiert bin. Das ist absolut richtig. Und ich will zugeben, daß es andere Menschen gibt, die in erster Linie daran interessiert sind, etwas zu tun. Das gilt aber nicht für mich. Ich kann sehr wohl leben, ohne etwas zu tun. Aber ich kann nicht leben, ohne nicht zumindest den Versuch zu machen, das Geschehene, was immer es sei, zu verstehen.

Und dies bestimmt sich irgendwie in dem Sinne, den Sie von Hegel kennen, wo nämlich, wie ich meine, der Versöhnung die zentrale Rolle zufällt – Versöhnung des Menschen als denkendes und vernünftiges Wesen. Das ist es, was tatsächlich in der Welt geschieht.

Ich kenne keine andere Versöhnung außer dem Denken. Dieses Bedürfnis ist bei mir natürlich sehr viel stärker ausgeprägt als üblicherweise bei politischen Theoretikern – mit ihrem Bedürfnis, Handeln und Denken miteinander zu vereinen. Weil sie handeln wollen, nicht wahr? Und ich denke, ich habe vom Handeln genau deshalb etwas verstanden, weil ich es mehr oder weniger von außen betrachte.

In meinem Leben habe ich ein paar Mal gehandelt, weil ich nicht anders konnte. Doch mein eigentlicher Impuls ist das nicht. Und all die Unzulänglichkeiten, die Sie aus dieser Akzentsetzung herleiten würden, würde ich fast ohne Widerspruch zugeben, weil ich es für so sehr wahrscheinlich halte, daß gerade hier Unzulänglichkeiten liegen.

C. B. Macpherson[2]: Behauptet Frau Arendt wirklich, daß man sich als politischer Theoretiker nicht gleichzeitig engagieren kann? Bestimmt nicht!

Arendt: Nein, aber man liegt richtig, wenn man sagt, daß Denken und Handeln nicht dasselbe sind, und in dem Maße, in dem ich zu denken wünsche, habe ich mich aus der Welt zurückzuziehen.

Macpherson: Aber für einen politischen Theoretiker, einen Lehrer und Autor auf dem Gebiet der Politischen Theorie ist Lehren oder Theoretisieren gleichbedeutend mit Handeln.

Arendt: Lehren ist etwas anderes, und auch das Schreiben. Das Denken in seiner Reinheit dagegen unterscheidet sich davon – in dieser Hinsicht hatte Aristoteles recht. ... Sie wissen, daß bei all den modernen Philosophen irgendwo in ihrem Werk ein ziemlich apologetischer Satz steht, der lautet: Denken ist auch Handeln. Oh nein, das ist es eben nicht! Dies zu behaupten ist ziemlich unehrlich. Ich meine, wir sollten den Tatsachen ins Gesicht sehen: Es ist nicht dasselbe! Im Gegenteil. Ich muß weitgehend aufs Teilnehmen, auf das Eingehen von Verpflichtungen verzichten.

Es gibt eine alte, dem Pythagoras zugeschriebene Geschichte über die Menschen, die zu den olympischen Spielen gehen. Und Pythagoras sagt: Die einen gehen dorthin als Wettkämpfer, andere, um ihrem Gewerbe nachzugehen, und die Besten sitzen dort in Olympia, im Amphitheater, um zuzuschauen.[3] Das heißt, daß letztlich diejenigen, die zuschauen, das Wesentliche mitbekommen. Und an dieser Unterscheidung muß festgehalten werden – im Namen der Ehrlichkeit, wenn schon in keinem anderen.

Ja, ich glaube, daß das Denken einen Einfluß auf das Handeln hat – auf den handelnden Menschen, weil es dasselbe Ich ist, das denkt und handelt. Aber nicht die Theorie. Die Theorie kann das Handeln nur durch Veränderung des Bewußtseins

---

2 In der »List of Contributors« als: Professor Emeritus of Political Economy, University of Toronto.

3 Diogenes Laertius, *Leben und Meinungen berühmter Philosophen*, VIII, 8.

beeinflussen. Haben Sie jemals über die Zahl der Menschen nachgedacht, deren Bewußtsein Sie zu ändern haben werden?

Und wenn Sie hierüber nicht so konkret nachgedacht haben, dann denken Sie über die Menschheit nach – das heißt über ein Substantiv, das in der Wirklichkeit nicht existiert, das ein Begriff ist. Und immer erfährt dieses Substantiv – sei es nun das Marxsche Gattungswesen, die Menschheit, der Weltgeist oder was immer – eine Auslegung entsprechend dem Bild eines einzelnen Menschen.

Wenn wir wirklich glauben – und ich denke, wir alle haben diesen Glauben –, daß Pluralität die Erde regiert, dann muß man wohl diese Vorstellung von der Einheit von Theorie und Praxis in einem solchen Maß modifizieren, daß sie für diejenigen, die sich zuvor daran versucht haben, nicht wiederzuerkennen sein wird. Ich glaube wirklich, daß Sie nur »im Konzert«[4], in Gemeinschaft mit anderen handeln können, und ich glaube wirklich, daß Sie nur allein, mit sich selbst denken können. Hier haben wir zwei vollkommen verschiedene, wenn Sie so wollen, »existentielle« Positionen. Und zu glauben, daß es irgendeinen direkten Einfluß von Theorie auf Handeln gibt – insofern als Theorie nichts weiter als ein gedachtes Ding, das heißt etwas Ausgedachtes, ist: das, denke ich, ist wirklich nicht so und wird wirklich auch niemals so sein.

Der Hauptmakel und -fehler bei der *Vita activa* ist folgender: Auf das, was in der Tradition »vita activa« heißt, schaue ich noch vom Standpunkt der »vita contemplativa«, ohne je etwas Wirkliches über die »vita contemplativa« zu sagen.

Also hier, in der Blickrichtung von der »vita contemplativa« her, liegt bereits der erste Irrtum. Weil die grundlegende Erfahrung des denkenden Ich in den Zeilen des älteren Cato enthalten ist, die ich am Ende des Buches zitiere:[5] Wenn ich

---

4 »To ›act in concert‹« ist eine von Hannah Arendt gerne gebrauchte, von Edmund Burke (»Thoughts on the Cause of the Present Discontents« [1770]) übernommene Formulierung.

5 »Numquam se plus agere quam nihil cum ageret, numquam minus solum esse quam cum solus esset.« Arendt übersetzt am Ende der *Vita activa*: »Niemals ist man tätiger, als wenn man dem äußeren Anschein nach nichts tut,

nichts tue, bin ich am tätigsten, und wenn ich ganz mit mir selbst bin, bin ich am wenigsten allein. (Es ist sehr interessant, daß Cato dies gesagt hat!) Dies ist eine Erfahrung reiner, von keinerlei physischen oder körperlichen Hindernissen beeinträchtigter Tätigkeit. Doch in dem Augenblick, in dem Sie anfangen zu handeln, befassen Sie sich mit der Welt, und Sie stolpern sozusagen dauernd über Ihre eigenen Füße, und außerdem tragen Sie Ihren Leib – wie es bei Plato heißt: Der Leib verlangt immer, versorgt zu werden, und zur Hölle mit ihm!

All dies ist aus der Erfahrung des Denkens heraus gesprochen. Ich versuche derzeit, darüber zu schreiben. Und Ausgangspunkt wird dieser Cato-Gedanke sein.[6] Aber ich bin noch nicht soweit, daß ich Ihnen darüber berichten könnte. Und ich bin auf keinen Fall sicher, daß mir die Sache gelingen wird; denn es ist zwar sehr leicht, über die metaphysischen Trugschlüsse zu sprechen, doch jeder dieser metaphysischen Trugschlüsse – und es handelt sich in der Tat um metaphysische Trugschlüsse – hat seine authentische Wurzel in einer bestimmten Erfahrung. Das heißt, wenn wir sie als Dogmen aus dem Fenster werfen, müssen wir gleichzeitig wissen, woher sie kamen. Also müssen wir fragen: Was sind die Erfahrungen dieses Ichs, das denkt, das will, das urteilt, das, anders ausgedrückt, mit rein geistigen Tätigkeiten beschäftigt ist? Nun, damit habe ich mir ganz schön was vorgenommen – wenn man sich wirklich darauf einläßt. Und ich kann Ihnen nicht viel darüber mitteilen.

Ich habe die vage Vorstellung, daß diese Frage einen pragmatischen Unterton enthält: Wozu ist das Denken gut? – wie ich das formuliere, was Sie alle hier fragen: Warum, um Himmels willen, tun Sie all dies? und: Wozu ist Denken gut, unabhängig vom Schreiben und Lehren? Es ist sehr schwer, das niederzu-

---

niemals ist man weniger allein, als wenn man in der Einsamkeit mit sich allein ist.«

6 Die Andeutungen in diesem Paragraphen beziehen sich auf die Gifford Lectures, die Mary McCarthy postum unter dem Titel *The Life of the Mind* (Bibliographie Titel Nr. 258; dt. *Vom Leben des Geistes*, Titel Nr. 261) herausgegeben hat. Das Cato-Zitat ist dort eines der Motti des ersten Bandes *Thinking* (dt. *Das Denken*). Siehe auch weiter unten im Text.

schreiben, und sicherlich für mich schwieriger als für viele andere.

Schauen Sie, wenn es um die Politik ging, hatte ich einen gewissen Vorteil. Ich bin von Natur aus kein Handlungsmensch. Wenn ich Ihnen sage, daß ich nie Sozialistin oder Kommunistin gewesen bin – was für meine ganze Generation absolut selbstverständlich war, so daß ich kaum jemanden kenne, der niemals dazugehörte –, dann können Sie sehen, daß ich nie das Bedürfnis hatte, mich politisch zu binden. Bis schließlich – »schließlich schlug mir einer mit einem Hammer auf den Kopf, und ich fiel mir auf«[7] – und das, so kann man sagen, erweckte mich zu den Wirklichkeiten. Dennoch, ich hatte diesen Vorteil, auf etwas von außen zu sehen. Und sogar in mich selbst von außen zu schauen.

Aber nicht hier, bei diesem Geschäft des Denkens. Hier bin ich unmittelbar drin. Und deshalb bin ich sehr unsicher, ob ich es in den Griff bekomme oder nicht. Doch wie dem auch sei, ich habe das Gefühl, daß diese *Vita activa* einen zweiten Band braucht, und ich versuche ihn zu schreiben.

CHRISTIAN BAY[8]: Ich habe eine völlig andere Vorstellung von der Berufung eines politischen Theoretikers als Hannah Arendt. Ich sollte aber auch sagen, daß ich Hannah Arendt mit Vergnügen lese, aber mit ästhetischem Vergnügen. Sie ist eine Philosophin par excellence. Ich denke, es ist wunderbar, ihrer Prosa zu folgen, und ihrem Gespür für Einheitliches in der Geschichte, und an all die großen Dinge erinnert zu werden, die die Griechen gesagt haben und die heute noch immer irgendwie von Belang sind. Jedoch aus meiner Sicht ist da an vielen Stellen ihres Werkes ein gewisser Mangel: Moderne Probleme werden nicht ernst genug genommen.

Eichmann in Jerusalem, denke ich, ist wahrscheinlich dasjenige ihrer Bücher, das am ernsthaftesten ist, weil sie dort so kraftvoll aufzeigt, wie Eichmann in jedem von uns existiert. Ich denke, das hat große Bedeutung für die politische Erzie-

---

7 Im Original auf deutsch.
8 In der »List of Contributors« als: Professor of Political Economy, University of Toronto.

hung, bei der es doch wohl um das althergebrachte Thema des Zusammenhangs mit der Politik geht. Aber an so vielen anderen Stellen von Hannah Arendts Werk finde ich, daß gerade dies fehlt. Unsere Fähigkeit, die Dezentralisierung und Humanisierung voranzutreiben, wird vielleicht davon abhängen, in welchem Maße wir Wege finden, mit dem Eichmann in uns zurechtzukommen, ihn zu bekämpfen und zu überwinden und Bürger zu werden – in einem Sinne, der sich von dem gewöhnlichen Gebrauch des Wortes aufs radikalste unterscheidet.

Bei abstrakten Diskussionen mit langen Erörterungen darüber, wie sich Macht von Gewalt unterscheidet, werde ich sehr ungeduldig. Ich möchte nicht nur gerne wissen, was in einer Welt, deren Ungerechtigkeit wir alle verabscheuen, Gerechtigkeit ist, sondern auch, wie der politische Theoretiker dafür sorgen kann, daß wir uns mehr engagieren, mehr kämpfen und effektiver werden – im Kampf für Gerechtigkeit und, damit eben vor allem, für das Überleben der Menschen.

Mich hat verwirrt, daß Hannah Arendt sagte, sie wolle keinesfalls »indoktrinieren«[9]. Dies aber ist, so meine ich, die höchste Berufung des politischen Theoretikers: zu indoktrinieren zu suchen, selbstverständlich in einem pluralistischen Universum. Wenn es uns mit Problemen wie dem Überleben, wie der Gerechtigkeit ernst ist, dann scheint mir unsere erste Aufgabe zu sein, das Meer des Liberalismus und der Toleranz (also eine Situation, die darauf hinausläuft, daß eine Meinung ebenso viele Rechtfertigungsgründe hat wie die andere) zu bezwingen. Wenn wir nicht leidenschaftlich für bestimmte Meinungen eintreten, so werden wir alle, denke ich, verloren sein, insofern als die Ereignisse dann weiterhin ihren eigenen Lauf nehmen dürfen: die Macht in ihrer Tendenz, immer

---

9 Englisch: »to indoctrinate«. Eine entsprechende Äußerung von Arendt: »I do not want to indoctrinate« wird in der Diskussion mehrfach aufgenommen, wobei der Begriff »indoctrinate« mit verschiedenen Bedeutungen verwandt wird. Arendt selbst nimmt ihn offensichtlich wörtlich von seinem lateinischen Ursprung her, das heißt, sie will ihren Schülern, Hörern etc. keine »Doktrinen« vermitteln. Für die Teilnehmer dagegen scheint eher der umgangssprachliche englische Gebrauch: »unterrichten«, »belehren«, im Vordergrund gestanden zu haben. Im folgenden wird »to indoctrinate« stets mit »indoktrinieren« übersetzt.

asymmetrischer verteilt zu werden, solange die liberalen Institutionen es den Herren der Wirtschaft erlauben, sich weiterhin nicht nur auf Kosten des Rests der Welt, der in Armut versinkt, zu bereichern, sondern auch auf Kosten unseres Zugangs zu Wissen, Information und Verstehen.

Politische Theoretiker, wie ich sie verstehe, sollten zuallererst Männer und Frauen der Politik sein, die es sich zur Aufgabe machen, uns alle und sich gegenseitig dahingehend zu erziehen zu suchen, daß wir Wege finden, um die drängenden existentiellen Probleme, denen wir uns alle stellen müssen, zu lösen. Und ein letzter Punkt in diesem Zusammenhang. Vor einem Jahrhundert konnte man mit Stuart Mill sagen, daß sich langfristig gesehen die Wahrheit auf dem freien Markt der Ideen durchsetzen wird. Doch haben wir (a) nicht viel Zeit, und (b) gibt es keinen freien Markt der Ideen.

Hannah Arendt, ich frage Sie: Was können wir als politische Theoretiker tun, damit die existentiellen Fragen – auf die es manchmal richtige und gleichzeitig falsche Antworten gibt – unseren Mitbürgern wieder ins Haus gebracht werden, damit sie Bürger im Sinne der Antike werden?

ARENDT: Ich fürchte, unsere Auffassungen unterscheiden sich sehr stark, doch kann ich mich dazu nur flüchtig äußern.

Zunächst einmal, Ihnen gefällt mein Buch *Eichmann in Jerusalem* und Sie sagen, ich hätte behauptet, daß es in jedem von uns einen Eichmann gäbe. Oh, nein! Weder in Ihnen noch in mir! Das heißt nicht, daß nicht eine ganz schöne Anzahl von Eichmanns existiert. Aber sie sehen wirklich ganz anders aus. Ich habe die Behauptung des »Eichmann in jedem von uns« nie gemocht. Das stimmt einfach nicht. Ebenso unwahr wäre die gegenteilige Behauptung, daß Eichmann in niemandem ist. Das ist – in meiner Art, die Dinge zu betrachten – sehr viel abstrakter als die meisten abstrakten Dinge, mit denen ich mich so häufig abgebe – wenn wir mit abstrakt meinen: wirklich nicht aus der Erfahrung heraus denken.

Was ist der Gegenstand unseres Denkens? Die Erfahrung! Nichts anderes! Und wenn wir den Boden der Erfahrung verlieren, dann gelangen wir in alle möglichen Arten von Theorie. Wenn der politische Theoretiker seine Systeme zu bilden beginnt, befaßt er sich gewöhnlicherweise auch mit Abstraktem.

Ich glaube nicht, daß wir viel Einfluß in Ihrem Sinne haben oder haben können. Ich denke, daß Engagement Sie leicht an einen Punkt tragen kann, an dem Sie nicht mehr denken. Es gibt bestimmte extreme Situationen, in denen Sie handeln müssen. Aber diese sind eben extrem. Und dann wird es sich zeigen, mit wem wirklich – als Engagiertem – zu rechnen ist, und wer wirklich gewillt ist, seinen Kopf zu riskieren.

Aber diese anderen Dinge – die Sie in der Entwicklung der letzten Jahre gesehen haben – sind mehr oder weniger Dinge der öffentlichen Gefühlslage. Und die öffentliche Stimmung mag etwas sein, was ich verabscheue, aber ich würde es nicht als meine ureigene Aufgabe ansehen, diese Stimmung zu schüren, wenn sie mir gefällt, oder auf die Barrikaden zu gehen, wenn sie mir nicht gefällt.

Der Unwille von Leuten, die tatsächlich denken und Theoretiker sind, dies offen einzugestehen und sich dazu zu bekennen, daß Denken sinnvoll ist – ja, die statt dessen meinen, daß nur persönlicher Einsatz und Engagement sinnvoll sind –, ist vielleicht einer der Gründe, warum sich diese ganze Disziplin nicht immer im allerbesten Zustand befindet. Die Leute glauben offensichtlich nicht an das, was sie tun.

Ich kann Ihnen nicht schwarz auf weiß sagen – und würde das auch äußerst ungern tun –, was die Folgen dieser Art von Denken, das ich nicht zu indoktrinieren, sondern in meinen Studenten zu erzeugen oder zu erwecken suche, in der täglichen Politik sind. Ich kann mir sehr wohl vorstellen, daß der eine ein Republikaner und der dritte ein Liberaler oder Gott weiß was wird. Aber eines möchte ich hoffen: daß gewisse extreme Dinge, welche die klare Folge von Nicht-Denken sind, das heißt von jemandem, der sich wirklich entschieden hat, daß er das, was ich vielleicht exzessiv tue, nicht zu tun wünscht, daß er überhaupt nicht denken will – daß diese Folgen nicht eintreten mögen. Das heißt, entscheidend ist, wie sie handeln werden, wenn alles auf dem Spiel steht. Und in diesen Zusammenhang gehört diese Vorstellung, daß ich meine Annahmen überprüfe, daß ich – es widerstrebt mir sehr, das Wort zu benutzen, wegen der Frankfurter Schule, aber nun ja – »kritisch« denke und daß ich es mir nicht gestatte, die Klischees der öffentlichen Stimmung zu wiederholen. Hierzu würde ich sagen, daß jede Gesellschaft, die den Respekt für solches Tun verloren hat, in keiner sehr guten Verfassung ist.

MICHAEL GERSTEIN [10]: Als jemand, der ein politisch Handelnder ist beziehungsweise sich so fühlt, frage ich mich, wie Sie mich unterweisen würden. Oder würden Sie mich überhaupt nicht unterweisen?

ARENDT: Nein, ich würde Sie nicht unterweisen, und ich würde denken, daß es anmaßend von mir wäre, das zu tun. Ich denke, Sie sollten unterwiesen werden, wenn Sie mit Ihresgleichen um einen Tisch sitzen und Meinungen austauschen. Irgendwie aus dieser Situation heraus sollte dann eine Unterweisung kommen: nicht für Sie persönlich, aber darüber, wie die Gruppe handeln soll.

Und ich denke, daß jeder andere Weg des Theoretikers, der seinen Studenten erzählt, was sie denken und wie sie handeln sollen, ... Mein Gott! Sie haben es mit erwachsenen Menschen zu tun! Wir sind doch nicht im Kindergarten! Wahres politisches Handeln zeigt sich als ein Gruppenakt. Und Sie treten dieser Gruppe bei oder nicht. Und bei allem, was immer Sie alleine tun, sind Sie kein wirklich politisch Handelnder, sondern dann sind Sie ein Anarchist.

GEORGE BAIRD [11]: In der *Vita activa* lag für mich eine der großen Offenbarungen in der Behauptung, die, wie ich es verstehe, zum Teil von Machiavelli stammt: daß Ruhm und nicht Güte das angemessene Kriterium für politische Taten ist. Ja, Frau Arendt behauptet in *Vita activa*, daß sich Güte im politischen Bereich als radikal subversiv erweisen kann.

Nun scheint mir, daß hierin eine Art dramatischer Herausforderung enthalten ist. Die Beweggründe aller politisch Aktiven in der Welt, wie sie meinem Verständnis nach typisch sind, werden infrage gestellt. Andererseits hat Frau Arendt in ihrem Essay über Rosa Luxemburg ihre Bewunderung für das

---

10 In der »List of Contributors« als: Consultant of Social Services, Halifax, Nova Scotia.

11 In der »List of Contributors« als: Architect and Associate Professor in the School of Architecture, University of Toronto.

ausgesprochen, was sie, wie ich glaube, Luxemburgs Sinn für die Ungerechtigkeit nennt, welchem sie die Funktion eines Sprungbretts für deren Eintritt in die Politik zuschreibt.

Angesichts all dieser Wünsche nach Anleitungen für politisches Handeln nun könnte es klärend sein, wenn Frau Arendt versuchen würde, die Beziehung zwischen ihrer strengen Auffassung vom Ruhm und nicht so sehr der Güte als angemessenem Kriterium (womit sie eine in der modernen Welt extrem harsche und unkonventionelle Position einnimmt) und ihrer Bewunderung für Rosa Luxemburg zu verdeutlichen. Es muß da eine Beziehung geben, die diese Unterscheidung aufrecht erhält, aber die Lage klärt.

ARENDT: Diese Sache mit der Güte habe nicht ich aufgebracht, sondern Machiavelli. Sie hat etwas mit der Unterscheidung zwischen dem Öffentlichen und dem Privaten zu tun. Doch ich kann es auch anders sagen. Ich würde behaupten, daß in der Vorstellung des Gut-sein-Wollens tatsächlich mein eigenes Selbst für mich von Wichtigkeit ist. In dem Augenblick, in dem ich politisch handele, bin ich nicht an mir interessiert, sondern an der Welt. Und das ist der Hauptunterschied.

Für Rosa Luxemburg war die Welt von sehr großer Wichtigkeit, und sie interessierte sich überhaupt nicht für sich selbst. Wenn sie sich für sich selbst interessiert hätte, dann wäre sie nach ihrer Promotion in Zürich geblieben und würde bestimmte geistige Interessen weiterverfolgt haben. Aber sie konnte sich mit der Ungerechtigkeit in der Welt nicht abfinden.

Ob das Kriterium der Ruhm ist – das glanzvolle Sich-Zeigen im Erscheinungsraum – oder ob das Kriterium die Gerechtigkeit ist, das ist nicht entscheidend. Entscheidend ist, ob Ihre eigenen Motive klar sind: für die Welt – oder für Sie selbst, womit ich meine, für Ihre eigene Seele. So hat es Machiavelli verstanden, als er sagte: »Ich liebe mein Land, die Stadt Florenz, mehr als das Heil meiner Seele.« Das heißt nicht, daß er nicht an ein Leben nach dem Tode geglaubt hätte. Aber es besagt, daß die Welt als solche für mich von größerem Interesse ist als ich selbst, mein physisches ebenso wie mein seelisches Selbst.

Sie wissen, daß in den modernen Republiken die Religion zur Privatangelegenheit geworden ist. Und tatsächlich vertrat

Machiavelli die Auffassung, daß sie privat sein solle: Laßt diese Leute nicht in die Politik! Sie sorgen sich nicht genügend um die Welt! Menschen, die glauben, daß die Welt sterblich ist und sie selbst unsterblich, sind sehr gefährlich; denn wir wollen die Stabilität und gute Ordnung dieser Welt.[12]

HANS JONAS [13]: Daß da auf dem Grund all unseres Seins und Handelns der Wunsch liegt, die Welt mit anderen Menschen zu teilen, ist unbestreitbar. Allerdings wollen wir eine bestimmte Welt mit bestimmten Menschen teilen. Und wenn es Aufgabe der Politik ist, die Welt zu einem passenden Zuhause für den Menschen zu machen, erhebt sich die Frage: »Was ist ein passendes Zuhause für den Menschen?«

Darüber kann nur entschieden werden, wenn wir uns eine Idee davon bilden, was der Mensch ist oder sein soll. Und diese kann ihrerseits nicht oder nur willkürlich bestimmt werden, wenn wir uns nicht auf eine Wahrheit über den Menschen berufen können, welche einem Urteil dieser Art Gültigkeit zu verleihen vermag und damit auch dem davon abgeleiteten Urteil des politischen Geschmacks, wie es in den konkreten Situationen zutage tritt. Das gilt besonders, wenn wir zu entscheiden haben, wie die künftige Welt aussehen soll, was wir ständig tun, wenn wir uns mit technologischen Vorhaben befassen, die einen Einfluß auf die Gesamtverfassung der Dinge haben.

Nun ist es nicht so, daß Kant einfach an das Urteil appellierte. Er berief sich auf den Begriff des »Guten«. Es gibt solch eine Idee wie das höchste Gut, ganz gleich, wie wir dieses definieren. Möglicherweise entzieht es sich sogar der Definition. Es kann aber kein gänzlich leerer Begriff sein und steht in Beziehung zu unserer Vorstellung davon, was der Mensch ist. Mit anderen Worten: Das, was hier in einmütigem Konsens für tot

---

12 Machiavelli, *Discorsi*, Buch II, 2.

13 In der »List of Contributors« als: Professor Emeritus of Philosophy, The New School for Social Research, New York City. Mit Hans Jonas war Arendt seit ihrer Studienzeit befreundet. Siehe seine Ansprache bei der Trauerfeier für sie in der Riverside Memorial Chapel in New York am 8. Dezember 1975, in: *Social Research* 43 (1976), Nr. 1, S. 3–5.

und erledigt erklärt worden ist – nämlich die Metaphysik –, muß an einem bestimmten Punkt zu Rate gezogen werden, um uns eine endgültige Weisung zu geben.

Wir haben heute Machtvollkommenheiten der Entscheidung, die weit über die Bewältigung unmittelbarer Situationen und die kurzfristige Zukunft hinausreichen. Unsere Kräfte des Tuns oder Handelns erstrecken sich heute auf Dinge, die wahrlich ein Urteil, eine Einsicht oder einen Glauben – ich lasse das offen – hinsichtlich irgendwelcher letzten Prinzipien von uns verlangen. Denn in der gewöhnlichen Politik konnten wir bis ins 20. Jahrhundert hinein mit vorletzten Prinzipien auskommen. Es ist nicht wahr, daß über den Zustand des Gemeinwesens mit Hilfe der letzten Werte oder Standards entschieden werden mußte. Wenn es nun aber, wie unter den Bedingungen der modernen Technologie, so ist, daß wir nolens volens Richtungen einschlagen, die den Gesamtzustand der Dinge auf der Erde und die gesamte künftige Lage des Menschen beeinflussen, dann, meine ich, können wir nicht einfach unsere Hände in Unschuld waschen und sagen, die westliche Metaphysik hätte uns in eine Sackgasse geführt. Dann können wir diese nicht einfach für bankrott erklären und nun an Urteile appellieren, die wir miteinander teilen können – wobei wir, um Himmels willen, mit solch gemeinsam geteilten Urteilen doch nicht meinen: geteilt mit einer Mehrheit oder irgendeiner bestimmten Gruppe. Wir können Urteile, die uns ins Verderben führen, mit vielen teilen; aber wir müssen an etwas jenseits dieser Sphäre appellieren!

ARENDT: Ich fürchte, daß ich hierauf antworten muß. Ich will aber nicht auf die Frage von Kants *Kritik der Urteilskraft* eingehen. Tatsächlich kommt da die Frage nach dem Guten nicht auf und auch nicht die Frage nach der Wahrheit. Das ganze Buch befaßt sich mit der möglichen Gültigkeit dieser Behauptungen.

JONAS: Aber es ist nicht politisch.

ARENDT: Nein, aber ich sprach nur von der Gültigkeit. Ob man das Buch auf den politischen Bereich übertragen kann, ist auch ein sehr interessantes Thema, aber im Moment eher nebensächlich. Und es ist bekannt, daß ich genau das getan habe, und ich habe es getan, indem ich einfach nur Kants späte

Schriften über die Politik berücksichtigte.[14] Eines der wesentlichen Dinge hier ist eine gewisse Haltung gegenüber der Französischen Revolution bei Kant. Ich will darauf aber nicht näher eingehen, weil wir uns dann zu weit von dieser Frage nach den letzten Prinzipien entfernen.

Also, wenn unsere Zukunft von dem abhängen sollte, was Sie jetzt sagen – nämlich davon, daß wir ein Letztes bekommen, das von oben herab für uns entschiede (und dann natürlich ist zu fragen, wer dieses Letzte anerkennen wird und welches die Regeln für solche Anerkennung sein werden; Sie haben hier wirklich eine unendliche Regression, aber nun ja) –, würde ich äußerst pessimistisch sein. Wenn das der Fall ist, dann sind wir verloren. Denn damit wird eigentlich gefordert, daß ein neuer Gott erscheine.

Dieses Wort (»ultimate«, letztes Prinzip) war ein christliches Wort des Mittelalters und erlaubte sehr große Skepsis, aber man hatte es in der letzten Instanz, weil es Gott war. Doch weil dieser Gott verschwand, befand sich die westliche Menschheit wieder in jener Situation, in der sie vor ihrer Rettung durch die frohe Botschaft, ihrer Erlösung oder was immer gewesen war – weil sie nun nicht mehr daran glaubte. Das war die Situation. Und diese Situation verlangte, daß sie, die Revolutionäre des 18. Jahrhunderts, sich nach rückwärts wandten und der Antike nachjagten. Und dies nicht wie in manchen Fällen, weil sie griechische Verse oder griechische Lieder liebten, was bei mir zutreffen mag. Ihr Motiv war das bestimmt nicht.

Das heißt, sie waren mit der nackten Tatsache konfrontiert, daß Menschen im Plural existierten. Und kein menschliches Wesen weiß, was der Mensch im Singular ist. Wir kennen nur Mann und Frau (»und schuf sie, einen Mann und eine Frau«) – von Anfang an also stellt diese Pluralität ein enormes Problem dar.

Zum Beispiel: Ich bin ganz sicher, daß diese ganze totalitäre Katastrophe nicht eingetreten wäre, wenn die Leute noch an Gott oder vielmehr an die Hölle geglaubt hätten, das heißt,

---

14 Siehe z. B. Arendts »Lectures on Kant's Political Philosophy«, Bibliographie Titel Nr. 266.

wenn es noch letzte Prinzipien gegeben hätte. Es gab aber keine. Und Sie wissen so gut wie ich, daß es keine letzten Prinzipien gab, an die man mit Aussicht auf Erfolg hätte appellieren können. Man konnte niemanden anrufen.

Und wenn Sie solche Zeiten wie den Totalitarismus durchmachen, so ist das erste, was Sie wissen, das folgende: Niemals wissen Sie, wie jemand handeln wird. Sie erleben ständig die Überraschung Ihres Lebens! Das gilt auf allen Ebenen der Gesellschaft und hinsichtlich der verschiedensten Differenzierungen bei den Menschen. Und wenn Sie verallgemeinern wollen, dann können Sie sagen, daß diejenigen, die noch sehr fest an die sogenannten alten Werte glaubten, am ehesten bereit waren, ihre alten Werte gegen eine neue Wertordnung einzutauschen, vorausgesetzt, man gab ihnen eine. Und ich fürchte mich davor, weil ich glaube, daß in dem Moment, in dem Sie jemandem eine neue Wertordnung – oder jenes berühmte »Geländer« – geben, dieses sofort ausgetauscht werden kann. Das einzige nämlich, an das sich der Bursche gewöhnt, ist, ein »Geländer« zu haben und eine Wertordnung, ganz gleich, welche. Ich glaube nicht, daß wir die Situation, in der wir uns seit dem 17. Jahrhundert befinden, auf irgendeine endgültige Weise stabilisieren können.

F. M. Barnard [15]: Würden Sie dann mit Voltaire übereinstimmen? Sie haben diese Frage nach Gott gestellt und in gewissem Maße nach einer Metaphysik, die man qua Metaphysik infrage stellen kann, die man aber als gesellschaftlich extrem nützlich betrachten kann.

Arendt: Stimme voll zu. Wir würden uns um diese ganze Angelegenheit nicht zu kümmern brauchen, wenn nicht die Metaphysik und dieses ganze Werte-Geschäft zusammengebrochen wären. Wegen dieser Begebenheiten beginnen wir mit dem Fragen.

Jonas: Ich teile mit Hannah Arendt die Auffassung, daß wir zur Zeit nicht im Besitz von irgendwelchen letzten Prinzipien sind, weder durch Wissen noch durch Überzeugung oder Glauben. Und ich glaube auch, daß wir so etwas nicht herbei-

---

15 In der »List of Contributors« als: Professor of Political Science, University of Western Ontario, London, Ontario.

befehlen können – nach dem Motto: Weil wir es so ungemein nötig haben, deshalb müssen wir es haben.

Jedoch zur Wahrheit gehört das Wissen um das Nichtwissen. Die Sokratische Haltung besteht darin zu wissen, daß man nicht weiß. Und dieses Gewahrwerden unserer Unwissenheit kann große praktische Bedeutung haben, nämlich in der Ausübung unserer Urteilskraft, die doch schließlich aufs Handeln im politischen Bereich und zwar auf folgenschweres und weit in die Zukunft reichendes Handeln bezogen ist.

Unsere Unternehmungen tragen eine eschatologische Tendenz in sich – einen eingebauten Utopismus, und zwar in dem Sinne, daß sie sich auf letzte Situationen zubewegen. Angesichts der Tatsache, daß uns das Wissen über die letzten Werte – oder über das, was letztendlich wünschenswert ist, oder darüber, was der Mensch ist, auf daß die Welt für ihn passend sei – fehlt, sollten wir uns zumindest zurückhalten und das Aufkommen eschatologischer Situationen gar nicht erst zulassen. Dies allein ist schon ein sehr bedeutendes praktisches Gebot, welches wir aus der Einsicht, nur mit einer Vorstellung von letzten Wahrheiten zur Inangriffnahme gewisser Dinge berechtigt zu sein, gewinnen können. Damit könnte der Gesichtspunkt, den ich hier eingebracht habe, zumindest im Sinne einer Mahnung zur Zurückhaltung von einiger Bedeutung sein.

ARENDT: Dem würde ich zustimmen.

Über Gesellschaft und Politik

MARY MCCARTHY [16]: Ich möchte eine Frage stellen, die mich seit langer, langer Zeit beschäftigt. Sie betrifft die scharfe Unterscheidung, die Hannah Arendt zwischen dem Politischen und dem Sozialen macht. Sichtbar wird sie insbesondere in dem Buch *Über die Revolution*, wo sie zeigt oder zu zeigen versucht, daß das Scheitern der Russischen und der Französischen Re-

---

16 In der »List of Contributors« als: Writer, Paris. Die seinerzeit in Paris lebende Schriftstellerin und Kritikerin war eine langjährige Freundin von Hannah Arendt, siehe Hannah Arendt und Mary McCarthy, *Im Vertrauen*, Bibliographie Titel Nr. 303.

volution auf die Tatsache zurückzuführen war, daß diese Revolutionen sich mit dem Sozialen befaßten und mit dem Leiden – wobei das Gefühl des Mitleidens eine große Rolle spielte. Demgegenüber wäre die Amerikanische Revolution politisch gewesen und endete in der Gründung von etwas.

Nun, ich habe mich immer gefragt: Was eigentlich soll jemand auf der öffentlichen Bühne, im öffentlichen Raum noch tun, wenn er sich nicht mit dem Sozialen befaßt? Soll heißen: Was bleibt da noch?

Mir scheint, wenn Sie erst einmal eine Verfassung haben und die Gründung hinter Ihnen liegt, und wenn Sie ein Rahmenwerk von Gesetzen geschaffen haben, dann ist die Bühne frei für das politische Handeln. Und das einzige, was dem politischen Menschen bleibt, ist, was die Griechen taten: Krieg führen! Das aber kann nicht richtig sein! Wenn andererseits alle Fragen der Wirtschaft, der menschlichen Wohlfahrt, des »busing«[17] – was immer die soziale Sphäre berührt – von der politischen Bühne ausgeschlossen sind, dann wird es für mich mysteriös. Es bleiben nur noch die Kriege und Reden übrig. Aber die Reden können nicht einfach Reden sein. Sie müssen Reden über etwas sein.

ARENDT: Sie haben vollkommen recht, und ich möchte zugeben, daß ich mir diese Frage selbst stelle. Erstens, die Griechen haben nicht nur Krieg geführt, und Athen gab es vor dem Peloponnesischen Krieg, und die wahre Blüte Athens ereignete sich zwischen den Persischen Kriegen und dem Peloponnesischen Krieg. Nun, was taten sie damals?

Das Leben ändert sich dauernd, und dauernd sind Dinge da, die dazu auffordern, daß über sie gesprochen wird. Zu allen Zeiten werden die Menschen, die miteinander leben, Angelegenheiten haben, die in den Bereich des Öffentlichen ge-

---

17 »Busing« ist ein Fachwort aus der amerikanischen Diskussion um die Rassenintegration. Gemeint ist die Beförderung von Schülern mit Bussen, um fernab vom eigenen Wohngebiet liegende Schulen zu erreichen; Kinder weißer Hautfarbe werden zum Schulbesuch in überwiegend von Schwarzen bewohnte Viertel transportiert und umgekehrt, um das verfassungsmäßige Gebot der Rassenintegration zu erfüllen. Hannah Arendt hat sich in einem Artikel »Reflections on Little Rock« scharf gegen diese Politik der Rassenintegration ausgesprochen, siehe in der Bibliographie Titel Nr. 151.

hören – die »es wert sind, in der Öffentlichkeit beredet zu werden«[18]. Was das im jeweiligen historischen Augenblick für Sachen sind, ist wahrscheinlich äußerst verschieden. Im Mittelalter zum Beispiel waren die großen Kathedralen die öffentlichen Räume, die Rathäuser kamen erst später. Und dort mußte man vielleicht über eine Sache sprechen, die auch nicht ohne Interesse war: die Frage nach Gott. Was also zur jeweils gegebenen Zeit öffentlich wird, scheint mir äußerst verschieden zu sein. Es wäre ganz interessant, dies in der Art einer historischen Untersuchung zu verfolgen, und ich denke, das ist möglich. Es wird immer Konflikte geben. Und Sie brauchen den Krieg nicht.

RICHARD BERNSTEIN[19]: Wir wollen die negative Schlußfolgerung einer Ihr Werk durchziehenden These zugeben: Wenn die Menschen das Soziale und Politische miteinander vermengen, so hat das verheerende Folgen für Theorie und Praxis.

ARENDT: Okay!

BERNSTEIN: Aber Sie wissen verdammt gut, daß man nicht dauernd diese Unterscheidung machen kann – zumindest wir nicht, heute! Auch wenn wir die Unterscheidung anerkennen können, sind die beiden doch unentwirrbar miteinander verbunden. Es reicht nicht, Mary McCarthys Frage damit zu beantworten, daß wir das, was im öffentlichen Raum erscheint, zu verschiedenen Zeiten genau zu betrachten haben. Die Frage ist vielmehr, ob Sie das Soziale vom Politischen heute widerspruchsfrei loslösen oder trennen können.

ARENDT: Ich denke, das geht. Es gibt Dinge, bei denen man die richtigen Maßnahmen errechnen kann. Diese Dinge können wirklich verwaltungsmäßig erledigt werden und sind dann nicht mehr Gegenstand öffentlicher Debatten. Die öffentliche Debatte kann nur Dinge behandeln, die wir – wenn wir es negativ formulieren wollen – nicht mit Sicherheit errechnen können. Im übrigen, wenn wir mit Sicherheit Maßnahmen errechnen können, warum müssen wir dann zusammenkommen?

Nehmen Sie eine Gemeindeversammlung. Da gibt es zum

---

18 Englisch: »… are worthy to be talked about in public«.
19 In der »List of Contributors« als: Professor of Philosophy, Haverford College, Haverford, Pennsylvania.

Beispiel die Frage, wo eine Brücke errichtet werden soll. Dies kann entweder von oben entschieden werden oder durch Debatten. Falls es wirklich eine offene Frage ist, wo man die Brücke errichtet, kann besser durch Debatten entschieden werden als von oben. Ich war einmal in einer solchen Gemeindeversammlung im Staat New Hampshire, und ich war sehr vom Niveau der von Einsicht und Vernunft zeugenden Argumente in dieser Gemeinde beeindruckt.

Andererseits scheint mir auch klar zu sein, daß Reden und Diskussionen und Debatten in noch so großer Zahl – oder was heute unglücklicherweise deren Platz einnimmt: Forschungsausschüsse mit Alibifunktionen fürs Nichtstun –, daß keine dieser Einrichtungen in der Lage sein wird, die sehr ernsten sozialen Probleme, die uns die großen Städte aufgeben, zu lösen.

Oder nehmen Sie ein anderes Beispiel. Das letzte Überbleibsel aktiver Bürgerbeteiligung in der Republik haben wir im Schöffen- beziehungsweise Geschworenenwesen. Ich war Schöffe – mit großer Freude und wirklichem Enthusiasmus.[20] Aber auch hier sind alle diese Fragen irgendwie wirklich strittig. Die Schöffenversammlung war extrem verantwortungsvoll, doch war allen Beteiligten auch bewußt, daß es verschiedene Gesichtspunkte gibt – entsprechend den beiden Seiten der Gerichtsverhandlung, von denen Sie die Sache betrachten können. Hier scheint mir ganz klar eine Angelegenheit des gemeinsamen öffentlichen Interesses vorzuliegen.

Andererseits sind alle die Dinge, die wirklich errechnet werden können – in dem Bereich, den Engels die »Verwaltung der Sachen«[21] nannte –, im allgemeinen soziale Dinge. Daß sie als solche Gegenstand von Debatten sein sollten, scheint mir fauler Zauber zu sein – und eine Plage.

MacPherson: Wollen Sie uns damit sagen, daß das, was eine Schöffen- oder Gemeindeversammlung behandeln kann, politisch ist und daß alles andere sozial ist?

Arendt: Nein, das habe ich nicht gesagt. Das waren nur Beispiele dafür, wo im alltäglichen Leben Dinge aufkommen, die

20 Siehe Hannah Arendt an Karl Jaspers, 16. 1. 1967, in dieser Ausgabe S. 198 f.
21 Engels, *Anti-Dühring*, in: Marx/Engels, *Werke* (Berlin: Dietz), Bd. 20, S. 275.

nicht sozial sind und die tatsächlich in einen öffentlichen Raum gehören. Und die Gemeindeversammlung und die Geschworenenversammlung gab ich als Beispiele für die sehr wenigen Orte, an denen eine unverfälschte Öffentlichkeit noch existiert.

ALBRECHT WELLMER [22]: Ich möchte Sie bitten, ein Beispiel für ein soziales Problem unserer Zeit zu nennen, welches nicht gleichzeitig ein politisches Problem ist. Nehmen Sie irgend etwas: das Erziehungs- oder Gesundheits- oder Großstadtproblem, ja selbst das einfache Problem des Lebensstandards. Es scheint mir, daß in unserer Gesellschaft sogar die sozialen Probleme unvermeidlich politische Probleme sind. Doch wenn das stimmt, dann wäre auch wahr, daß man zwischen dem Sozialen und dem Politischen in unserer Gesellschaft unmöglich eine Unterscheidungslinie ziehen kann.

ARENDT: Lassen Sie uns den Wohnungsbau nehmen! Das soziale Problem besteht zweifellos in angemessenen Wohnmöglichkeiten. Aber die Frage, ob solch angemessene Wohnmöglichkeiten im Zeichen der Integration stehen sollen oder nicht, ist mit Sicherheit eine politische Frage. Jede solche Frage hat zwei Gesichter. Und das eine sollte nicht diskutiert werden – es sollte keine Diskussion darüber geben, daß jedem eine anständige Wohnung gebührt.

BAIRD: Die britische Regierung beschrieb aus ihrer administrativen Sicht einen großen Prozentsatz des Wohnungsbestands in England als unangemessen, und zwar insofern, als die Wohnungen für einen Großteil der dort tatsächlich lebenden Bewohner nicht zweckmäßig wären.

ARENDT: Ich denke, dieses Beispiel hilft, dies Doppelgesicht, das ich ganz konkret gemeint habe, zu zeigen. Das politische Problem ist, daß diese Menschen ihr Viertel lieben und nicht wegziehen wollen, selbst wenn Sie ihnen anderswo ein zusätzliches Badezimmer geben. Das ist in der Tat eine ganz und gar strittige Frage, und ein öffentliches Problem, und es sollte öffentlich und nicht von oben entschieden werden. Aber wenn es darum geht, wie viele Quadratmeter jedes menschliche We-

---

22 In der »List of Contributors« als: Professor of Sociology, University of Constanz, Constanz, W. Germany.

sen braucht, um atmen und ein anständiges Leben leben zu können, so ist das etwas, was man wirklich errechnen kann.

GERSTEIN: Es scheint mir so zu sein, daß man gezwungen wird, politisch zu handeln, sich mit konkreten Situationen und konkreten Problemen zu befassen. Und insofern man gezwungen ist, diese Art von Entscheidungen zu treffen, wird die Klassenfrage, die Besitzfrage, die Frage der Zukunft einer Gesellschaft ein sehr konkretes Problem werden, und man kann sein Handeln nicht allein an Abstraktionen wie Bürokratie oder Abstraktionen wie Zentralisation ausrichten. Diese Abstraktionen scheinen mir den grundlegend entpolitisierten Charakter Ihres Denkens zu enthüllen, was ich sehr verwirrend fand, als ich Ihre Arbeiten las. Sie heute hier zu hören, verwirrt mich noch mehr; denn glücklicherweise – oder unglücklicherweise – sind wir gezwungen, in der Welt zu handeln, und werden wissen müssen, wie die Welt aussieht.

ARENDT: Es handelt sich um die Probleme der sogenannten Massengesellschaft. Ich sage sogenannte Massengesellschaft, doch diese ist unglücklicherweise eine Tatsache. Nun aber würde ich gerne wissen, warum Sie glauben, daß Worte wie »Klasse« und »Besitz« weniger abstrakt sind als »Bürokratie« und »Verwaltung« beziehungsweise die Worte, die ich gebrauche. Sie sind vollkommen gleich. Alle genannten Worte gehören zu derselben Kategorie. Die Frage ist nur, ob Sie mit diesen Worten auf etwas sehr Wirkliches zeigen können. Diese Worte sind entweder enthüllend – beziehungsweise aufschließend – oder nicht.

Wenn Sie denken, »Bürokratie« – was ja Herrschaft des Büros bedeutet, nicht Herrschaft des Menschen oder Herrschaft des Gesetzes – besäße keine aufschließende Qualität, dann, glaube ich, haben Sie wirklich noch nicht lange genug in dieser Welt gelebt. Sie können mir glauben: »Bürokratie« besitzt heute sehr viel mehr Wirklichkeit als »Klasse«. Mit anderen Worten, Sie verwenden eine Reihe von abstrakten Substantiven, die einst, nämlich im 19. Jahrhundert, enthüllend waren, und Sie machen sich nicht einmal die Mühe, kritisch zu untersuchen, ob sie noch immer gelten oder ausgetauscht werden sollten, oder was immer von dieser Art.

Besitz ist eine andere Frage. Besitz ist in der Tat sehr bedeutend, aber in einem anderen Sinne als der, in dem Sie darüber nachdenken. Was wir überall anregen sollten, ist Besitzbildung – natürlich nicht Besitz von Produktionsmitteln, aber privater Besitz im strikten Sinn. Und glauben Sie mir: Dieser Besitz ist in großer Gefahr, entweder durch Inflation, bei der es sich ja nur um eine andere Art der Enteignung des Volkes handelt, oder durch exorbitante Steuern, was auch eine Art von Enteignung darstellt. Es ist »süßer«, alle zu enteignen – statt sie zu töten. Diese Prozesse der Enteignung haben Sie überall. Wenn Sie jedem menschlichen Wesen ein anständiges Maß an Besitz ermöglichen – nicht enteignen, sondern Besitz streuen –, dann werden Sie einige Möglichkeiten für die Freiheit sogar unter den ziemlich unmenschlichen Bedingungen der modernen Produktion haben.

McCarthy: In einigen Ostblockstaaten – ich spreche nicht über die Sowjetunion – gibt es heute tatsächlich eine Tendenz in Richtung auf Privatbesitz in genau dem Sinne, den Sie meinen: ohne Eigentum an Produktionsmitteln. Soweit ich in die Zukunft sehen kann, scheint mir, daß der Sozialismus die einzige Kraft der Bewahrung und Erhaltung, ja eine konservative Kraft in der modernen Welt ist.

Arendt: Ich sagte, daß die Produktionsmittel nicht in der Hand eines einzelnen Menschen sein sollten. Doch wer besitzt sie an dessen Stelle? Die Regierung.

In Deutschland verlangte die Linke vor ein paar Jahren die Verstaatlichung der Springer-Presse, der Rechtspresse. Springer ist nur ein einzelner Mann, und selbstverständlich hat er ein gewisses Maß an Macht über die öffentliche Meinung durch gewisse Methoden usw. Aber er hat nicht die akkumulierte Macht und die Gewaltmittel, die eine Regierung besitzt. Die Linke hätte ihrer Regierung die ganze Macht von Herrn Springer gegeben, die dann natürlich eine sehr viel größere Macht gewesen wäre: eine regierungsgesteuerte Presse. Dann, so meine ich, wäre selbst jene Freiheit, die Springer aus Wettbewerbsgründen hat gewähren müssen – weil es ja andere Zeitungen gibt, die mitteilen, was nicht mitzuteilen ihm beliebt –, selbst jene Art von Freiheit wäre verschwunden.

Wenn Sie also über das Eigentum an den Produktionsmitteln sprechen: Der erste, der erbte, war die Regierung selbst. Damit war sie fraglos viel stärker, als ein einzelner Kapitalist es sein könnte. Und für den Fall, daß es sich um eine Frage der Arbeiter handelte, konnten diese, wie sich herausstellte, gegen den einzelnen Kapitalisten streiken – und das Recht zu streiken ist natürlich ein sehr wertvolles Recht. Gegen die Regierung aber konnten sie nicht streiken. So wurden den Arbeitern die wenigen Rechte, welche die Arbeiterbewegung durch langen Kampf seit der Mitte des letzten Jahrhunderts tatsächlich durchgesetzt hatte, sofort wieder genommen.

McCarthy: Schauen Sie sich die Situation der Presse in den Vereinigten Staaten an: Vor der letzten Präsidentenwahl (1968) war eine Art Umfrage gemacht worden, und das Ergebnis war, daß, ich denke, so etwa 90 Prozent der amerikanischen Presse Nixon unterstützten. So daß Sie eine Situation haben, wo Presse und Regierung – zumindest die gegenwärtige Regierung der Vereinigten Staaten in der Form der Republikanischen Partei – untrennbar miteinander vermengt sind. Und für mich sieht es so aus, als wenn man damals in den Vereinigten Staaten dieselbe Lage gehabt hätte wie in Deutschland, wenn Springer dort verstaatlicht worden wäre.

Arendt: Wenn Sie die Presse verstaatlichten, hätten Sie nicht 90 Prozent für die Regierung, sondern 100 Prozent.

McCarthy: Nicht unbedingt. In den Niederlanden zum Beispiel ist das Fernsehen staatlich. (Ich denke, diese Dinge gehen wahrscheinlich nur in kleinen Ländern.) Und dort gibt es eine enorme Bandbreite politischer Parteien. Jede politische Partei hat ihren eigenen Fernsehkanal oder einen Teil eines Kanals. Und das funktioniert. Es wird von der Bevölkerung akzeptiert.

Arendt: Ja. Aber dort haben Sie Gesetze, die die Dezentralisierung dieser Enteignung, dieses Akkumulationsprozesses erzwingen. Das Mehrparteiensystem, das sie nun in einigen Oststaaten einzuführen suchen, fungiert in den Niederlanden als dieser mäßigende Faktor. Was wir im großen und ganzen tun werden müssen, ist zu experimentieren.

McCarthy: Applaus!

MacPherson: Zwei der Behauptungen zum Thema Macht, die Frau Arendt heute vormittag gemacht hat, scheinen mir wirklich unerhört zu sein: die eine, daß Marx nichts von Macht verstand, und die andere, daß die Macht heute bei der Bürokratie liegt.

Mir scheint, daß man die These, daß Marx nichts von Macht verstand, nur dann aufrechterhalten kann, wenn man Macht in einer sehr eigenartigen Weise definiert. Und es kommt mir so vor, als wenn dies zu Frau Arendts Denkstil gehört. Sie definiert viele Schlüsselbegriffe auf eine Weise, die nur für sie selbst gilt. Sie kennen das: das Soziale gegen das Politische (wobei »sozial« mit einer besonderen, ziemlich bestimmten Bedeutung belegt wird), Kraft gegen Gewalt (wobei »Kraft« eine besondere, recht bestimmte Bedeutung erhält) …

Arendt: Nein, Macht gegen Gewalt. Tut mir leid.

MacPherson: Macht gegen Gewalt, entschuldigen Sie! Handeln – eine nur bei ihr existierende Definition von »Handeln«. Dieses geistige Verfahren – was sehr belebend wirkt, weil es alle möglichen Kontroversen ins Leben ruft oder rufen sollte – ist dennoch eher merkwürdig: ein Wort zu nehmen, das im gewöhnlichen Verständnis vielleicht mehr als eine Bedeutung hat, und ihm eine besondere, sehr bestimmte Bedeutung zu geben und es dann als Ausgangspunkt zu wählen, um zu verblüffenden, paradoxen Schlußfolgerungen zu gelangen.

Also, schauen Sie, Marx verstand nichts von Macht. Das behaupten Sie. Was er aber mit Sicherheit verstand, war, daß Macht in jeder Gesellschaft von den Leuten ausgeübt wird, die den Zugang zu den Produktionsmitteln, den Mitteln des Lebens, den Mitteln der Arbeit kontrollieren. Und in seiner Terminologie war dies eine Klasse. Würde Frau Arendt der These zustimmen, daß eine Bürokratie die Macht, die sie hat – und m. E. besitzt sie keineswegs die Art von Macht, die Frau Arendt ihr zuschreibt –, nur deshalb hat, weil sie eine Klasse ist (und nur insofern sie das ist und nur in den Ländern, wo sie das geworden ist) – im Marxschen Sinne also aus Leuten besteht, die den Zugang zu den Produktionsmitteln kontrollieren?

Arendt: Dem würde ich nicht zustimmen. Was Sie als meinen idiosynkratischen Umgang mit Begriffen ansehen – da, denke ich, hängt ein wenig mehr dran. Ja, bestimmt. Wir alle wachsen mit einem gewissen ererbten Wortschatz auf. Wir müssen dann diesen Wortschatz überprüfen. Und dies nicht nur, indem wir herausfinden, wie dieses oder jenes Wort gewöhnlich gebraucht wird, woraus sich eine gewisse Anzahl von Verwendungsweisen ergibt. Diese Verwendungsweisen sind dann legitim. Meiner Meinung nach hat ein Wort vielmehr eine viel engere Beziehung zu dem, was es ausdrückt oder was es ist, als nur die Art und Weise, in der es zwischen Ihnen und mir gebraucht wird. Das heißt, Sie schauen nur auf den kommunikativen Wert des Wortes. Ich schaue auf die aufschließende Qualität. Und diese aufschließende Qualität hat natürlich immer einen geschichtlichen Hintergrund.

MacPherson: Auch ich schaue auf die aufschließende Qualität, und deshalb sage ich, daß Worte wie die von Marx verwandten: Klasse, Macht usw., aufschließende Begriffe waren.

Arendt: Ich habe über Klasse nicht dasselbe gesagt. Sehen Sie, was ich meine, ist natürlich der sogenannte Überbau. Was Marx mit Macht meint, ist tatsächlich die Macht eines Trends oder einer Entwicklung. Dieser Trend dann, so glaubt er, verwirklicht sich sozusagen, weil er äußerst immateriell ist, im Überbau der Regierung. Und die Gesetze der als Überbau begriffenen Regierung sind nichts als Spiegel von Trends in der Gesellschaft.

Die Herrschaftsfrage hat Marx nicht verstanden, und das kann weitgehend zu seinen Gunsten verbucht werden; denn der Glaube, daß jemand Macht ausschließlich um der Macht willen wolle, lag ihm fern. Diese Vorstellung gibt es bei Marx nicht. Macht in dem nackten Sinne, daß eine Person über eine andere zu herrschen verlangt und daß wir Gesetze brauchen, um das zu verhindern: Das hat Marx nicht gesehen.

Sie wissen, daß Marx in gewissem Sinne glaubte, wenn man die Menschen sich selbst überlasse – die Gesellschaft korrumpiert den Menschen – und die Gesellschaft ändere, daß dann der Mensch wiedererscheinen werde. Er werde wiedererscheinen – doch Gott bewahre uns davor! –, dieser Optimismus durchzieht die Geschichte. Lenin sagte einmal, wie Sie wissen, er verstünde nicht, warum Strafgesetze existieren müssen; denn wenn wir erst einmal die Umstände geändert hätten, dann würde jedermann jeden anderen davor bewahren, ein Verbrechen zu begehen – mit derselben Selbstverständlichkeit, mit der jeder Mann sich beeilen würde, einer in Bedrängnis geratenen Frau beizustehen. Für mich gehört dieses Leninsche Beispiel so ganz besonders schön ins 19. Jahrhundert, stimmt doch? All dies glauben wir nicht mehr.

MacPherson: Aber sicherlich sah Marx so klar wie, sagen wir, James Mill, daß Menschen Macht über andere Menschen haben wollen, um für sich selbst aus dieser Macht einen Vorteil zu ziehen. Es handelt sich nicht um Macht um der Macht willen. Es ist Macht, um Vorteile herauszuschlagen.

Arendt: Ja, aber Sie wissen doch, daß diese Macht, Vorteil um des Profits willen zu erzielen ...

MacPherson: Nicht notwendigerweise nur Profit, jede Art von Vorteil.

Arendt: Aber wir wissen nicht, ein wie großer Prozentsatz der Bevölkerung es einfach nur so aus Spaß täte und ohne darüber nachzudenken. Das heißt, was wir mehr oder minder als menschliche Beweggründe sehen, sind in Marx' Denken in Wahrheit Beweggründe von Trends. Und Trends sind natürlich Abstraktionen. Und ich würde in Frage stellen, ob sie aus sich heraus existieren. Der Trend einer weißen Wand ist, im Lauf der Zeit zu verschmutzen, wenn nicht jemand kommt und das Zimmer neu streicht.

MacPherson: Sicher ist es wahr, daß Marx sich für Trends interessierte, daß sein Interesse den Bewegungsgesetzen der Gesellschaft galt. Doch in Ihrem Bild von Marx habe ich ihn nicht wiedererkannt, nachdem Sie den Trend in so etwas wie eine wirkliche, aus sich selbst lebende Kraft verwandeln und Ihre Vorstellung dann in die Texte hineinlesen.

Arendt: Also, wir können uns hier ja jetzt nicht hinsetzen und Marx lesen! Aber eines scheint mir ganz offensichtlich, und das kommt natürlich von Hegel. Hegels Weltgeist tritt bei Marx in der Gestalt des Menschen als Gattungswesen wieder auf. Damit haben Sie auf jeden Fall die Pluralität der Menschen ausgeschlossen oder herausgerechnet. Es gibt nicht die vielen Menschen, deren Miteinander- und Gegeneinanderhandeln schließlich zu Geschichte als Ergebnis führt. Aber es gibt das eine Riesen-Substantiv, und dieses Substantiv ist im

Singular, und nun schreiben Sie alles diesem Substantiv zu. Das, so meine ich, ist wirklich eine Abstraktion.

HANS MORGENTHAU [23]: Lassen Sie mich ein Wort über das dem Marxschen Denken zugrundeliegende Mißverständnis der Macht sagen! Marx verband den Willen zur Macht organisch mit der Klassenteilung der Gesellschaft. Und er glaubte, daß, wenn diese Klassenteilung in einer klassenlosen Gesellschaft aufgehoben wäre, der Klassenkampf – der Wille zur Macht – von selbst verschwände. Das ist die Prophezeiung des *Kommunistischen Manifests*, daß nämlich die Herrschaft des Menschen über den Menschen durch die Verwaltung der Dinge ersetzt werden würde. Aber das ist eine falsche, rousseauistische Vorstellung vom Wesen des Menschen, der Gesellschaft und der Macht. Und was ich an dieser falschen Vorstellung von Macht besonders interessant finde, ist, daß der Marxismus und der Liberalismus des 19. Jahrhunderts diesbezüglich geistesverwandt sind. Sie glauben dasselbe.

WELLMER: Ich habe eine andere Frage zur Bedeutung gewisser Unterscheidungen in Ihrem Werk oder zu dem, was Mary McCarthy das »mittelalterliche Element« Ihres Denkens nannte. Es ist durchaus klar, daß viele dieser Unterscheidungen sich als extrem fruchtbar im Hinblick auf die Kritik von ideologischen Festlegungen erwiesen haben, insbesondere bei solchen Festlegungen, die für das Vorherrschen von Traditionen aus dem 19. Jahrhundert repräsentativ sind. Beispielsweise in der Theorie von Marx.

Andererseits gibt mir eine gewisse Abstraktheit dieser Unterscheidungen Rätsel auf. Stets habe ich den Eindruck, daß diese Unterscheidungen begrenzte Fälle bezeichnen, denen in der Wirklichkeit nichts wirklich entspricht. Wie sind diese Konstrukte oder Idealtypen oder Begriffe, die begrenzte Fälle bezeichnen, zu bestimmen?

Was ich sagen möchte, ist, daß möglicherweise ein gewisses hegelianisches Element in Ihrem Denken fehlt.

---

23 In der »List of Contributors« als: University Professor of Political Science, The New School for Social Research, New York City. Morgenthau war nicht nur Kollege, sondern auch ein guter Freund von Hannah Arendt.

ARENDT: Gewiß!

WELLMER: Ich will aufzuzeigen versuchen, wie Sie Unterscheidungen zum Beispiel zwischen Herstellen und Arbeit, dem Politischen und Sozialen, zwischen Macht und Gewalt ziehen. Könnte es nicht sein, daß diese Gegensatzpaare immerwährende Möglichkeiten der Menschheit gerade nicht bezeichnen – zumindest nicht in erster Linie –, sondern extreme Grenzen, zwischen denen sich die menschliche Geschichte ausdehnt: nämlich zwischen als Tiere begriffenen menschlichen Wesen und der Utopie. Das heißt, wenn zum Beispiel alle Arbeit Herstellen geworden ist, wenn das Soziale ein öffentliches oder politisches Thema in Ihrem Sinne geworden ist und wenn Gewalt zugunsten der Macht, wiederum in Ihrem Sinne, abgeschafft ist, dann wäre dies offensichtlich die Verwirklichung einer Utopie.

Nun frage ich mich, ob die Tatsache, daß Sie sich des utopischen Elements in Ihrem Denken nicht ganz bewußt sind, erklärt, warum Sie sich auf solch seltsame Weise den kritischen oder sozialistischen oder anarchistischen Traditionen verbunden fühlen. Ich habe den Eindruck, daß genau dies der Grund ist, weshalb Sie niemals eine angemessene Darstellung dieser Traditionen oder von etwas wie der Kritischen Theorie geben können und auch nicht von der Beziehung Ihrer Theorie zu diesen Traditionen.

ARENDT: Es kann sein, daß mir das utopische Element nicht bewußt ist. Das ist eines der Dinge, die ich durchaus für möglich halte. Ich sage nicht ja, ich sagte nur: Es ist durchaus möglich. Aber wenn ich mir dessen nicht bewußt bin, um Gottes willen, dann ist das eben so. Und keine Psychoanalyse aus der Ecke der Frankfurter Schule kann da Abhilfe schaffen. Ich bin wirklich nicht in der Lage, Ihnen jetzt gleich zu antworten – ich muß das überdenken.

Zumindest sehen Sie die eine Sache, die auch ich als fragwürdig betrachte: Nämlich, wenn ich nicht an diese oder jene Theorie glaube, warum schreibe ich dann nicht eine Widerlegung? Ich werde das nur unter Druck tun. Das ist bei mir ein Mangel an Kommunikation. Ich glaube nicht, daß dies irgend etwas mit Abstraktheit zu tun hat.

WELLMER: Meine Frage ist abhanden gekommen. Darf ich sie

anders formulieren? Was würden Sie zu einer Interpretation Ihrer Unterscheidungen sagen, in der die eine Alternative den Grenzfall des tierischen Wesens und die andere den Grenzfall der vollen Verwirklichung des Menschlichen bezeichnete?

ARENDT: Ich würde sagen, daß Sie mit dieser phantastischen Methode Unterscheidung ausgemerzt und bereits jenen hegelianischen Trick angewandt haben, demzufolge ein Begriff sich aus sich selbst heraus in seine eigene Negation zu wandeln beginnt. Nein, das tut er nicht! Und Gut wandelt sich nicht in Böse, und Böse nicht in Gut. Hier würde ich hart bleiben.

Sie wissen, daß ich großen Respekt vor Hegel habe. Das also steht nicht zur Debatte. Genauso wie ich großen Respekt vor Marx habe. Und natürlich bin ich auch von all diesen Leuten beeinflußt, die ich ja schließlich lese. Deshalb mißverstehen Sie mich bitte nicht! Doch dies wäre – in meiner Vorstellung – genau die Falle, in die zu gehen ich mich weigere.

MORGENTHAU: Es wurde die Frage nach der Zentralisierung gestellt – einer Zentralisierung, die, wenn weit genug vorangetrieben, eine direkte Gegenbewegung zur Demokratie ist.

ARENDT: Ich denke, diese Frage ist sehr kompliziert. Auf einer ersten Ebene würde ich sagen, daß es tatsächlich überall in der Welt eine gewisse, ja fast schon Rebellion gegen alles Große gibt. Und ich denke, daß dies eine gesunde Reaktion ist. Und ich habe sie auch. Besonders deshalb, weil Größe und Zentralisierung diese Bürokratien erforderlich machen. Und die Bürokratien sind wirklich Herrschaft des Niemand. Und dieser Niemand ist nicht ein wohlwollender Niemand. Wir können niemanden für das, was geschieht, verantwortlich machen, weil es für die Taten und Ereignisse eigentlich keinen Urheber gibt. Das ist wirklich erschreckend. Deshalb ist diese Auffassung weitgehend auch die meine. Und daraus folgt natürlich die Forderung nach Dezentralisierung. Und ich denke auch, daß dieses Land, die Vereinigten Staaten von Amerika, nur dann ein mächtiges Land bleiben oder werden kann, wenn es viele Machtquellen gibt. Das heißt, wenn die Macht geteilt ist, wie es die ursprüngliche Vorstellung der Gründenden Väter vorsah und davor – nicht so klar, aber immerhin – die Vorstellung von Montesquieu.

Doch nachdem all dies gesagt ist – und meine Sympathie bekundet: Sie wissen, daß ich diese romantische Sympathie für das Rätesystem, das niemals ausprobiert wurde, hege, das heißt für ein System, das sich selbst von den Graswurzeln aus aufbaut, so daß man wirklich von »potestas in populo« sprechen kann, wo also die Macht von unten und nicht von oben kommt –, nachdem all dies gesagt ist, ergibt sich folgendes: Die Welt, in der wir leben, muß schließlich erhalten werden. Wir können nicht erlauben, daß sie in Stücke zerbricht. Und das bedeutet jene »Verwaltung der Sachen«, die für Engels eine so großartige Idee war und tatsächlich fürchterlich ist, aber dennoch eine Notwendigkeit. Und dies kann nur in einer mehr oder weniger zentralistischen Manier vor sich gehen.

Und andererseits ist diese Zentralisierung eine schreckliche Gefahr, weil diese Strukturen so zerbrechlich sind. Wie kann man sie ohne Zentralisierung aufrecht erhalten? Und wenn Zentralisierung besteht, dann ist die Zerbrechlichkeit ungeheuer groß.

Die amerikanische Verfassung als Idealtyp

ED WEISSMAN[24]: Gerade eben wurde uns mitgeteilt, daß zwischen dem Theoretiker und dem Aktivisten ein wichtiger Unterschied besteht. Gerade eben wurde uns mitgeteilt, daß Aktivist und Theoretiker grundsätzlich unvereinbar sind.
ARENDT: Nicht die Personen, sondern die Tätigkeiten.
WEISSMANN: Richtig. Und bei allem, was Sie gesagt haben, wird eine grundlegende geistige Bindung an so etwas wie ein idealisiertes Bild von der amerikanischen Verfassung und dem amerikanischen Experiment impliziert. Dies empfinde ich als eine Art von Festlegung, die für so vieles, was Sie sagen, grundlegend und so unerschütterlich ist, daß Sie sie nicht immer wieder explizit erwähnen müssen.

Wenn Sie aber direkt über die amerikanische Verfassung sprechen, machen Sie einige, wie mir scheint, Annahmen über

---

24 In der »List of Contributors« als: Associate Professor of Political Science, York University, Toronto.

sie, deretwegen ich Sie befragen möchte. Es kommt mir so vor, als wenn Sie die amerikanische Verfassung in einigen Aspekten in genau derselben Weise falsch interpretieren wie Montesquieu die britische. Darüber hinaus handelt es sich um dieselbe Art von Übertragungsvorgang. Was Montesquieu im Grunde bei der britischen Verfassung gesehen hatte, war in Wahrheit überhaupt keine richtige Gewaltenteilung, sondern einfach ein vorübergehendes Unentschieden zwischen einer alten Gesellschaft und einer neuen, was sich institutionell widerspiegelte. Nun nehmen Sie diese Sicht von der Gewaltenteilung und übertragen sie auf die amerikanische Republik.

Wenn man aber erst einmal diesen unentschiedenen Zustand zwischen der alten und neuen Gesellschaft unberücksichtigt gelassen hat, gelangt man letztendlich wieder zur britischen monarchischen Situation, wo die Institutionen schlicht Interessen repräsentieren. So ist es kein Zufall, daß wir heute in den USA diese Administration haben. Es war unvermeidlich, daß wir schließlich einen gewählten König, Nixon, und einen Kissinger erhielten, der natürlich ein typischer »minister to the Crown« im alten Sinn des Wortes ist.

ARENDT: Ja, gewiß habe ich etwas Ähnliches gemacht wie Montesquieu mit der englischen Verfassung, indem ich aus der amerikanischen Verfassung eine Art Idealtyp herauskristallisierte. Ich versuchte, diesen ein bißchen besser mit historischen Fakten abzustützen als Montesquieu, aus dem einfachen Grund, weil ich nicht zur Aristokratie gehöre und mich deshalb nicht jenes glückselig-müßigen Lebens erfreuen kann, durch das Montesquieus Schriften u. a. geprägt sind. Ob so etwas erlaubt ist, nun das ist eine andere Frage, die uns hier zu weit führen würde.

Tatsächlich tun wir es alle. Wir alle bilden irgendwie das, was Max Weber »Idealtypen« nannte. Das heißt, wir nehmen einen gewissen historischen Zusammenhang aus Fakten, Reden und was es da sonst noch so gibt und durchdenken ihn, bis daraus ein Typus widerspruchsloser Herrschaft wird. Dies ist bei Montesquieu wegen seines Arbeitsstils besonders schwierig, und es ist sehr viel leichter in bezug auf die Gründenden Väter, weil diese außergewöhnlich harte Arbeiter waren und Ihnen daher alles an die Hand gaben, was Sie sich wünschten.

Ich halte nichts von Ihren Schlußfolgerungen. Diese Unvermeidlichkeit, die uns von der amerikanischen Revolution zu Herrn Kissinger führt, gibt es nicht. Ich denke, daß selbst Sie als jemand, der in die Schule der Notwendigkeit, der Trends und der Unvermeidlichkeit von geschichtlichen Gesetzen gegangen ist, sehen sollten, daß dies ein wenig abstrus ist.

MACPHERSON: Mich würde interessieren, wie es Frau Arendt mit den Traditionen hält. Es hat sich offenbar die Auffassung durchgesetzt, daß sie die Tradition von Hobbes und Rousseau abgelehnt und die Tradition von Montesquieu und den Federalists angenommen hat. Das kann ich verstehen, aber man wird vor ein Rätsel gestellt, weil es eine sehr wichtige Sache gibt, die die Hobbes-Tradition und die Federalist-Tradition gemeinsam haben. Das ist das Modell vom Menschen als einem berechnenden Individuum, das sein eigenes Interesse zu maximieren sucht. Der bürgerliche Mensch ist dies Modell. Und das daraus folgende Modell der Gesellschaft ist, daß das Interesse jedes einzelnen auf natürliche Weise mit dem Interesse jedes anderen in Konflikt steht. Kein Zweifel, beide Traditionen hatten dieses Modell von Mensch und Gesellschaft gemein. Wenn nun Arendt eine Tradition ablehnt und die andere annimmt, dann erhebt sich die Frage, was sie mit dem tut, was beiden gemeinsam ist? Akzeptiert sie das Modell des bürgerlichen Menschen oder lehnt sie es ab?

ARENDT: Ich glaube nicht, daß das Modell des Menschen in beiden Traditionen dasselbe ist. Ich stimme Ihnen zu, daß das von Ihnen beschriebene Modell des Menschen der Bürger ist, und auch, daß dieser Bürger, weiß Gott, Realität besitzt.

Doch, wenn Sie erlauben, will ich nun über das Modell des Menschen in dieser anderen Tradition sprechen. Die von Ihnen erwähnte Tradition des Montesquieu könnte in Wahrheit weiter zurückgeführt werden. Machiavelli und Montaigne usw. durchstöberten die Archive der Antike genau deshalb, um eine andere Art von Mensch zu erhalten. Und diese Art Mensch ist nicht der Bürger, sondern der »citizen«. Diese Unterscheidung zwischen dem »citoyen« und dem »bourgeois« blieb natürlich das ganze 18. Jahrhundert hindurch erhalten, weil sie während der Französischen Revolution so zentral das

Reden und Denken in diesen Angelegenheiten bestimmte, und sie bestand bis 1848.

Ich denke, ich könnte es auch auf etwas andere Weise sagen, nämlich: Nachdem die absolute Monarchie so absolut geworden war, daß sie sich von allen anderen Feudalmächten, einschließlich der Kirche, emanzipieren konnte, entstand eine wirklich große Krise. In dieser Situation kam es zur Wiederkehr der eigentlichen Politik, wie in der Antike – wie ich die Revolutionen sehe.

Sehen Sie, ich habe mich der Antike deshalb zugewandt, weil ich sie, allerdings nur die eine Hälfte, so sehr mag – ich liebe die griechische Antike, habe aber die römische nie gemocht. Trotzdem bin ich zurückgegangen; denn ich wußte, daß ich all diese Bücher, die all diese Menschen gelesen hatten, einfach lesen wollte. Und sie hatten sie gelesen, um – wie sie gesagt haben würden – für diesen neuen politischen Bereich, den sie hervorbringen wollten und Republik nannten, ein Modell zu finden.

Das Modell des Menschen in dieser Republik war bis zu einem gewissen Grade der Bürger der Athenischen Polis. Und es ist nun einmal so, daß wir unsere Worte daher haben, und ihr Widerhall ist durch die Jahrhunderte zu hören. Andererseits gab es als Modell die »res publica«, die öffentliche Sache, der Römer. Der Einfluß der Römer auf die Gedanken dieser Männer war in seiner Unmittelbarkeit stärker. Sie wissen, daß Montesquieu nicht nur *L'Esprit des lois* schrieb, sondern auch über die »grandeur« und »misère« von Rom. Davon waren sie alle absolut fasziniert. Was tat Adams? Adams sammelte Verfassungen wie andere Leute Briefmarken. Und seine sogenannten gesammelten Werke enthalten zu einem großen Teil nichts anderes als Exzerpte und sind teilweise von keinem großen Interesse.

Sie brachten sich selbst eine neue Wissenschaft bei und nannten sie »neue Wissenschaft«. Tocqueville war der letzte, der sich hierzu noch äußerte. Er sagte: Für dieses moderne Zeitalter brauchen wir eine neue Wissenschaft. Er meinte eine neue Wissenschaft der Politik und nicht die »nuova scienza« der vorausgehenden Jahrhunderte, des Vico nämlich. Und das ist es, was mir vorschwebt. Ich glaube eigentlich nicht, daß etwas Handfestes aus all dem, was Leute wie ich tun, herauskommt. Aber ich lasse mich nicht nur davon leiten, über diese Dinge im Rahmen der Antike nachzudenken, sondern ich habe dasselbe Bedürfnis nach einer Beschäftigung mit der Antike, welches die Revolutionäre des 18. Jahrhunderts besaßen.

BARNARD: Ich würde wirklich gerne wissen, welche Quellen die Behauptung erlauben, daß es diese Unterscheidung zwischen Interessen und Meinungen in der Demokratie-Vision der Gründerväter gibt.

ARENDT: Im Moment habe ich kein Zitat zur Hand. Die Unterscheidung liegt erstens in der Vorstellung von Gruppeninteressen, die immer da sind, und Meinungen, wo ich mir mein Urteil bilden muß. Diese Unterscheidung ist ganz klar vorhanden. Sie finden sie in der Verfassung selbst: Die Legislative (das Repräsentantenhaus) sollte mehr oder weniger die Interessen der Bevölkerung vertreten; im Gegensatz dazu sollte der Senat diese Interessen filtern und zu so etwas wie unparteiischen Meinungen unter Bezug auf das Allgemeinwohl kommen.

Diese Unterscheidung zwischen den beiden Institutionen ist natürlich sehr alt. Sie folgt dem römischen »potestas in populo, auctoritas in senatu«. In Rom hatte der Senat keine Macht. Der Senator war nur da, um seine Meinung zu äußern. Aber diese Meinung hatte eine gewisse Autorität insofern, als sie nicht von der »potestas« der Masse der Bevölkerung inspiriert war. Die Senatoren wurden »maiores« genannt. In diesem Sinne repräsentierten sie die Verfassung von Rom und sorgten für eine Verbindung zu Roms Vergangenheit oder hielten diese aufrecht. Der Senat hatte also in der römischen Republik eine ganz andere Funktion als die Masse der Bevölkerung.

Dies steht im Hintergrund des Denkens der Gründenden Väter, die darüber sehr gut Bescheid wußten. Und das ist auch einer der Gründe, warum sie daran interessiert waren, einen Senat zu haben – und zwar in viel stärkerem Maße als je ein europäischer Denker. Sie hatten das Gefühl, die Meinungen, die unmittelbar von den Interessenparteien kommen, den Filter einer Körperschaft, die ein oder zwei Stufen von deren direktem Einfluß entfernt ist, passieren lassen zu müssen.

Lassen Sie mich nun einen Augenblick über die Beziehung zwischen Gewalt und Macht reden. Wenn ich über Macht spreche, dient mir das Alle-gegen-Einen sozusagen als Gleichnis. Das heißt, Alle-gegen-Einen ist der Extremfall der Macht. Um den einen zu überwältigen, ist keine Gewalt nötig. Der Extremfall der Gewalt ist das Gegenteil davon: das Einer-gegen-Alle – der eine mit dem Maschinengewehr, der alle in einem Zustand vollkommenen Gehorsams hält, so daß keine Meinung mehr vonnöten ist, auch keine Überredung.

Es gibt keinen Zweifel, daß Gewalt stets Macht zerstören kann: Wenn Sie eine Mindestzahl von Leuten haben, die willens sind, Ihre Befehle auszuführen, dann kann Gewalt die Macht immer in schlichte Ohnmacht verwandeln. Wir haben das häufig erlebt.

Was Gewalt niemals vermag, ist, Macht hervorzubringen. Das heißt, wenn Gewalt erst einmal die Machtstruktur zerstört hat, dann entsteht keine neue Machtstruktur. Das war es, was Montesquieu meinte, als er sagte, daß die Tyrannei die einzige Herrschaftsform sei, die selbst die Saat der Zerstörung in sich trage. Wenn durch die tyrannische Herrschaft alle relevanten Personen entmachtet worden sind, gibt es keine Möglichkeit mehr für eine neue Machtstruktur, welche die Fortdauer der Tyrannei mit einer zufriedenstellenden Grundlage versehen könnte, ausgenommen natürlich, wenn die Herrschaftsform als ganze geändert wird.

Wenn Sie Macht (ohne jegliche Gewalt) aus der subjektiven Perspektive des Gezwungenseins betrachten, dann ist das Alle-gegen-Einen psychologisch wahrscheinlich eine stärkere Situation als das Einer-gegen-Alle. Denn in einer Situation, in der jemand mir das Messer an die Kehle hält und sagt: »Geld her, oder es passiert was!«, gehorche ich natürlich sofort, wobei ich jedoch, hinsichtlich meiner Macht, bleibe, was ich war, weil ich nicht zustimme, obwohl ich gehorche. Wenn Sie jedoch das Alle-gegen-Einen haben, dann ist dies so überwältigend, daß Sie sich wirklich den Kerl vorknöpfen können. Er kann seine Stellung nicht länger halten, selbst wenn er gewalt-

bestimmt nicht nachgibt. Alle-gegen-Einen also wäre die unbegrenzte Herrschaft der Mehrheit, wenn es keine Eingrenzung durch Gesetze gäbe.

Und die Gründenden Väter hatten, wie Sie wissen, Angst vor der Herrschaft der Mehrheit – keinesfalls waren sie für reine Demokratie. Dann fanden sie heraus, daß die Macht nur durch eine Sache in Schranken gehalten werden kann, und das ist Macht – Gegenmacht. Das Gleichgewicht der Macht in Schach haltenden Macht ist eine Einsicht von Montesquieu, welche in den Köpfen derjenigen, die die Verfassung entworfen haben, äußerst präsent war.

Politisches Denken ohne Geländer

MORGENTHAU: Was sind Sie? Sind Sie eine Konservative? Gehören Sie zu den Liberalen? Wo stehen Sie im Rahmen der gegenwärtigen Möglichkeiten?
ARENDT: Ich weiß es nicht. Ich weiß es wirklich nicht und habe es nie gewußt. Und ich nehme an, daß ich niemals eine dieser Positionen eingenommen habe. Daß die Linke denkt, ich sei konservativ, ist Ihnen bekannt, und die Konservativen denken manchmal, ich sei links oder ein Außenseiter oder Gott weiß was. Und ich muß sagen, daß mich das völlig kalt läßt. Ich glaube nicht, daß auf diese Weise die wirklichen Fragen dieses Jahrhunderts eine wie auch immer geartete Erhellung erfahren.

Ich gehöre keiner Gruppe an. Die einzige Gruppe, zu der ich gehörte, waren, wie Sie wissen, die Zionisten. Das war aber natürlich nur wegen Hitler. Und es dauerte von 1933 bis 1943. Danach habe ich mit ihnen gebrochen. Die Zionisten boten die einzige Möglichkeit, sich als Jude und nicht als menschliches Wesen zu wehren – welch letzteres ich für einen großen Fehler hielt, weil man, wenn man als Jude angegriffen wird, sich auch als Jude wehren muß. Man kann nicht sagen: Entschuldigen Sie, ich bin nicht Jude, ich bin ein menschliches Wesen. Das ist töricht. Und ich war von dieser Art von Torheit umgeben. Es gab keine andere Möglichkeit, also ging ich in die jüdische Politik – nicht wirklich die Politik –, ich ging in die Sozialarbeit[25] und war dadurch irgendwie auch mit der Politik verbunden.

Ich war niemals Sozialistin. Ich war niemals Kommunistin. Ich habe einen sozialistischen Familienhintergrund. Meine Eltern waren Sozialisten. Ich selbst jedoch nie. Niemals habe ich derartiges gewollt. So kann ich die Frage nicht beantworten.

Ich gehörte niemals zu den »liberals«. Das vergaß ich zu erwähnen, als ich sagte, was ich nicht gewesen bin. Dem Liberalismus habe ich niemals angehangen. Als ich in dieses Land kam, schrieb ich in meinem sehr unsicheren Englisch einen Artikel über Kafka, und die *Partisan Review* hatte jemanden beauftragt, ihn in richtiges Englisch zu bringen. Als ich deswegen in die Redaktion kam, las ich den Artikel, und da erschien doch tatsächlich das Wort »Fortschritt«! Ich sagte: »Was meinen Sie damit? Ich habe das Wort nicht benutzt« und so weiter. Und dann ging einer der Redakteure zu seinem Kollegen ins Nebenzimmer, ließ mich allein, und ich hörte ihn im Ton der Verzweiflung doch wirklich sagen: »Sie glaubt nicht einmal an den Fortschritt!«

McCarthy: Welchen Standpunkt vertreten Sie bezüglich des Kapitalismus?

Arendt: Marx' großen Enthusiasmus hinsichtlich des Kapitalismus teile ich nicht. Wenn Sie die ersten Seiten des *Kommunistischen Manifests* lesen, so finden Sie hier das größte Loblied auf den Kapitalismus, das Ihnen je unter die Augen gekommen ist. Und dies zu einer Zeit, als der Kapitalismus von der sogenannten Rechten bereits scharf angegriffen wurde. Die Konservativen brachten diese vielen Kritikpunkte als erste auf, die Linken und natürlich Karl Marx haben sie dann später übernommen.

In einer Beziehung hatte Marx vollkommen recht: Die logische Entwicklung des Kapitalismus ist der Sozialismus. Und der Grund dafür ist sehr einfach. Der Kapitalismus begann mit der Ausbeutung. Das ist das Gesetz, das anschließend die

---

25 Siehe dazu Hannah Arendt im Fernsehgespräch mit Günter Gaus, in dieser Ausgabe S. 57.

Entwicklung determinierte. Und der Sozialismus bringt die Ausbeutung an ihr logisches Ende und bleibt damit in gewissem Sinne ohne mäßigenden Einfluß. Was heute menschlicher Sozialismus genannt wird, meint nicht mehr, als daß diese grausame Entwicklung, die mit dem Kapitalismus begann und im Sozialismus weiterging, irgendwie durch Gesetze abgemildert wird.

Dieser ganze moderne Produktionsprozeß ist tatsächlich ein Prozeß der schrittweisen Ausbeutung. Ich würde mich deshalb immer weigern, eine Unterscheidung zwischen beiden zu machen. Für mich ist es wirklich ein und dieselbe Bewegung. Und in dieser Beziehung hatte Karl Marx vollkommen recht. Er ist der einzige, der es wirklich wagte, diesen neuen Produktionsprozeß zu durchdenken – jene Produktionsvorgänge, die sich in Europa im 17., dann im 18. und schließlich im 19. Jahrhundert allmählich durchsetzten. Und insoweit hat er vollkommen recht. Nur was am Ende dabei herauskommt, ist die Hölle, nicht das Paradies.

Was Marx nicht verstand, war, was Macht wirklich ist. Er verstand diese eindeutig politische Sache nicht. Aber er sah eine Sache, nämlich daß der Kapitalismus, sich selbst überlassen, eine Tendenz hat, alle Gesetze, die seinem grausamen Fortschritt im Wege stehen, außer Kraft zu setzen.

Darüber hinaus muß erwähnt werden, daß der Kapitalismus im 17., 18. und 19. Jahrhundert natürlich von ungeheurer Grausamkeit war. Und dies müssen Sie berücksichtigen, wenn Sie Marx' großes Loblied auf den Kapitalismus lesen. Er war von den abscheulichen Folgen dieses Systems umgeben und dachte trotzdem, daß es sich um eine große Sache handelte. Er war natürlich auch ein Hegelianer und glaubte an die Macht des Negativen. Nun ja, ich glaube nicht an die Macht des Negativen, der Negation, wenn es sich dabei um das schreckliche Unglück anderer Menschen handelt.

Sie fragen mich also, wo ich stehe. Ich stehe nirgendwo. Ich schwimme wirklich nicht im Strom des gegenwärtigen oder irgendeines anderen politischen Denkens. Allerdings nicht deshalb, weil ich so besonders originell sein will – es hat sich vielmehr einfach so ergeben, daß ich nirgendwo so richtig hineinpasse. Diese Sache mit dem Kapitalismus und Sozialismus scheint mir die offensichtlichste Angelegenheit der Welt. Und die Leute verstehen nicht einmal, worüber ich rede, sozusagen. Ich meine damit nicht, daß ich mißverstanden werde. Im Gegenteil, ich werde sehr gut verstanden. Doch wenn Sie eine solche Sache aufbringen und den Leuten ihre Geländer, ihre sicheren Wegweiser nehmen (wenn diese Leute dann über den Zusammenbruch der Tradition sprechen, aber sich niemals vergegenwärtigen, was das heißt, daß es nämlich bedeutet, daß Sie wirklich allein in der Kälte stehen!), dann kommt es natürlich zu der Reaktion – und das ist mir sehr oft passiert –, daß man einfach ignoriert wird. Und das macht mir nichts aus. Manchmal wird man angegriffen. Aber gewöhnlich werde ich nicht beachtet, weil in meinem gedanklichen Horizont nicht einmal eine nützliche Polemik ausgetragen werden kann. Und Sie können behaupten, daß dies eigentlich meine Schuld ist.

Sie sagten freundlicherweise, daß ich teilnehmen wolle. Ja, das stimmt. Ich will beteiligt sein. Und ich will nicht indoktrinieren. Das stimmt wirklich. Ich will niemanden dazu bringen, das, was immer ich denken mag, zu akzeptieren. Andererseits denke ich, daß es berechtigt ist, mir diese meine Art, wichtige Literatur auf meinem eigenen Fachgebiet nicht zur Kenntnis zu nehmen, an einem bestimmten Punkt vorzuwerfen. Und, nun ja, ich denke nicht viel über das, was ich tue, nach. Das ist für mich total vergeudete Zeit. Ohnehin wird man sich selbst nie kennen. Deshalb ist solches Nachdenken ganz nutzlos. Doch bei meiner Unkenntnis der wichtigen Literatur, da liegt ein echter Fehler und nicht nur eine Unterlassungssünde. Wenn jemand gesagt hätte: Warum lesen Sie die Bücher Ihrer Kollegen nicht? oder: Warum tun Sie das so selten?, hätte das noch tiefer getroffen.

Es gibt noch diese andere Sache, die Draenos[26] vorbrachte. Sie sprachen vom bodenlosen Denken (»groundless thinking«). Ich habe eine Metapher, die nicht ganz so grausam ist und die ich niemals veröffentlicht, sondern für mich selbst be-

---

26 Stan Spyros Draenos (York University, Toronto), ist im Konferenzband (S. 209–224) mit einem Papier »Thinking Without a Ground: Hannah Arendt and the Contemporary Situation of Understanding« vertreten.

halten habe. Ich nenne das »thinking without a banister«, auf deutsch: »Denken ohne Geländer«. Das heißt, wenn Sie Treppen hinauf- oder heruntersteigen, dann gibt es immer das Geländer, so daß Sie nicht fallen. Dieses Geländer ist uns jedoch abhanden gekommen. So verständige ich mich mit mir selbst. Und »Denken ohne Geländer«, das ist es in der Tat, was ich zu tun versuche.

Zur zerbrochenen Tradition und dem verlorenen Ariadnefaden: Also das ist nicht ganz so neu, wie ich vorgab. Schließlich war es Tocqueville, der sagte, daß die Vergangenheit aufgehört habe, ihr Licht auf die Zukunft zu werfen, und der Geist des Menschen deshalb im Dunkeln wandle.[27] Das ist die Lage seit der Mitte des vorigen Jahrhunderts, und es ist vollkommen wahr, vom Standpunkt Tocquevilles aus gesehen. Ich war immer der Meinung, daß man so zu denken anfangen müßte, als wenn niemand zuvor gedacht hätte, und erst anschließend beginnen sollte, von den anderen zu lernen.

McCARTHY: Dieser Raum, den Hannah Arendt in ihrem Werk schafft und in den man sich hineinbegeben kann – mit dem erhebenden Gefühl, das man hat, wenn man durch einen Bogen in ein befreites Gebiet geht! Und ein Großteil davon wird von Definitionen besetzt! Sehr nahe an den Wurzeln von Hannah Arendts Denken befindet sich die »distinctio«: Ich unterscheide dies von jenem. Ich unterscheide Arbeit von Herstellen. Ich unterscheide Ruhm von Reputation. Und so weiter. Dies ist in Wahrheit eine mittelalterliche Denkungsart.
ARENDT: Sie ist aristotelisch!
McCarthy: Das Unterscheiden ist in der modernen Welt, wo über den meisten Diskussionen eine Art Wortnebel liegt, nicht weit verbreitet. Und wenn Hannah Arendt Animositäten hervorruft, so liegt ein Grund dafür darin, daß die Möglichkeit, Unterscheidungen zu machen, dem gewöhnlichen Leser nicht zur Verfügung steht. Aber um auf die Unterscheidungen selbst zurückzukommen: Ich würde sagen, daß jede

---

27 »Le passé n' éclairant plus l'avenir, l'esprit marche dans les ténèbres.« Tocqueville, *De la Démocratie en Amérique*, Bd. 2, Teil 4, Kap. 8.

von ihnen in diesem befreiten Gebiet, in diesem freien Raum wie ein kleines Haus dasteht. Ruhm also etwa wohnt in seinem kleinen, eigens für ihn entworfenen Haus, und Reputation wohnt in einem anderen. Auf diese Weise hat sie für all den Raum, den sie schuf, eigentlich auch die Ausstattung vorgesehen.

MORGENTHAU: Klingt wie ein Projekt des sozialen Wohnungsbaus.

ARENDT: Und ohne staatliche Subventionen!

McCARTHY: Und ich denke, da ist nicht nur die Chance der Belebung und Sauerstoffzufuhr. Vielmehr gesellt sich dazu so etwas wie ein Sinn für Stabilität und Sicherheit. Und das geschieht durch das Erarbeiten, das wunderbare, sollen wir sagen, Entfalten von Definitionen. Jedes ihrer Werke ist ein Entfalten von den Gegenstand betreffenden Definitionen, die ihn mehr und mehr erhellen, indem eine Unterscheidung (nach der anderen) entfaltet wird. Aber es gibt auch diese Stabilität, die dafür verantwortlich ist, daß der Ruhm in seiner Villa oder seinem kleinen Haus wohnt und Arbeit in dem ihren und Herstellen in einem anderen, und das Politische ist in seinem Haus vom Sozialen absolut getrennt.

ARENDT: Was Sie über Unterscheidungen sagen, ist vollkommen richtig. Ich beginne immer alles – ich will nicht allzu genau wissen, was ich tue –, ich beginne also immer alles, indem ich sage: A und B sind nicht dasselbe. Und dies kommt natürlich direkt von Aristoteles. Und für Sie kommt es von Thomas von Aquin, der genauso vorgegangen ist.

Ich möchte gerne darauf hinweisen, daß alles, was ich getan habe, und alles, was ich geschrieben habe, vorläufig ist. Ich meine, daß alles Denken – die Art, in der ich mich ihm hingegeben habe, ist vielleicht ein wenig außerhalb des Normalen, ein wenig extravagant – das Merkmal des Vorläufig-Seins trägt. Und was an diesen Gesprächen mit Jaspers so großartig war, lag darin, daß sie eine solche, rein vorläufige Anstrengung, die keine Ergebnisse zum Ziel hatte, wochenlang aufrechterhalten konnten.

Es konnte uns passieren, daß wir bei meiner Ankunft – meist dauerte der Aufenthalt ein paar Wochen – gleich am ersten Tag ein bestimmtes Thema berührten. Eines dieser Themen, an das ich mich erinnere, war: Ein guter Vers ist ein guter Vers. Ich hatte das gesagt und meinte damit, daß ein guter Vers aus sich selbst heraus Überzeugungskraft besitzt, was Jaspers nicht so recht glaubte. Und das Wichtige war dann für mich, ihn davon zu überzeugen, daß Brecht ein großer Dichter war. Dieser eine Satz reichte uns zwei Wochen, zwei Sitzungen pro Tag. Und wir kamen ständig wieder auf ihn zurück.[28]

Die Meinungsverschiedenheit wurde zwar nie ganz beseitigt. Aber das Denken über eine solche Sache wurde durch diesen Austausch »rückhaltlos«, wie er sich ausdrückte, das heißt, ohne daß man etwas zurückgehalten hätte, sehr viel reicher. Man denkt nicht: Oh, das sollte ich nicht sagen, es wird ihn verletzen. Das Vertrauen in die Freundschaft ist so groß, daß man weiß, nichts kann verletzend sein.

28 Aus diesem Streitgespräch ist Hannah Arendts Essay über Bertolt Brecht entstanden, siehe in der Bibliographie Titel Nr. 202, ferner in dieser Ausgabe S. 187.

5. Fernsehgespräch mit Roger Errera

Im Oktober 1973 sprach Roger Errera mit Hannah Arendt in New York. Die Gespräche zogen sich über mehrere Tage hin und wurden zeitweise aufgezeichnet. Aus dem so gewonnenen Material ist unter der Regie von Jean-Claude Lubtchansky ein einstündiger Film für die Reihe »Un certain regard« zusammengestellt worden, den die O. R. T. F. am 6. Juli 1974 ausstrahlte.

Errera formulierte seine Fragen in französischer Sprache, Arendt antwortete auf englisch. Für die Filmversion wurden Arendts Antworten ins Französische übersetzt und von einer Sprecherin verlesen. Arendts Stimme ist, bis auf gelegentliche Satzanfänge und -enden, nur im Hintergrund zu hören.

Der gesendete Interviewtext wurde nicht veröffentlicht, ja existiert nicht einmal in Manuskriptform. Lediglich eine mit Copyright von Mary McCarthy versehene Zusammenstellung von Arendts Antworten war in The New York Review of Books *erschienen (siehe in der Bibliographie Titel Nr. 259). Mit freundlicher Unterstützung des Institut National de l'Audiovisuel (INA, Bry sur Marne) und liebenswürdigem Entgegenkommen von Herrn Errera (Mitglied des französischen Conseil d'Etat und Herausgeber der Reihe »Diaspora« bei Calmann-Lévy) ist es mir gelungen, die Originalfassung der Filmversion (französische Fragen, englische Antworten) zu rekonstruieren. Diese habe ich für die vorliegende Veröffentlichung übersetzt.*

Den Leser bitte ich zu berücksichtigen, daß nichtredigierter Sprechtext die Grundlage der Übersetzung bildete. Ich habe meine Aufgabe darin gesehen, Arendts Antworten möglichst originalgetreu wiederzugeben. Nur an wenigen Stellen, wenn es dringend geboten schien, habe ich verdeutlichend eingegriffen. Mit anderen Worten: Ähnlich wie bei der zuvor abgedruckten »Diskussion mit Freunden und Kollegen in Toronto« wurden die redaktionellen Eingriffe auf ein Minimum beschränkt. Ich hoffe, daß mir keine schwerwiegenden Verständnisfehler unterlaufen sind.

ERRERA: Sie sind 1941 in dieses Land gekommen. Sie kamen aus Europa und leben hier nun schon seit 32 Jahren. Was war für Sie als Europäerin der vorherrschende Eindruck?

ARENDT: Vorherrschend war ... Sehen Sie, dies ist kein Nationalstaat. Amerika ist kein Nationalstaat, und Europäern fällt es verdammt schwer, diese einfache Tatsache zu begreifen, über die sie theoretisch eigentlich Bescheid wissen könnten. Das heißt, dieses Land hat seine Einheit weder durch ein gemeinsames Erbe erhalten noch durch Erinnerung und Gedächtnis, noch durch Grund und Boden, noch durch Sprache, noch durch Abstammung ... Hier gibt es keine Einheimischen. Die Einheimischen waren die Indianer. Alle anderen sind Bürger, und diese Bürger eint nur eins – und das ist sehr viel, die Tatsache nämlich, daß sie durch bloße Zustimmung zur Verfassung Bürger der Vereinigten Staaten werden.

Eine Verfassung ist, gemäß der in Frankreich und Deutschland allgemein verbreiteten Auffassung, nichts weiter als ein Blatt Papier. Man kann sie ändern. Hier dagegen ist sie ein heiliges Dokument, das ständig an den einen heiligen Akt gemahnt, und das ist der Gründungsakt. Aufgabe des Gründungsakts und der Gründung ist es, aus vollkommen disparaten ethnischen Minoritäten und Regionen eine Union zu formen und dafür zu sorgen, daß dennoch keine Assimilation erfolgt beziehungsweise die Unterschiede nicht eingeebnet werden. Und all dies ist für Ausländer sehr schwer zu verstehen. Das ist es, was ein Ausländer nie versteht (wir können sagen, daß damit die Herrschaft von Recht und Gesetz gemeint ist, nicht die von Menschen), in welchem Ausmaß das stimmt und für das Wohl des Landes – ich hätte beinahe gesagt: der Nation – stimmen muß ... also für das Wohl des Landes, für die Vereinigten Staaten von Amerika, für die Republik.

ERRERA: Während der letzten zehn Jahre ist Amerika von einer Welle der Gewalt überspült worden. Die wichtigsten Ereignisse waren die Ermordung des Präsidenten Kennedy und

117

seines Bruders Robert, der Krieg in Vietnam und die Watergate-Affäre. Wie konnte Amerika diese Krisen überstehen, die in Europa zu Regierungswechseln, ja zu den schwerwiegendsten inneren Unruhen geführt hätten?

ARENDT: Lassen Sie es mich ein wenig anders versuchen! Ich denke, daß der Wendepunkt in dieser ganzen Entwicklung in der Tat die Ermordung des Präsidenten gewesen ist. Ganz gleich, wie Sie es erklären und was Sie darüber wissen oder nicht wissen, es war sehr klar, daß an diesem Punkt seit langem erstmals in der amerikanischen Geschichte ein direktes Verbrechen störend auf die politischen Prozesse eingewirkt hatte. Und das hat irgendwie die Politik verändert ... Sie wissen, daß andere Morde folgten: Bobby Kennedy, Martin Luther King usw. Schließlich das Attentat gegen Wallace, das in dieselbe Richtung weist.

Und ich denke, daß Watergate möglicherweise eine der tiefsten Verfassungskrisen, die dieses Land je gekannt hat, bloßlegte. Und wenn ich in bezug auf Amerika »Verfassungskrise« sage, so ist das viel wichtiger zu nehmen, als wenn ich in Frankreich sagen würde: »une crise constitutionelle«. Denn die amerikanische Verfassung ... Ich weiß nicht, wie viele Verfassungen Sie seit der Französischen Revolution hatten. Soweit ich erinnere, waren es vierzehn bei Beginn des Ersten Weltkriegs. Und wie viele darauf folgten, das will ich nicht ausrechnen, jeder von Ihnen kann das besser als ich. Doch wie dem auch sei, hier gibt es eine Verfassung, und diese besteht nun schon seit fast zweihundert Jahren. Hier sieht die Geschichte anders aus, hier ist es das ganze Herrschaftsgefüge, das auf dem Spiel steht.

Und diese Verfassungskrise ist – zum erstenmal in den Vereinigten Staaten – dadurch charakterisiert, daß Legislative und Exekutive frontal zusammenstoßen. Allerdings ist dabei die Verfassung selbst irgendwie schuld, und darüber möchte ich einen Augenblick reden. Den Gründenden Vätern lag der Glaube, daß aus der Exekutive heraus eine Tyrannei entstehen könne, völlig fern; denn sie sahen diese ausschließlich als ausführendes Organ dessen, was die Legislative beschlossen hatte. In unterschiedlichen Formen – das mag hier genügen ... Heute wissen wir, daß die Gefahr der Tyrannei selbstverständlich am ehesten in der Exekutive liegt. Aber was dachten die

Gründenden Väter, wenn wir vom Geist der Verfassung ausgehen? Sie dachten, daß sie sich in erster Linie gegen die Herrschaft der Mehrheit abzusichern hätten, und deshalb ist es ein großer Fehler zu glauben, daß das, was wir hier haben, eine Demokratie sei – ein Fehler übrigens, den auch viele Amerikaner machen. Was wir hier haben, ist eine republikanische Herrschaft, und die Gründenden Väter waren zutiefst daran interessiert, den Minderheiten ihre Rechte zu garantieren, weil sie glaubten, daß in einem gesunden politischen Körper eine Pluralität von Meinungen existieren müsse. Was die Franzosen »l'union sacrée« nennen: Das genau ist es, was man nicht haben wollte. Denn diese sei bereits eine Art von Tyrannis oder Folge einer Tyrannis ... Und der Tyrann könnte sehr wohl eine Majorität sein. Deshalb ist die ganze Herrschaft in einer Weise konstruiert, daß da zwar immer eine Mehrheit ist. Aber gleichzeitig ist da immer die Opposition, und die Opposition ist notwendig, weil sie legitime Meinungen einer, mehrerer oder aller Minderheiten repräsentiert.

Nationale Sicherheit ist im Amerikanischen ein neues Wort. Das sollten Sie, meine ich, wissen. Nationale Sicherheit ist eigentlich, wenn ich gleich ein bißchen interpretieren darf, die Übersetzung von »raison d'état«, und »raison d'état«, jene ganze Vorstellung von der Staatsräson, spielte in diesem Land niemals irgendeine Rolle. Sie ist ein Neuimport. Und nun deckt auf einmal nationale Sicherheit alles ab, und es werden damit, wie Sie aus der Befragung von Mr. Ehrlichman[1] wissen mögen, alle möglichen Arten von Verbrechen gerechtfertigt. Zum Beispiel: Der Präsident ist eindeutig im Recht ... Er kann nichts Unrechtes tun. Das heißt, er ist ein Monarch in einer Republik. Er steht über dem Gesetz, und was immer er tut, kann er damit rechtfertigen, daß es aus Gründen der nationalen Sicherheit geschehe.

ERRERA: Inwiefern sind, Ihrer Auffassung nach, diese moder-

---

1 John D. Ehrlichman, für die Innenpolitik zuständiger Berater von Präsident Nixon, war am 30. April 1973 zurückgetreten. Arendt bezieht sich hier auf eine seiner Aussagen vor dem Watergate-Untersuchungsausschuß des amerikanischen Senats (Ervin Committee), der am 17. Mai 1973 mit den öffentlichen Anhörungen begonnen hatte.

nen Implikationen der Staatsräson – das, was Sie das Eindringen der Kriminalität in den politischen Bereich nennen – unserer Zeit eigen? Liegt hier eine Eigentümlichkeit unserer Epoche?

ARENDT: Ja, dies ist eine Eigentümlichkeit unserer Zeit, ganz bestimmt, denke ich. Genauso wie die Sache mit der Staatenlosigkeit zu unserer Epoche gehört und sich unter verschiedenen Aspekten und in verschiedenen Ländern und in verschiedenen Farben ständig wiederholt. Doch wenn wir zu diesen allgemeinen Fragen kommen: Was eben auch zu den Eigentümlichkeiten unserer Epoche gehört, ist das massive Eindringen der Kriminalität in politische Abläufe. Und damit meine ich etwas, was über jene Verbrechen, die zu Recht oder Unrecht immer durch die Staatsräson gerechtfertigt werden, weit hinausgeht. Während es sich bei jenen immer um Ausnahmen handelt, sind wir hier plötzlich mit einem politischen Stil konfrontiert, der aus sich selbst heraus kriminell ist.

Hier geht es keinesfalls um Ausnahmen. Es ist nicht so, daß diese Leute, einschließlich des Präsidenten, sagen: Weil wir in einer besonderen Notlage sind, müssen wir jeden abhören. Sie denken vielmehr, daß das Abhören zum normalen politischen Leben dazugehört. Und ebenso sagen sie nicht: Einmal und nie wieder wollen wir in das Büro des Psychiaters einbrechen, nein ganz bestimmt nicht noch einmal. Sie sagen vielmehr: Der Einbruch ist absolut legitim ...

Diese ganze Geschichte mit der nationalen Sicherheit kommt natürlich von der Sache mit der Staatsräson. Sie ist ein direkter Import aus Europa. Natürlich halten die Deutschen und die Franzosen und die Italiener die nationale Sicherheit als Rechtfertigungsgrund für etwas ganz Normales, weil sie immer damit gelebt haben. Doch genau das war das europäische Erbe, mit dem die Amerikanische Revolution brechen wollte.

ERRERA: In einem Essay, der den Pentagon-Papieren gewidmet ist,[2] beschreiben Sie die Psychologie derjenigen, die Sie die »Problem-Löser« nennen, seinerzeit die Berater der amerika-

---

[2] Hannah Arendt, »Die Lüge in der Politik«, siehe in der Bibliographie Titel Nr. 243

nischen Regierung. Und Sie sagen: Die Problem-Löser sind Menschen mit »großem Selbstvertrauen«, die selten an ihrem Durchsetzungsvermögen zweifeln. Sie geben sich nicht damit zufrieden, Proben ihrer unbezweifelbaren Intelligenz abzugeben, sondern brüsten sich gleichzeitig mit ihrer »Rationalität«, sind verliebt in ihre Theorien, leben in einem rein intellektuellen Universum, was sie dazu veranlaßt, sich in einem erschreckenden Maße gegen alles Gefühlsmäßige zu wehren ...

ARENDT: Darf ich Sie hier unterbrechen. Ich denke, das reicht. Für diese Wissenschaftsgläubigkeit, die schließlich alle andere Einsicht verdrängt, habe ich ein sehr gutes Beispiel aus eben den Pentagon-Papieren. Sie wissen von der Dominotheorie. Während des Kalten Krieges von 1950 bis etwa 1969, bis kurz nach den Pentagon-Papieren, war dies die offizielle Theorie der amerikanischen Außenpolitik. Tatsache aber ist, daß von den hochqualifizierten Intellektuellen, die die Pentagon-Papiere verfaßten, nur sehr wenige an diese Theorie glaubten. Nur zwei oder drei von den Herrschaften, denke ich, beide ganz schön weit oben in der Administration, waren es. Die daran glaubten, waren nicht gerade die intelligentesten: Mr. Rostow und, ich weiß nicht ..., der General Taylor ... Also die meisten glaubten nicht daran, unterstellten diese Theorie jedoch allem, was sie taten – und dies nicht, weil sie Lügner gewesen wären oder ihren Vorgesetzten hätten gefallen wollen – in dieser Hinsicht waren diese Leute wirklich in Ordnung –, sondern weil ihnen diese Theorie einen Rahmen bot, in dem sie arbeiten konnten, und sie nutzten diesen Rahmen, obgleich sie wußten – und obgleich jeder Geheimdienstbericht und jede Tatsachenanalyse es ihnen jeden Morgen bewies –, daß die entsprechenden Annahmen auf der Tatsachenebene einfach falsch waren.

ERRERA: Unser Zeitalter scheint mir mit einer gewissen Beharrlichkeit von einer Denkungsart beherrscht zu sein, deren Grundlage eine deterministische Geschichtsauffassung bildet.

ARENDT: Ja, und ich denke, er hat sehr gute Gründe, dieser Glaube an die historische Notwendigkeit. Das Problem mit dieser ganzen Sache – und es handelt sich wirklich um eine offene Frage – ist das folgende: Wir kennen die Zukunft nicht, jeder handelt in eine Zukunft hinein, die keiner überhaupt kennen kann. Keiner weiß, was er tut, weil die Zukunft getan wird. Handeln ist ein Wir und nicht ein Ich.[3] Nur dort, wo ich der einzige wäre, nur dann, wenn ich der einzige wäre, könnte ich voraussagen, was aus dem, was ich tue, herauskommen mag. Nun, das sieht jetzt so aus, als ob alles, was tatsächlich geschieht, völlig zufällig wäre, und der Zufall ist in der Tat einer der größten Faktoren in der Geschichte. Keiner weiß, was geschehen wird, einfach weil soviel von einer ungeheuren Anzahl von, wie sie sagen, Variablen abhängt, das heißt, mit anderen Worten, schlicht vom Zufall. Wenn Sie andererseits retrospektiv auf die Geschichte schauen, dann können Sie, selbst wo dies alles zufällig war, eine Geschichte erzählen, die sinnvoll ist. Wie ist das möglich? Das ist ein echtes Problem jeder Geschichtsphilosophie: Wie ist es möglich, daß man aus der Rückschau immer meint, es hätte nicht anders passieren können? Alle Variablen sind verschwunden, und die Wirklichkeit hat einen solch überwältigenden Einfluß auf uns, daß wir von einer jeweils gegebenen unendlichen Vielfalt von potentiellen Möglichkeiten nicht belästigt werden können.

ERRERA: Aber wenn nun unsere Zeitgenossen, trotz des Dementis der Geschichte, an ihrem deterministischen Denken festhalten, geschieht dies, Ihrer Meinung nach, weil sie Angst vor der Freiheit haben?

ARENDT: Ja, sicher. Und mit Recht. Nur sagen sie es nicht. Wenn sie es zugäben, könnte man sofort eine Debatte beginnen. Wenn sie es nur aussprechen würden! Sie haben Angst, Angst davor, Angst zu haben. Das ist eine der vornehmlichen persönlichen Motivationen. Sie haben Angst vor der Freiheit.

ERRERA: Können Sie sich vorstellen, daß ein Minister in Europa, der sieht, daß seine Politik zu scheitern droht, ein Team von nicht der Regierung angehörenden Experten damit beauftragt, eine Studie zu erstellen, deren Ziel es wäre, zu wissen, wie ...

ARENDT: Es geschah nicht von außen. Man nahm sie von überall und auch ...

---

3 Wörtlich: »Action is a we and not an I.« Das ist eine Kurzformel des eigenen Handlungsbegriffs. Zur genauen Bestimmung siehe Hannah Arendt. *Vita activa* (Bibliographie Titel Nr. 152), Kapitel 5.

ERRERA: Ja, das ist es, aber eben auch Personen, die nicht zum Regierungsapparat gehörten. Können Sie sich also einen europäischen Minister in dieser Situation vorstellen, der eine solche Studie in Auftrag gibt? Um zu wissen, wie es dazu gekommen ist?

ARENDT: Selbstverständlich nicht.

ERRERA: Warum nicht?

ARENDT: Wegen der Staatsräson, zweifellos. Er hätte das Gefühl gehabt... Er hätte die Sache sofort gestoppt und... McNamaras Haltung – und Sie wissen auch, was ich als Motto gewählt habe, nämlich daß McNamara sagte: Was wir dort tun, ist kein sehr schöner Anblick. Was um des Himmels willen geht hier vor?[4] – das ist eine amerikanische Haltung. Sie zeigt Ihnen, daß damals die Dinge noch in Ordnung waren, selbst wenn es schiefging. Sie waren noch immer in Ordnung, weil es einen McNamara gab, der aus den Fehlschlägen lernen wollte.

ERRERA: Glauben Sie, daß amerikanische Regierungsmitglieder auch heute in vergleichbaren Situationen noch Lust hätten, zu lernen...

ARENDT: Nein, nicht ein einziger, glaube ich. Ich weiß nicht. Nein, nein, nein. Ich nehme das zurück. Aber ich glaube nicht, daß... Ich denke, McNamara stand auf Nixons Feindesliste, wenn ich nicht irre. Heute las ich das in der *New York Times* und glaube, es stimmt. Und das zeigt Ihnen bereits, daß diese ganze Haltung aus der amerikanischen Politik heraus, das heißt von höchster Ebene, kam. Sehen Sie, diese Leute hatten sich bereits der Image-Fabrikation verschrieben, aber nur in einer spezifischen Form, das heißt, sie fragten sich: Warum war unsere Image-Fabrikation nicht erfolgreich? Und man könnte antworten, es habe sich ja lediglich um »Bilder« gehandelt. Jetzt jedoch wollen sie, daß alle ihnen ihre »Bilder« abnehmen und daß keiner sie durchschauen soll. Und das ist natürlich ein vollkommen anderer politischer Wille.

---

4 Das Motto von »Die Lüge in der Politik« lautet: »Es ist kein schöner Anblick, wie die größte Supermacht der Welt bei dem Versuch, eine winzige rückständige Nation wegen einer heftig umstrittenen Sache in die Knie zu zwingen, wöchentlich tausend Nichtkombattanten tötet oder schwer verwundet.«

ERRERA: Gibt es nach dem, was Senator Fulbright die Arroganz der Macht genannt hat, und dem, was man als Arroganz des Wissens bezeichnen könnte, ein drittes Stadium, das durch nackte Arroganz gekennzeichnet ist?

ARENDT: Ja, aber ich weiß nicht, ob es nackte Arroganz ist. In Wirklichkeit, mein Gott, geht es doch um den Willen zu herrschen, zu dominieren. Bis jetzt aber ist das nicht von Erfolg gekrönt gewesen, weil wir, Sie und ich, hier noch immer an diesem Tisch sitzen und schön frei reden können. Man hat es noch nicht so weit gebracht, mich zu beherrschen, und irgendwie habe ich keine Angst. Vielleicht irre ich mich, aber ich fühle mich in diesem Land vollkommen frei. Es ist den Herren also nicht gelungen. Jemand, ich glaube, es war Hans Morgenthau, nannte dieses ganze Nixonsche Unternehmen die »abortive revolution«, die abgetriebene Revolution. Nun, wir wissen noch nicht, ob sie wirklich abgetrieben wurde, es war ein wenig zu früh, als er das sagte. Aber eines kann man schon sagen: Erfolgreich war sie nicht.

ERRERA: Aber was für unsere Zeit bedrohlich ist, ist die Vorstellung, daß die Ziele der Politik unbegrenzt sind. Der Liberalismus, so glaube ich, geht seinerseits davon aus, daß die Politik begrenzte Zielsetzungen hat. Liegt nicht die größte Gefahr für unsere Epoche darin, daß Menschen, Bewegungen, die sich unbegrenzte Ziele setzen, an die Macht kommen?

ARENDT: Ich hoffe, ich schockiere Sie jetzt nicht, wenn ich Ihnen sage, daß ich mir überhaupt nicht sicher bin, ob ich zu den Liberalen gehöre. Ganz und gar nicht sicher, wissen Sie. Und mir fehlt wirklich der entsprechende Glaube. Ich habe keine politische Philosophie, die ich in einen Ismus fassen könnte.

ERRERA: Gewiß, aber Ihre philosophische Reflexion ist gleichsam in den Grundmauern liberalen Denkens beheimatet, mit Anleihen bei der Antike.

ARENDT: Ist Montesquieu ein Liberaler? Würden Sie sagen, daß all die Leute, die ich als ein wenig relevant in Betracht ziehe ... will sagen: Ich bediene mich, wo ich kann.[5] Ich nehme, was ich kann und was mir paßt. Das soll heißen, daß ich nicht länger glaube, daß wir ... Ich denke, einer der großen

---

5 Im Original in französischer Sprache: »Moi je me sers où je peux.«

Vorteile unserer Zeit ist wirklich, was René Char, wie Sie wissen, gesagt hat: »Unserer Erbschaft ist keinerlei Testament vorausgegangen.«[6] Das heißt, es steht uns vollkommen frei, uns aus den Töpfen der Erfahrungen und Gedanken unserer Vergangenheit zu bedienen.

ERRERA: Aber ist mit dieser extremen Freiheit nicht die Gefahr verbunden, viele unserer Zeitgenossen, die es vorziehen, eine fertige Theorie, eine Ideologie zu finden, und sich anschicken, diese anzuwenden, zu verschrecken?

ARENDT: Zweifellos. Kein Zweifel.

ERRERA: Die Freiheit, wie Sie sie definieren, diese Freiheit, läuft sie nicht Gefahr, die Freiheit weniger zu sein – von denen, die die Kraft haben, neue Denkweisen zu erfinden?

ARENDT: Nein, nein. Sie beruht nur, sagen wir ... auf der Überzeugung, daß jedes menschliche Wesen, als ein denkendes Wesen, genauso denken kann wie ich und deshalb selbst beurteilen kann, ob es das will. Wie ich diesen Wunsch in ihm wecken kann, weiß ich nicht. Das heißt, ich bin kein ... Was allein uns wirklich helfen kann, meine ich, ist »réfléchir«, Nachdenken. Und denken heißt stets kritisch denken. Und kritisch denken bedeutet stets dagegen sein. Alles Denken unterminiert tatsächlich, was immer es an starren Regeln, allgemeinen Überzeugungen etc. gibt. Alles, was sich im Denken ereignet, ist einer kritischen Überprüfung dessen, was ist, unterworfen. Das heißt, es gibt keine gefährlichen Gedanken – aus dem einfachen Grund, weil das Denken selber ein solch gefährliches Unterfangen ist ... Nicht-Denken allerdings, glaube ich, ist noch gefährlicher. Damit leugne ich nicht, daß das Denken gefährlich ist, würde aber behaupten, daß das Nicht-Denken noch viel gefährlicher ist.

ERRERA: Lassen Sie uns zu dem Satz von René Char zurückkehren: »Unserer Erbschaft ist keinerlei Testament vorausgegangen.« Was ist, Ihrer Meinung nach, die Erbschaft des zwanzigsten Jahrhunderts?

6 »Notre héritage n'est précédé par aucun testament.« Siehe Hannah Arendts Interpretation dieses Satzes im Vorwort »Die Lücke zwischen Vergangenheit und Zukunft« zu ihrer Essaysammlung *Zwischen Vergangenheit und Zukunft*, Bibliographie Titel Nr. 293.

ARENDT: Also wissen Sie, vorerst sind wir ja noch da! Sie sind jung, ich bin alt. Aber beide sind wir noch da, und zwar, um etwas zu hinterlassen.

ERRERA: Was hinterlassen wir dem einundzwanzigsten Jahrhundert? Drei Viertel des zwanzigsten sind ja bereits vorbei ...

ARENDT: Weiß ich nicht. Ich habe keine Ahnung. Ich bin ziemlich sicher, daß die moderne Kunst, die jetzt an einem Tiefpunkt angelangt ist ... Doch nach einer Zeit solch außergewöhnlicher Kreativität, wie wir sie in den ersten vierzig Jahren vor allem natürlich in Frankreich erlebt haben, ist das nur natürlich. Eine gewisse Erschöpfung tritt ein. – Also das werden wir hinterlassen. Diese ganze Ära, dieses zwanzigste Jahrhundert wird wahrscheinlich ein großes Jahrhundert sein, in der Geschichte, aber nicht in der Politik.

ERRERA: Und Amerika?

ARENDT: Nein. Nein, nein, nein ...

ERRERA: Warum?

ARENDT: Wissen Sie, dies Land ... Sie brauchen ein gewisses Maß an Tradition.

ERRERA: Gibt es keine Tradition der bildenden Kunst in Amerika?

ARENDT: Nein, nein, keine große. Eine große in der Dichtkunst, der Lyrik, Romanliteratur, Prosa und so weiter. Doch was man als alles überragend erwähnen muß, ist die Architektur. Die Steinbauten sind wie zu Stein gewordene Nomadenzelte.

ERRERA: Häufig haben Sie sich mit der Geschichte der Juden und des Antisemitismus in der Neuzeit beschäftigt, und am Schluß einer Ihrer Arbeiten sagen Sie, daß die Geburt der zionistischen Bewegung Ende des neunzehnten Jahrhunderts die einzige politische Antwort auf den Antisemitismus, die die Juden jemals gefunden haben, gewesen sei.[7] Inwiefern hat die Existenz Israels den politischen und psychologischen Zusammenhang, in dem die Juden in der Welt leben, verändert?

---

7 Siehe Hannah Arendt, *The Origins of Totalitarianism* (in der Bibliographie Titel Nr. 099), S. 120. In der deutschen Ausgabe (Titel Nr. 122) wurde der Schluß des Teils »Antisemitismus« abgeändert.

ARENDT: Oh, ich denke, sie hat alles verändert. Das jüdische Volk steht heute wirklich geschlossen hinter Israel.[8] In der gleichen Weise wie die Iren, die Engländer, die Franzosen und so weiter glaubt es, einen Staat, einen politischen Repräsentanten zu haben. Es hat nicht nur eine Heimat, sondern einen Nationalstaat, und die ganze Haltung zu den Arabern hängt natürlich weitgehend von diesen Identifikationen ab, welche den aus Zentraleuropa kommenden Juden fast instinktiv und ohne Reflexion eigen waren, daß nämlich der Staat notwendigerweise ein Nationalstaat sein müßte.

Nun hat sich dies, das heißt, die ganze Beziehung zwischen der Diaspora und Israel beziehungsweise dem, was zuvor Palästina war, verändert, weil Israel nicht mehr nur Zufluchtsort für diese in Polen Unterdrückten ist – die aus einem Land kamen, wo ein Zionist ein Bursche war, der versuchte, von den reichen Juden Geld für die armen Juden zu bekommen. Heute ist Israel vielmehr wirklich der jüdische Repräsentant des jüdischen Volkes in der ganzen Welt. Ob uns das lieb ist oder nicht, ist eine andere Frage, aber … Das bedeutet nicht, daß das Diaspora-Judentum immer derselben Meinung sein muß wie die Regierung in Israel. Es ist nicht eine Frage der Regierung, es ist eine Frage des Staates, und solange er existiert, ist es selbstverständlich dieser Staat, der uns in den Augen der Welt repräsentiert.

ERRERA: Andererseits hat ein französischer Schriftsteller, Georges Friedman, vor etwa zehn Jahren ein Buch geschrieben: *Fin du peuple juif?*,[9] wo er zu dem Schluß kam, daß es in Zukunft einerseits einen neuen Staat, eine israelische Nation, geben werde und andererseits die Juden in den Ländern der Diaspora, die sich assimilieren und allmählich ihre besonderen Merkmale verlieren.

ARENDT: Diese These klingt sehr plausibel und ist, wie ich meine, ganz falsch. Sehen Sie, in der Antike, als es noch einen

---

8 Diese und die folgenden Aussagen müssen vor dem tagespolitischen Hintergrund gesehen werden. Am 6. Oktober 1973 hatten Ägypten und Syrien durch den Überfall auf Israel den Jom-Kippur-Krieg ausgelöst.

9 Dt. (übersetzt von Gilbert Strasmann): *Das Ende des jüdischen Volkes* (rowohlt paperback, 67), Hamburg 1968.

jüdischen Staat gab, existierte bereits eine große jüdische Diaspora. Durch all die Jahrhunderte mit ihren vielen verschiedenen Formen von Regierungen und unterschiedlichen Staatsformen hindurch haben sich die Juden, das einzige alte Volk, das tatsächlich diese Jahrhunderte überlebte, niemals assimiliert ... Wenn Juden assimilierbar gewesen wären, hätten sie sich vor langer Zeit assimiliert. Es gab eine Möglichkeit während der spanischen Periode, eine weitere während der römischen, dann natürlich eine im achtzehnten und neunzehnten Jahrhundert. Schauen Sie, ein Volk, ein Kollektiv verübt nicht Selbstmord. Mr. Friedman hat unrecht, weil er nicht versteht, daß die Gemütslage von Intellektuellen, die in der Tat Nationalitäten wechseln und eine andere Kultur aufsaugen können und so weiter, nicht der des Volkes als ganzem entspricht, und insbesondere nicht eines Volkes, das nun mal durch jene uns allen bekannten Gesetze konstituiert worden ist.

ERRERA: Was bedeutet für die Juden Assimilation in der amerikanischen Gesellschaft?

ARENDT: Also in dem Sinne, in dem wir vom assimilierten Judentum sprachen, womit wir die Assimilation an die umgebende Kultur meinten, gibt es sie nicht. Würden Sie mir freundlicherweise sagen, an wen sich die Juden hier assimilieren sollen? An die Engländer? Die Iren? Die Deutschen? Die Franzosen? Die ... nun ja, wer immer hierher gekommen ist ...

ERRERA: Wenn man sagt, die amerikanischen Juden seien sehr amerikanisiert, nicht nur amerikanisch, sondern amerikanisiert, worauf spielt man damit an?

ARENDT: Man meint die Lebensweise, und all diese Juden sind gute amerikanische Bürger ... Das bezieht sich auf ihr öffentliches, nicht ihr privates Leben, nicht auf ihr gesellschaftliches Leben. Und ihr gesellschaftliches und privates Leben ist heute natürlich jüdischer, als es je zuvor gewesen ist. Die Jüngeren lernen in großer Zahl Hebräisch, selbst dann, wenn sie von Eltern abstammen, die kein Hebräisch mehr können, und so weiter. Doch die Hauptsache ist wirklich Israel, Hauptsache ist: Bist du für oder gegen Israel?

Nehmen wir beispielsweise die deutschen Juden meiner Generation, die in dieses Land gekommen sind. In allerkürzester Zeit wurden sie sehr nationalistische Juden; sie waren viel nationalistischer gesinnt, als ich es je war, obgleich ich zu den Zionisten gehörte und sie nicht. Ich sagte nie: Ich bin Deutsche, sondern sagte immer: Ich bin Jüdin. Doch sie assimilierten sich gleich. Woran? An die »Jewish community«, weil sie die Assimilation gewöhnt waren. Sie assimilierten sich an die Gemeinschaft der Juden Amerikas, und das hieß, daß sie dann, mit dem Eifer von Konvertiten, selbstverständlich ganz besonders nationalistisch und pro-Israel wurden.

ERRERA: Im wesentlichen ist es ein religiöses Band gewesen, das im Lauf der Geschichte das jüdische Volk zusammengehalten, sein Überleben gesichert hat. Wir leben heute in einer Zeit, in der alle Religionen in einer Krise stecken und wo sich die religiösen Bande lockern. Was hält unter diesen Bedingungen in der gegenwärtigen Epoche das jüdische Volk auf der Welt zusammen?

ARENDT: Ich denke, daß Sie mit dieser These leicht falsch liegen. Wenn Sie Religion sagen, denken Sie natürlich an die christliche Religion, die ein Glauben ist. Das gilt überhaupt nicht für die jüdische Religion. Diese ist wirklich eine Nationalreligion, Nation und Religion gehen zusammen. Sie wissen, daß Juden zum Beispiel die Taufe nicht anerkennen, und zwar so, als ob es sie gar nicht gegeben hätte. Das heißt, daß ein Jude niemals aufhört, gemäß dem jüdischen Gesetz ein Jude zu sein. Sobald jemand von einer jüdischen Mutter geboren wird – die Suche nach dem Vater ist verboten –, ist er Jude. Das heißt, die Vorstellung von Religion ist eine vollkommen andere. Es handelt sich viel mehr um eine Lebensweise, wie wir sagen würden, als um eine Religion in dem begrenzten, besonderen Sinne der christlichen Religion. Ich erinnere mich beispielsweise, daß ich jüdischen Unterricht, Religionsunterricht hatte, und als ich etwa vierzehn war, wollte ich natürlich rebellieren und unserem Lehrer etwas Schreckliches antun. So stand ich auf und sagte: Ich glaube nicht an Gott. Woraufhin er sagte: Wer hat das von dir verlangt?

ERRERA: Ihr erstes Buch, das 1951 veröffentlicht wurde, hat den Titel *The Origins of Totalitarianism*. Hier wollten Sie nicht nur ein Phänomen beschreiben, sondern es auch erklären. Deshalb die Frage: Was ist für Sie der Totalitarismus?

ARENDT: Ja, wenn ... Lassen Sie mich als erstes ein paar Unterscheidungen machen, die nicht jedermanns Zustimmung finden. Zunächst einmal, eine totalitäre Diktatur ist weder eine einfache Diktatur noch eine einfache Tyrannis. Eines der Hauptkennzeichen ... Als ich eine totale Herrschaft analysierte, versuchte ich, sie als eine neue Staatsform zu untersuchen, die es zuvor nie gegeben hatte, und deshalb versuchte ich deren Hauptmerkmale herauszuarbeiten. Ich will Sie jetzt an eines dieser Merkmale erinnern, das es in keiner Tyrannis gibt, und das ist die Rolle der Unschuldigen, des unschuldigen Opfers. Unter Stalin brauchten Sie nicht etwas getan zu haben, um deportiert oder getötet zu werden. Die entsprechende Rolle wurde Ihnen im Einklang mit der Dynamik der Geschichte zugeteilt, und Sie hatten diese Rolle zu spielen – was immer Sie taten, war unerheblich ... In diesem Zusammenhang: Keine Regierung zuvor hat Menschen getötet, weil sie ja sagten. Gewöhnlich tötet eine Regierung Menschen oder Tyrannen töten Menschen, weil sie nein sagen. Nun, ein Freund hat mich darauf aufmerksam gemacht, daß etwas sehr Ähnliches vor vielen Jahrhunderten von einem Chinesen gesagt worden ist, nämlich daß Menschen, die die Unverschämtheit besitzen, zuzustimmen, nicht besser sind als die Ungehorsamen, die widersprechen. Und darin natürlich liegt das wesentliche Kennzeichen des Totalitarismus: Es gibt die totale Herrschaft von Menschen über Menschen.

In diesem Sinne nun existiert heute kein Totalitarismus mehr, selbst nicht in Rußland, wo eine der schlimmsten Tyranneien herrscht, welche wir je kennengelernt haben. Selbst in Rußland müssen Sie heute etwas tun, um in die Verbannung oder ins Arbeitslager oder in die psychiatrische Abteilung eines Krankenhauses geschickt zu werden.

Lassen Sie uns nun für einen Augenblick sehen, was die Tyrannis ist! Denn schließlich sind alle totalitären Regime in einem Klima entstanden, wo in der Mehrzahl der europäischen Staaten bereits Diktaturen herrschten. Wenn wir auf die ursprüngliche Bedeutung des Begriffs und Wortes zurückgehen, ist die Diktatur keine Tyrannis. Es handelt sich um eine zeitweilige Außerkraftsetzung der Gesetze bei einem Notstand, im allgemeinen während eines Krieges oder eines Bürgerkrieges. Auf jeden Fall ist die Diktatur zeitlich limitiert, während dies für die Tyrannis nicht zutrifft.[10]

Als ich mein Buch *Eichmann in Jerusalem* schrieb, hatte ich diese Brechtschen Zeilen (»Der Schoß ist fruchtbar noch, aus dem das kroch«[11]) noch nicht gelesen, ich kannte sie noch nicht. Aber eine meiner Hauptabsichten war, die Legende von der Größe des Bösen, von dessen dämonischer Macht, zu zerstören, den Leuten die Bewunderung, die sie für die großen Bösewichte wie Richard III. und so weiter hegten, zu nehmen. Da fand ich bei Brecht die folgende Bemerkung: Die großen politischen Verbrecher müssen preisgegeben werden, insbesondere der Lächerlichkeit. Sie sind nicht große politische Verbrecher, sondern Menschen, die große politische Verbrechen zuließen, was etwas vollkommen anderes ist. Das Mißlingen seiner Unternehmungen erlaubt nicht den Schluß, daß Hitler ein Dummkopf war.[12] Nun, daß Hitler ein Dummkopf war, war vor der Machtergreifung natürlich das Vorurteil, das alle hatten, die ganze Hitler-Opposition. Und deshalb gab es sehr viele Bücher, die ihn zu rechtfertigen und einen großen Mann aus ihm zu machen suchten. Da sagt dann Brecht: Daß Hitler erfolglos war, zeigte nicht an, daß er ein Dummkopf war, und das Ausmaß seiner Unternehmungen machte ihn nicht zu einem großen Mann. Das ist weder das eine noch das andere, das heißt, diese ganze Kategorie der Größe trifft nicht zu. Wenn die herrschenden Klassen, sagt er, einem kleinen Verbrecher erlauben, ein großer Verbrecher zu werden, ge-

10 Dies ist der einzige Absatz des Gesprächs, für den die englische Originalfassung nicht wiederhergestellt werden konnte. Daher wurde der Text der französischen Übersetzung zugrunde gelegt.

11 Bertolt Brecht, »Epilog« zu *Der aufhaltsame Aufstieg des Arturo Ui*, in: ders., *Werke* (Große kommentierte Berliner und Frankfurter Ausgabe), Bd. 7, S. 112.

12 Das genaue Zitat lautet: »Die großen politischen Verbrecher müssen durchaus preisgegeben werden, und vorzüglich der Lächerlichkeit. Denn sie sind vor allem keine großen politischen Verbrecher, sondern die Verüber großer politischer Verbrechen, was etwas ganz anderes ist ... So wenig das Mißlingen seiner Unternehmungen Hitler zu einem Dummkopf stempelt, so wenig stempelt ihn der Umfang dieser Unternehmungen zu einem großen Mann.« Bertolt Brecht, »›Bemerkungen‹ zu *Der aufhaltsame Aufstieg des Arturo Ui*«, in: ders., *Werke*, Bd. 24, S. 315–319, S. 316.

bührt ihm keine privilegierte Stellung in unserem Geschichtsbild. Das heißt, die Tatsache, daß er ein großer Verbrecher wird und daß das, was er tut, große Folgen hat, wertet ihn nicht auf. Und ganz allgemein, sagt er dann in diesen recht jähen Bemerkungen: Man könnte sagen, daß die Tragödie das Leiden der Menschheit in weniger ernster Weise behandelt als die Komödie.

Das ist natürlich eine schockierende Feststellung. Doch gleichzeitig ist sie, wie ich meine, völlig zutreffend. Was wirklich nötig ist ... Wenn Sie unter diesen Gegebenheiten Ihre Integrität behalten wollen, dann können Sie das nur, wenn Sie sich an die altgewohnte Weise, solche Dinge zu betrachten, erinnern und sagen: Was er tut oder auch nicht tut, und wenn er zehn Millionen Menschen tötete, er ist und bleibt ein Clown.

ERRERA: Seitdem Sie Ihr Buch über den Eichmannprozeß veröffentlicht haben, hat dieses Werk sehr heftige Reaktionen hervorgerufen. Warum diese Heftigkeit?

ARENDT: Diese Kontroverse war zum Teil durch die Tatsache verursacht, daß ich die Bürokratie angegriffen habe, und wenn Sie eine Bürokratie angreifen, so müssen Sie darauf gefaßt sein, daß diese Bürokratie sich verteidigen wird, Sie angreift, unmöglich macht und alles, was dazugehört. Das ist mehr oder weniger ein schmutziges politisches Geschäft. Nun, das war für mich kein echter Streitgegenstand. Aber es gab da ... Aber nehmen wir an, sie hätten es nicht getan, sie hätten diese Kampagne nicht organisiert, dann wäre die Opposition gegen das Buch noch immer stark gewesen, weil das jüdische Volk beleidigt wurde, und damit beziehe ich mich auf Leute, die ich ehrlich respektiere und deshalb verstehen kann. Sie waren vor allem von dem verletzt, was Brecht sagte, vom Lachen. Mein Lachen seinerzeit war in gewisser Weise unschuldig und nicht reflektiert. Was ich sah, war ein Clown.

So hatte Eichmann beispielsweise von dem, was er den Juden angetan hatte, grundsätzlich nichts beunruhigt. Aber ein kleiner Vorfall machte ihm zu schaffen. Er hatte während einer Befragung den damaligen Präsidenten der Jüdischen Gemeinde in Wien ins Gesicht geschlagen. Weiß Gott, vielen Leuten sind wirklich schlimmere Dinge passiert, als ins Gesicht geschlagen worden zu sein! Doch Eichmann hat es sich niemals verziehen, das getan zu haben ... Und er war der Meinung, daß er da etwas sehr Unrechtes getan hatte. Er hatte sozusagen seine Fassung verloren.

ERRERA: Warum glauben Sie, daß derzeit eine ganze Literaturgattung auf den Markt kommt, die sich insbesondere mit dem Nationalsozialismus befaßt und dessen Führer und deren Taten oft in romantisierter Form beschreibt und im großen und ganzen menschlich erscheinen läßt und so indirekt zu rechtfertigen sucht? Meinen Sie, daß solche Veröffentlichungen rein kommerzielle Gründe haben, oder messen Sie ihnen eine tiefere Bedeutung zu?

ARENDT: Ich denke, das hat eine Bedeutung, zumindest zeigt es, daß das, was einmal war, wieder geschehen kann. Und nach meinem Dafürhalten stimmt das vollkommen. Sehen Sie, die Tyrannis ist sehr früh entdeckt worden, und sehr früh bereits wirklich als Feind. Dennoch hat das niemals einen Tyrannen in irgendeiner Weise davon abgehalten, ein Tyrann zu werden. Es hat Nero nicht verhindert, es hat Caligula nicht verhindert. Und Nero und Caligula haben ein näherliegendes Beispiel, welches veranschaulicht, was das massive Eindringen der Kriminalität für das politische Leben bedeuten kann, nicht verhindert.

TEIL II

Mitteilungen an
Karl und Gertrud Jaspers

Vorbemerkung: Die Textauszüge sind der Veröffentlichung Hannah Arendt und Karl Jaspers, Briefwechsel 1926–1969, herausgegeben von Lotte Köhler und Hans Saner (Serie Piper, 1757), München-Zürich: Piper, Neuausgabe 1993, 3. Aufl. (7.–11. Tsd.) 1993, entnommen. Die dortigen Endnoten wurden von der Herausgeberin, soweit für die Zwecke der vorliegenden Auswahl erforderlich, als Fußnoten übernommen. Mit Ausnahme von Querverweisen sind neue Fußnoten und Zusätze mit »Hrsg.« gekennzeichnet. In den Fällen, in denen Originalanmerkungen von Lotte Köhler und Hans Saner nicht vollständig nachgedruckt wurden, weisen drei Punkte in eckigen Klammern auf die Auslassung hin. Veröffentlichungen von Hannah Arendt (im folgenden: H. A.) werden durchgängig nach den Nummern der diesem Bändchen beigegebenen Bibliographie (S. 257–342) zitiert. Kleine technische Veränderungen gegenüber dem Original werden nicht angezeigt.

1. Zur eigenen Biographie

Sehr verehrter, lieber Herr Professor Jaspers,

[...]

Sie werden vielleicht inzwischen gehört haben, daß wir Frankfurt verlassen und nach Berlin übergesiedelt sind. Durch Fakultätsschwierigkeiten hätte die Habilitation meines Mannes[1] sich vorerst unübersehbar herauszögern müssen. Das wäre an sich kein Unglück gewesen, da man bis auf eine Ausnahme[2] zu der privat eingereichten Arbeit positiv stand. Nun zeigte sich aber Herr Tillich[3] im Laufe unseres Aufenthaltes und diesbezüglicher Verhandlungen von einer solchen offenbaren Unzuverläßlichkeit und Abhängigkeit von augenblicklichen Einflüssen, daß ein weiteres Abwarten, wenn überhaupt, nur Sinn gehabt hätte, wenn man Tillich dauernd unter Druck gehalten und Zugeständnisse an seine Schwächen gemacht hätte. Da zudem eine Aussprache mit einer mehr als peinlichen Zerknirschung und einem Sündenbekenntnis (voluptas contritionis) von Tillich endete, war die Situation vollends unhaltbar, d. h. für alle Teile entwürdigend. Daraufhin zogen wir vor, Frankfurt zu verlassen und erst einmal außerhalb des Akademischen eine Existenzmöglichkeit zu versuchen. – *[2. November 1931]*

---

1 Günther Stern, geb. 1902; wurde später unter dem Namen Günther Anders als Schriftsteller bekannt. – Zusatz d. Hrsg.: Er starb 1992 in Wien.

2 Nämlich Theodor W. Adorno. Stern wollte sich mit einer »Musikphilosophie« habilitieren. (Hrsg.)

3 Paul J. Tillich, 1886–1965, evangelischer Theologe; war seit 1929 Professor für Philosophie an der Universität Frankfurt am Main. Er emigrierte 1933 [...]. – Zusatz d. Hrsg.: Arendt und Tillich trafen sich in New York wieder und hatten die verschiedensten Kontakte miteinander. Siehe Arendt über Tillich weiter unten S. 187 f., ferner Artikel Nr. 22 in der Zeitung *Aufbau*, unten S. 339.

Sie müssen mir bitte glauben, daß weder mein Mann noch ich akademische Ressentiments haben. Ich muß mich ungeschickt ausgedrückt haben. Die Vorgänge in Frankfurt waren gerade für das Akademische ganz untypisch. *[26. Januar 1932]*

Ich bin natürlich sehr froh, daß Sie Artikeln von mir zustimmen – obwohl ich nicht weiß, was Sie gelesen haben. Ich habe selber nichts geschickt, werde es aber tun, sobald wir wieder regulären Postverkehr haben. Und dann werde ich Sie um Nachsicht bitten müssen, nämlich bitten müssen, nicht zu vergessen, daß ich in einer fremden Sprache schreibe (und dies ist *das* Problem der Emigration) und daß ich seit 12 Jahren das Wort Ruhe für geistige Aktivität nur noch vom Hörensagen kenne. Seitdem ich in Amerika bin, also seit 1941, bin ich eine Art freier Schriftsteller geworden, irgend etwas zwischen einem Historiker und einem politischen Publizisten. Das letztere gilt wesentlich für Fragen jüdischer Politik; über die Deutschland-Frage [4] habe ich nur geschrieben, als es angesichts des steigenden Hasses und des ansteigenden Blödsinns unmöglich wurde, zu schweigen; gerade wenn man Jude ist. Neben dieser Tätigkeit bin ich augenblicklich an einem research-project einer jüdischen Organisation beteiligt, d. h. habe die Sache zu leiten.[5] Dies ist in diesem Lande der research [sic!] das Übliche. Außerdem werde ich wahrscheinlich im Winter einen Kurs über Diktaturen geben für heimkehrende Soldaten, an einem hiesigen College.[6]

Nachtragen muß ich noch (ich kann mir eben doch nicht vorstellen, daß ich Sie so lange Jahre nicht mehr gesehen habe), daß ich seit 9 Jahren wieder verheiratet bin, mit einem

---

4 »Approaches to the German Problem«, in der Bibliographie Titel Nr. 033.
5 Seit 1941 war H. A. für die »Commission on European Jewish Cultural Reconstruction« tätig, dann von 1949 bis 1952 »executive director« der 1948 gegründeten Organisation »Jewish Cultural Reconstruction«, deren Aufgabe in der Auffindung und Rückführung jüdischer Bücher und Kultgegenstände bestand. – Zusatz d. Hrsg.: Siehe in der Bibliographie Titel Nr. 065, 065 a, 068.
6 Von 1945 bis 1947 unterrichtete H. A. europäische Geschichte am Brooklyn College, Graduate Division.

Deutschen; dies wahrscheinlich zur »Strafe« für meine Tor-
heiten gleich nach 1933, als ich infolge der Gleichschaltungen
fast aller meiner nicht-jüdischen Freunde (die jüdischen
schalteten sich erst später an Stalin oder Daladier oder sonst
was gleich) in ein automatisches Mißtrauen gegen Nicht-Juden hereingeschliddert war. *[18. November 1945]*

Mein Mann heißt Heinrich Blücher – schriftliche Beschreibung unmöglich. Er hat während des Krieges hier teils für die
Armee, teils für Universitäten und teils als broadcaster gearbeitet auf Grund seiner militärwissenschaftlichen Kenntnisse.
Mit Beendigung des Krieges ist er aus all diesen mehr oder
minder offiziellen Dingen herausgegangen und arbeitet
augenblicklich economic research für Privatfirmen. Er
stammt aus einer Berliner Arbeiterfamilie, hat in Berlin Geschichte unter [Hans] Delbrück studiert, war dann Redakteur
eines Nachrichtendienstes und hat sich verschiedentlich politisch betätigt. Den Namen können wir gern beim alten lassen;
das ist hier in Amerika durchaus üblich, wenn die Frau selbst
arbeitet, und ich habe mich aus Konservativismus (und auch
weil ich im Namen als Jüdin erkenntlich bleiben wollte) gerne
an diesen Brauch assimiliert.
   Nun müssen Sie natürlich sagen, daß ich um das, was Sie
eigentlich wissen wollten, herumrede. Sie wollen doch vermutlich wissen, ob ich mich in irgendeiner Weise in diesem Leben eingerichtet habe. Darauf ist schwer zu antworten. Ich bin
immer noch staatenlos, und die möblierten Zimmer stimmen
auch immer noch bis zu einem gewissen Grad. Wir wohnen zusammen mit meiner Mutter in einem möblierten Appartment;
meine Mutter konnte ich Gott sei Dank rechtzeitig nach den
Novemberpogromen [1938] nach Frankreich und von dort aus
hierher nehmen. Sehen Sie, ich bin in keiner Weise respectable geworden. Bin mehr denn je der Meinung, daß man eine
menschenwürdige Existenz nur am Rande der Gesellschaft
sich heute ermöglichen kann, wobei man dann eben mit mehr
oder weniger Humor riskiert, von ihr entweder gesteinigt oder
zum Hungertode verurteilt zu werden. Ich bin hier ziemlich
bekannt und habe bei manchen Menschen in gewissen Fragen

ein wenig Autorität; d. h. sie haben Vertrauen zu mir. Aber das kommt auch unter anderem daher, daß sie wissen, daß ich weder aus Überzeugungen noch aus »Begabungen« eine Karriere zu machen wünsche.

Vielleicht verdeutlichen Beispiele, was ich meine. Hätte ich respectable werden wollen, so hätte ich mich entweder an jüdischen Dingen desinteressieren müssen oder nicht einen nicht-jüdischen Mann heiraten dürfen. Beides gleich unmenschlich und gewissermaßen verrückt. Das alles klingt irgendwie blödsinnig pathetisch, wie ich es nicht meine. Denn Sie sagen mit Recht »glückliches Amerika« – wo nämlich auf Grund einer im wesentlichen gesunden politischen Struktur die sogenannte Gesellschaft noch nicht so übermächtig geworden ist, daß nicht viele Ausnahmen geduldet würden. *[29. Januar 1946]*

Lieber Verehrtester –

[...]

Ich will nur noch rasch erzählen, daß ich eine Stellung in der Verlagsleitung des Schocken Verlages angenommen habe. Die andere Arbeit hatte ich doch nur im Hinblick auf eine mögliche schnelle Europa-Reise getan. Dies kann unter Umständen sehr viel Spaß machen, d. h. wenn es mir gelingt, mit dem sehr gebieterischen Herrn, sozusagen Bismarck persönlich,[7] umzugehen. *[9. Juli 1946]*

Der Verlag macht viel Arbeit und viel Spaß. Ich arbeite augenblicklich viel weniger als letzten Winter und genieße ein bißchen Faulsein sehr. *[5. Oktober 1946]*

---

7 Salman Schocken, 1877–1959 [...]. – Zusatz d. Hrsg.: Während ihrer Tätigkeit im Schocken Verlag betreute H. A. u. a. Editionen von B. Lazare und F. Kafka, siehe Bibliographie Titel Nr. 081, 090.

Schocken Verlag macht vorläufig richtig Spaß. Mit dem alten Herrn komme ich so weit gut aus; er hat einen ausgesprochenen Sinn für Humor und hat bisher noch nicht versucht, mich zu tyrannisieren. Er ist klug und hat einen leidenschaftlich-sehnsüchtigen Respekt vor geistig-gelehrter Leistung und geistigen Menschen. Da ja nun bekanntlich eher ein Kamel durchs Nadelöhr geht als ein Reicher in den Himmel kommt, so wird eben vieles davon abhängen, ob er es noch schaffen kann, ein Kamel zu werden. Durchaus möglich.

Ernsthaft gesprochen liegt die Sache doch so, daß ich ohnehin aus der jüdischen Politik draußen bin; daß ich der Meinung bin, daß innerhalb der offiziellen Welt der Organisationen und der zionistischen Bewegung sinnvoll nichts mehr zu machen ist, wenigstens augenblicklich nicht; und daß mir daher nichts anderes übrig bleibt, als mit einer kleinen kulturpolitischen Chance – und das ist ein jüdischer Verlag wie Schocken natürlich – zufrieden zu sein. Hinzu kommt, daß die Kollegen fast alle angenehm sind, vor allem die amerikanischen, die zu einem Teile auf mein Anraten hin engagiert wurden. Kurz, es ist nicht der Ernst des Lebens, und es ist nicht Schreiben (was zu einer sehr unangenehmen Beschäftigung wird, wenn man mit ihr Geld verdienen soll), und es macht Spaß.

Denken Sie nicht, daß ich meine Besuchspläne aufgegeben habe. Ich weiß nur nicht, wie ich es anstellen soll. Und denken Sie nicht, daß ich Heimweh hätte, nach Heidelberg oder sonst wohin. (Heimweh hätte ich noch am ehesten nach Paris.) Auch kein Heimweh nach meiner Jugend. Ich will wirklich nichts anderes, als zu Ihnen kommen und Ihnen einen Besuch machen. Und das will ich nun bereits seit 1933, und daran hat sich nichts geändert. Hatte nicht Nietzsche vielleicht recht mit seinem »Wohl dem, der keine Heimat hat«[8]? Mir jedenfalls ist es mit Monsieur[9] als portabler Heimat (was gar kein Ersatz ist) sehr wohl. *[11. November 1946]*

---

8 Nietzsches Gedicht »Vereinsamt«; die erste Strophe endet mit dem Vers »Wohl dem, der jetzt noch – Heimat hat!«, die letzte mit dem Vers »Weh dem, der keine Heimat hat!«.

9 Gemeint ist Heinrich Blücher, den H. A. Dritten gegenüber »Monsieur« nennt.

Ich lege Ihnen eine Kopie der Zueignung an Sie bei; das Original ging an [Dolf] Sternberger. Bitte ändern Sie, wo und was Sie wollen. Sehen Sie, als Sie mich vor zwanzig Jahren irgendwann einmal ermutigten, wurde ich zum ersten und letzten Mal in meinem Leben »ehrgeizig«, d. h. hatte den Ehrgeiz, Sie nicht zu »enttäuschen«. Und nun haben Sie mir erlaubt, Ihnen das Büchlein zu widmen [10] –; daß mitten durch den Weltbrand hindurch Jugendträume sich verwirklichen lassen, was dann auch wieder nur möglich ist, weil sie einen anderen Sinn annehmen; und alles zusammen ist doch wie ein Wunder. *[1. März 1947]*

Über meine Mutter sollte ich nachholen, das ist aber so schwierig, weil Sie, glaube ich, all die vielen Voraussetzungen nicht kennen. Ich bin einziges Kind, vaterlos aufgewachsen. (Mein Vater starb, als ich sechs Jahre alt war, und war vorher krank, Paralyse. Meine Mutter und ich haben Glück gehabt und sind gesund geblieben. Da meine Mutter ihn sehr liebte, hat sie ihn nicht in eine Anstalt geben wollen.) Sie hat dann später nochmals geheiratet, und mein Stiefvater brachte zwei Töchter aus einer früheren Ehe mit. Die eine, mit der ich befreundet war, nahm sich ein paar Jahre vor Hitler das Leben; die andere lebt jetzt in England; ich habe mit ihr nichts zu tun. Mein Stiefvater ist Gott sei Dank unbehelligt in Königsberg irgendwann während des Krieges gestorben. Meine Mutter nahm ich nach den Novemberpogromen nach Frankreich und bekam dann durch Glück für sie auch ein Visum nach Amerika. Es ist schwer, ältere Menschen, die nicht eine durchaus selbständige geistige Existenz haben, zu verpflanzen, und ich hätte es nicht getan, wenn ich es nicht gemußt hätte. In Frankreich war es leichter, weil sie sehr gut französisch spricht – sie hat in ihrer Jugend drei Jahre in Paris studiert – und weil sie dort auch noch mehr Freunde hatte. Hier ist sie, fürchte ich, recht vereinsamt; wir haben sehr wenig Zeit, und wir sehen uns eigentlich nur zu der gemeinsamen Abendmahlzeit. Aber sie ist frisch und gesund

---

10 Siehe in der Bibliographie Titel Nr. 080. Jaspers antwortet zur »Zueignung« im Brief vom 19. März, und H. A. schickt mit Brief vom 3. Mai, siehe unten S. 209, eine überarbeitete Fassung. (Hrsg.)

und körperlich noch recht leistungsfähig (trotz eines schweren Unfalls, Oberschenkelhalsbruch, den sie vor ein paar Jahren gehabt hat und der – eines der amerikanischen Wunder – hier vollkommen ausgeheilt ist), führt uns den Haushalt und hat bis vor wenigen Monaten in einer Strick- und Häkelfabrik gearbeitet (nicht weil sie mußte, sondern weil sie partout wollte und alle ihre Bekannten des gleichen Alters hier Ähnliches unternahmen); augenblicklich fühlt sie sich arbeitslos und versteht nicht recht, warum ich das erheiternd finde. Ich verdanke ihr viel, vor allem eine Erziehung ohne alle Vorurteile und mit allen Möglichkeiten.[11] *[25. März 1947]*

Ich bin seit Anfang August wieder im Büro und versuche, so schlecht ich es kann, zu Konferenzen mit würdiger Feierlichkeit gleich den andern zu erscheinen. Es wird mir doch nie gelingen. Wenn ich mich ganz ernst nehmen soll, macht mir das Leben keinen Spaß mehr. Der alte Schocken (jüdischer Bismarck) mit seinen zwei völlig unterdrückten Söhnen – daß ich keine Humoreske schreiben kann, ist ein Jammer. Trotzdem ist es eine ganz gute Lösung; man kann doch ein bißchen was tun, hin und wieder; und außerdem werde ich, was meine Zeit anlangt, wirklich großzügig behandelt. – Morgen kommt meine Mutter, die wir für den unerträglichen New Yorker Sommer aufs Land verfrachtet hatten, zurück. *[4. September 1947]*

Von mir ist nicht viel zu berichten. Ich bin ziemlich überarbeitet; dies Schreiben neben dem Beruf ist anstrengend und oft irritierend. Ich werde mir im Februar ein oder zwei Wochen Urlaub nehmen und freue mich schon darauf, mich auszuschlafen. *[25. Januar 1948]*

---

11 Am 26. Juli 1948 ist H. A.s Mutter, Martha Beerwald, verw. Arendt, geb. Cohn, gestorben, s. nächste Seite. (Hrsg.)

Magnes [12] ist hier, der Führer der einzigen Gruppe, die noch zur Verständigung mit den Arabern bereit ist, und ich bin, ohne viel Zutrauen, aus Pflichtgefühl in einen ziemlichen Rummel hereingekommen, mit öffentlich Sprechen und geheimen Memoranden. Nächste Woche wird sich vielleicht entscheiden, ob das alles Sinn hat oder ob es nicht gescheiter ist, sich mal erst wieder zurückzuziehen. *[28. Mai 1948]*

Ich werde von Schocken Anfang des Winters fortgehen und habe jetzt wegen des Palästina-Krieges [13] doch wieder angefangen, mich aktiv politisch zu betätigen. Das verfolgt mich natürlich auch in die Ferien. *[16. Juli 1948]*

Ich hatte zwei lange Ferienmonate, während deren meine Mutter starb. Sie war nach England gefahren, um eine Stiefschwester und andere Verwandte, die sie seit mehr als 10 Jahren nicht mehr gesehen hatte, wiederzusehen, bekam einen Herzanfall auf dem Schiff.

Seit ich zurück bin, habe ich abscheulich viel zu tun gehabt. Magnes, der Präsident der Hebräischen Universität in Jerusalem, hatte mich bereits, bevor ich in Ferien ging, bewogen, als political adviser seiner kleinen amerikanischen Gruppe zu funktionieren. Daraus wurde bereits im Sommer durch Korrespondenz eine sehr enge Zusammenarbeit mit Magnes selbst, der ein großartiger Kerl war. Er ist diese Woche gestorben. Ich wußte, daß er schwer krank war; er wußte es auch; und dies war einer meiner Gründe zu akzeptieren. Was jetzt wird, weiß ich nicht. Dieser Mann ist schlechterdings nicht zu ersetzen: ein eigentümliches Gemisch von typisch amerikani-

---

12 Judah Leon Magnes, 1877–1948, Kanzler und erster Präsident der Hebräischen Universität in Jerusalem. [...]

13 Gleichzeitig mit dem Abzug der britischen Truppen aus Palästina (Erlöschen des Mandats) wurde am 14. 5. 1948 vom jüdischen Nationalrat der Staat Israel proklamiert, der drei Viertel Palästinas umfaßte. Daraufhin griffen am 17. 5. Truppen der arabischen Nachbarländer jüdische Siedlungen des neuen Staates an. Die kriegerischen Auseinandersetzungen dauerten bis Juni 1949.

schem gesunden Menschenverstand und Integrität und einem echten halb-religiösen jüdischen Gerechtigkeitspathos. Er hatte einen persönlichen Einfluß auf Menschen und eine gewisse Autorität bei Juden wie Arabern; nicht wesentlichen politischen Einfluß, aber doch viel mehr als nichts. [...]

Wegen Schocken machen Sie sich bitte keine Sorgen. Dieser Job, den ich augenblicklich mache,[14] ist finanziell günstiger; außerdem können wir von dem, was Monsieur macht, immer, wenn auch bescheiden, leben. Ich verhandele augenblicklich, auf Grund des KZ-Aufsatzes[15], mit einigen Organisationen für ein größeres Projekt der Erforschung der sozialen, politischen und psychologischen Bedingungen der Konzentrationslager in totalitären Regimen. Das ist natürlich, wie alle solche Angelegenheiten, zu einem Teil Humbug, wissenschaftlich verbrämter Humbug. Aber ich könnte dabei doch etwas Vernünftiges machen und hätte dann, da ich nur die leitenden Gesichtspunkte zu geben und einen Stab von Leuten zur Verfügung hätte, sehr viel Zeit für meine Arbeit.

Ich habe viel geschrieben, das Buch[16] ist zu drei Vierteln fertig. Vor dem letzten Viertel graue ich jetzt, muß noch viel dazu lesen, was ich gerade besorge. *[31. Oktober 1948]*

Vorläufig aber schicke ich Ihnen einen Ausschnitt aus der »New York Times«,[17] der auch gleich am besten erklärt, was ich in der Zwischenzeit getrieben habe. Jetzt müssen die Herren Direktoren Geld aufbringen; ich jedenfalls habe meine Schuldigkeit getan, die Foundation gründen helfen und ein einführendes Pamphlet über jüdisch-arabische Verständigung[18] ge-

14 Siehe oben S. 138, Anm. 5.
15 Siehe in der Bibliographie Titel Nr. 072, 075. (Hrsg.)
16 *The Origins of Totalitarianism*, Bibliographie Titel Nr. 099. (Hrsg.)
17 Vom 18. 12. 1948, über die Gründung der Judah L. Magnes Foundation mit Bild vom Unterzeichnungsakt und der Legende: »Supreme Court Justice William C. Hecht, Jr., with the incorporation papers as Dr. Hannah Arendt and James Marshall, two of the directors, look on.« – Zusatz Hrsg: Das Foto ist wiederabgedruckt als Abb. 4 in der Ausgabe der Arendt-Heidegger-Briefe (Bibliographie Titel Nr. 310).
18 Das Pamphlet »The Essentials of Jewish-Arab Understanding« ist nur als

schrieben, das ich schicke, sobald es gedruckt ist. *[22. Dezember 1948]*

Über Ihre Reaktion zum Zeitungsbild haben wir sehr gelacht. Ja natürlich, es ist entstellt, aber wohl nur insoweit, als ich mich bei solchen Gelegenheiten selbst entstelle, ein wenig nach dem Prinzip: Ach wie gut, daß niemand weiß, daß ich Rumpelstilzchen heiß. *[28. Januar 1949]*

Noch rasch über den Stand meiner Pläne: Es scheint so gut wie sicher, daß ich im September nach Europa komme. Wann ich den neuen Job[19] anfange, weiß ich noch nicht; es hängt nur teilweise von mir ab. Mit dem Buch[20] werde ich um den 1. August rum fertig sein; dann kommt noch Technisches, Englisch, durchsehen, Anmerkungen kontrollieren etc. Der Verleger schreibt freundlich geduldig, ist offenbar an schlimmere Autoren gewöhnt. Meine Pläne in Europa selbst kann ich noch nicht übersehen; es ist sehr möglich, daß ich nach Deutschland muß und daß dieser Teil der Reise, im Auftrag einer hiesigen jüdischen Organisation, termingebunden ist. Ich würde den Auftrag aus finanziellen Gründen annehmen, zu günstig, um auszuschlagen. Falls nichts draus wird, wäre ich ganz ungebunden. *[3. Juni 1949]*

Ich werde es jetzt leichter haben, das Buch ist fertig (beinahe 900 Seiten), und der Job ist angenehm und nicht anstrengend. [Salo W.] Baron, der sozusagen mein Boß ist, d. h. der Präsident der Organisation, möchte gern, daß ich Mitte November fahre; ich zweifele, daß ich bis dahin das permit für Deutsch-

---

Manuskript vorhanden. 1950 erschien eine gekürzte und überarbeitete Fassung unter dem Titel »Peace or Armistice in the Near East?«, siehe Bibliographie Titel Nr. 096. H. A. widmete sie J. L. Magnes. Siehe ferner ihre ehrenden Worte aus dem Jahre 1952, Bibliographie Titel Nr. 107. (Hrsg.)

19 Geschäftsführerin (executive director) bei der »Jewish Cultural Reconstruction«, siehe oben S. 138, Anm. 5. (Hrsg.)

20 *The Origins of Totalitarianism*, siehe auch in dieser Ausgabe S. 220–222. (Hrsg.)

land haben kann.[21] Die Staatenlosigkeit erschwert alles mit europäischen Behörden; hier ist es nicht wesentlich, und auch die Engländer haben mir ein Visum sofort gegeben. Der Unterschied zu europäischen Konsulaten ist wirklich frappant. *[29. September 1949]*

Lieber Verehrtester –

die paar Wochen, die ich nun wieder hier bin, sind wie im Flug vergangen. Zu einem großen Teil natürlich in ausführlichen Gesprächen über Basel, um das sich in der unmittelbaren Erinnerung mehr noch vielleicht als in den ja doch immer gehetzten Monaten die ganze Reise zentriert hat. Dies immer erneute Glück des rückhaltlosen Gesprächs, das ich so sonst nur zu Hause kenne und das, weil es nochmals möglich ist (außerhalb des eigenen Zuhauses, das man sich ja mit selbst errichtet hat), zu einem immer lebendigen Faktor meiner Welt geworden ist. *[10. April 1950]*

Ich habe noch viel Max Weber gelesen – eigentlich auf Ihren Traum[22] hin. Der hat mir erst so blödsinnig geschmeichelt, daß ich mich vor mir selbst geschämt habe. Aber diese Meisterschaft der Nüchternheit ist doch nicht zu erreichen, wenigstens mir nicht. Etwas Dogmatisches bleibt bei mir immer irgendwo hocken. (Das kommt davon, wenn sich die Juden in die Geschichtsschreibung wagen.)

---

21 H. A. flog am 24. November nach Paris, sie blieb fast vier Monate in Europa. Im Dezember kam es zum ersten Wiedersehen mit Jaspers in Basel. – Ihre Eindrücke über das Wiedersehen mit Deutschland hat sie in dem Aufsatz »The Aftermath of Nazi Rule« (Bibliographie Titel Nr. 091, Nr. 279) zuammengefaßt. (Hrsg.)

22 Jaspers hatte, im Brief vom 20. April 1950, H. A. den folgenden Traum mitgeteilt: »Wir waren zusammen bei Max Weber. Sie – Hannah – kamen zu spät, wurden mit Jubel empfangen. Der Aufgang führte durch eine Schlucht. Die Wohnung war die alte [in Heidelberg]. Max Weber war gerade von einer Weltreise heimgekehrt, hatte politische Dokumente und Kunstwerke, besonders aus Ostasien, mitgebracht. Er schenkte uns einen Teil, Ihnen die besten, weil Sie mehr von Politik verstanden als ich.« (Hrsg.)

[...]

Seit gestern redet die Stadt hier vom Krieg. Wir glauben nicht daran, aber mit der Weltgeschichte, d. h. mit der ohnehin aus den Fugen geratenen Weltgeschichte, kann man ja doch nie wissen. Wenn man mir immer wieder erzählt, daß Stalin jetzt gerade Krieg nicht machen könne oder kein Interesse daran hätte, muß ich immer an den jüdischen Witz denken: Ein Jude fürchtet sich vor einem laut bellenden Hund; sagt man ihm beruhigend: Du weißt doch, Hunde, die viel bellen, beißen nicht; worauf er erwidert: Ja, ich weiß; aber weiß ich, ob er weiß? Also ängstige ich mich weiter, und natürlich mehr und konkreter als früher, bevor ich in Europa war. Realität ist eben doch eine wunderliche Sache. *[25. Juni 1950]*

Uns geht es gut. Monsieur hat seine Vorlesungen an der New School begonnen, und es macht ihm Freude. Ich habe das Buch fertig korrigiert, unter lauten Klagen, und mir den Index vom Hals geschoben. Habe also herrlichst Zeit – lese Plato: Politikos, Nomoi, Republik.[23] Mein Griechisch kommt langsam wieder zum Vorschein. Höre viel Musik. Sehe auch Freunde. Heute früh rief [Alexandre] Koyré plötzlich an; große Freude. *[4. Oktober 1950]*

Ich war Ende November zum ersten Mal im Mittelwesten – Notre Dame und Chicago, für Vorträge. Hat mich doch gefreut, vor allem die Studenten in Notre Dame, aber auch die Fakultät, die sehr aufgeschlossen war für meine Sachen. [Waldemar] Gurian hatte mich hingeholt, in Furcht und Zittern, weil an diesem katholischen Platze noch nie eine Frau auf ein Katheder geklettert war. Er schwitzte, buchstäblich, vor Angst bei einer Mordskälte, was mich so erheiterte, daß ich mein übliches Lampenfieber ganz vergaß.[24] *[25. Dezember 1950]*

---

23 Siehe die entsprechenden Eintragungen im *Denktagebuch* (Bibliographie Titel Nr. 317), Hefte I und II.

24 An der University of Notre Dame hatte H. A. über »Ideology and Propaganda« und / oder »Ideology and Terror« gesprochen. (Hrsg.)

Natürlich hatte ich doch ein ganz klein wenig, gegen besseres Wissen, auf Princeton[25] gehofft. Natürlich haben Sie recht, obwohl es vielleicht nicht nur Allotria gewesen wäre. Mein Bedenken wäre vor allem auch das Klima; die Amerikaner haben es vergessen, aber dieser Kontinent war nicht für menschliche Besiedlung erdacht. Im Sommer zu heiß und zu feucht und im Winter zu kalt und zu feucht. Aber das Land ist eben doch immer wieder passionately interesting, auch und gerade wenn Dummheiten gemacht werden. Ich bin immer wieder dankbar, hierher verschlagen worden zu sein. Zu meiner Citizen-Prüfung[26], besser zur Feier derselben, habe ich ein wenig amerikanische Verfassungsgeschichte gelernt. Wirklich großartig, bis in jede einzelne Formulierung hinein. Und vieles ist davon noch lebendig, und Sie hätten es unschwer gesehen auch da, wo die Einheimischen kaum noch etwas davon wissen, so sehr ist es ihnen in Fleisch und Blut gegangen. So werde ich halt kommen müssen und so gut ich kann erzählen.

Wir hatten gute Ferien in den Bergen in der Nähe (d. h. 4 Autostunden) von New York. Ich bin gerade im Begriff, für ein kleines Supplement (jüdische Feiertage) wieder dorthin zu gehen. Mir ist die Landschaft dort sehr lieb geworden. *[28. September 1951]*

Ich habe Golo Mann irgendwann einmal ganz flüchtig kennengelernt, mochte das Gesicht gut leiden, aber war überwältigt und in Verlegenheit wegen seiner Schüchternheit. Jetzt will ich ihn gerne treffen, und da er sich so geärgert hat,[27] wird es sicher auch besser klappen.

»Übertreiben« – natürlich. »Sinnzusammenhänge«, wie Sie sagen, sind anders kaum darzustellen. Sie übertreiben auch nicht, sie präparieren nur heraus. Denken übertreibt überhaupt immer; wenn Montesquieu sagt, daß die republikani-

---

25 Jaspers hatte eine Einladung an die Princeton University abgelehnt. (Hrsg.)

26 H. A. erhielt die amerikanische Staatsbürgerschaft am 10. 12. 1951.

27 Jaspers hatte (im Brief vom 12. Januar 1952) berichtet, daß Golo Mann *The Origins of Totalitarianism* in der *Neuen Zeitung* (20./21. Okt. 1951) »respektvoll, aber sehr kritisch« rezensiert habe. (Hrsg.)

sche Regierungsform auf dem Prinzip der Tugend beruhe, so »übertreibt« er auch. Außerdem hat es die Wirklichkeit in unserm Jahrhundert nun wahrlich so weit getrieben, daß man getrost sagen kann, daß die Realität »übertrieben« ist. Unser Denken, das ja doch gewohnte Bahnen über alles liebt, kommt kaum nach. Mißt man dieses Denken, das sich immerhin anstrengt, irgend etwas Adäquates in einem wenn möglich sogar adäquaten Ton auszusagen, dann nicht mit der Wirklichkeit, sondern mit dem, was andere Historiker unter Annahme, daß eigentlich alles in Ordnung sei, zu dem gleichen Thema gesagt haben, dann klingt natürlich alles unsinnig radikal.

Geärgert hat er sich doch wohl wegen seines eigenen Neo-Konservativismus, den ich natürlich nicht teile. Und doch hoffentlich nicht so wie viele Akademiker, nämlich über den Außenseiter, der ihnen ins Handwerk pfuscht, sie nicht mit gehörigen Lobsprüchen zitiert, nicht auf Kongressen erscheint und noch nicht einmal die Ambition hat, so was Herrliches wie ein Professor zu werden. Dieser Ärger ist meist leicht zu überwinden, wenn auch die Mittel nicht ganz fair sind. Schließlich sehe ich nicht ein, warum man als Frau nur die Nachteile erleiden und nicht die Vorteile auch ein bißchen ins Spiel bringen soll.

Schrieb ich eigentlich, daß ich in Harvard eingeladen war? Auch so ein Gemisch aus Ärger und Faszination. Es wird eine Tagung über Totalitarismus für nächsten Herbst vorbereitet; da kommt sicher nichts raus, aber ich werde diesmal hingehen.[28] *[25. Januar 1952]*

Uns persönlich geht es sehr gut. Heinrich macht die Lehrtätigkeit [am Bard College] Freude und die Tatsache, daß Philosophie auf einmal in Bard populär geworden ist. Allerdings nicht bei der Fakultät, vor allem nicht bei den Kollegen in der Philosophie. Aber all das kennen Sie ja so gut, und es ist immer dasselbe. Er ist nur von Freitag bis Sonntag zu Hause, so daß ich strohwitwere, was ich gar nicht gern tue. Dafür arbeite ich viel und vergnügt. Bitte, denken Sie nicht, daß wir persönlich

28 Siehe in der Bibliographie Titel Nr. 121.

deprimiert seien. Ganz im Gegenteil. We never had it so good – wie unser alter guter Truman sagen würde.

Ich bereite die Princeton lectures[29] vor und eine lecture in Harvard[30]. In Princeton werde ich über Marx in der Tradition der politischen Philosophie sprechen. Je mehr ich Marx lese, je mehr sehe ich, daß Sie recht hatten: Er ist weder an Freiheit noch an Gerechtigkeit interessiert. (Und ein Patentekel.) Trotzdem ein guter Hebel, um über bestimmte allgemeine Probleme zu sprechen. Ich habe im Frühjahr auch ein bißchen an der New School gelesen, und es hat mir Spaß gemacht. Über Staatsformen.

Seien Sie nicht böse, daß ich gar nicht auf Ihren lieben Brief eingehe. Mir lag all das andere so lange schon auf dem Herzen, und nun ist dieser Brief so abscheulich lang geworden. Und ich gehe gerade diesem Zusammenhang zwischen dem »Neuen« und dem »Anfang«, der überall da ist, nach, so daß ich zu ausführlich würde. Darf ich Sie an eine Äußerung Nietzsches (aus dem »Willen zur Macht«) erinnern? »Die Entwicklung der Wissenschaft löst das ›Bekannte‹ immer mehr in ein Unbekanntes auf: – sie *will* aber gerade das Umgekehrte und geht von dem Instinkt aus, das Unbekannte auf das Bekannte zurückzuführen.«[31] Ich habe gerade einen kleinen Essay über die Schwierigkeiten des »Verstehens« geschrieben, der wohl noch im Sommer in der »Partisan Review« erscheinen wird.[32] Ich schicke ihn Ihnen dann – ohne zu denken, Sie sollten ihn nun gleich lesen!!! *[13. Mai 1953]*

29 Im Rahmen der »Christian Gauss Seminars in Criticism« hielt H. A. im Oktober/November 1953 sechs Vorlesungen an der Princeton University. Sie wurden unter dem Titel »Karl Marx and the Tradition of Political Thought« angezeigt. Teile wurden in den Büchern *Fragwürdige Traditionsbestände im politischen Denken der Gegenwart* (Titel Nr. 128) und *Between Past and Future* (Titel Nr. 159) bzw. den vorausgegangenen Essays veröffentlicht. (Hrsg.)
30 Siehe in der Bibliographie Titel Nr. 115.
31 Nietzsche, *Der Wille zur Macht*, Nr. 608.
32 Siehe in der Bibliographie Titel Nr. 117.

Die Princeton Vorlesungen waren wohl, was man so einen Erfolg nennt. Ich habe versucht darzustellen, was in der politischen Sphäre eigentlich alles vor sich geht und inwiefern die traditionellen Begriffsbestimmungen, die ich am Modell der Definition der Staatsformen erläuterte, nicht ausreichen. Alles sehr vorläufig, aber ich bin doch ein bißchen vorangekommen. *[15. November 1953]*

Seit Ende voriger Woche ist Heinrich zurück und hat jetzt zwei Monate Ferien. Er hat sich bereits erholt; vorläufig macht ihm die Überarbeitung nichts. Aber aufpassen muß man da doch immer. Er wird im Januar 55 Jahre alt. Seit ich aus Harvard, wo ich zwei Vorträge hielt,[33] zurück bin, habe ich gar nichts getan und gedenke auch vor dem nächsten Jahr nichts zu tun. Mag gar nichts ansehen. In Harvard war der eine Vortrag ein richtiger Reinfall. Die Soziologen, die ich seit Jahren gründlichst ärgere, sind nun doch endlich wütend geworden und auf mich rauf. Es war ganz lustig. Ich raufe mich halt doch gerne. Jetzt sind die Festwochen da mit vielen Menschen und Haushaltsarbeit. Wir geben eine Riesen-Sylvester-Gesellschaft. Ohne alle Hilfe ist das nicht so einfach, aber es wird schon werden. Dann sind wir wenigstens alle Verpflichtungen los. *[21. Dezember 1953]*

Daß ich nicht nach Europa kommen konnte, ist mir sehr schmerzlich. Aber inzwischen ist noch etwas dazwischen gekommen. Die University of California in Berkeley, die mir vor mehr als einem Jahr einmal einen Lehrstuhl angeboten hatte und denen ich gesagt hatte, daß ich zwar kein »Professor« werden wolle, aber für temporäre Dinge immer an open mind hätte, hat sich an mich gewandt und mich gebeten, für ein Jahr unter guten Bedingungen bei ihnen zu lehren. Wir haben uns

---

33 Der eine Vortrag stand unter dem Thema: »What Is Authority?«, der Titel des zweiten konnte nicht ermittelt werden. Über »Autorität« gibt es verschiedene spätere Veröffentlichungen von H. A., angefangen mit einem Vortrag auf der 1955 vom Congress for Cultural Freedom in Mailand veranstalteten Konferenz, siehe in der Bibliographie Titel Nr. 124. (Hrsg.)

nach vielen Telefongesprächen (alle Verhandlungen gehen hier per Telefon über dreitausend Meilen hinweg vor sich, und man hört, als ob man im gleichen Zimmer sei) geeinigt, daß ich für ein Semester im Frühjahr kommen werde und eine Vorlesung über Geschichte der politischen Theorie von Machiavelli bis Marx und zwei Seminare, ein Proseminar und eines für Fortgeschrittene, machen werde.[34] Mir wird es ganz gesund sein, mich für ein paar Monate so ausdrücken zu müssen, daß die Kinder mich verstehen können. Die Trennung ist sehr unangenehm, immerhin 3 ½ bis 4 Monate; besonders unangenehm unter den jetzigen Umständen, wo man ja doch recht vereinsamt, jedenfalls mehr noch als sonst aufeinander angewiesen ist. Aber andererseits ... *[24. Juli 1954]*

Lieber Verehrtester –

Sie werden denken, ich sei verlorengegangen. Und ein bißchen ist es ja auch so, nachdem ich nun glücklich am äußersten Zipfel unserer westlichen Welt angelangt bin, da nämlich, wo der Osten (China) im Westen zu liegen kommt. Die Fahrt hierher war über die Maßen aufregend und herrlich. Über die großen Ebenen, aus denen sich plötzlich die Rocky Mountains erheben, unbegreifliches Felsengestein; die Ebenen ungegliedert, es sei denn durch die Flüsse, das wichtigste im Landschaftsbild des Kontinents. Aber wie sich so der ganze Kontinent vor einem entfaltet (ich fuhr mit dem Zug, drei Tage und drei Nächte), ist einem zumute, als sei man beim Schöpfungsbeginn anwesend. Und wenn die Sonne über den Schneewüsten oder dem Felsengestein aufgeht, das ist es eben: »Da erschuf er Morgenröte, Die erbarmte sich der Qual.«[35] Heute

---

34 Die Vorlesung war unter dem Titel »History of Political Theory« angekündigt (siehe in der Bibliographie Titel Nr. 282); die Themen der beiden anderen Veranstaltungen lauteten: »Contemporary Issues and Political Theory« (Proseminar); »European Political Theory: The Significance of Totalitarianism and the Techniques of Total Domination« (Seminar). Siehe auch weiter unten S. 154f. (Hrsg.)

35 Goethe, »Wiederfinden« (*West-östlicher Divan*, Buch Suleika), aus der 4. Strophe.

war ich in San Francisco, sehr schöne Stadt, wie Lissabon im Riesenmaßstab. Aber der Pazifik! Ganz andere, viel weitere und gefährlichere Wellen als im Atlantik, dazu dunkler Sand.

Ansonsten sitze ich hier ein bißchen allein und verwundert, wie das nun werden soll. Die Vorlesungen fangen in einer Woche an. Das Campus unerhört reich, Marmor in der Bibliothek usw. Wie die Studenten sind, weiß ich noch nicht; in der Fakultät ist offensichtlich nichts los. Die Philosophie ist der Semantik verfallen. Und auch das drittklassig. Dabei hat die Universität hier einen guten Namen.

Ich bin gut untergekommen, im Fakultätsklub, wo man auch gut verpflegt wird. Alles sehr bequem, aber hier nicht luxuriös. Der Luxus ist für die Studenten und den Board of Trustees, die Fakultät wird nicht verwöhnt. Die Studenten sind die zukünftigen Geldgeber und daher erheblich wichtiger als die Professoren. Das ist im Prinzip im Osten auch nicht anders, nur merkt man es da nicht. Ich lege Ihnen einen Fragebogen bei, den die Studenten hier ermutigt werden, über die Professoren auszufüllen. Es gibt ähnliches auch im Osten, aber so etwas habe ich doch noch nicht gesehen. Da kann man richtig studieren, wie leicht eine Demokratie in eine Ochlokratie umschlagen kann. [...]

Richtig schreiben kann ich jetzt nicht. Muß erst wieder zur Ruhe kommen. Die letzten Monate waren abscheulich; ich hatte in großer Eile die deutsche Ausgabe meines Buches[36] und die Herausgabe von 2 Bänden Brochscher Essays[37] fertig zu machen. Dazu die Vorbereitungen für hier. *[6. Februar 1955 aus Berkeley, Cal.]*

Olschkis [Leonardo und Kate] habe ich gleich kennengelernt, ihm auf Ihre Veranlassung geschrieben. Er ist wirklich ein Gelehrter und hat einige sehr gute Sachen geschrieben. Ich werde ihn auch wiedersehen. Aber die Postkarte, die ich dort schrieb, war nicht ganz aufrichtig. Ich schrieb, was er und vor allem auch sie so offensichtlich wollten, daß ich schreibe.

---

36 *Elemente und Ursprünge totaler Herrschaft*, Titel Nr. 122.
37 Siehe in der Bibliographie Titel Nr. 125 und weiter unten im Text, S. 157.

Das passiert mir manchmal. Und dann ist es auch irgendwie wahr, daß dies die schönste, allerschönste aller Wüsten ist. Nur können die Olschkis für mich nicht mehr die Oase sein. In diese reine Bildungswelt, die noch nicht einmal sehr rein ist, könnte ich nie wieder zurück. Frau Olschki sagte, nachdem die Karte geschrieben war!, sie fühle sich hier wie in einem »Negerdorf«, und das hat mich dann doch wirklich empört. [Manfred] Bukofzer hat mir auf eine Zeile gleicher Art wie an Olschki nicht geantwortet; ich traf ihn dann bei Olschkis. Sie haben recht. Mehr vielleicht einmal mündlich. Aber Olschki ist ein wirklicher Gelehrter, und ich habe einen Respekt vor ihm.

Die Oasen aber: Die erste wirkliche Oase erschien in Gestalt eines Hafenarbeiters aus San Francisco, der mein Buch gelesen hatte und gerade alles las, was es auf Englisch von Ihnen gibt. Er schreibt selbst, veröffentlicht auch, in der Art der französischen Moralisten. Er wollte alles, aber auch alles von Ihnen wissen, und wir waren sofort Freunde. Er zeigte mir San Francisco wie ein König sein Königtum einem geehrten Gast; er arbeitet nur 3 bis 4 Tage die Woche, das reicht ihm aus. Sonst liest er, denkt, schreibt, geht spazieren. Sein Name Eric Hoffer[38], deutscher Abstammung, aber hier geboren und ohne deutsche Sprachkenntnisse. Von dem erzähle ich Ihnen, denn das ist eben doch das Beste, was es hier im Lande gibt. Und vergessen Sie nicht: ich traf ihn hier durch Vermittlung eines Kollegen, und er hat zahlreiche Freunde in der Universität. Zu Olschki könnte man ihn nicht mitnehmen, und das spricht gegen Olschki.

Die zweite Oase ist meine kleine Nachbarin[39] hier im Club, ganz jung, vor dem Doktor, und das ganze Zimmer vollgestopft mit Plato, Aristoteles, Kant und Hegel. Kommt aus dem Westen, auch ganz armer Leute Kind. Ist gescheit und gut und

---

38 Eric Hoffer, 1902–1983, hielt später Vorlesungen an der University of California in Berkeley. Sein erstes Buch: *The True Believer*, 1951; dt.: *Der Fanatiker: Eine Pathologie des Parteigängers*, 1965. Im Februar 1983 erhielt er die Presidential Medal of Freedom, die höchste Zivilauszeichnung der USA. Er selber entgegnete in einem Interview auf die Bemerkung »Sie sind ein Intellektueller«: »Nein, ich bin ein Hafenarbeiter.«

39 Beverly Woodward, für die H. A., wie sie in einem späteren Brief schreibt (16. März 1958), »ein bißchen Mutter-Ersatz« gewesen ist. (Hrsg.)

mir in der Struktur so vertraut, als ob sie aus dem Nachbardorf stammt.

Mit den Vorlesungen und Seminaren geht es eigentlich recht gut. Die Studenten jedenfalls sind sehr zufrieden, und ich habe großen Zulauf aus anderen Departments, vor allem aus der historischen Fakultät. Aber auch Philosophen und sogar theoretische Physiker.[40] Leider ist unsere Fakultät einfach besonders schlecht. Über die Kollegen auch nur ein Wort zu verlieren – mit Ausnahme eines jüngeren Dozenten –, verlohnt sich wirklich nicht. Und die Studenten sind halt auch danach. Ich habe an meinem Proseminar viel mehr Freude als an meinem Seminar; da riskieren sie noch was und sind frisch und intelligent. Nur sind leider alle Klassen bei mir überfüllt. Teils dieserhalb, teils außerdem. Und ich bin jetzt bereits ein bißchen überarbeitet, was mir aber nichts schadet. Im Proseminar lasse ich von Ihnen die »Geistige Situation der Zeit« und »Ursprung und Ziel der Geschichte« lesen.[41] Es macht den Kindern große Freude, nachdem sie erst mal den ersten Schock verwunden haben und sehen, daß sie es ganz gut verstehen können, wenn sie sich nur ein bißchen anstrengen. Aber es sind 80 Menschen in diesem Proseminar, und ich komme mir manchmal vor wie der Zirkusdirektor in der Manege. Im Seminar haben wir nur Totalitarianism. Es sind hier übrigens eine ganze Reihe deutscher Studenten mit Stipendien, von denen einer wirklich recht gut zu sein scheint. Außerdem natürlich die übliche Quota von Juden, teils deutscher, teils amerikanischer Abstammung. Im ganzen nur 25 Studenten (das ist hier viel für ein Oberseminar) und etwa 20 Zuhörer, um die ich mich nicht zu kümmern brauche.

[...] Eins ist mir ganz klar: auf die Dauer könnte ich die Lehrtätigkeit nicht ertragen, und zwar einfach, weil es für mich nahezu unerträglich ist, mich dauernd in einer öffentli-

---

40 Einer von ihnen war Hans-Peter Dürr, später Direktor des Max-Planck-Instituts für Physik und Astrophysik, siehe seinen Beitrag in Bernward Baule (Hrsg.), *Hannah Arendt und die Berliner Republik*, Berlin: Aufbau, 1996, S. 41–64.

41 Engl.: *Man in Modern Age*, 1933; *The Origin and Goal of History*, 1953. (Hrsg.)

chen Welt zu bewegen, in der ich »jemand« bin, wie auf dem Präsentierteller. Das kann ich einfach nicht. *[26. März 1955 aus Berkeley, Cal.]*

Lieber Verehrtester –

nachdem ich Ihnen das letzte Mal geschrieben hatte, fing der Wirbel erst richtig an. Nun bin ich froh, seit einer Woche wieder zu Hause zu sein. Es war alles sehr schön und irgendwie auch ein Heidenspaß; aber nie wieder Krieg! Was ich daran im Grunde nicht aushalte, ist kurioserweise gerade das Politische – das jeden Tag im öffentlichen Leben Stehen. Aber ansonsten ging es sehr gut und hat mir für die Dinge, die ich in den nächsten Jahren machen will, doch sehr geholfen. Ich hatte zwei ungewöhnlich begabte Studenten: der eine ein Mann aus Texas, Sohn des dortigen Generals der Heilsarmee. Der andere kam nun wirklich aus Mrs. Olschkis Negerdorf, nämlich aus Kenya, von einem der Stämme, welche die Mau-Mau-Bewegung entfesselt haben. Über den erzähle ich Ihnen mündlich. Schönster Beweis für Herders »neue Exemplare des Menschengeschlechts«. – Sonst ist es bei den Freundschaften mit dem »Mädchen aus dem Nachbardorf«, meiner Nachbarin im Club, und dem Hafenarbeiter geblieben. *[1. Juli 1955]*

Ich sitze an einer melancholischen Beschäftigung – muß noch, bevor ich fahre, die Herausgabe und Einleitung zu zwei nachgelassenen Essay-Bänden von Broch besorgen, letzter Freundschaftsdienst. Etwas Ähnliches mußte ich schon vor Monaten für Gurian tun, einen Gedenkartikel schreiben.[42] Ich schickte ihn Ihnen, glaube ich, nicht. Interessiert er Sie? Es ist einfach ein Portrait und als solches ordentlich geworden. Aber nur für den, der ihn gekannt hat.

Ja, die Weite der Welt möchte ich Ihnen diesmal bringen. Ich habe so spät, eigentlich erst in den letzten Jahren, angefangen, die Welt wirklich zu lieben, daß ich es eigentlich können müßte.

---

42 Siehe in der Bibliographie Titel Nr. 123.

Aus Dankbarkeit will ich mein Buch über politische Theorien »Amor Mundi« nennen. Davon will [ich] die Kapitel über Arbeit in diesem Winter schreiben, als eine Vortragsserie für die Chicagoer Universität, die mich für April eingeladen hat.[43]

[...]

Ich vergaß: Es wäre sehr schön, wenn ich in den Zwischenstunden bei Ihnen etwas arbeiten könnte.[44] Ich werde vielleicht in Deutschland ein paar Vorträge halten sollen und dafür das, was ich für Mailand auf englisch vorbereitet habe – über totalitäre, tyrannische und autoritäre Staatsformen – ins Deutsche übertragen.[45] *[6. August 1955]*

Lieber Verehrtester –

dies nur, um zu melden, daß ich noch nicht verlorengegangen bin. Das Beiliegende[46] ist leider keine gute Reproduktion. Es gibt sie hier kaum. Dafür ist die Grabstele in Wirklichkeit ungeheuer schön und eindringlich: der junge Tote ins Unbestimmte blickend, ihm zu Füßen der trauernde kleine Sklave und der trauernde Hund; und dann der Alte – *nicht* trauernd, sondern die ganze Gestalt eine einzige Frage!

Dies alles hier bedeutet mir noch mehr, als ich schon wußte. Kann, kann mich nicht trennen. Werde den Israel-Aufenthalt verkürzen und noch eine Woche hierbleiben. Gestern kam ich vom Peloponnes zurück, und morgen geht es nach Delos und der griechischen Inselwelt, die von überall her schon lockt und ruft. Denken Sie: *gegliedertes* Meer. Also scheinbar ein Wider-

43 Thema war: »The Labor of Man's Body and the Work of His Hands«. Aus der Vortragsserie entstand das Buch *The Human Condition*, siehe Bibliographie Titel Nr. 137. Siehe auch die folgenden Auszüge. (Hrsg.)

44 Ihre dritte Reise über den Atlantik führte H. A. zunächst nach Italien, Griechenland und Israel. Anfang November hält sie sich in Basel auf. In ihrem *Denktagebuch* (Bibliographie Titel Nr. 317), Heft XXI, 70, notierte sie die Reisestationen. (Hrsg.)

45 Zum Mailänder Vortrag siehe Bibliographie Titel Nr. 124, zu den Vortragsveranstaltungen in Deutschland Titel Nr. 127. (Hrsg.)

46 Im Nachlaß nicht vorhanden; es muß sich um eine Reproduktion des Grabreliefs Vater und Sohn (»Ilissos-Relief«) aus dem 4. Jh. v. Chr. handeln.

spruch und hier Wirklichkeit. Wo ich nur kann, bade ich. Schwimmen gibt mir immer ein Heimatgefühl. *[7. Oktober 1955 aus Athen]*

Heute abend gehen wir zu Macbeth. Hier gibt es eine kleine Gruppe von Schauspielern, die in einem kleinen Theater Shakespeare so herrlich spielt, wie ich ihn nirgends in der Welt gesehen habe. Mit dem großen Verständnis auch für das rein Poetische und Lyrische. Überhaupt lasse ich mir es in dieser Hinsicht gut sein. Hier erwartete mich ein Grammophon mit herrlichen Platten, und ich spiele mir viel vor. Das bedeutet für mich wirklich so etwas wie ein ganz anderes Leben, da die Macht der Töne eben doch die größte ist. Ich wollte es noch nicht haben, auch weil die Versuchung dann für mich immer sehr groß ist, meinte, das wäre das Geeignete für einen fünfzigsten Geburtstag. Aber Heinrich meinte, ich sei zu pedantisch und sollte es nun endlich und zwar gleich haben. So stand es da, und ich behandele dies herrlichste Wunder der Technik mit großer Zärtlichkeit und Behutsamkeit.

Ich habe viel an Ihr ruhiges Weihnachten gedacht. Wenn mich meine Zeitumrechnerei nicht täuscht, sitzen Sie jetzt beide oben, im Arbeitszimmer, und lesen gemeinsam. Ich denke viel an diese schweigende, ganz ineinander gestimmte Ruhe da oben, wenn Sie abends noch zusammen sind, in die man so fühlbar eintrat, wenn man ins Zimmer kam, und die als Hintergrund immer da ist. *[29. Dezember 1955]*

Morgen fliege ich für zwei Wochen nach Chicago für 6 Vorlesungen in zwei Wochen. Ich habe das Manuskript einigermaßen beisammen, aber druckfertig ist es natürlich doch noch lange nicht. Ich werde die ganze Sache »Vita Activa« nennen und behandele im wesentlichen Labor – Work – Action in ihren politischen Implikationen. *[7. April 1956]*

Über Plato müßten wir sprechen. In der Kürze eines Briefes wird alles mißverständlich, wie offenbar auch, was ich in dem

Autoritätsaufsatz schrieb. Mir scheint, Plato hat seine eigene, aus ganz anderen Bereichen stammende Ideenlehre in der Republik politisch »verwerten« wollen. Heidegger, scheint mir, hat unrecht, wenn er Platos Ideenlehre gerade am Höhlengleichnis interpretieren und »kritisieren« will, hat aber recht, daß in der Darstellung des Höhlengleichnisses sich Wahrheit unter der Hand in Richtigkeit verwandelt und die Ideen demzufolge in Maßstäbe. Ich muß auch gestehen, daß ich zu Platos politischem Versuch in Syrakus eine andere Stellung habe. Ich kann mir nicht helfen, das hat heute noch etwas Lächerliches. (Bitte schön, werden Sie nicht *zu* böse!) Es gibt seit dem Prozeß des Sokrates, d. h. seit die polis dem Philosophen den Prozeß machte, einen Konflikt zwischen Politik und Philosophie, dem ich versuche, auf die Spur zu kommen. Plato talked back, und was er zu sagen hatte, war so überwältigend, daß es maßgebend geworden ist. Was Sokrates dazu vermutlich zu sagen hatte, ist dabei fast in Vergessenheit geraten.

Nein, wir müssen es erst einmal lassen. Ich bin mitten in meiner »Vita Activa«, und das Verhältnis von Philosophie und Politik, das mir eigentlich noch mehr am Herzen liegt, habe ich gerade gründlich vergessen müssen. Die Chicago-Lectures waren in Ordnung; ein paar sehr gute Studenten und auch sonst ein normaler Erfolg. Das Schreiben jetzt macht mir Spaß, aber ob es auch richtig wird, weiß ich noch nicht. *[1. Juli 1956]*

Morgen früh geht es nach Washington zur Political Science-Tagung.[47] Vor sowas ist mir doch immer noch ziemlich bange. Nicht einmal so sehr der Vortrag als die vielen Menschen und die physische Unmöglichkeit bei mir, all die Namen zu behalten. *[7. September 1956]*

---

47 Im Anschluß an das Jahrestreffen der American Political Science Association fand das erste Jahrestreffen der American Society for Political and Legal Philosophy statt (Hauptthema: Authority). Dort hielt Arendt einen Vortrag, siehe in der Bibliographie Titel Nr. 148. (Hrsg.)

Lieber Verehrtester –

Sie haben recht, ich habe mich gescheut, Geburtstag zu feiern, und dann kam Ihr Brief, und es war doch eine Feier. Was ich mir wirklich wünsche, wäre, einmal noch so zu sein, wie Sie meinen, daß ich bin.

Wovor ich mich bei dem Fünfzigsten scheue, sind vielleicht auch die bevorstehenden vitalen Veränderungen, sicher aber die doch notwendig werdende »Würde«, von der ich nun beim besten Willen nicht weiß, wie ich sie mir zulegen soll. Und lächerlich will man doch auch nicht gerne werden. *[16. Oktober 1956]*

Augenblicklich lese ich mit steigender Begeisterung die »Kritik der Urteilskraft«. Da ist Kants wirkliche politische Philosophie vergraben, nicht in der »Kritik der praktischen Vernunft«. Der Lobgesang auf den so geschmähten »Gemeinsinn«, das Phänomen des Geschmacks als Grundphänomen der Urteilskraft – was er vermutlich in allen Aristokratien wirklich ist – philosophisch ernstgenommen, die »erweiterte Denkungsart«, die zum Urteilen gehört, daß man an Stelle aller anderen denken kann. Die Forderung der Mitteilbarkeit. Da sind die Erfahrungen des jungen Kant in der Gesellschaft; und dann von dem alten Mann wieder ganz lebendig gemacht. Ich liebte immer dies Buch am meisten von seinen Kritiken, aber es hat noch nie so zu mir gesprochen wie jetzt, wo ich es nach Ihrem Kant-Kapitel lese. *[29. August 1957 aus Palenville[48]]*

Auf diese Passage in Arendts Brief antwortete Jaspers am 8. September 1957: »In der ›Kritik der Urteilskraft‹ haben Sie die wundervollen Gedanken bemerkt, die auch mir von Jugend an unverlierbare Einsicht bedeuteten. Gleich möchte ich mit Ihnen ein Seminar halten und gemeinsam mit Ihnen alle anderen Kostbarkeiten und den Sinn des Ganzen zutage fördern für die heutige Jugend.«

---

48 Palenville ist ein Ort im Gebiet der Catskill Mountains in Upstate New York, wo sich die Blüchers gerne im Sommer aufhielten. (Hrsg.)

Daraufhin Arendt:

[…] ein Seminar wäre schön, über das Schöne, so wie Kant es verstand, als den Inbegriff der Weltlichkeit der Welt. Und zwar für jedermann. Und über seinen damit so eng verbundenen Begriff der Humanität, die nur dadurch möglich wird, daß man über die Dinge, über die man nicht »disputieren« kann, »streiten« kann, weil Hoffnung ist, »untereinander übereinzukommen«, auch wo man nicht zwingend überzeugen kann.[49] *[16. September 1957]*

Wir haben eine gesellschaftlich heftig bewegte Zeit hinter uns. Daher habe ich auch nicht einmal zum Neuen Jahr geschrieben. Schäme mich sehr. Die Sylvester-Gesellschaft war diesmal besonders nett: großer Bums.

Sonst ist kaum etwas zu berichten – außer, daß ich für das nächste Frühjahr eine phantastische Sache in Princeton angeboten bekommen und angenommen habe: Ein Semester visiting professor mit vollem Professorengehalt und ohne alle Verpflichtungen außer im Semester drei öffentlichen Vorlesungen! und 4 bzw. 3 ½ Tage dort sein in der Woche. Das macht gar nichts, weil es die Tage sind, in denen Heinrich ohnehin nicht in New York ist. Ich habe die Leute schließlich verzweifelt gefragt, wofür sie mir das Geld – ca. 6000 Dollar, steht noch nicht ganz fest – zu zahlen gedächten. Antwort, typisch amerikanisch: we thought you would be a good person to have around. Und ausgerechnet das department für amerikanische Geschichte und Zivilisation!, wovon ich nun wirklich so gut wie nichts weiß. Da werden wir mal wieder reich. *[17. Januar 1958]*

Mir ist es diesmal schwer gefallen, wieder in die Arbeit und die Ruhe zu kommen.[50] Darum habe ich auch so lange nicht

---

49 Kant, *Kritik der Urteilskraft*, § 56.
50 Nachdem sie schon in den Monaten Mai bis Juli in Europa gewesen war, mußte H. A. im September noch einmal den Atlantik überqueren, um in Frankfurt bei der Verleihung des Friedenspreises des Deutschen Buchhan-

geschrieben. Die Princeton Sache hat einen ganz blödsinnigen Trara gemacht, weil irgendein Student, den der Teufel ritt, plötzlich entdeckte, daß ich die erste Frau bin, die mit Professorenrang in Princeton lehren wird. Der Junge hat die Zeitungen benachrichtigt – und von dem, was sich dann abgespielt hat, möchte ich lieber schweigen. Das Resultat ist, daß ich mich mit sämtlichen Zeitungen New Yorks ziemlich verkracht habe; gelernt habe ich immerhin, daß es unmöglich ist to kill a story und daß, wenn man den Fotografen das Haus verbietet, sie Wege finden, sich Fotos zu verschaffen. Aber dies war nur der letzte Tropfen. Dadurch, daß ich so lange weg war und ein Buch [»The Human Condition«] von mir erschienen war, bin ich ohnehin in eine Menge überflüssiges Zeugs geraten. Immerhin verkauft sich das Buch jetzt plötzlich so gut, daß nach vier Monaten eine zweite Auflage gemacht wird. Warum weiß eigentlich kein Mensch, auch der Verlag nicht. Aber der unmittelbare Erfolg davon sind Vorträge; und da sie gut bezahlt sind, kann ich nicht gut nein sagen.

Ich sitze mitten in amerikanischer Geschichte und bereite meine Princeton lectures über den Begriff der Revolution vor.[51] (Wird dann in das Buch für Piper[52] hereingenommen.) Es ist atemberaubend spannend und großartig, nämlich die amerikanische Revolution, die Gründung der Republik, die Verfassung. Madison, Hamilton, Jefferson, John Adams – was für Männer. Und wenn man dann sieht, wie es heute ist – was für ein Abstieg. *[16. November 1958]*

Liebe, liebe Freunde –

Ihr Telegramm kam mir aus Princeton nachgereist. […] Ja, ein Lessingpreis[53] und gerade jetzt, wo Sie Lessing im Kolleg ma-

dels an Karl Jaspers die Laudatio zu halten. Siehe in der Bibliographie Titel Nr. 143. (Hrsg.)

51 Veröffentlicht als *On Revolution*, siehe in der Bibliographie Titel Nr. 171, ferner weiter unten, S. 180. (Hrsg.)

52 Gemeint ist die nie beendete »Einführung in die Politik«, siehe aber die postume Veröffentlichung *Was ist Politik?*, Bibliographie Titel Nr. 280. (Hrsg.)

53 Am 28. September 1959 wurde H. A. der Lessingpreis der Stadt Hamburg

chen. Überhaupt haben Sie mir den natürlich eingebrockt: die Vorrede zu der »Totalen Herrschaft«[54] und dann die Paulskirche[55]. Was soll man machen? Ich fühle mich all dem nicht recht gewachsen; mir ist blümerant, und ich denke einfach nicht daran. Sonst hätte ich es Ihnen doch auch schon geschrieben. Ich mochte mich einfach nicht damit abgeben. Ich bin, wie Sie so richtig schreiben, »widerborstig«. Vermutlich nur, weil ich natürlich vor der Princeton-Geschichte alle Manschetten habe. Und natürlich habe ich einen Horror vor »berühmten Frauen«. Ob ich auch noch lernen werde, dies »gelassen« hinzunehmen, ist mir fraglich. Ich tröste mich, daß solche Dinge in unserer Zeit kurzlebig sind; es wird schon wieder vorübergehen.

Viel wichtiger ist, daß Sie meine Ungarnbroschüre[56] für das Seminar brauchen können. Das ist nun eine wirkliche Ehre, und ich bin ganz rot, wenn ich daran denke. Amerikanische Revolution [...]. Die größte Gestalt vielleicht John Adams. Aber überhaupt – was für eine Gesellschaft! Und wie ist das Land heruntergekommen, wenn man es an nichts anderem mißt als an seinen eigenen Maßstäben. Ich bin inzwischen bei der Französischen Revolution gelandet. Darüber wäre manches zu sagen, vor allem auch über Robespierre. Aber lieber ein andermal. *[31. Januar 1959]*

Die Verspätung ist Princeton in die Schuhe zu schieben. Es ist, wie ich dachte; das wichtigste sind die sogenannten Parties, auf denen man Scharen neuer Menschen kennenlernt, deren Namen man nicht behalten kann und deren Gesichter man sich mit Mühe einprägt. Von den Studenten habe ich vorerst nur flüchtige Eindrücke, die nicht sehr gut sind. Leider bestätigt man mir dies von allen Seiten. Es ist die letzte der alten Universitäten, die für das Ideal des Gentleman erziehen, wozu ge-

verliehen, siehe in der Bibliographie Titel Nr. 153. Gertrud und Karl Jaspers hatten davon im Januar 1959 erfahren und gratuliert. (Hrsg.)

54 Gemeint ist Jaspers' »Geleitwort« von 1955 zu Arendts *Elemente und Ursprünge totaler Herrschaft*. (Hrsg.)

55 Siehe Anmerkung 50 auf S. 162 f.

56 Bibliographie Titel Nr. 140.

hört, daß es sich nicht schickt, zu viel zu wissen. Unter dem Druck der fortschrittlichen Erziehung, die natürlich auch nach Princeton gedrungen ist, besteht die Gefahr, daß aus dem »nicht zu viel« ganz einfach »gar nichts« wird. Es ist eigentlich das erste Mal in Amerika, daß man Klassenunterschiede gar nicht übersehen kann, und zwar zwischen den Professoren, die ja nur Angestellte sind, und den Herren Studenten, die im Begriff sind, zu Alumni heranzureifen und damit zu den künftigen Trustees der Universität. Ich habe mit den Studenten zwar leider sehr wenig zu tun, aber die Atmosphäre macht sich doch überall geltend. Die Vorstellung, daß ich gerade hier über den Begriff der Revolution sprechen soll, hat etwas unsagbar Komisches. Ich hätte es mir besser gar nicht aussuchen können.

[...]

Abgesehen von Parties geht es mir gut hier. Ich habe ein sehr schönes kleines Häuschen mit zwei großen Zimmern, alles funkelnagelneu, von der Universität eingerichtet für Gastprofessoren ohne Kinder. Ich bin die erste und wohne die Pracht erst mal ein. Der Chef des departments, mein sogenannter Boß, ein angenehmer und höchst einflußreicher Herr in der zweiten Hälfte der Sechzig, kam eben an, um mir einen Teppichkehrer zu bringen. Das wäre in Europa doch kaum möglich. Wir haben ihn gleich gemeinsam ausprobiert. Er verschwand mit dem Versprechen eines Staubsaugers. Was ich dafür gäbe, wenn ich jetzt gleich für ein Stündchen zu Ihnen könnte, und wir könnten uns unterhalten, z. B. über Lessing. So muß man halt wieder warten, trotz aller Wunder der Technik, bis zum Herbst. Ich werde irgendwann in der ersten Hälfte Oktober in Hamburg sein müssen für den Preis. Wann darf ich kommen? Wie paßt es Ihnen besser, vorher oder nachher? Ich kann mich gut nach Ihnen richten. Ab Mitte September bin ich durchaus abkömmlich. *[21. Februar 1959]*

Princeton – die Vorlesungen sind gut verlaufen, die University Press will sie haben, und ich bin dabei, sie zu einem Buch auszuarbeiten, was mir doch noch viel mehr Mühe macht, als ich erwartete. Es ist eben doch ein mir ganz neuer Stoff. *[20. Juli 1959]*

Das ganze Erziehungswesen muß radikal reformiert werden. Es geht ja z. B. auch nicht mehr, daß – wie mir ein junger Studienrat aus Deutschland, der mich hier besuchte, gerade sagte – die Herren Abiturienten nicht wissen, was der American Congress ist, dafür aber unendliche Schlachten mit Zahlen im Kopf haben. Dafür wußten meine Studenten in Princeton auch nicht, daß es Österreich-Ungarn je gegeben hat! Immerhin haben sie es schleunigst nachgelernt. Heinrich macht augenblicklich eigentlich auch nichts anderes, als zu versuchen, wenigstens in seinem College experimentierend die Dinge langsam umzustellen. Unter dem Titel: General Humanities. [...] Ich habe lange versucht, vor diesen Problemen den Kopf in den Sand zu stecken, sehe aber doch ein, daß unendlich viel davon abhängen wird, wie man es macht. Und vor allem verhindert, alles auf das rein Technologische abzustellen. Was ja sehr verlockend ist, da es ja immer schwerer wird, auch nur die Apparate des modernen Lebens zu bedienen und in Bewegung zu halten. *[11. August 1959]*

Berlin sehr erfreulich! Übrigens Hamburg in seiner Weise auch.[57] Gar nicht steif, ganz unkonventionell, der Senator ausgesprochen rührend. Aber Berlin: wieder zusammengewachsen oder doch in der Heilung begriffen. Wieder eine Großstadt, in manchem schöner als vorher. Man kann sich gar nicht vorstellen, daß hier etwas passieren könnte. Aber wir haben uns ja schon so manches nicht vorstellen können. Ich bin gern hier, fühle mich wie zu Hause, auch auf den Behörden. Bin auch in den Ostsektor, was jetzt sehr leicht und anstandslos geht. Auch die Leute vom Osten sind dauernd hier, vor allem in Theater und Oper, wo sie in ihrer Währung zahlen können, so daß es für sie nicht unerschwinglich wird. Alles sehr vernünftig und an-

---

57 Von Hamburg (Entgegennahme des Lessingpreises) war H. A. nach Berlin zur Erledigung von »Entschädigungsgeschäften« weitergereist. Sie hat ihre Ansprüche erst 1971 – nach einem Urteil, auch als »lex Arendt« bekannt, des Bundesverfassungsgerichts vom 4. 11. 1971 – erfolgreich durchsetzen können. Heinrich Blücher erhielt bereits 1962 seine Wiedergutmachung (siehe H. A. im Brief an Jaspers vom 19. Februar 1962). Siehe auch weiter unten S. 193 f., 200 f. (Hrsg.)

genehm. Ich bummele, arbeite gar nicht und genieße das Faulenzen sehr gründlich. *[3. Oktober 1959 aus Berlin]*

Von Ihnen[58] fuhr ich zu Marianne [Wendt], die ja dann auch etwa 14 Tage später gestorben ist. An Urämie, was wohl noch ein einigermaßen gnädiger Ausgang war. Sie hat sich noch sehr gefreut, aber im Grunde kam ich zu spät. Sie konnte nicht mehr realisieren, wie es um sie stand, oder doch nur sekundenlang. Die Medikamente, vor allem wohl Hormonspritzen und natürlich auch Morphium, erzeugten eine Art Euphorie. Dabei war auch der körperliche Verfall nicht so sichtbar, wie man es im letzten Stadium sonst gewöhnt ist. Es war unheimlich. Ich konnte sie noch täglich aus dem Krankenhaus nehmen; einen Abend verbrachten wir bei Verwandten von ihr im Taunus. Und dies erzeugt ja die trennende Wand zwischen den Lebenden und den Sterbenden, daß man lügen muß und Theater spielen. Ich habe es getan, wenn auch nicht sehr massiv, aber wohl war mir dabei nicht.

Dann über Köln und Brüssel nach Hause. In Köln war es ganz nett. Ich sprach im Husserl-Archiv vor einem überfüllten großen Hörsaal. Aber recht wohl ist es mir in Deutschland diesmal doch nicht geworden. In Frankfurt sagte mir eine recht gescheite Frau meines Alters: Es ist wieder, als ob man auf Sumpf geht. Ich fürchte, dies ist nur zu wahr. Wir sprachen über den Abgrund zwischen dem offiziellen Deutschland (Bonn, Universitäten, Rundfunk, Zeitungen etc.) und dem Volk. Das sogenannte Volk ist trotz verrücktester Prosperität tiefst unzufrieden, hämisch, heimlich hoffend, daß alles schiefgehen wird, auch wenn es dabei zu Schaden kommen sollte, voller Ressentiments gegen alle und alles, vor allem aber gegen den sogenannten Westen und die Demokratie. Alles noch ganz dumpf, keine Bewegung, kein Kristallisationspunkt, aber abscheulich als Stimmung.

Als ich dann vom Flugplatz nach Hause kam, wurde mir von zwei kleinen dreizehnjährigen Negerjungen bei uns im Haus-

---

58 Ende Oktober 1959 hatte H. A., aus Italien kommend, das Ehepaar Jaspers in Basel besucht. (Hrsg.)

flur meine Handtasche weggerissen. Kein großer Verlust, da keine Papiere drin waren und ich außerdem voll versichert war. Aber ich beschloß, dies gleich als einen Wink vom Himmel zu nehmen und erst mal eine andere Wohnung zu suchen. Und um Heinrich den Ernst meines Entschlusses klarzumachen, nahm ich ihn zur ersten Wohnungsschau, die wirklich nur psychologisch gemeint war, mit. Als wir aus dem Haus rauskamen, waren wir eigentlich bereits entschlossen, sofort zuzugreifen. Es war wirklich komisch. Heinrich hatte eine Reihe wie mir schien unmöglicher Forderungen gestellt, zu denen sich dann auch noch die meinen gesellten. Und ich hatte ihn mitgeschleift, um ihm handgreiflich vor Augen zu führen, daß es so nicht gehen wird. Und siehe da – alles wie vorgeschrieben. Beide Arbeitszimmer mit phantastisch schönem Blick auf den Fluß. Ganz ruhig, weder Straße noch Nachbarn zu hören. Vier große, gut geschnittene Zimmer und ein kleines Zimmer. Sehr nette Küche mit Anrichteraum. Reichliches Nebengelaß. Riesen Wandschränke, in die man zum Teil richtig hineingehen kann. Das Haus sehr anständig gehalten mit einem Doorman tags und nachts. Das ist sozusagen die Privatpolizei, die man sich hier jetzt bezahlen muß, da die Polizei der Stadt der Jugendkriminalität nicht mehr gewachsen ist. Der Preis genauso hoch, wie wir es als Maximum beschlossen hatten, was aber für das, was wir haben, nicht zu viel ist. Alles »equipment« – Küchenofen, Eisschrank, Abwasch, Badewanne, etc. nagelneu. Außerdem 2 volle Badezimmer und eine Toilette mit Sitzwanne.

Der Umzug[59] war nicht so schlimm, da wir einen Monat lang zwei Wohnungen hatten, da wir ohnehin erst zum 1. Januar kündigen konnten. Am Umzugstag selbst war alles so schön organisiert (Sie sehen, ich gebe an!), daß ich am Abend mit einer Freundin, die mir half, ins Kino ging, weil buchstäblich alles fertig war. Allerdings hatten wir die Bibliothek und die dazugehörigen Regale bereits vorher fertig aufgestellt. Ich

---

59 Von 130 Morningside Drive nach 370 Riverside Drive. Beide Wohnungen, im New Yorker Stadtteil Manhattan an der Upper West Side gelegen, waren nicht allzu weit voneinander entfernt. Bis zu ihrem Lebensende hat H. A. in der neuen Wohnung gelebt, sie ist dort am 4. Dezember 1975 gestorben. (Hrsg.)

hatte sehr reichlich Hilfe und habe eigentlich an nichts ge-
spart. Wenn schon, denn schon. Es ist noch nicht einmal so
teuer geworden, wie ich dachte. Nun sitzen wir friedlich, und
ich habe auch bereits wieder zu arbeiten angefangen. Silvester
war die übliche Party, nur noch mehr Leute als sonst. Es hat
sich rumgesprochen, und die Leute warten nicht mehr, daß sie
eingeladen werden, sondern läuten mich einfach an und fragen, ob sie denn nicht bitte auch kommen können. Was kann
man machen? Es waren mehr als 60 Menschen, aber Esther
(meine Aufwartefrau) und ich schafften es ganz gut. Um 7 Uhr
morgens waren wir wie immer im Bett, und die Wohnung sah
aus, als ob nie etwas in ihr vorgegangen wäre.

Würzburg:[60] Woher wissen Sie das? Stand es etwa in den
Zeitungen? Es kam mitten in den Umzug, und ich habe die
ganze Geschichte prompt vergessen. (Dies bitte entre nous!)
Habe daher erst mit einiger Verspätung abgesagt. Hatte den
Kopf so voll mit Gardinen und einem neuen Teppich, daß ich
sogar vergaß, Heinrich davon zu erzählen. Sie sehen, ich bin
wirklich »unwürdig«.

Aber was Ihren Mann vielleicht freuen wird: Ich erzählte
ihm von dem großen Streit, den ich im vorigen Jahr hier hatte
wegen meiner ketzerischen Ansichten über die Negerfrage
und equality. Ich sagte, glaube ich, daß keiner meiner amerikanischen Freunde mir zugestimmt hätte, daß aber sehr viele
wirklich böse gewesen sind. Nun bekomme ich auf einmal
einen »Award« (eine Art Preis) von $ 300,- von einer amerika-
nischen Foundation genau für diesen Artikel.[61] Weil er so un-
populär gewesen sei, vermutlich! Das ist doch sehr typisch für
das Land. Es erinnert mich an eine Geschichte aus dem Krieg;
die höheren Schulen in New York hatten allen Schülern der
obersten Klasse die Aufgabe gestellt, sich auszudenken, wie
Hitler bestraft werden solle. Darauf schrieb ein Negermäd-
chen: Man solle ihm eine schwarze Haut anziehen und ihn
zwingen, in den Vereinigten Staaten zu leben. Das Mädchen
bekam den ersten Preis und ein Stipendium für 4 Jahre College! *[3. Januar 1960 an Gertrud Jaspers]*

---

60 Gemeint ist die Berufung H. A.s an die Universität Würzburg.
61 Siehe in der Bibliographie Titel Nr. 151.

Ich sitze an der Übersetzung der »Human Condition«, die zum April fertig sein soll und Anfang Mai vielleicht wirklich fertig sein wird. Hie und da fahre oder vielmehr fliege ich ein bißchen im Land rum, um für einen Vortrag ein paar Dollar einzutauschen. Was ich aber nur noch mache, wenn es sich wirklich lohnt. Ansonsten bin ich gerade dabei, alle Sommereinladungen für Europa (drei an der Zahl, d. h. nur die mit bezahlter Reise gerechnet) abzusagen. Ich werde nie mehr mit meinen Siebensachen fertig werden, wenn ich mich nicht einmal ein Jahr still verhalte. Außerdem ist es nicht mehr ganz so einfach, Heinrich allein zu lassen. Er mag es nicht mehr so gern. Irgendwie denken wir beide daran, Ende des Jahres zu kommen oder Anfang 1961. Das heißt, wenn es Heinrich möglich ist, Urlaub für ein Semester zu nehmen. Dann hätte er Ferien ab Juni bis Februar nächsten Jahres. Das ist schon etwas, auch wenn er, was ich verstehe, die Zeit zum Arbeiten ausnützen muß. *[29. Februar 1960]*

Meine Bummelei: Abgesehen von Vortragsreisen und dem damit verbundenen Hin und Her fiel mir vor 10 Tagen hier plötzlich eine sehr gute amerikanische Freundin ins Haus mit Scheidungs- und Ehetrouble;[62] sie wohnt vorläufig bei uns, was auch sehr gut geht; aber erst hatten wir hier eine gewisse Atmosphäre von Unruhe, die noch verstärkt wurde dadurch, daß ich ausgerechnet diese Vortragsverpflichtungen hatte. Und da wird man halt bummelig! *[25. März 1960]*

Nun will ich rasch berichten, wenn es auch nicht zuviel zu berichten gibt. Ich bin Gott sei Dank seit ca. 14 Tagen die Übersetzerei meiner »Human Condition« los; es war eine richtige Quälerei, und jetzt habe ich natürlich wieder Schwierigkeiten, in das Englische hereinzukommen. Die amerikanische Freun-

62 Mary McCarthy. – Zusatz d. Hrsg.: Siehe auch die Briefe, die zwischen Arendt und McCarthy während der Scheidung McCarthys von Bowden Broadwater und ihrer Heirat mit James R. West gewechselt wurden, Bibliographie Titel Nr. 303, S. 131 ff.

din blieb bis Ende April; das Ganze eine phantastische, z.T. sehr amerikanische Geschichte, z.T. jenes Wechseljahre-Bild, vor dem Sie mich so freundlich nachdrücklich warnten und das ich doch mit Torschlußpanik etc. nicht recht nachvollziehen kann. Die Sache hat mir ein wenig zugesetzt, weil ich sie sehr gerne habe und sehr besorgt bin. Aber was kann man machen – außer das Haus aufmachen? Jetzt ist sie in Rom in einer ziemlich unseligen Situation.

Dazwischen und danach hatte ich ein paar Entscheidungen zu treffen, die mir auch nicht leicht wurden. Jedenfalls gehe ich nächstes Frühjahr für zwei Monate nach Northwestern University [in Evanston, Ill.] und nächsten Herbst für ein Semester an die Wesleyan University [in Middletown, Conn.], die gerade eine Art Institute for Advanced Studies aufgemacht hat. Ich tue beides im Grunde aus Geldgründen. Sie wissen ja, wie es hier mit Pensionen bestellt ist; man muß schon ein bißchen sparen, und diese beiden Sachen sind sehr gut bezahlt für verhältnismäßig wenig Arbeit. Das Herbstsemester macht mir gar keine Sorge, weil ich immer für das Wochenende nach Hause kann; es ist ganz in der Nähe. Und die zwei Monate im Frühjahr muß es dann halt ohne mich gehen. *[20. Juni 1960]*

Heinrich schreibt von meinem Durcheinander. Ich habe es mir selbst eingebrockt und bin noch nicht sicher, ob ich die Suppe auch ausessen werde. Ich will zum Eichmann-Prozeß[63] nach Israel, und der »New Yorker«, eine sehr bekannte Zeitschrift hier, hat sich bereit erklärt, mich zu schicken. Das Unglück ist, daß niemand weiß, wann der Prozeß losgehen wird und wie lange er dauern wird; und daß ich mich für April und Mai an einer Universität verpflichtet habe. Von allen sonstigen Verpflichtungen gar nicht zu reden. *[4. Oktober 1960]*

---

63 Der Prozeß gegen Adolf Eichmann dauerte vom 11. April bis 14. August 1961, der Urteilsspruch erfolgte am 11. und 12. Dezember. H. A. war zur Eröffnung des Prozesses im Gerichtssaal und blieb drei Wochen in Jerusalem, im Juni kehrte sie noch einmal für ein paar Tage (17.–23.) zurück. Ergebnis ihrer Tätigkeit als Prozeß-Reporterin war ihr Buch *Eichmann in Jerusalem*, siehe Bibliographie Titel Nr. 170, ferner unten S. 222–240. (Hrsg.)

Wir haben beinahe 24 Stunden am Fernsehgerät verbracht mit der Präsidentenwahl. Wir sind beide sehr erleichtert, daß es Kennedy geworden ist – mit ca. einem halben Prozent! So was hat man hier, glaube ich, noch nie gesehen. Die Dinge werden sich erheblich ändern; sie hätten sich auch mit Nixon geändert, aber nicht im Prinzip. Dies ist ein anderer Typ, und nachdem ich ihn mir nun also seit Wochen von allen Seiten beguckt habe, kann ich nur sagen, daß er mir doch imponiert. Die Wahlbeteiligung war ungeheuer; am Nachmittag war die Straße, in der unser Wahllokal liegt, buchstäblich schwarz vor Menschen. Die Beteiligung war ca. 90 %! Der Wahlkampf war von wenigen Ausnahmen abgesehen nahezu frei von gegenseitigen Beschimpfungen, und der Austausch der üblichen Glückwunschtelegramme zwischen dem unterliegenden und dem siegenden Kandidaten besonders kordial. Nur Eisenhower nimmt wirklich übel, was man ihm auch nicht verdenken kann, da er nun langsam sich in den Wahn hereingeredet hat, er brauche dem amerikanischen Volk nur einen Mann vorzuschlagen, den er selbst ausgesucht hat und der »his boy« ist, und es wird zugreifen. Es ist noch nicht einmal Senilität, sondern nur angeborener Schwachsinn. Eine erstaunliche Rolle hat das Fernsehen gespielt; was für uns immer so evident war, daß nämlich Nixon ein Heuchler und verlogener Bursche ist, dem es nur auf seine Karriere ankommt, ist durch die 4 Fernsehdebatten sehr vielen Menschen klargeworden. Und was sich bei den sogenannten independent voters durchgesetzt hat, ist die menschliche allgemeine Qualität. Ein gutes Zeichen übrigens ist auch, daß eine so unglaublich große Anzahl von Wählern wieder ganz unabhängig von Parteien gewählt hat. Kennedy hat in einer Anzahl von Staaten mit großer Mehrheit gesiegt, die dann ganz friedlich im gleichen Wahlgang einen republikanischen Abgeordneten oder Senator gewählt haben. Und umgekehrt. Sehr angenehm ist auch, daß Kennedy, da er es ja schließlich doch geschafft hat, nur eine so unglaublich knappe Majorität hat. Das wird immerhin dazu beitragen, einen gewissen angeborenen Hochmut ein bißchen zu dämpfen. Für Adenauer dürfte sich übrigens die Sache nicht zu günstig auswirken. Die Tatsache, daß hier eine andere Generation herankommt, wird auch international Folgen haben. Außerdem gehört Kennedy natürlich, da er ein Harvard-Produkt ist und so etwas wie ein Intellektueller, eher zu den Kreisen Amerikas, die im geistigen und akademischen Leben ausschlaggebend sind und daher nach England und Frankreich, nicht nach Deutschland sehen und sich an ihnen orientieren. *[9. November 1960]*

Lieber Verehrtester!

Der Eichmann-Prozeß, gegen den Sie ja von vornherein Ihre Bedenken hatten, hat uns nun glücklich bzw. unglücklich alle Pläne über den Haufen geworfen. [...] Mit mir ist es so, daß ich mich ganz nach dem Prozeß richten muß. Falls er wirklich am 6. März anfängt, müßte ich direkt von hier fliegen, ohne Aufenthalt. Falls er aber, was sehr möglich ist, nochmals verschoben wird, würde ich über Zürich kommen und erst einmal nach Basel. Dann weiterfliegen. Man weiß nicht, wie lange der Prozeß dauern wird; ich werde wohl keinesfalls mehr als einen Monat auf den »Spaß« verwenden. Findet er erst im April statt, so würde ich vermutlich nicht mehr nach Amerika zurückfliegen, sondern Heinrich in Europa abwarten.

Falls all dies konfus klingt, so liegt es halb daran, daß ich sehr unglücklich bin, Sie so lange nicht zu sehen, und halb daran, daß ich mich schäme, objektiv in eine Konfusion geraten zu sein. Denn ich muß natürlich nach allen Seiten hin absagen, umdisponieren usw. Es ist ganz abscheulich.

Und dennoch, lieber verehrtester Freund, ich würde es mir nie verziehen haben, nicht zu fahren und mir dies Unheil in seiner ganzen unheimlichen Nichtigkeit in der Realität, ohne die Zwischenschaltung des gedruckten Wortes, zu besehen. Vergessen Sie nicht, wie früh ich aus Deutschland weg bin und wie wenig ich im Grunde von der Sache direkt mitgekriegt habe. *[2. Dezember 1960]*

Hier ist es weiter sehr interessant, manchmal sehr eindrucksvoll, oft recht grauenhaft. Ich sehe mehr von Leuten als sonst, hatte gestern ein tief in die Nacht gehendes Gespräch mit Golda Meir, Außenminister; davor mit [Pinhas F.] Rosen, Justizminister, Bruder eines Freundes. Und außerdem (aber dies unter uns, weil er prinzipiell keine Presse sieht) mit [Mosche] Landau, dem obersten Richter. Großartiger Bursche! Bescheiden, klug, sehr offen, kennt Amerika ausgezeichnet, würde auch Ihnen sehr gefallen. Bestes deutsches Judentum. Blumenfeld hatte es vermittelt.

Eben komme ich von einem luncheon zurück, das die Universität veranstaltet hatte. Ich spreche in zwei Seminaren und werde außerdem noch einmal mit einer ausgewählten Gruppé von Studenten zusammenkommen. Das freut mich natürlich. Dieses Wochenende fahre ich mit meiner Familie im Land herum; ich muß ein bißchen herauskommen. Ich warte schon sehr auf unser Gespräch, denke immer wieder, mitten in all dem Grauen, daran, daß es Sie gibt und ich zu Ihnen kann. Dann werde ich gleich ganz ruhig. *[25. April 1961 aus Jerusalem]*

Über Deutschland wäre manches zu berichten, aber ich mag im Moment nicht. Ich hatte viel Gelegenheit, mit Studenten zu reden und zu diskutieren. Die einzige Hoffnung bleibt doch eine Föderation Europas, ganz gleich wie klein dieses Europa erst einmal ist, eine federation for increase, wie es Harrington so schön genannt hat, an die sich andere dann später gleichberechtigt anschließen können. Die jungen Leute sind oft erfreulich, aber was sollen sie wirklich machen? Von Deutschland aus gäbe es nur zwei Dinge, die wichtig wären – Ihre Position über die zwei Deutschland akzeptieren und die Oder-Neiße-Linie anerkennen. Dann käme alles wieder einmal in Fluß, und dann könnte man auch über Berlin ganz anders reden. Daß Adenauer das nicht macht, ist schlimm genug, daß die SPD an den Braten auch nicht ran will, ist ungleich schlimmer. *[9. Juni 1961 aus München[64]]*

---

64 Zwischen ihren beiden Aufenthalten in Jerusalem hatte H. A. in München an der Übersetzung ihres Buches *On Revolution* (Bibliographie Titel Nr. 171) gearbeitet. James Harringtons »föderales Prinzip ›eines auf Wachstum angelegten Commonwealth‹« zitiert sie in diesem Buch (dt. Ausg., Titel Nr. 188, S. 212). (Hrsg.)

Liebste Freunde –

Heinrich war sehr krank, daher habe ich nichts von mir hören lassen. Kam plötzlich nach einer heftigen Grippe, die er sich wohl von mir geholt hatte, mit einem klammernden Kopfschmerz nach Hause, mit dem er noch eine volle Woche in Bard Vorlesungen und Seminar gemacht hatte. Dann verschlimmerte sich sein Zustand, und nachdem die Ärzte erst absolut nicht wußten, was es sei (und Tumor vermuteten), stellte sich schließlich in der Klinik auf Grund der Tests ein kongenitaler Aneurysmus heraus, den er vermutlich bereits vor 40 Jahren gehabt hat, als er den Schlag auf den Kopf bekam. Er liegt noch in der Klinik, immerhin einer der besten des Landes, und ich habe erreicht, daß er von dem Chef der neurologischen Abteilung selbst begutachtet und behandelt wird. Es geht ihm eigentlich gut; er hatte ohnehin keine eigentlichen Symptome, keinerlei Lähmungserscheinungen, nur eine Parästhesie in der linken Hand, die aber bereits verschwunden ist. Die Besserung hat nichts mit Behandlung zu tun; der Zustand hat sich genauso plötzlich und den Ärzten unerwartet gebessert, wie er sich erst verschlechterte. (Vor allem dauerndes Schlafen!) [...]

Er selbst ist, seit es ihm wieder halbwegs ordentlich geht, völlig ungerührt. Ich habe ihm natürlich die volle Wahrheit gesagt, schon um ihm beizubringen, daß er wirklich die üblichen drei Wochen fest liegen muß und nicht einfach nach Bard zurück kann. Ich habe ihm auch gesagt, daß die Mortalität bis 50 % beträgt – woraufhin er meinte: Reg dich bloß nicht auf, du vergißt die anderen 50 %. Immerhin ein bißchen Krankheitsbewußtsein haben wir ihm beigebracht. War dringend nötig und schwer von den netten jüdischen Ärzten zu erreichen, da sie es gewöhnlich mit sehr viel zarteren Gemütern zu tun haben.
[...]

Ich bin seit dieser Woche wieder hier, fahre aber für die Wochenenden regelmäßig nach New York. [...] Tun kann ich da im Moment ohnehin nichts, und trostbedürftig ist er nicht. Er hat sein eigenes Zimmer, darf lesen, unterhält sich mit den Ärzten und ist fasziniert von der Neurologie. Hinzu kommt, daß die Schwestern nett und hübsch sind, was ihm Spaß macht.
[1. November 1961 aus Middletown (Wesleyan University)]

175

Liebe, liebe Freunde –

ich hatte gerade das Datum geschrieben, als der schöne lange Brief an Heinrich ankam, den er auch ganz ohne Hilfe hat lesen können. Er wird selbst antworten. Es geht ihm sehr gut, der Arzt hat ihn entlassen, und wir haben die Gelegenheit schon vielfach begossen und gefeiert. Er war anfänglich noch leichter ermüdbar als sonst, aber das hat sich in den letzten Wochen auch bereits ganz gegeben. Nun hat er noch bis Mitte Februar Ferien, und das ist mir doch sehr lieb. *[30. Dezember 1961]*

Der Unfall, der für Stunden eine Absperrung des gesamten Verkehrs erforderte, bestand darin, daß ein Lastwagen in mein Taxi fuhr.[65] Ich habe es nicht gesehen, da ich las, und ich war sofort bewußtlos! Ergo: Gehirnerschütterung mit Kopfwunden, aber kein Schädelbruch, kein Nasenbruch, kein Kieferbruch. Das ganze Gesicht, jetzt schon wieder ganz ordentlich, ursprünglich mehr oder minder schwarz. Ferner 9 gebrochene Rippen und ein eingeknacktes Handgelenk – stört mich aber nicht beim Tippen, wie ich eben ausprobiere. Der forsche, junge Chirurg, in dessen Hände ich unmittelbar geriet, meinte gleich – sieht zwar abscheulich aus, ist aber vermutlich gar nichts passiert. Und er hat denn auch recht behalten. Ich mußte eine Blut-Transfusion haben, eine zweite, entschieden wir, war nicht nötig. Ich esse lieber Steak. Ein Auge ursprünglich ziemlich mitgenommen, aber offenbar auch nur von außen. Ich sehe und lese bereits wie vorher. Keine Gehirnblutung und keine innere Blutung. Sonst noch Schrammen, nicht wichtig. Schmerzen waren niemals unerträglich, und ich habe mir nur zwei Nächte Kodein geben lassen. Bin am dritten Tag aus dem Bett gekrochen, um zu sehen, wie ich auf den Beinen stehen kann, mit dem Erfolg, daß mir weder schwindlig noch schwach war und der Arzt mich mit Vorsicht aufstehen ließ. Danach alles in Ordnung – keinerlei Komplikationen und erstaunlich rascher Heilungsprozeß, der selbst meinen

---

65 Der Unfall ereignete sich am 19. März 1962 auf einer Straße, die durch den New Yorker Central Park führt. (Hrsg.)

forschen Chirurgen verblüffte. Gestern früh haben sie mich entlassen, auch weil ich ihnen sonst davongelaufen wäre. Die Klinik, medizinisch sehr gut, war administrativ und was die Schwestern anlangte, ein regulärer Schweinestall und dazu unsinnig teuer. Ich habe hier zu Hause meine gute Esther, die mir den Haushalt macht – was ich aber schlimmstenfalls auch könnte. Soll aber noch nicht. Bin auch ganz vernünftig. Arbeite noch nicht, gehe spazieren, lese, werde ins Kino gehen und für eine Woche mich sehr ruhig halten.

Was nun die bleibenden Schädigungen betrifft, so bin ich natürlich vor allem um mein Aussehen besorgt. Erst sah ich aus wie ein mißglückter Picasso. Das ist aber vorbei. Ich schillere nur in allen Regenbogenfarben und muß wegen der Kopfwunden (30 Stiche) und dem halbrasierten Kopf ein Kopftuch tragen. Habe auch eine Narbe auf der Stirn und eine kleine über dem einen Auge. Wenn ich ausgehe, binde ich mir einen schwarzen Schleier um und prätendiere arabisch oder tief verschleierte Dame. Außerdem ist mir ein Zahn abhanden gekommen, was ja auch nicht gerade verschönt. Das wird vermutlich alles in einigen Wochen mehr oder weniger in Ordnung kommen. Netzhautablösung und andere Dinge sind immer noch möglich, aber nicht wahrscheinlich.

Ich schreibe so ausführlich, um zu beruhigen, nachdem ich erst die Unruhe angerichtet habe. Und auch leichtsinnig, weil ich im Grunde vergnügt bin, am Leben zu sein. Im ersten Moment, als ich aus der Bewußtlosigkeit aufwachte und mir sehr schnell klar wurde, was passiert war, schien es mir einen Augenblick lang, als hätte ich es in der Hand. Ich war eigentlich ganz ruhig, Sterben schien mir natürlich, keineswegs eine Tragödie oder etwas, sich aufzuregen. Aber gleichzeitig sagte ich mir, wenn es anständig möglich ist, möchte ich ganz gern noch in der Welt bleiben. Daraufhin probierte ich meine Glieder aus und stellte fest, daß ich nicht gelähmt war. Und dann ließ ich ganz friedlich alles abrollen; teilte Heinrichs Adresse nicht mit, damit er nicht von der Polizei benachrichtigt wird, ließ Frau Beradt anläuten, wußte die Telefonnummer auswendig, ließ sie dann alle Verabredungen absagen; und fertig.
[31. März 1962]

Nun möchte ich noch rasch die Pläne mitteilen. Im Herbst muß ich erst für zwei Wochen nach Chicago, was ich wegen des Unfalls hatte absagen müssen. Danach wieder wie voriges Jahr für das Semester nach Wesleyan. Ich habe auch zu viele Vorträge angenommen, wenn auch nur in der Umgegend, und bin etwas besorgt um mein Arbeitsprogramm. Im Frühjahr hat Heinrich ein sabbatical, nur ein Semester, das ihm aber doch ca. neun Monate Ferien gibt. Wir planen im Februar nach Europa zu kommen, erst Basel, und dann eine Sizilien- und Griechenlandreise zu machen. Ich wage es kaum auszusprechen, damit es auch nicht schief geht. Bis dahin muß nicht nur der »Eichmann« fertig sein, sondern auch die »Revolution« ins Deutsche übersetzt und Korrekturen für das Englische gelesen sein. Ich habe große Lust auf eine gründliche Arbeitspause, obwohl ich nicht leugnen kann, daß die Eichmanngeschichte mir Spaß macht. Wenn ich hier sitzen könnte bis in den Herbst hinein, ohne Telefon und ohne Haushalt, wäre alles leicht zu machen. Jedoch die Verhältnisse, die sind nicht so. *[Im Juli oder August 1962 aus Palenville]*

Ich bin hier seit zwei Wochen wie im vorigen Jahr. Die ersten beiden Wochen war ich in Chicago, wo ich mit wirklich erstaunlichem Erfolg viermal je zwei Stunden aus meinem Revolutionsmanuskript vorgetragen habe. Jetzt habe ich die Korrekturen gelesen und bin dabei, das letzte Kapitel zum »Eichmann« zu schreiben. Dazwischen ein Seminar über die »Nikomachische Ethik« mit sehr netten, aufgeweckten Jungen. Sehr viel zu tun, aber es macht mir eigentlich alles Spaß, und ich bin nicht leicht ermüdbar. Ich habe immer auch deutsche Studenten, die sich schneller als alle anderen Nationalitäten assimilieren, so daß man sie eigentlich nie recht rauskennt. *[29. Oktober 1962 aus Middletown (Wesleyan University)]*

Ich fliege hier am 19. ab und bin am 20. in Basel, werde allerdings erst am 21. halbwegs genießbar sein, da ich mir eine Nacht um die Ohren schlagen muß. Habe ich nicht gerne. Mit

Wohnen möchte ich aber diesmal doch vorschlagen, daß ich ins Hotel gehe. Ich habe Angst, daß meine Geschichten Unruhe ins Haus bringen. Ich muß telefonieren und werde angerufen werden – das ist unter diesen Umständen eine völlig überflüssige Belastung. Ich komme und arbeite eventuell bei Euch, bin jederzeit zur Verfügung. Es ist durchaus möglich, daß der »New Yorker«, der ohnehin halb großartig und halb verrückt ist und viel zu viel Geld hat, mich dringend anruft, ob sie ein Komma ändern dürfen. Wenn ich dann nicht im Hotel bin, bin ich halt weg und unerreichbar. Dann wird das Komma nicht geändert, und die Welt geht nicht unter. Ich habe ans Euler geschrieben und sie gebeten, mir ein Zimmer zu reservieren.

Die übrigen Termine: Ich habe ein Radiogespräch in Köln am 6. März, das mir die Reise zahlt.[66] Das muß ich auch noch vorbereiten. Danach nichts – […]. Heinrich hat sich entschlossen, erst am 23. März hier abzufahren; er ist in der Arbeit drin, und es ist ihm lieber. Er fährt mit dem Schiff die herrliche Südroute direkt nach Athen. Am 5. April gehe ich in Neapel auf sein Schiff. Wir werden nicht vor Ende Mai, Anfang Juni wieder im »Norden« sein – 4 Wochen Griechenland, 2 Wochen Sizilien und dann noch etwa zwei Wochen Italien. Unser Schiff zurück geht am 29. Juni von Südfrankreich ab, wo wir uns auch noch ein wenig rumzutreiben gedenken. *[8. Februar 1963]*

Vor einer Woche kamen wir hier an, um Mitternacht in Patras, wo ich mir die Protektion des Dorfcafé-Besitzers, einem gewaltig dicken und großen, ganz schwarzen und großartig aussehenden Burschen, irgendwie verschaffte – es gab nämlich dort nicht ein Hotelzimmer mehr –, und wir daraufhin im Wagen bei Vollmond in 4 Stunden am korinthischen Golf entlang nach Athen fuhren. Dies bereits war unwahrscheinlich schön. Seither geht es von Herrlichkeit zu Herrlichkeit, aber nicht wirklich anstrengend, nur ein bißchen Muskelkater, und ge-

---

66 Eine vom WDR veranstaltete Diskussion (Leitung: Roland Wiegenstein), gesendet am 11. Juli unter dem Titel »Nationalismus – ein Element der Demokratie? Diskussion mit Hannah Arendt und Eugen Kogon«. (Hrsg.)

stern waren wir in Aegina, dessen Tempel auf der Spitze des Berges mit Blick um die ganze Insel herum vielleicht überhaupt das Schönste war. Wir haben gerade beschlossen, vor der Abfahrt noch einmal rüberzufahren. Größere Ausflüge fangen nächste Woche an, aber wir haben beschlossen, eine Woche länger in Griechenland zu bleiben und erst am 10. Mai hier abzufahren. Dafür dann ein paar Tage weniger in Sizilien und Italien. [...]

Wir sind sehr gut untergekommen. Sehr angenehmes, großes Zimmer, sehr gute Aufenthaltsräume, in denen nie jemand ist, gepflegtes Haus mit erstklassiger deutscher und französischer Bibliothek, sehr angenehme und gebildete Leute, die französisch und englisch sprechen.

Die »Revolution« hat gute Besprechungen, und ich lege Euch die Besprechung der »New York Times« bei, die kurioserweise am ersten Tag des Wiedererscheinens erschien. Außerdem in der »Washington Post« eine Besprechung von William Douglas, einem der Richter des Supreme Court – »a classical treatise«. Dies ist mir wichtig, weil ich mir mit den amerikanischen Institutionen, die ja alle auf die Revolution zurückgehen, zwar große Mühe gegeben habe, aber doch nie ganz sicher war. Ich habe oft sehr eigenwillig interpretiert.

Nächste Woche geht's nach Kreta – allerdings ohne Heinrich, dem diese Kultur nicht recht sympathisch ist und der sich aus dem rein Griechischen nicht rausbringen will. Da lassen wir (Lotte Beradt und ich) ihn halt im Museum in Athen und erwarten, daß er uns jede Vase genau erklären kann, wenn wir zurückkommen. Wir fliegen für drei Tage, und haben dort Freunde, die ein Auto besitzen.

Von Zeit zu Zeit kneife ich mich, um mich davon zu überzeugen, daß all dies wirklich ist und wir wirklich hier sind. Zeitungen lesen wir nachts im Bett, ansonsten lesen wir sozusagen überhaupt nicht, nur den Führer. Kurz, wir leben das »leichte Leben« der Götter. *[14. April 1963 aus Athen]*

In New York war die ganze Wohnung buchstäblich voll mit ungeöffneter und nicht nachgeschickter Post. Nahezu alles die Eichmann-Geschichte.[67] Viele interessante Briefe, darunter einige, die mich reichlichst über die Gründe dieser ja an sich doch ganz unverständlichen Aufregung in jüdischen Kreisen aufklärten. Dabei ist die Sache so einfach, daß ich sie hätte wissen müssen. Ich habe, ohne es zu wissen, an das jüdische Stück unbewältigter Vergangenheit gerührt: Es sitzen überall noch, und vor allem in Israel, ehemalige Judenrätler[68] in hohen und höchsten Positionen. Schlimmer: Der Kastner-Fall, den ich in meinem Bericht erwähnte, war ernster, als ich wußte: [Rudolf] Kastner, in sehr hoher Position in Israel, war von einem Journalisten der Kollaboration mit den Nazis angeklagt worden und hatte auf Verleumdung geklagt. In erster Instanz erklärte Halevi (später einer der 3 Richter im Eichmannprozeß): Kastner, der eng mit Eichmann zusammengearbeitet hatte, habe »seine Seele dem Teufel verkauft«, und verurteilte nicht wegen Verleumdung. Kastner ging zur nächst höheren Instanz und soll erklärt haben, wenn er dort nicht Genugtuung bekäme, würde er »auspacken«, nämlich von den Verbindungen während dieser Zeit zu der Jewish Agency [for Palestine] und palästinensischen Parteiführern. Daraufhin wurde er ermordet, aber nicht von ungarischen Überlebenden, wie ich annahm, sondern offenbar, so sagt man wenigstens, vom israelischen Geheimdienst. Kurz: Wir haben sehr ähnliche Verhältnisse wie in Deutschland, nur ist es wenn möglich noch gefährlicher, daran zu rühren als dort. Die Kampagne gegen mich hier auf niederstem Niveau und aus reinen Verleumdungen bestehend – es wird gemeinhin und konsequent das Gegenteil von dem behauptet, was ich de facto geschrieben habe – läuft immer noch auf hohen Touren. In der

---

67 H. A.s »A Reporter at Large: Eichmann in Jerusalem« war, beginnend mit dem Heft vom 16. Februar 1963, in *The New Yorker* in fünf Folgen erschienen (Bibliographie Titel Nr. 170). Noch während ihrer Europareise erfuhr sie von den heftigen Reaktionen: »Bei ›Eichmann‹ hat sich ein großes Geschrei erhoben«, schrieb sie am 29. Mai an Jaspers aus Rom. Siehe auch in dieser Ausgabe S. 222–240. (Hrsg.)

68 Angehörige jüdischer Ältestenräte; Judenrat: während des Dritten Reiches von den Nazi-Behörden eingesetzte Leitung jüdischer Gemeinden.

jüdischen Presse steht, Hausner, der Generalstaatsanwalt, sei auf Veranlassung der Regierung extra nach Amerika gekommen, um die Sache in Schwung zu bringen.[69] Augenblicklich beschäftigen sich 3 oder 4 der großen Organisationen damit, durch ganze Regimenter von »wissenschaftlichen« Assistenten nebst Sekretärinnen mir Fehler nachzuweisen. Es ist ganz lehrreich zu sehen, was man mit Meinungsmanipulation erreichen kann und wie viele Menschen, oft intellektuell auf hohem Niveau, manipulierbar sind. Unter den Juden selbst gibt es sehr viele, die ganz ihrer eigenen Meinung sind, aber die Sachen haben doch Formen angenommen (mit den Rabbinern, die von der Kanzel predigen), daß eine Freundin meinte, es sei wie zur Zeit der Dreyfus-Affäre, die Spaltung gehe quer durch die Familien! Ich bin verblüfft, habe natürlich nie etwas Derartiges erwartet und sehe auch ein, daß es ausgesprochen gefährlich ist. (Die Leute versuchen mit allen Mitteln, meinen Ruf zu ruinieren. Sie haben Wochen damit verbracht, rauszufinden, ob es nichts in meiner Lebensgeschichte gibt, was sie mir anhängen können, haben dann schließlich aufgegeben. Und versuchen es auf 'ne andere Tour.) Hätte ich es gewußt, hätte ich vermutlich akkurat das gleiche getan. Und à la longue ist es vielleicht doch nützlich, den spezifisch jüdischen Mief ein bißchen zu reinigen. *[20. Juli 1963]*

Wir haben hier in den letzten zwei Monaten doch wieder das gehabt, was Du unser »schönes Leben« nanntest. Alle Untersuchungen von Heinrich waren negativ. [...] Auch die Depression ist eigentlich vorüber. Natürlich dürfte ich eigentlich nicht mehr auf lange Zeit weg sein. Aber wie soll ich das anstellen? In Chicago ist alles auf mich eingestellt, wie soll ich da gleich wieder fort?[70] Ganz abgesehen von allen finanziellen Bedenken. Von Yale habe ich nichts mehr gehört; die werden halt

69 Siehe unten S. 239.
70 Ende 1962 hatte H. A. eine auf fünf Jahre befristete Teilzeit-Professur an der University of Chicago (Committee on Social Thought) angenommen; ihre ersten Lehrveranstaltungen fanden im Wintersemester 1963/64 statt. (Hrsg.)

auch nicht immer warten. Wenn ich das, was ich in Chicago habe, hier haben könnte, und wenn mich nicht die Studenten in Chicago erwarten würden, wären alle meine Probleme gelöst. Inzwischen ist mein sogenannter Chef aus Chicago – der Chairman des Departments, also der Dekan – hier gewesen und hat Heinrich kennengelernt und sich sofort mit ihm angefreundet. Das erleichtert die Dinge keineswegs. Überhaupt habe ich heute mit Heinrich festgestellt, daß die Angriffe einen zwar zu vernichten drohen (was ja eigentlich nur halb so schlimm ist), daß aber die Zustimmungen einen positiv zugrunde richten. Dafür ist das Land zu groß. *[19. Februar 1964]*

Ich denke, wir bleiben hier bis Mitte August (gegen den 15.), falls es nicht unerträglich heiß in der Stadt ist. Heinrich geht es gut; wir haben es schön, arbeiten tagsüber, gehen abends spazieren und kehren zu einem friedlichen Abendtrunk ins Dorfwirtshaus, wo wir den Wirt gut kennen und die Leute aus dem Ort (keine Touristen) hinkommen. Die jungen Leute aus dem Dorf kommen dorthin, um zu tanzen, und er [der Wirt] tanzt mit den Mädchen, die er als Kinder gekannt hat; und wenn einer, jung oder alt, sich ungehörig benimmt (z. B. Dorfklatsch berichtet), kriegt er von ihm eins auf die Nase. Dann macht er es wieder gut, indem er mit den Damen tanzt oder eine Runde spendiert. So hat er einen wirklichen Einfluß auf die Sitten des Dorfes. In all der Verrücktheit tut dies gut. *[23. Juli 1964 aus Palenville]*

Lieber Verehrtester!

Das erste, was mich hier grüßte, war Dein Brief, der mir die ersten Tage und Wochen erhellte. Das Gaus-Interview [71] habe ich nicht (oder noch nicht) erhalten, Gott weiß, warum. Ich bin erleichtert, daß es Dir gefällt; ich hatte den Eindruck, viel zu spontan gesprochen zu haben, weil ich den Gaus so gut leiden

---

71 In dieser Ausgabe S. 46–72.

mochte. Aber im allgemeinen glaube ich kaum, daß meine Anwesenheit in Deutschland [72] viel geändert hat. [...]

Hier droht die Beschäftigung in Arbeit auszuarten, und das ist natürlich auch der Grund, daß ich noch nicht schrieb. Ich mußte lachen über Deine Bemerkung über mich und die Philosophie. Nämlich hier nützt mir, was ich will und was ich sage, schlechterdings gar nichts. Die Studenten aus dem Philosophie-Department erscheinen, versuchen zum Teil bei uns unterzukommen, erklären mir mit amerikanischer Freimütigkeit, was sie bei mir zu studieren und zu lernen gedächten – und damit hat sich's. Zum Philosophie-Department kann ich sie nicht gut zurückschicken, denn von da kommen sie ja. Also sitze ich und unterrichte »Kritik der reinen Vernunft« und habe gerade versprochen, in den vier Wochen, die ich im Frühjahr hier bin, ein bißchen Spinoza zu machen. Hier habe ich nun außer der Vorlesung, die ich angekündigt habe, noch das Kant-Seminar und ein Plato-Seminar (Gorgias) auf dem Hals. Was aber keineswegs Schuld der Universität ist! Ich könnte »nein« sagen, aber das ist natürlich in Wahrheit unmöglich, solange ich es bewältigen kann. Und der Eifer ist ja rührend und ermutigend. Überhaupt die Studenten ganz ausgezeichnet und die Diskussion auf einem sehr anständigen Niveau. *[25. Oktober 1964 aus Chicago]*

Ich habe viel zu tun mit Vorträgen, die ich mir selber zuzuschreiben habe. Über »moralische« Probleme – eine Weiterführung von dem, was ich im letzten Jahr bei Kant gelernt habe – oder glaube, gelernt zu haben. Aber ein bißchen populärer als für meine Studenten. Heinrich geht nächste Woche nach Bard zum Semesterbeginn. Es geht ihm wirklich gut, und er freut sich drauf. Ich habe ein bißchen Angst, daß er sich zu viel aufgeladen hat, kann aber wie gewöhnlich gar nichts machen. Jedenfalls ist er gut in Form.

[...]

---

72 U. a. auf einer Pressekonferenz, die der Piper Verlag aus Anlaß der deutschen Veröffentlichung des Eichmann-Buches im Rahmen der Frankfurter Buchmesse organisiert hatte. (Hrsg.)

Womit würde ich Dich, Euch noch behelligen? Mir machen die Vorträge keine Freude. Wohin ich komme, überfüllte Säle; ich hasse das. Wenn ich auf Gesellschaften gehe, bin ich abgestempelt – berühmt! Es wird sich ja alles wieder geben, aber vorläufig ist es abscheulich! Mir ist zumute wie einem Tier, dem alle Zugänge gesperrt sind – ich kann mich nicht mehr geben, weil mich ja niemand nimmt, wie ich mich gebe; alle wissen Bescheid. Nur die Ausgänge bleiben offen, und ich gehe also nirgends hin oder gleich wieder weg. Aller Spaß ist futsch. Es ist schon, wie hier der gar nicht dumme Präsident des Jewish Theological Seminars[73] einer Freundin von mir sagte – »diese Narren haben sie berühmt gemacht«. Es ist zum Lachen, aber es kann einem das Lachen vergehen. *[19. Februar 1965]*

Über Rheumatismus kann ich mitreden, hatte es allerdings nie in der Hand. Ich war zwei Jahre völlig unfähig, meine rechte Schulter zu bewegen, hatte mir alle möglichen Tricks beigebracht, daß man es nicht merkt. Und dann, eines schönen Tages, war es einfach weg. Niemand weiß, warum und wieso. Wenn es Dich so plagt – die Hand ist natürlich besonders schlimm –, hat man an Cortison gedacht? Ich habe es mir nie geben lassen, aber es soll helfen. *[Im April 1965]*

Liebste Freunde –

Es lohnt sich kaum noch zu schreiben – Gott sei Dank. Wir haben heute die Rückfahrt per Schiff gebucht – 7. September von Rotterdam, wo wir vorher noch ein paar Tage uns Holland, das Heinrich nicht kennt, besehen möchten. Da Erna[74] erst am 8. August zurückkommt, scheint mir, wir sollten nicht vor etwa dem 15. erscheinen, um Euch Gelegenheit zu geben, Euch ein wenig auszuruhen und zu normalisieren. Vielleicht komme ich ein paar Tage vorher. Heinrich will natürlich wie-

---

73 Der damalige Präsident der 1886 in New York gegründeten Rabbinerlehranstalt war Louis Finkelstein, 1895–1991.
74 Erna Möhrle, das Hausmädchen von Gertrud und Karl Jaspers. (Hrsg.)

der seinen Freund Robert [Gilbert] sehen und eventuell sich Natascha, seine erste sehr nette Frau,[75] nach Zürich aus Paris kommen lassen. Ich wiederum will Mary [McCarthy] sehen, die im August in Italien ist, entweder auch in Zürich oder in Italien bei ihr. Gott sei Dank ist im August nichts los, so daß auch nichts an einen herantritt. *[28. Mai 1965]*

Ich bin am Montag aus der blödsinnigen Hitze in New York ausgerissen und auf unsern Feriensitz gezogen. Heinrich arbeitet noch, kam gestern abend völlig erschöpft und gewissermaßen dehydrated aus Bard hier für das Wochenende an. Hier ist es kühl und wunderbarer Sommer. Wir gehen spazieren, und ich schwimme. Leider muß Heinrich noch für zwei Wochen zurück ins College. Augenblicklich ist er in die Wälder verschwunden, und dieser Brief muß zur Post, da er sonst erst Montag von hier weggeht. *[11. Juni 1965 aus Palenville]*

Liebste Freunde –

Dank für die Briefe, die so beruhigend klangen. Morgen früh geht es nach New York zurück, und dort werde ich kaum noch zum Schreiben kommen. Inzwischen hat Piper mich durch einen seiner sogenannten »Mitarbeiter« überredet, in Köln für den Rundfunk ein Gespräch mit Carlo Schmid über Revolution[76] zu führen. Falls man mich da nicht gleich einsperrt, was doch wenig wahrscheinlich ist, will ich von dort direkt für etwa 3 Tage nach Italien fliegen, um Mary [McCarthy] zu sehen. Heinrich will nicht mit, sondern lieber nach Zürich. Ich schreibe also heute nur, um Daten zu geben:

[...]

Bei Piper hat diesmal nichts recht geklappt, so daß ich in Europa Korrekturen des Revolutionsbuches lesen muß. Schadet im Grunde nichts.

---

75 Natalie Jefroikyn war Heinrich Blüchers zweite, H. A. seine dritte Frau.
76 Das Gespräch unter dem Thema »Das Recht auf Revolution« wurde am 19. Oktober 1965 im WDR aufgenommen. (Hrsg.)

Ich habe hier, wo ich immer herrlich arbeiten kann, zwei Vorträge in längere Essays umgeschrieben. Leider sind sie auf englisch, und ich zögere, Dir das zuzumuten. Der eine ist über Wahrheit und Politik[77] und eigentlich aus dem Eichmann-Rummel entstanden: Soll, darf man in der Politik einfach die Wahrheit sagen? Der zweite ist über Brecht[78] und eigentlich über unser langes Streitgespräch: Ein guter Vers ist ein guter Vers. *[25. Juli 1965 aus Palenville]*

Ansonsten manches Traurige: Jarrell, ein amerikanischer Dichter, guter Freund von uns, hat sich das Leben genommen.[79] Er war eine Märchenfigur, wenn ich je eine gesehen habe, unbeschreiblich sensibel, dabei sehr intelligent und witzig. Er ist mit dem Leben nicht mehr zu Rande gekommen. Ich habe ihn zuletzt im Februar gesehen, als ich an der Universität, wo er lehrte, einen Vortrag hielt und er mich unglaublich charmant und witzig einführte. Morgen kommt [Robert] Lowell, der wohl augenblicklich der beste Dichter hier ist, her, um mir Näheres zu erzählen. Was immer ich von englischer Dichtung verstehe, verdanke ich Jarrell, der mir vor Jahren stundenlang vorgelesen hat – nicht seine Sachen, sondern die »Klassiker«. Lowell und Jarrell waren enge Freunde, beide von großer Generosität; ich hörte Lowells Namen vor 20 Jahren zum ersten Mal von Jarrell, der damals schon sehr bekannt war; und er sagte immer: Glauben Sie mir bitte, das ist der wirkliche Dichter Amerikas, nicht ich.

Heute stand in der Zeitung, daß [Paul] Tillich gestorben ist, an einem Herzinfarkt. Er hat mir nie wirklich nahe gestanden, aber nun bin ich doch traurig, daß die »Hammelbeine« (wie wir ihn nannten) nicht mehr erscheinen werden, große Massen Rotwein konsumieren und dann leicht und fröhlich schwankend nach Hause gehen. Er war im Grunde dumm, ohne jedes Urteilsvermögen, aber gerade dies hing auf kuriose Weise mit

---

77 »Truth and Politics«, Bibliographie Titel Nr. 207.

78 »What Is Permitted to Jove«, Bibliographie Titel Nr. 202, siehe auch oben S. 115.

79 H. A. verfaßte einen Gedenkartikel, siehe Bibliographie Titel Nr. 206.

einer echten »Christlichkeit« zusammen. Ich habe ihn in all den Jahren nie über einen Menschen schlecht reden hören, auch nicht über seine Feinde.

Aber auch manches, wofür man dankbar sein muß. Ein Kollege von Heinrich, Ted Weiß, ist ein bekannter Dichter hier und hat gerade wieder einen Gedichtband veröffentlicht, in dem die beiden schönsten Gedichte nicht nur Heinrich gewidmet sind, sondern ihn schildern – wie er spricht, wie er ist, wie er auf die Menschen wirkt, wie er mit der fremden Sprache umgeht.[80] Ich habe auch ein sehr schönes gekriegt – über meine Art zu denken.[81] Die Gedichte auf Heinrich sind ganz unglaublich einsichtig. Übrigens hat Jarrell vor Jahren einen kleinen, sehr komischen Roman über ein College hier veröffentlicht, in dem er ebenfalls Heinrich und mich, natürlich unter anderen Namen, verewigt hat.[82] Ich denke oft: Was für fremdartige Tiere *(strange animals)* wir doch hier im Grunde sind, und mit welcher Offenheit, Wärme und mit wieviel gutem Willen, zu verstehen und uns die Fremde nicht spüren zu lassen, hat man uns doch empfangen! *[23. Oktober 1965]*

Abgesehen von Cornell[83] und Hin-und-Her-Fliegen mache ich nebenbei etwas Komisches – vielleicht berichtete ich schon. Ich schreibe den »Augustin«[84] um, auf englisch und nicht auf lateinisch, und so, daß es ein Mensch verstehen kann, der philosophische Stenographie nicht gelernt hat. Es ist merkwürdig – es ist so ewig lange her, einerseits; aber andererseits erkenne ich mich, gewissermaßen, noch, weiß genau, was ich habe sagen wollen und kann selbst Latein noch fließend lesen, wenn es sich um Augustin handelt. Mir ist die Sache ins

80 Theodore R. Weiss, »Two for Heinrich Bluecher: A Satyr's Hide«, in: ders., *The Medium: Poems*, New York: Macmillan, 1965, S. 50–54.
81 Theodore R. Weiss, »The Web: for Hannah Arendt«, in: ders., *The Medium*, S. 40–41.
82 Randall Jarrell, *Pictures from an Institution: A Comedy*, Chicago: University of Chicago Press, 1954.
83 Im Wintersemester 1965/66 lehrte H. A. an der Cornell University in Ithaca, New York.
84 Siehe Bibliographie Titel Nr. 001, 304.

Haus geschneit: ein verrückter Verlag hat vor Jahren mir die Rechte für mehrere tausend Dollar abgekauft, und ich habe verkauft, weil es mir so unsinnig schien, d. h. ich war fest überzeugt, daß die ohnehin pleite gehen (was auch eingetroffen ist) und ich mich dann eben an der Pleite ein wenig beteilige. (Sehr unmoralisch? Bitte, lach!) Jedenfalls bin ich bestraft genug. Denn was ich nicht vorausgesehen hatte, war, daß Macmillan gewisse Rechte aus der Konkursmasse erwerben würde – und nun stehe ich da. Sie schickten mir eine ganz ordentliche Übersetzung (von Ashton), die natürlich doch nicht zu brauchen ist, weil eben der Text selbst umgeschrieben werden muß. Mach ich jetzt und macht mir sogar ein bißchen Spaß. *[16. Januar 1966]*

Vietnam: Immer noch in großer Sorge. Ihr last vielleicht von Diskussionen im Auswärtigen Ausschuß des Senats unter Fulbright. Gestern war Rusk[85] 7 Stunden regulär im Verhör. Wir verfolgten es den ganzen Tag durch am Fernsehen. Es war ungeheuer spannend und auf einem hohen Niveau, sehr eindrucksvoll. So etwas kann man sich in einem anderen Lande kaum vorstellen. Der Haken in Rusks Argumentation natürlich der verquatschte Begriff der Weltrevolution, die man in Vietnam stoppen müsse. Dahinter die vielleicht ehrliche Angst vor den Chinesen, die zwar im Prinzip ganz berechtigt ist, aber hier nicht anwendbar. Ganz abgesehen davon, daß m. E. nicht wir und nicht Süd-Asien (Indien etwa) bedroht sind, sondern in erster Linie Rußland und in zweiter Linie Australien und Neuseeland. Aber wissen kann man so was natürlich nie [...]. Das Schlimmste an der ganzen Sache, daß wir einen Landkrieg in Asien auf keinen Fall führen können und genau das gerade im Begriff stehen anzufangen. Ich glaube nicht an den 3. Weltkrieg, aber manchmal kriege ich es doch mit der Angst. Übrigens noch zu dem gestrigen Fernsehen: Durch dies technische Instrument bekommt die Demokratie in diesem Massenzeitalter wieder einen Sinn, sogar einen, den sie nie gehabt hat: An solchen Aussprachen nimmt das ganze

---

85 Dean Rusk, [...] damals amerikanischer Außenminister.

Volk teil, es ist zur Beratung mitgeladen in lebendigster Weise. Das wirkt sich bereits hier überall ganz deutlich aus.

Nächste Woche zieht Heinrich wieder nach Bard. In etwa vier Wochen ich nach Chicago – wahrlich ein reisender Scholar. Meine Vorlesungen in Cornell haben sehr gut geklappt; ich las gerade einige der Studenten-Arbeiten, die ich an und für sich nicht zu zensieren habe (ich hatte zwei gute Assistenten): die haben wirklich was gelernt, und das freut den alten Pauker. In Chicago werde ich über so was ähnliches wie Grundfragen der Ethik lesen (ich habe es ein bißchen feiner ausgedrückt) [86] und habe bereits alle Manschetten davor. Heinrich gibt eine Art Oberseminar über »moralisches Vakuum« und will vor allem auch das Atom-Bomben-Buch [87] mit zugrunde legen. Ich werde diesmal vor allem Deinen »Nietzsche« benutzen. Gott sei Dank, daß es den jetzt auf englisch gibt. Ansonsten habe ich meinem guten »Augustin« ein bißchen weiter auf die alten Beine geholfen und muß nun eine neue Einleitung zu dem Totalitarismus-Buch schreiben, das in neuer Auflage (hard cover) herauskommen soll,[88] vor allem um die inzwischen erschienene Literatur zu erörtern. Macht sehr viel Lese-Arbeit. Schadet nichts, hin und wieder beklage ich mich. Meine natürliche Anlage zum Faulsein kommt so gar nicht zu ihrem Recht. *[19. Februar 1966]*

Ich habe lange nicht geschrieben, weil diese ersten Chicagoer Wochen zu anstrengend waren. Da ich ein Jahr lang nicht hier war, hat sich viel angehäuft. Außerdem habe ich plötzlich eine Riesenvorlesung, vor allem sehr viele sogenannte Credit-Studenten, nicht nur Zuhörer; die müssen hiesigem Brauch zufolge alle Essays schreiben, und mir wird ganz anders, wenn ich daran denke. Um so mehr, da es sogenannte graduate students

---

86 Der offizielle Titel lautete: »Reconsiderations of Basic Moral Propositions from Socrates to Nietzsche«. Siehe auch den folgenden Briefauszug und in der Bibliographie Titel Nr. 320. (Hrsg.)

87 Karl Jaspers, *The Future of Mankind,* Chicago: University of Chicago Press, 1961. (Hrsg.)

88 Siehe Bibliographie Titel Nr. 099.

sind, die oft der Meinung sind, die Länge macht es. (Als ich hier ankam, fand ich auf meinem Schreibtisch ein Manuskript von sage und schreibe siebenhundert Seiten, z.T. einzeilig getippt. Begabter Hochstapler, nichts weiter. Aber da er zu »unseren« Studenten gehört, mußte ich lesen.) Ich gebe eine Vorlesung über Basic moral propositions from Socrates to Nietzsche und ein Nietzsche-Seminar aufgrund Deines Buches. Das kann man erst jetzt wirklich machen, nachdem es in englisch vorliegt. Die Studenten in Vorlesung (mit Diskussion) und Seminar sind vorzüglich, aber ich muß mir auch ordentlich Mühe geben. Sie lesen mit Begeisterung, was immer man ihnen empfiehlt, und gucken einem ganz schön auf die Finger. Habe ich sehr gern. Hinzu kommen Sprechstunden und Doktorprüfungen und ähnlicher Kram. Kurz, ein »Professor«. Dazu noch dauernd gesellschaftliche Verpflichtungen, so daß ich noch kaum einen Abend friedlich in meinem Club gesessen habe.

[...]

Übrigens noch einmal »Eichmann«: Vor einigen Wochen erhielt ich den beiliegenden Brief von einem Rabbiner Dr. Arthur Hertzberg, der hier eine erhebliche Rolle im »Establishment« spielt und mich, wie du siehst, ganz gehorsam angegriffen hatte. Diese Entschuldigung ist leider nicht ganz so schön, wie sie aussieht; ich bin ziemlich sicher, daß er diesen Brief nur geschrieben hat, weil halt die offizielle Haltung sich geändert hat. [...] Na, jedenfalls nehme ich an, daß damit die Komödie ein Ende hat. Jedenfalls was die jüdischen Organisationen anlangt. Privat wird es vermutlich nie ein Ende haben – es sind halt »Intellektuelle«, was erheblich schlimmer ist als Vertreter von Interessen. *[18. April 1966]*

Die Studentenunruhen, über die Du wohl gelesen hast, waren eigentlich sehr erfreulich. Die Administration, die hier mit den Studenten über alles ausführlich diskutiert, was sie angeht, hat aus mir unerfindlichen Gründen, was die an sich nicht falsche Politik der Universität in Fragen der Wehrpflicht anlangt, sich ausgeschwiegen und die Studenten vor ein fait accompli gestellt. Die Studenten forderten im Grunde nicht mehr, als daß all die Fragen erst einmal gründlichst durchdiskutiert werden, und da sie trotz mehrerer Versuche die Universität dazu nicht hatten bewegen können, beschlossen sie, das Verwaltungsgebäude zu besetzen und ihnen zu zeigen, was 'ne Harke ist. Da in der Verwaltung ein sehr kluger und guter Mann ist, er steht an der Spitze – ist nicht Präsident, weil er Jude ist, ist aber in Wahrheit der Präsident, was ein jeder weiß –, ist alles gut abgegangen. Man hat nicht die Polizei gerufen und den Studenten nicht gedroht. Nach drei Tagen sind sie freiwillig wieder abgezogen, haben die ganze Zeit hindurch diskutiert und sich streng an alle parlamentarischen Spielregeln gehalten. Jeder kam zu Wort, jeder wurde gehört, niemand wurde ausgepfiffen, alle Anträge wurden ordnungsgemäß gestellt – kurz, es war in keinem Augenblick ein Mob. Das Gebäude selbst, das auf einmal ca. 450 Studenten Tag und Nacht beherbergte – man schlief auf dem Boden, man aß Apfelsinen und irgendwelche Butterbrote –, war die ganze Zeit hindurch tadellos sauber und in Ordnung. Alle paar Stunden wurde reingemacht und aufgeräumt. Und als sie beschlossen hatten, das Gebäude wieder zu räumen – im wesentlichen, weil man sonst der Universität, »unserer Universität«, einen bleibenden Schaden zufügen könnte –, blieben sie noch ganz übermüdet und hungrig die halbe Nacht da, um alles wieder so herzustellen, wie sie es gefunden hatten. Hier gab es eine erhebliche Zahl von Scharfmachern unter der Fakultät, kaum in der Verwaltung. Und als es einen Augenblick so aussah, als ob die Universität doch die Polizei holen würde und die Studenten erst verhaften und dann der Universität verweisen würde, gab es immerhin eine Reihe jüngerer Dozenten, vor allem aber den Dekan des College (also Verwaltung), die keineswegs mit den Studenten und ihren Methoden einig waren, aber sehr ernsthaft daran dachten, sich mit verhaften zu lassen. Ich selbst war offiziell nicht verwickelt, habe aber dauernd mit meinen Studenten reden müssen, bin auch mehrere Male in das besetzte Gebäude gegangen und habe dort mit einzelnen gesprochen. Die Studenten haben mitten in der Nacht angeläutet, um sich zu beraten. Zum Kolleg erschienen die meisten, bei mir wenigstens, aber mehr tot als lebendig. Ich sagte ihnen natürlich immer wieder, daß sie da so bald wie möglich wieder raus müßten, daß sie eine Niederlage würden einstecken müssen. Der Kontakt war keinen Moment unterbrochen, und der Wille zu hören und zu argumentieren immer gleich lebendig. Das Erstaunlichste: es gab keine Führer vorher, es stellten sich dann Führer heraus. Und entscheidend für die mustergültige Ordnung war ein zwanzigjähriges hochbegabtes jüdisches Mädchen, das die Verhandlungen leitete und absolute Autorität hatte. Inzwischen zerbricht sich hier alles den Kopf, welche neuen Institutionen man braucht, um die Studenten zu Wort kommen zu lassen in allen Dingen, die sie unmittelbar angehen, ohne ihnen Entscheidungsrecht zuzubilligen. Es ist eine kleine Minderheit, die Entscheidungsrecht verlangt; sie wird nicht durchdringen. Aber das Recht, gehört zu werden, verlangt eine überwältigende Mehrheit der wirklich Begabten. Das werden sie auch erreichen – hoffe ich. *[21. Mai 1966 aus Chicago]*

Lieber Verehrtester,

ich habe Dir seit Wochen schreiben wollen und bin doch zu gar nichts gekommen, weil ich nämlich die Wohnung habe renovieren lassen, was ein ziemliches Stück Arbeit war. Dann brach hier die Hitze aus. Heinrich, den ich zwecks Renovierung der Wohnung exiliert hatte, zog wieder ein, und nachdem alles restauriert war, restaurierte ich mich.

[...]

Kennst Du übrigens den Bericht über den Auschwitz-Prozeß, Zusammenstellung der Prozeßberichte für die »Frankfurter Allgemeine«, der im Athenäum Verlag erschienen ist? Er ist wirklich furchtbar, vor allem, weil es sich hier um Monstrositäten handelt, die keineswegs befohlen wurden. Ich schreibe davon, weil ich ein Vorwort für die englische Ausgabe schreiben soll.[89] Man weiß kaum, was man sagen soll.

Nun noch eine Anfrage: Du besinnst Dich wahrscheinlich, daß Du mir einmal eine Bestätigung für meine Wiedergutmachungssache gegeben hast über meine Aussichten für eine Habilitierung in Heidelberg. Damals sind alle derartigen Gesuche abgelehnt worden. Nun sind kürzlich gewisse Zusatzbe-

---

89 Siehe Bibliographie Titel Nr. 197.

stimmungen herausgekommen, aufgrund derer man, wie mein Anwalt mir sagte, doch noch einmal versuchen müßte, den alten Antrag zu erneuern. Der große Vorteil dabei wäre, daß ich eine Pension bekäme. Der Anwalt wurde mir vom hiesigen deutschen Generalkonsulat empfohlen als der eigentliche Fachmann für derartige Wiedergutmachungssachen. Mein eigener Anwalt hat sich vor vier Jahren das Leben genommen.

Nach dem, was mir erklärt wurde, handelt es sich um folgendes: Es gibt eine Möglichkeit, diejenigen Leute mit hereinzunehmen, bei denen die Habilitation praktisch gesichert schien. Dafür bräuchte der Anwalt von Dir eine zusätzliche Erklärung. Er hat sie aufgesetzt, und ich schicke sie Dir so, wie er sie aufgesetzt hat, was natürlich nicht heißt, daß Du sie so unterzeichnen sollst.[90] *[4. Juli 1966]*

Lieber Verehrtester, liebe Gute –

wie lange schulde ich diesen Brief! Es geht uns hier erheblich zu gut, und da fault man auch gleich so schön ein. [...]

Erst einmal: Heinrich wird diesmal nicht mitkommen. Er ist nach einem arbeitsmäßig recht schweren Winter hier endlich zur Ruhe gekommen – es geht ihm sehr gut –, und er will in der Arbeit bleiben. Außerdem hat er eine Zahngeschichte, die er seit langem herausgeschoben hat und die auch erst einmal in Ordnung gebracht werden muß. So werdet Ihr mit mir vorliebnehmen müssen. Wann ich komme, kann ich auf den Tag noch nicht sagen. In New York findet eine Tagung der American Political Science Association statt, auf der ich einen Vortrag halten soll (»Truth and Politics«); der Vortrag ist am 7., aber die Tagung länger. Es wäre unhöflich, gleich abzuhauen. Es wird also zwischen dem 12. und 15. September sein. Ich schreibe noch von hier aus an das Hotel Euler (ich weiß, eigentlich zu feudal für mich, aber ich habe zwei Sachen an den »New Yorker« verkauft, »Brecht« und »Truth and Poli-

---

90 Das Gutachten, das Jaspers im Juli 1966 schrieb, ist in der Originalausgabe des Briefwechsels (S. 831) abgedruckt. Siehe auch weiter oben S. 166 und weiter unten S. 200 f. (Hrsg.)

tics«,[91] bin also sehr reich), weil die mit den Drei Königen die einzigen sind, die keine Autobusse unterbringen und einen nicht dauernd wieder herauswerfen. Das ist halt doch lästig. (Du siehst, mit 60 beginnt ein neues Leben; ich werde »alte Dame« mit der größten Begeisterung spielen.) Nun noch die Frage, wie lange? Ich dachte, drei Wochen – aber Ihr müßt sagen, wenn es zu viel ist. Wollte mir Annchen [Weil] und eventuell Mary [McCarthy] nach Basel kommen lassen, da ich zum Rumreisen keine Lust habe. Habe auch alle Vorträge, Rundfunk etc. in Deutschland abgesagt. Ende Oktober bin ich wieder in Chicago und habe dann im Winter noch eine Reihe Vorträge – ab 1000 Dollar wird es mir schwer abzusagen – und will dazwischen lieber den Mund halten. Meine Familie will ich in Zürich sehen, das macht mir nichts aus rüberzufahren. Laßt mich wissen, was Ihr denkt. Und bitte auch, was ich Erna mitbringen könnte. Sie hat von mir seit langem nichts Richtiges mehr bekommen.

[...]

Du schreibst von meinen 60 Jahren und daß ich nie Deinen schönen Brief zum 50. beantwortet habe. Ich war wohl einfach nie in der rechten Stimmung. Außerdem passierte damit ein Malheur. Ich war in Paris, und Weils (Annchens Mann und Schwester) hatten mich eingeladen. Unvergeßlich, weil er sich dann – nachdem alles ganz unerhört vorbereitet war mit Champagner etc. – so unglaublich grob und beleidigend zu mir betrug, daß ich nie wieder in sein Haus gegangen bin. Wir haben uns natürlich längst wieder vertragen – er kam uns in New York besuchen etc. Aber die Sache war ein bißchen symbolisch; Geburtstage glücken nie recht. Unwichtig. Hingegen Altwerden. Da hatte ich immer großen Ehrgeiz. Falls Altwerden, dann bitte in Ehren ergrauen und keine »Jugendfrische« à la Alfred Weber. Ich werde mir Mühe geben und es etwas schwer haben, weil die Pferde halt immer noch sehr leicht durchgehen. Aber sonst – diese Jahrzehnte bei Euch, man braucht es doch nur nachzuleben; es ist genau, wie wir es eigentlich wollen, man brauchte es uns nur zu zeigen. Eins ist Dir nicht gelungen, weil die Götter Dir ein Schnippchen geschlagen haben, das Goe-

---

91 Siehe oben S. 187.

thesche stufenweise Verschwinden aus der Erscheinung. Das kann man sich eben nur leisten, wenn die Welt einigermaßen in Ordnung ist. So aber stehst Du heute mehr denn je im Zentrum des Erscheinenden. Sehr, sehr schön. Dann noch das dem Tode Näherrücken. Das macht mir, glaube ich, wenig aus. Ich habe immer gern gelebt, aber so gerne, daß es immer weiterdauern sollte, wieder auch nicht. Mir war der Tod immer ein angenehmer Genosse – ohne Melancholie. Krankheit wäre mir sehr unangenehm, lästig oder schlimmer. Was ich gerne hätte, wäre ein sicheres, anständiges Mittel zum eventuellen Selbstmord; ich hätte es gern in der Hand.

[...]

Jetzt muß ich die Einführung zum Auschwitz-Buch schreiben [92] – auch ein kurioses Ferienvergnügen. Ich habe gerade eine lange Besprechung einer zweibändigen Biographie der Rosa Luxemburg [93] geschrieben, ein gutes Buch, englisch wie die großen englischen Biographien von Staatsmännern, geschrieben mit dem ganzen kritischen Apparat, vielen unbekannten Quellen, vor allem Briefen; man wußte so wenig, weil sie so unglaublich verschwiegen – nicht geheimnistuerisch – war. Und der Mann, der es schrieb, Nettl, völlig unbekannt, dem Gerücht zufolge ein Geschäftsmann!, als ob er ihr letzter Verehrer sei. Sehr erfreulich. Habe bei der Gelegenheit Eduard Bernstein gelesen, ein sehr kluger Mann. Was ein abscheulicher Hypokrit aber der Kautsky war! Du siehst, ich komme ins Schwatzen. *[10. August 1966 aus Palenville]*

Liebe, liebste Freunde –

ich bin noch mit einem Fuß in Basel, und wenn ich rausschaue und den Hudson sehe, kann ich es so recht nicht glauben. Ich gehe in Gedanken durch alle Zimmer der Austraße, fange unten an, verweile bei Gertrud im Wohnzimmer, bis ich schließlich im Arbeitszimmer lande. Wenn ich an das denke, was Du sagtest, höre ich den Ton Deiner Stimme.

---

92 Siehe oben S. 193.
93 Siehe Bibliographie Titel Nr. 196.

[...]

Sehr guter Rückflug, Heinrich höchst zufrieden am Flughafen, mit Blumen, Konfekt und sehr gutem Wein zu Hause. Am nächsten Morgen um sieben Uhr früh (ungelogen) rief der Westdeutsche Rundfunk an, ich hatte erst einen Todesschreck – Ferngespräch um sieben Uhr –, fiel beinahe aus dem Bett. Dann wünschte ein mir unbekannter Herr, dessen Namen ich nicht verstand, mich nochmals um sieben aus den Federn zu holen, um mir morgen offiziell zum Geburtstag zu gratulieren und dies dann gleich über den Rundfunk laufen zu lassen. Ich fürchte, ich war nicht mehr höflich. Hier aber weiß kein Mensch oder nur die nächsten Freunde von irgend etwas. Aber die Freunde – etwa 20 Menschen – werden hier morgen Champagner und gut zu essen kriegen, allerdings kalt. Und ich war gerade den Einkauf tätigen. Da ich ohnehin noch nicht zum Arbeiten gekommen bin, ist es mir recht. Und dann habe ich die Gelegenheit, das schöne Collier umzubinden. Heinrich war sehr begeistert, und ich gucke es mir jeden Tag an. *[13. Oktober 1966]*

Lieber Verehrtester –

Dein Brief und Euer Telegramm. Erst wollte ich gleich schreiben, aber da kam dieser Geburtstag über mich – Blumen, Telegramme usw. Die Deutschen wußten es alle, Generalkonsul, Gesandter in Washington etc., und zu meiner nicht-endenden Überraschung der Vorstand der SPD. Bei uns gab es eine kleine Party, aber mit Champagner und nur guten Freunden. Dann kam Chicago, ziemlich viel zu tun und abscheuliches Wetter. Kurz, ein bißchen ein Wirbel, und zwar wörtlich, weil man von dem Wind hier umhergewirbelt wird, sobald man sich auf die Straße traut. Übrigens hatte ich einen ganz ungewöhnlich herzlichen Brief von Klaus Piper. Und mehrere von seiner Frau. Aber all das ist schon wieder so weit weg.

Was bleibt, sind die Wochen in Basel und Dein Brief und das Telegramm. Du hast ganz richtig gesehen, ich bin diesmal auch plötzlich viel älter geworden. Nicht körperlich, scheint mir; aber es ist der Anfang des Alters, und ich bin eigentlich sehr zufrieden. Mir ist ein bißchen wie als Kind – endlich erwachsen. Jetzt meint es – endlich gelassen; und auch Euch näher. Und dankbar, daß ich auch das Altwerden noch unter Deiner Führung unternehmen kann. Denn du bleibst natürlich für mich immer derselbe.

Mein Weggehen hast Du wohl ein bißchen überinterpretiert. Was Du sahst, war die Angst, und die habe ich schon lange, habe sie nur einmal wie die Katze aus dem Sack gelassen. Sonst meine ich wie Du – wir sehen uns nächstes Jahr, und zu lange voraus soll man nicht denken. *[3. November 1966]*

Bei uns war der Dezember-Monat wie immer recht unruhig. Alles kommt zusammen. Die Feiertage und die Konferenzen der Berufsorganisationen – diesmal die Historiker und die Neueren Sprachen. Alles kommt nach New York. Außerdem erschien Mary [McCarthy] hier plötzlich für eine Woche wegen aller möglichen Geschäfte. Was sehr erfreulich war. Aber eben wieder Menschen und »parties«. Selbst Heinrich wurde in den Trubel hereingezogen, da er sie aber sehr gern hat, machte es nichts. Wir gaben eine sehr nette Party, zu der sie ihre Freunde, die ja zumeist auch die meinen sind (wenn auch nicht ganz so), einlud. Sie selbst erschien mit einer Kiste erstklassigen Rotweins, den ich langsam aber sicher wegsaufe. Dann kam die Sylvester-Party, diesmal nicht zu groß, ungefähr dreißig Personen, die Esther und ich glänzend überstanden, da wir gemeinsam die ganze Gesellschaft nach zwei Uhr nachts rausschmissen. Und danach hatte ich für zwei Wochen jury duty, nämlich Geschworener, leider nicht in Strafprozessen, sondern nur Zivilklagen, jeden Tag von 9–5 Uhr, was mir aber großen Spaß gemacht hat und wo ich sehr viel gelernt habe. Das Ganze im Grunde sehr erfreulich. Man sitzt mit Menschen aus allen Bevölkerungsklassen zusammen, und die Beratungen sind sehr eindrucksvoll, und zwar einmal, weil es wirklich allen mit der Gerechtigkeit sehr ernst ist, und zum anderen, weil alle mit großer Freude dabei sind, obwohl es doch für die allermeisten einen ganz erheblichen Ausfall an Geld und Zeit bedeutet. Es ist Bürgerpflicht, und man ist froh, daß man dabeisein darf. Und dabei ohne alles Getue. Alles redet mit, aber keiner drängt sich nach vorn oder will Eindruck schinden. Die Anwälte versuchen natürlich, die Geschworenen zu beeindrucken, was aber kaum gelingt. Es wird im wesentlichen nur nach den Tatsachenindizien entschieden. Auch wenn die Kläger z. B. unter Eid offensichtlich falsch aussagen, macht es keinen Eindruck, erweckt kein Vorurteil gegen den Teil der Klage, der berechtigt ist. Die Objektivität und Unparteiischkeit sind ganz erstaunlich, auch bei ganz einfachen Menschen. Daß die Kläger, wie in einem Fall, seit 20 Jahren im Land sind und kein Wort Englisch können (Puerto Ricaner), spielt keinerlei Rolle; man behilft sich mit dem Dolmetscher und fertig. Wenn die Anwälte in Bagatell-Sachen, die nie hätten vor Gericht kommen sollen, sich nicht die Mühe gemacht haben, den Tatbestand ordentlich zu sichten und vorzutragen, sitzt die Jury stundenlang, um das nachzuholen. Ausschlaggebend ist immer, was die Tatsachen sagen und das dazugehörende Gesetz, das der Richter den Geschworenen erklärt. Der Richter sagt immer wieder: »Wenn Ihnen das Gesetz nicht gefällt, können Sie als Geschworener nichts machen; Sie müssen doch danach entscheiden. Sie können das Gesetz als ›citizen‹ ändern, aber nicht jetzt, wo Sie *juror* sind.« Das Gesetz gilt prinzipiell nicht als unabänderlich, die Möglichkeit, daß es geändert werden muß, wird immer offen gehalten.[94]

[…]

Ich habe jetzt Ruhe bis Ende März, muß erst einmal eine Einleitung zu einer englischen Übersetzung von Walter Benjamin[95] schreiben; die Übersetzung habe ich bereits durchgesehen. Da er hier völlig unbekannt ist und seine Sachen recht kompliziert sind, muß das ausführlich geschehen. Und bei mir geht alles so langsam, ich brauche für das Geringste immer einen so langen, langsamen Anlauf. Ich muß lachen, wenn ich lese, daß Du meinst, Du seist nun langsamer geworden. Verglichen mit anderen –.

[…]

Was aber Allotria anlangt, so hättest Du mich in den letzten Tagen sehen müssen: Ich bin einer der drei Preisrichter hier

---

94 Zur theoretischen Aufarbeitung dieser Erfahrung siehe oben S. 90.
95 Siehe Bibliographie Titel Nr. 222.

für den National Book Award für Philosophie, Wissenschaft und Theologie – ziemlich wichtige Einrichtung hierzulande. Und habe buchstäblich Dutzende von Büchern mir zum mindesten ansehen müssen. Das ist so eine der »Ehrungen«, die man nicht ablehnen kann und die einem die Zeit klauen. Der langen Rede kurzer Sinn ist, daß kein wirklich wichtiges, geschweige denn erstklassiges Buch in diesem Jahr publiziert worden ist. Und wenn ich könnte, wie ich wollte, wovon natürlich nicht die Rede sein kann, würde ich sagen: Kein Preis. *[16. Januar 1967]*

Hier hat sich insofern einiges geändert, als ich mich entschlossen habe, wie ich wohl noch nicht schrieb, eine äußerlich sehr gute Stellung an der hiesigen New School [for Social Research] anzunehmen, Graduate Faculty. Ebenfalls nur für ein Semester pro Jahr. Es fällt mir schwer, von Chicago mit seinen so ausgezeichneten Studenten wegzugehen, aber das Hin und Her zweimal im Jahr, das lange von Zu-Hause-Fortsein war uns beiden schon recht lästig. Heinrich, der in diesem Jahr pensioniert wird, wird zwar sicher weitermachen; er hat noch nie, glaube ich, einen solchen Erfolg bei Studenten und Fakultät gehabt wie gerade jetzt; aber er wird doch erheblich mehr zu Hause sein. Es geht ihm gut. Wir machen Pläne für den Sommer, wollen diesmal früher kommen, August, wenn es bei Euch recht ist […]. *[21. März 1967]*

Ich schreibe heute in Eile, weil ich gerade von meinem Anwalt in der Wiedergutmachungssache (Du besinnst Dich, Habilitation etc.) einen Brief bekam. Das Ministerium habe erst einmal negativ entschieden, was wir erwartet haben (es läuft eine Bundesgerichtsbeschwerde, oder wie man das nennt, ohnehin). Aber in dem abschlägigen Bescheid wurde als besonders belastend erwähnt, daß die Rahel-Arbeit wegen der noch fehlenden zwei Kapitel nicht fertiggestellt gewesen sei. Nun schreibt der Anwalt, der zur Zeit in Deutschland ist, er halte es für möglich, daß eine Äußerung von Dir eventuell – er ist keineswegs sicher – hilfreich sein könnte, wonach »die umfassende Arbeit über Rahel auch ohne die beiden der Buchausgabe hinzugefügten Schlußkapitel eine vollkommene Habilitationsschrift darstellte«. Um dies oder etwas Ähnliches mit Dir eventuell zu besprechen, möchte er nach Basel kommen. Ich schrieb: Von Deinem Gesundheitszustand, daß ich keineswegs sicher sei, Du könntest ihn empfangen, schlug vor, alles schriftlich zu regeln, etc. [...]

Was die Sache selbst anlangt, so ist mir bei der Sache nicht ganz wohl. Eine Biographie endet gemeinhin mit dem Tod des Gegenstandes. Daran können auch keine Aussagen etwas ändern. Aber vielleicht ... Falls du eine derartige Aussage nicht machen willst, bitteschön, sag sofort *nein*. Ich glaube ohnehin nicht, daß das etwas nützen wird. Aber wie gesagt, der Herr ist sehr energisch und auch keineswegs dumm. Er ist ohnehin der Meinung, daß ich mich für das »Objekt«, dessen Subjekt ich ja wäre, nicht genügend interessiere.[96] *[13. April 1967]*

Wir hatten nach Israel noch ein paar schöne Tage in Genua in einem phantastischen Hotel, in dem – Gott weiß aus welch vorsintflutlicher Zeit stammend – nicht nur die Halle und das Treppenhaus, sondern auch die Badezimmer in Marmor waren. Dann eine gute, erholsame Seefahrt. Woraufhin Heinrich das dicke Ende nachlieferte und sich mit einer Venenentzündung hinlegte. Darum schreibe ich erst heute; es war zu viel zu tun. Es ist jetzt noch nicht ganz, aber so gut wie gut. Mit hochgelagertem Bein sah er genau aus wie eine der bekannten Karikaturen: älterer Herr mit Gicht. Ihm selbst fiel ein alter Chaplin-Film dazu ein. Du siehst, wir haben die Sache eher fröhlich überstanden. Und ich sitze jetzt so friedlich zu Hause, weil mir die Krankheit die willkommene Gelegenheit gab, einen Ehrendoktor der Universität Michigan mit Riesenfeierprogramm abzusagen. Überhaupt, Zu-Hause-Sein ist schön, sich um den Haushalt kümmern, für neues Linoleum in der

---

96 Mit Datum vom 18. April 1967 hat Jaspers den gewünschten Brief an Rechtsanwalt Dr. Randolph H. Newman geschrieben; er ist in der Originalausgabe des Arendt-Jaspers-Briefwechsels abgedruckt (S. 835). Siehe dazu auch oben S. 166, 193f. (Hrsg.)

Küche sorgen, kochen und beinahe alles, was so dazugehört, und wenn nicht eine ohnehin verrückt gewordene Menschheit das Telefon erfunden hätte, wäre es noch schöner.

Israel: in vielem, dem meisten sogar sehr erfreulich. [...] Du besinnst Dich auf meine Familie – die Fürsts –; sie haben einen Schwiegersohn, der als ägyptischer Jude fließend arabisch spricht, der andere ist, wie Du weißt, ein Deutscher, und die beiden jungen Paare haben sich freigenommen und mir alles gezeigt. Auch dies war sehr erfreulich, ich meine diese kuriose Familie, die Eltern halb aus Königsberg und halb aus Berlin, die beiden Töchter mit ausgerechnet diesen Männern; und alles geht sehr gut. Die Schwäger stehen ausgezeichnet miteinander, der Deutsche spricht fließend hebräisch. Ein bißchen Humanität, und alles geht. Ich habe mich richtig wohl gefühlt. Und was das Land selbst anlangt, so merkt man deutlich, von einer wie großen Angst sie plötzlich befreit sind. Das trägt entschieden zur Verbesserung des Nationalcharakters erheblich bei. *[1. Oktober 1967]*

Ich war in Chicago, bin gerade erst wieder in New York. Heinrich geht es ganz gut, aber das Bein ist immer noch nicht ganz in Ordnung. Ansonsten kaum etwas Neues – außer daß das Land, vor allem auch die Universitäten, in Aufruhr ist. Es ist schwer abzusehen, was daraus werden wird. An den Studenten in Chicago hatte ich große Freude. Dort ist auch der ganze Lehr- und Lernbetrieb wesentlich ungestört, weil die Administration, vor allem der neue Präsident Edward Levi, ganz außerordentlich klug verfährt. Praktisch dreht es sich immer um nur eine Frage: Wenn die Studenten protestieren, darf unter keinen Umständen die Polizei mobilisiert werden. Solange das nicht geschieht, kommen Exzesse nicht vor, und auch die Meinungsbildung unter den Studenten schliddert kaum je ins Extreme ab. Erst wenn man sie durch Ruf nach Polizei und Disziplinarstrafen als Verbrecher behandelt, was sie ja keineswegs sind, werden sie wirklich aufsässig. Dann betrachten sie die Universität als ihren Feind und nicht mehr als die Stätte, an der Kontroversen ausgetragen werden. Und dann kann man allerdings gleich zumachen. *[25. November 1967]*

Heute schreibe ich, um über Sommermöglichkeiten zu beraten. Heinrich ist es den ganzen Winter über nicht sehr gutgegangen, und obwohl er jetzt wieder gesund ist, will er nicht nach Europa kommen, und ich will ihn nicht lange allein lassen. Ich könnte also nur kurz kommen, und zwar am besten in der zweiten Junihälfte. Davor ist es kaum möglich. Heinrich bekommt Mitte Juni den Ehrendoktor von Bard College, und da muß ich mit dabeisein. Davor, unmittelbar nach dem Semester, werden wir für ein paar Wochen ins Grüne gehen, in ein gutes Hotel, wo wir uns richtig erholen wollen. Ich bin sehr müde – Semester und Haushalt und Politik. Dann, wenn ich von Europa zurückkomme (Heinrich schon vorher), gehen wir wie stets nach Palenville. All das ist noch nicht ganz sicher. Heinrich geht nächste Woche noch einmal zu einer Generaluntersuchung zum Arzt, aber ich bin fast sicher, daß der ihn gesundschreiben wird. *[5. Mai 1968]*

Liebste Freunde –

ich schreibe unter Druck. Ich kann nicht kommen. Heinrich hatte einen Herzanfall; kein Infarkt. Man weiß nicht, wie es sich entwickeln wird. Jedenfalls muß man abwarten. Ich lasse von mir hören. *[13. Juni 1968]*

Über das Politische wäre viel zu sagen. Mir scheint, die Kinder des nächsten Jahrhunderts werden das Jahr 1968 mal so lernen wie wir das Jahr 1848. Ich bin auch noch persönlich interessiert. Der »rote Dany« Cohn-Bendit ist der Sohn sehr naher Freunde von uns, die beide gestorben sind, aus der Pariser Zeit. Ich kenne den Jungen; er war bei uns hier, und ich habe ihn auch in Deutschland gesehen. Ein ausgesprochen guter Kerl. Hier ist das Entscheidende McCarthy, der die ganze Jugend auf seiner Seite hat.[97] Es ist auch hier alles außerordentlich gefährlich; aber manchmal denke ich, dies ist doch das

---

97 Gemeint ist Eugene J. McCarthy [...], der 1968 versuchte, die Präsidentschaftskandidatur der Demokratischen Partei zu gewinnen. [...]

einzige Land, wo die Republik zumindest noch eine Chance hat. Außerdem hat man das Gefühl – man ist unter Freunden.
[26. Juni 1968]

Liebste Freunde –
ich habe ein wenig abwarten wollen, wie es mit Heinrich geht. Es geht ihm wirklich ausgezeichnet. Es ist immer dieselbe Geschichte: Er wird sehr krank, die Ärzte sehen düster drein, er wird ins Krankenhaus eingeliefert – und plötzlich ist alles vorbei. Als er ganz jung war, hatte er ein halbes Jahr einen unstillbaren Durchfall, magerte zum Skelett ab, die Ärzte flüsterten Tb und gaben ihn auf. Worauf sein Freund Robert sagte: Wenn Du ohnehin sterben mußt, können wir auch erst mal nach Italien fahren. Worauf sie Roberts Auto bestiegen, Heinrich nach 8 Tagen völlig gesund war und sie sich zusammen zum erstenmal Italien ansahen. Er selbst ist von diesen Geschehnissen nicht im geringsten aus der Fassung zu bringen. Von dem Schreck habe nur ich mich erholen müssen. Er nimmt es hin, wie es kommt. Hat sich auch bei dem wirklich scheußlichen Herzanfall nicht im geringsten aufgeregt.
[27. Juli 1968 aus Palenville]

Heinrich geht es so gut, daß ich mich eben doch entschlossen hab, schnell mal herüberzukommen – allerdings nur für etwa eine Woche. Wenn es so geht, wie ich denke, bin ich Sonntag, den 1. September, da, wohne wieder im Euler und melde mich. Ich habe noch nicht gebucht, und es ist möglich, daß ich erst am 2. da bin.[98] *[20. August 1968 aus Palenville]*

---

98 Bei diesem Besuch im September 1968 sahen sich Hannah Arendt und Karl Jaspers zum letztenmal. Jaspers ist am 26. Februar 1969 gestorben. Der Briefwechsel endet mit dem Telegramm, in dem Gertrud Jaspers H. A. den Tod von Karl Jaspers mitteilt. Gertrud Jaspers starb am 25. Mai 1974 im 96. Lebensjahr. (Hrsg.)

2. Über das Jüdin-Sein

Sehr verehrter, lieber Herr Professor,

haben Sie meinen herzlichsten Dank für den Max Weber[1], mit dem Sie mir eine große Freude bereitet haben. Daß ich Ihnen trotzdem erst heute für die Schrift danke, hat einen bestimmten Grund: eine Stellungnahme ist mir von vornherein durch Titel und Einleitung erschwert. Es handelt sich dabei nicht darum, daß Sie in Max Weber den großen Deutschen, sondern daß Sie in ihm das »deutsche Wesen« darstellen und daß Sie dieses mit »Vernünftigkeit und Menschlichkeit aus dem Ursprung der Leidenschaft« identifizieren. Das bereitet mir die gleiche Schwierigkeit der Stellungnahme wie die zu dem eindrucksvollen Patriotismus Max Webers selbst. Sie werden verstehen, daß ich als Jüdin dazu weder ja noch nein sagen kann und daß mein Einverständnis ebenso unpassend wäre wie eine Argumentation dagegen. Ich brauche mich noch nicht zu distanzieren, solange es sich um den »Sinn der deutschen Weltmacht« handelt und ihre Aufgabe für die »Kultur der Zukunft«. Mit dieser deutschen Aufgabe kann ich mich noch identifizieren, wenn ich auch nicht in aller Fraglosigkeit mit ihr identisch bin. Für mich ist Deutschland die Muttersprache, die Philosophie und die Dichtung. Für all das kann und muß ich einstehen. Aber ich bin zur Distanz verpflichtet, ich kann weder dafür noch dagegen sein, wenn ich den großartigen Satz Max Webers lese, zur Wiederaufrichtung Deutschlands würde er sich auch mit dem leibhaftigen Teufel verbünden. Und in diesem Satz scheint mir gerade das Entscheidende offenbar zu sein.

---

1 Karl Jaspers, *Max Weber: Deutsches Wesen im politischen Denken, im Forschen und Philosophieren*, Oldenburg i. O. 1932, Zitate im Brief auf den Seiten 7 und 21. – Jaspers hat für die späteren Ausgaben den Titel abgewandelt in *Max Weber: Politiker – Forscher – Philosoph*.

Diese Hemmung wollte ich Ihnen mitteilen, obwohl sie beim Weiterlesen schwindet. Es bleibt für mich eine Divergenz bestehen zwischen dem Fortgang und der Einleitung, dem Fortgang, für den es entscheidend wird, daß Freiheit nicht mit Deutschheit identifiziert werden darf, und der Einleitung, in welcher Sie »Vernünftigkeit und Menschlichkeit« doch zu so etwas wie zu einer Eigentümlichkeit deutschen Wesens machten. *[1. Januar 1933]*

Was mich verwirrte, ist einmal natürlich der Terminus »deutsches Wesen«. Sie sagen selbst, wie mißbraucht er ist; er ist für mich fast identisch mit dem Mißbrauch. Aber das ist unwesentlich; selbst wenn ich das Wort so höre, als sprächen Sie zum erstenmal davon, so würde ich stutzig werden. Ich habe vielleicht nicht verstanden, was Sie mit geschichtlicher Totalintention meinen. Ich habe es so aufgefaßt, daß dieses Wesen sich in der Geschichte jeweils verwirklicht. Es bliebe also, trotz seiner wesentlichen Unbestimmtheit, doch etwas Absolutes, von der Geschichte und dem deutschen Schicksal nicht Antastbares. Hiermit kann ich mich nicht identifizieren, weil ich an mir selbst sozusagen nicht die Bezeugung »deutschen Wesens« habe.

Ich bin natürlich dennoch eine Deutsche in dem Sinne, den ich schon schrieb. Nur kann ich das geschichtlich politische Schicksal nicht einfach hinzufügen. Ich weiß zu genau, wie spät und wie lückenhaft die Juden daran beteiligt worden, wie zufällig sie schließlich in die damals fremde Geschichte hineingekommen sind. Und selbst wenn man die letzten hundertfünfzig Jahre dagegen als Kronzeugen anrufen wollte, so bleibt doch immer noch dies bestehen: Wenn man von Juden spricht, so kann man im Grunde nicht die wenigen Familien meinen, die schon seit Generationen in Deutschland sitzen, sondern nur den Zustrom aus dem Osten, in dem der Prozeß der Assimilation immer neu vor sich geht. Deutschland im alten Glanze ist Ihre Vergangenheit, welches die meine ist, ist kaum mit einem Worte zu sagen; wie überhaupt jede Eindeutigkeit – sei es die der Zionisten, der Assimilanten oder die der Antisemiten – die wirkliche Problematik der Situation nur verdeckt. *[6. Januar 1933]*

Meine nicht-bürgerliche oder literarische Existenz beruht darauf, daß ich dank meines Mannes politisch denken und historisch sehen gelernt habe und daß ich andererseits nicht davon abgelassen habe, mich historisch wie politisch von der Judenfrage her zu orientieren. Und dies bringt mich auf Ihre Anfrage bezüglich der »Wandlung«[2]. Muß ich Ihnen sagen, wie ungeheuer mich Ihre Aufforderung, mitzutun, gefreut hat? Und wie glücklich ich wäre, könnte ich einfach schreiben und schicken.

Sie werden mich nicht mißverstehen, wenn ich Ihnen sage, daß es für mich nicht ganz leicht ist, an einer deutschen Zeitschrift mitzuarbeiten. Sehen Sie, ich bin sicher unglücklich genug über die verzweifelte Entschlossenheit der Juden, Europa zu verlassen (Sie kennen ja vermutlich die Stimmung in all den Flüchtlingslägern innerhalb und außerhalb Deutschlands, und die ist entscheidend für die Frage); ich bin auch verängstigter, als ich sagen möchte, über die drohende Möglichkeit weiterer Katastrophen, vor allem in Palästina, angesichts des Verhaltens anderer Regierungen und unserer eigenen Selbstmordneigung in der Politik. Eines aber erscheint auch mir klar: wenn Juden in Europa bleiben sollen können, dann nicht als Deutsche oder Franzosen etc., als ob nichts geschehen sei. Mir scheint, keiner von uns kann zurückkommen (und Schreiben ist doch eine Form des Zurückkommens), nur weil man nun wieder bereit scheint, Juden als Deutsche oder sonst was anzuerkennen; sondern nur, wenn wir als Juden willkommen sind. Das würde heißen, daß ich gerne schreiben würde, wenn ich als Jude über irgendeinen Aspekt der Judenfrage schreiben kann – und abgesehen von allem anderen, d. h. von Ihren möglichen Einwänden, weiß ich nicht, ob Sie das drucken könnten bei den augenblicklichen Schwierigkeiten. *[29. Januar 1946]*

---

2 Jaspers hatte Arendt das erste Heft der Zeitschrift *Die Wandlung* vom November 1945 gesandt und angefragt, ob sie nicht einen Aufsatz für das neue Organ verfassen möchte. Im 4. Heft (April 1946) veröffentlichte H. A. dort ihren Aufsatz »Organisierte Schuld« (Bibliographie Titel Nr. 058). Es folgten weitere Veröffentlichungen sowie schließlich, in der Reihe »Schriften der Wandlung«, die Sammlung *Sechs Essays* (Bibliographie Titel Nr. 069). Letzterer ist eine »Zueignung« an Karl Jaspers vorangestellt, in der H. A. die hier angeschnittene Problematik wieder aufgreift. Siehe auch oben S. 142 und weiter unten S. 209. (Hrsg.)

Daß Sie über »unser« Problem schreiben,[3] hat mich sehr berührt. Natürlich sind wir nicht stubenrein – Gott sei's gelobt, getrommelt und gepfiffen. Hier sind zwar alle Nachrichten über Juden »front page news«, vor allem in New York natürlich; aber dadurch wird die Sache auch nicht wesenlich besser – wenn auch etwas besser. Ich habe mich sehr gefreut, daß Sie Ihres Mannes »Ich bin Deutschland« abgelehnt haben. (Er soll mir das nicht übelnehmen; für mich, die ich mich an nichts mehr in Deutschland habe erinnern mögen außer an ihn, ich meine an nichts wirklich Lebendiges, war und ist diese Versuchung sehr real und sehr nahe.) Er ist nicht Deutschland, scheint mir; schon weil es viel mehr ist, ein Mensch zu sein. Deutschland ist kein einzelner Mensch; das ist entweder das deutsche Volk, wie es auch immer sei, oder es ist ein geographisch-historischer Begriff. Und zur Geschichte wollen wir ihn doch nun beileibe nicht rechnen – dazu haben die, die nach uns kommen werden, noch Zeit und Gelegenheit genug. Wie man es aber aushält, dort als Jude zu leben in einer Umwelt, die über »unser« Problem, und das sind ja heute unsere Toten, nicht einmal zu sprechen geruht, weiß ich auch nicht. Außer daß ich weiß, daß es gut wäre, wenn man es könnte.
[30. Mai 1946 an Gertrud Jaspers]

Eben sehe ich noch Ihre Frage, ob ich Deutsche oder Jüdin sei. Ehrlich gesagt, es ist mir persönlich und individuell gesehen ganz egal. Die Heinesche Lösung geht leider nicht mehr. Es war doch die Lösung des Traumweltherrschers.[4] Dafür ist es aber auch, trotz allem äußeren Anschein, nicht mehr so wichtig. Ich möchte so sagen: Politisch werde ich immer nur im Namen der Juden sprechen, sofern ich durch die Umstände gezwungen bin, meine Nationalität anzugeben. Es ist für mich

---

3 Gertrud Jaspers, selbst Jüdin, hatte am 17. April 1946 an H. A. u. a. geschrieben: »›Unser‹ Problem wird hier nie besprochen, mir ist es, als gälte es als nicht stubenrein.«

4 Siehe H. A. in ihrem Aufsatz »Die verborgene Tradition« (Bibliographie Titel Nr. 078), in dem ein Abschnitt die Überschrift trägt: »Heinrich Heine: Schlemihl und Traumweltherrscher«. (Hrsg.)

leichter als für Ihre Frau, weil ich ferner bin allen den Dingen und weil ich mich niemals spontan oder insistierend »als Deutsche« gefühlt habe. Was bleibt, ist die Sprache, und wie wichtig das ist, weiß man wohl erst, wenn man mehr nolens als volens andere Sprachen spricht und schreibt. Ist das nicht genug? *[17. Dezember 1946]*

Lieber Verehrtester –

anbei finden Sie die veränderten Seiten der »Zueignung«[5]. Hoffentlich wird unser guter Lambert Schneider nicht ungeduldig. Sie hatten vollkommen recht, und ich habe mich nachträglich, aber durchaus erst nachträglich, gewundert und geärgert, daß wir hier das Aufreizende nicht herausgehört und gelesen haben. Ich habe natürlicherweise, gerade weil es ja eine Rechtfertigung ist, mehr und viel zuviel an die mich hier umgebenden Menschen gedacht und irgendwie unter diesem Druck offenbar geschrieben. Daß es trotzdem eine »Rechtfertigung« bleibt, ist nicht zu leugnen, und ich bin traurig, daß es Sie traurig macht. Denn dies kann ich nicht ändern; nicht zu erklären, wäre, scheint mir, hochmütig, und jede Erklärung trägt den Keim der Rechtfertigung in sich. Da schien es mir schon besser, klar und deutlich eine »Rechtfertigung« zu schreiben. Außerdem glaube ich wirklich (sagen Sie mir, wenn ich mich irre), daß auch für Deutschland und nicht nur für meine jüdischen Freunde eine Rechtfertigung nötig ist. Bisher haben, soweit ich sehen kann, Juden in Deutschland nur insoweit publiziert, als sie stillschweigend annahmen, daß sie antifaschistische Deutsche seien. Das heißt, sie taten so, als habe sich seit 1932 nichts geändert. Auf der andern Seite vermeidet man doch in Deutschland, soweit ich es beurteilen kann, eine Erörterung der Judenfrage aufs ängstlichste, was doch sicher seine Gründe hat. Mit andern Worten und mutatis mutandis, ich kann mich des Verdachts nicht erwehren, daß Deutsche im allgemeinen keine wesentlich andere Einstellung zu einer solchen Veröffentlichung eines Juden in Deutschland haben

---

5 Siehe oben S. 142, 207.

dürften wie die Mehrzahl der Juden. Ich habe das absichtlich sehr brutal ausgesprochen. *[3. Mai 1947]*

Aber lassen Sie mich auf die Judenfrage zurückkommen. Ich besinne mich sehr gut auf unsere Differenz, während derer Sie einmal sagten (oder schrieben), daß wir doch eben alle in einem Boot säßen. Ich weiß nicht mehr, ob ich antwortete oder nur dachte, daß mit Hitler als Kapitän (es war vor 33) wir Juden eben nicht mehr im selben Boot sitzen würden. Dies war auch verkehrt, denn unter diesen Umständen saßen Sie halt auch nicht mehr in dem Boot oder höchstens so, wie man in einem Gefängnis sitzt. Unter freien Zuständen sollte eigentlich jeder einzelne entscheiden dürfen, was er nun gerne sein möchte, Deutscher oder Jude oder was immer. In einer a-nationalen Republik wie den Vereinigten Staaten, in denen Nationalität und Staat nicht identisch sind, wird das dann mehr oder minder zu einer Frage, die nur noch soziale und kulturelle Bedeutung hat, aber politisch bedeutungslos ist. (So ist z. B. der sogenannte Antisemitismus hier rein sozial, und die gleichen Leute, die auf keinen Fall mit Juden im gleichen Hotel wohnen wollen, würden sehr erstaunt und empört sein, wenn man ihren jüdischen Mitbürgern das Wahlrecht entziehen wollte. Das kann sich natürlich ändern, aber vorläufig ist es so.) In dem Nationalstaat-System Europas ist das alles schwieriger; aber, mein Gott, wenn ein Deutscher sagt, er möchte lieber Italiener sein oder vice versa und danach handelt, warum denn nicht?

Wenn die deutschen Juden heute nicht mehr Deutsche sein wollen, so kann man es uns ja gewiß nicht verdenken, aber natürlich sieht es auch ein bißchen komisch aus. Was sie aber im Grunde damit sagen wollen, ist doch, daß sie die politische Mitverantwortung für Deutschland nicht zu teilen gedenken; und da haben sie auch wieder recht. Und dies ist doch allein entscheidend. Sehen Sie, es ist doch mir und vielen anderen heute ganz selbstverständlich geworden, daß, wenn wir die Zeitungen aufschlagen, wir erst mal nachschauen, was in Palästina los ist – obwohl ich nicht die Absicht habe, da je hinzugehen, und beinahe fest davon überzeugt bin, daß es dort schiefgehen wird.

Woran mir liegen würde und was man heute nicht erreichen kann, wäre eigentlich nur eine solche Änderung der Zustände, daß jeder frei wählen kann, wo er seine politischen Verantwortlichkeiten auszuüben gedenkt und in welcher kulturellen Tradition er sich am wohlsten fühlt. Damit endlich die Ahnenforschung hüben und drüben ein Ende hat.

Momentan scheint mir am wichtigsten, all diese Fragen nicht zu überschätzen, weil man sonst immer wieder vergißt, daß dies doch vermutlich die Sintflut ist, in der man am besten tut, sich nirgends ganz häuslich einzurichten, sich auf kein Volk wirklich zu verlassen, denn es kann sich im Nu in Masse verwandeln und in ein blindes Werkzeug des Verderbens.

Monsieur und ich verhandeln die Judenfrage auch immer wieder von Zeit zu Zeit, und wenn ich ihn ungestört lasse, fällt er immer wieder auf seine, wie ich es nenne, assimilatorischen Beine. Und so im Bezirk des rein Privaten gebe ich ja gerne zu, daß es wirklich außerordentlich schwer einzusehen ist, warum Herr oder Frau So-und-so nun keine Deutschen seien, wenn es so ungeheuer offensichtlich ist, daß sie welche sind. *[30. Juni 1947]*

Was die Juden betrifft: Sie haben mit allem, was Sie sagen, historisch recht. Trotzdem aber besteht die Tatsache, daß viele Juden gleich mir religiös völlig unabhängig vom Juden*tum* sind und doch trotzdem Juden. Vielleicht wird das zum Untergang des Volkes führen, dagegen kann man nichts tun. Was man tun kann, ist nur, solche politischen Verhältnisse erstreben, die eine Fortexistenz nicht unmöglich machen. Was dann wird, kann man geruhig abwarten. Was Palästina anlangt, so haben Sie vollkommen recht: Das ist in der Tat die einzige konsequente Assimilation, die je versucht worden ist. Dagegen ist alles andere, sofern es nicht einfach ein Aufnehmen europäischer Kultur war, sondern programmatisch betrieben wurde, ein Kinderspiel und nicht einmal ein ganz ernstgemeintes. Die Zionisten sind die einzigen, die man in dieser Hinsicht ernst nehmen kann. Sie – und nicht die Assimilanten – sind auch die einzigen, die nicht mehr an das auserwählte Volk glauben. Was man dann in Palästina selbst getan hat, ist aber außerordentlich: nicht einfach Kolonisation, sondern der ernsthafte Versuch einer neuen Gesellschaftsordnung, aus der sogar in letzter Zeit die utopischen Elemente tolstoianischer Art mehr und mehr verschwinden. Was das Volk selbst betrifft, so hat sich in den letzten Jahren eine so entscheidende Veränderung in ihm vollzogen, daß man von einem wirklichen Wechsel des sogenannten Nationalcharakters sprechen kann. (Ob das endgültig ist, weiß ich nicht.) Wesentlich ist vor allem, daß große Teile des Volkes, nicht nur in Palästina, nicht nur Zionisten, Überleben als Ziel des gesamten Volkslebens ablehnen und zum Sterben bereit sind. Das ist ganz neu. Zweitens aber besteht ein schwer zu beschreibender Widerwillen gegen die Idee vom auserwählten Volk. Man könnte sagen, die Juden haben es satt. Dies ist nicht eine Ideologie wie beim Zionismus, sondern eine Volksstimmung. Hand in Hand damit aber geht – und das ist das eigentlich Gefährliche – ein immer selbstverständlicher werdendes und immer weitere Kreise umfassendes grundsätzliches Mißtrauen gegen alle anderen Völker; die Einstellung zu Deutschland ist keineswegs (was nicht weiter schlimm wäre) auf Deutschland beschränkt, sondern hat eine viel allgemeinere Ablehnung ausgelöst. Auch dies ist nicht neu, erstreckt sich aber heute auf alle Schichten, z. B. auch auf die jüdischen Sozialisten. Es ist ungeheuer gefährlich und verderblich, weil dahinter gar keine Idee (außer einer vagen Vorstellung von »wir sind doch bessere Menschen, wollen aber versuchen, schlechtere zu werden«), gar kein Glauben an Gott oder irgend etwas steckt. Man könnte natürlich sagen, dies ist eine vorübergehende Volkshysterie. Ich weiß nicht. Daneben gibt es viel Positives: Palästina, das, wie Sie so schön sagen, »aus der Ferne« heute das Volk zusammenhält; die Entwicklung des amerikanischen Judentums, das frei ist und selbstbewußt, wenn auch gewissermaßen barbarischer als was wir kannten. Die Republik hier, die den Nationalitäten Freiheit läßt und doch jeden als Bürger einbezieht, ja selbst den Immigranten bereits als zukünftigen Bürger behandelt. *[4. September 1947]*

Auf Ihren letzten Brief will ich heute nicht antworten. Aber mir scheint, ich kann versprechen, daß ich in Ihrem Sinne nicht aufhören werde, eine Deutsche zu sein; das heißt, daß ich nichts verleugnen werde, nicht Ihr Deutschland und Heinrichs, nicht die Tradition, in der ich groß wurde, und die Sprache, in der ich denke und in der die mir liebsten Gedichte geschrieben wurden. Ich werde mir nichts anschwindeln, weder eine jüdische noch eine amerikanische Vergangenheit. *[19. Februar 1953]*

Sie sagen: das jüdische Deutschtum, aber man sagte doch immer (mit Unrecht?) das deutsche Judentum. Blumenfeld[6] als Zionist kann ja gar nicht anders als sagen: es gab nur ein deutsches Judentum, das einen Teil des über die Welt verstreuten jüdischen Volkes bildet. Historisch ist das richtig, nämlich aus dem Gesichtspunkt jüdischer Geschichte. Was die Assimilation betrifft: politisch-gesellschaftlich war die Situation untragbar und hätte sich auch so oder so gelöst – durch Verschwinden oder eben Zionismus. Aber gerade weil sie politisch-gesellschaftlich so kompliziert und eigentlich unmöglich war, hat sie individuell ganz außerordentliche Chancen geboten, menschlicher wie auch geistig-produktiver Art. In diesem Sinne war das deutsche Judentum wirklich eine große Sache. [...]
Blumenfeld [...] Natürlich ist er sehr »deutsch«. Er pflegte zu sagen: Ich bin Zionist von Goethes Gnaden. *[6. Oktober 1954]*

---

6 Kurt Blumenfeld kannte H. A. aus Kindertagen. Seit ihren Studienjahren in Heidelberg war sie mit ihm befreundet. Beide standen in engem Kontakt, als er sich während des Krieges in New York aufhielt. Im Sommer 1954 besuchte Blumenfeld, der 1945 nach Palästina/Israel zurückgekehrt war, auf Arendts Vermittlung hin Jaspers in Basel. Siehe Bibliographie Titel Nr. 301, ferner in dieser Ausgabe S. 32, 216. (Hrsg.)

3. Zu eigenen Werken

Rahel Varnhagen:
Lebensgeschichte einer deutschen Jüdin
aus der Romantik (1959)

So will ich nur in aller Vorläufigkeit einiges zu Ihrer Stellungnahme bemerken.[1] Ich habe nicht versucht – bin mir dessen wenigstens nicht bewußt –, die Rahelsche Existenz jüdisch zu »begründen«. Dieser Vortrag gilt nur als *Vor*arbeit, die zeigen soll,
daß auf dem Boden des Judeseins eine bestimmte Möglichkeit
der Existenz erwachsen *kann*, die ich in aller Vorläufigkeit andeutungsweise mit Schicksalhaftigkeit bezeichnete. Diese
Schicksalhaftigkeit erwächst gerade auf dem Grund einer Bo-
denlosigkeit und vollzieht sich gerade *nur* in der Abgelöstheit
vom Judentum. Eine eigentliche Interpretation dieses Schick-
sal-Habens sollte hier gar nicht geleistet werden. Für sie würde
das Faktum Judentum schließlich auch belanglos werden.

Eine Objektivation in bestimmtem Sinne liegt wirklich vor:
aber nicht eine Objektivation der jüdischen Existenz (etwa als
Gestalt), sondern eines geschichtlichen Lebenszusammen-
hanges, von dem ich allerdings glaube, daß mit ihm etwas gemeint sein kann (aber keine objektive Idee oder etwas Ähnliches). Es scheint, als seien bestimmte Personen in ihrem eigenen Leben (und nur in diesem, nicht etwa als Personen!) der-
art exponiert, daß sie gleichsam Knotenpunkte und konkrete
Objektivationen »des« Lebens werden. Bei der Rahel liegt
meiner Objektivation schon eine Selbstobjektivation zugrunde, die nicht eine reflektierende, also nachträgliche ist,

---

1 H. A. hatte Jaspers einen Vortrag, den sie über Rahel Varnhagen gehalten
   hatte, geschickt. Das Manuskript ist nicht erhalten, siehe aber in der Bibliographie Titel 008, 013, 014. Die »Vorläufigkeit« ihrer Bemerkungen entschuldigt sie damit, daß sie mit dem Einrichten einer neuen Wohnung viel zu tun
   habe. (Hrsg.)

sondern von vornherein der ihr eigentümliche Modus des »Erlebens«, der Erfahrung. Was dieses alles eigentlich ist: Schicksal, Exponiertheit, es ist mit dem Leben etwas gemeint – kann ich nicht (und merke es im Schreiben) in abstracto sagen, sondern höchstens vielleicht exemplifizierend aufweisen. Gerade deshalb will ich auch eine Biographie schreiben. Interpretation hat hier eigentlich den Sinn der Wiederholung. *[24. März 1930 aus Frankfurt/M.]*

Lieber Verehrtester –

Ihr lieber langer Brief. Diese herrliche Ausführlichkeit, diese helle, erhellende Geduld, dies in einem und zugleich Hören und Antworten. Ich mochte nicht gleich antworten, weil ich gelernt habe, meiner Schnelligkeit zu mißtrauen. Hätte ich gleich reagiert, wäre aber vermutlich doch die gleiche Antwort herausgekommen.

Erstaunt war ich gar nicht. Ihren Widerspruch hatte ich erwartet, und hätte ich mich besser auf das Buch besonnen, das mir schon seit Jahren sehr fern ist, hätte ich es auch im Detail – nicht gewußt, aber vermutet. Sie haben recht: Das Manuskript bis auf das letzte Kapitel war 1933 oder sogar 1932 fertig. Ich schrieb es dann schon ärgerlich 1938 im Sommer zu Ende, weil Heinrich [Blücher] und [Walter] Benjamin mir keine Ruhe ließen.

Im übrigen und unabhängig von dem, was ich im folgenden zu Ihrem Brief zu sagen habe, bleibt es bei unserer Verabredung: Ich drucke es nicht. Sie besinnen sich, daß ich Ihnen sagte, daß ich eine Publikation durchaus und nur von Ihrer Reaktion abhängig machen würde. (Ob man einen Verleger fände, ist eine andere Frage.)

Sachlich bin ich der Meinung, daß viele Dinge, die ich in dem Buch sage, vor 1933 (vielleicht sogar vor 1938) öffentlich hätten gesagt werden sollen, jedenfalls hätten gesagt werden können und dann nicht nur keinen Schaden, sondern sogar einigen Nutzen gebracht hätten. Ich glaube auch, daß irgendwann einmal, vielleicht wenn diese Generation von deutschen Juden, auf die es ja keine weitere mehr geben wird, tot ist, diese Dinge ruhig wieder gesagt werden können. Aber jetzt gerade vermutlich lieber nicht. Ich habe keinerlei Angst vor Antisemiten; die benutzen ohnehin alles und können Disraeli oder Rathenau immer noch besser gebrauchen als mich. Aber ich befürchte, daß gutwillige Leute zwischen diesen Dingen und der Ausrottung der Juden einen Zusammenhang sehen werden, der de facto nicht besteht. All dieses konnte zu gesellschaftlichem Judenhaß führen und hat dazu geführt, wie es auf der anderen Seite zu der spezifisch deutschen Art des Zionismus geführt hat. Das eigentlich totalitäre Phänomen, aber auch bereits der eigentliche politische Antisemitismus, hat damit kaum etwas zu tun. Dies gerade wußte ich nicht, als ich das Buch schrieb. Es ist geschrieben aus der zionistischen Kritik an der Assimilation heraus, die ich mir zueigen machte und die ich auch heute noch für wesentlich berechtigt halte. Nur ist diese Kritik politisch so ahnungslos, wie es dasjenige war, was sie kritisierte. Persönlich ist das Buch allerdings in vielem – und vielleicht gerade darum mir heute fremd; vor allem im Ton, in der Art der Reflexion. Nicht aber in der jüdischen Erfahrung, die ich mir mit Mühe und Not anerzogen habe. Ich war von Hause aus einfach naiv; die sogenannte Judenfrage fand ich langweilig. Die Augen in dieser Hinsicht hat mir Kurt Blumenfeld[2] geöffnet, der dann ein naher Freund wurde und es heute noch ist.

[...]

Sie haben völlig recht, wenn Sie meinen, daß dies Buch »die Stimmung erweckt, als ob ein Mensch als Jude eigentlich nicht recht leben könne«. Und dies ist natürlich zentral. Ich bin auch heute noch der Meinung, daß Juden unter den Bedingungen der gesellschaftlichen Assimilation und staatlichen Emanzipation nicht »leben« konnten. Rahels Leben scheint mir dafür ein Beweis, gerade weil sie mit außerordentlicher Schonungslosigkeit und einem völligen Mangel an Verlogenheit alles an sich selbst ausprobierte. Was mich an ihr gereizt hat, war immer das Phänomen, daß das Leben auf einen trifft »wie Wetter ohne Schirm«. Darum scheint mir, wurde an ihr alles so klar. Darum aber war sie auch so durchaus unausstehlich. [...]

---

2 Siehe oben S. 32 und 213.

Was nun die Aufklärung angeht, so kommt dies vielleicht mißverständlich heraus. Was ich meinte, war ja nur die Aufklärung, soweit sie für Rahel und das heißt hier für sie als ein Judenmädchen, das sich assimilieren mußte (also bewußt etwas machen, was anderen, späteren in den Schoß fiel), relevant war. Und die Aufklärung spielte unter diesen speziellen Bedingungen eine höchst fragwürdige Rolle. Ich zeige sie an »ungünstigen« Beispielen, weil es historisch hier günstige nicht gibt. Entscheidend war Mendelssohn und Friedländer, nicht Lessing. Und Mendelssohn ist allerdings – so scheint mir im Gegensatz zu Ihnen – schlechthin platt und opportunistisch. Von Spinoza ist in ihm, wie mir scheinen will, so wenig zu spüren wie in Rahel selbst. Spinoza war ein großer Philosoph und als solcher sui generis. Für ihn war es gleichgültig oder doch im wesentlichen gleichgültig, daß er Jude war. Es war seine Abstammung, das, wovon er wegging. Er war ja auch noch nicht mit einem Judenproblem konfrontiert; alles war personale Geschichte. Daß er Jude war und als solcher außerhalb der Gesellschaft stand, war eine Chance mehr. Mendelssohn wie Rahel wollen primär in die Gesellschaft hinein, was man ihnen auch schlecht verübeln kann. Außerhalb ihrer konnte sich erst wieder Heine halten, weil er ein Dichter war wie Spinoza ein Philosoph, und ein Revolutionär.

Dies bringt mich auf die eigentlich entscheidende Frage: Sie setzen so etwas wie eine mehr oder minder ungebrochene Tradition des Judentums voraus, in der Rahel ihren Platz hätte wie Spinoza und Mendelssohn. Von allen diesen aber hat im Judentum nur Mendelssohn einen Platz, und dies aus Gründen, die hier ziemlich gleichgültig sind: Er übersetzte die Bibel ins Deutsche mit hebräischen Buchstaben, lehrte also die Juden Deutsch. Er spielte dann eine Rolle als Repräsentant des Judentums innerhalb des »gelehrten Deutschlands«, wurde noch für Mirabeau das Beispiel, daß Juden nicht notwendigerweise Barbaren sind. Mendelssohn als Philosoph(?) spielt im Judentum überhaupt keine Rolle. Spinoza wäre völlig vergessen, noch nicht einmal als Häretiker erinnert, wenn es sich um jüdische Tradition handelte. (Ich konnte noch Schocken nicht dazu bringen, einen Spinoza-Band zu veröffentlichen, weil »Spinoza kein Jude war«.)

Judentum gibt es nicht außerhalb der Orthodoxie auf der einen, dem jiddisch sprechenden, Folklore produzierenden jüdischen Volk auf der anderen Seite. Was es außerdem gibt, sind Menschen jüdischer Abstammung, für die es jüdische Inhalte im Sinne irgendeiner Tradition nicht gibt und die aus bestimmten sozialen Gründen und weil sie sich als eine Clique innerhalb der Gesellschaft befanden, so etwas produzierten wie einen »jüdischen Typus«. Dieser hat mit dem, was wir historisch und voll echter Gehalte unter Judentum verstehen, nichts zu tun. Hier gibt es viel Positives, nämlich all das, was ich unter Pariaqualitäten zusammenfasse und was Rahel die »wahren Realitäten des Lebens« nannte – »Liebe, Bäume, Kinder, Musik«; es gibt ein außerordentliches Gefühl für Ungerechtigkeiten; es gibt große Vorurteilslosigkeit und Großzügigkeit; und es gibt, schon viel fragwürdiger, aber doch auch nachweisbar, Respekt für das »Geistige«. Von all diesem läßt sich nur das letzte überhaupt noch mit ursprünglich spezifisch jüdischen Inhalten in irgendeinen Zusammenhang bringen. Was vom Judentum rein lebensmäßig am längsten bleibt, ist Familiensinn. Das ist aber kein geistiger Inhalt, mehr ein soziologisch-politisches Phänomen. Nichts zu tun mit Judentum in dem Sinne haben aber auch die negativen »jüdischen« Eigenschaften – alles Parvenu-Geschichten. Rahel ist »interessant«, weil sie ganz naiv und noch ganz unbefangen genau dazwischen steht – zwischen Paria und Parvenu. Die jüdische Geschichte, sofern sie eine eigenständige Geschichte des jüdischen Volkes in seiner Zerstreuung ist, hat ihr Ende in der Sabbatai-Zwi-Bewegung [3]. Mit dem Zionismus beginnt ein neues Kapitel; vielleicht auch mit der großen Wanderung nach Amerika seit dem Ende des vorigen Jahrhunderts. Vielleicht gibt es dann noch einmal eine Renaissance des Judentums (ich glaube kaum).

Sie werfen mir vor, daß ich mit Rahel »moralisiere«. Das kann mir natürlich passiert sein und hätte nicht passieren dürfen. Was ich meinte oder zu tun meinte, war, mit ihr so weiter zu raisonnieren, wie sie es selbst tat, und zwar durchaus inner-

3 Auch Sabbatianismus, eine auf Sabbatai Zwi (1626–1676) zurückgehende häretische Bewegung im Diaspora-Judentum des 17. und 18. Jahrhunderts. (Hrsg.)

halb der Kategorien, die ihr selbst zur Verfügung standen und die sie irgendwie als gültig akzeptierte. Mit anderen Worten, ich versuchte, das Parvenu dauernd mit den Maßstäben des Paria zu messen und zu korrigieren, weil ich der Meinung war, daß sie so im Grunde selbst verfuhr, wenn auch vielleicht oft, ohne es zu wissen.

Noch zu den Äußerlichkeiten: Titelblatt fehlt wohl zufällig. Heinrich hat das Exemplar geschickt, das gebunden und leicht zur Hand war. Es sollte eigentlich einfach »Rahel Varnhagen. Eine Biographie« heißen. Eine chronologische Tafel muß es in irgendeinem der Exemplare geben. Vielleicht aber ist sie auch verlorengegangen mit vielen anderen Notizen. Wiederholungen – sicher. Ich habe das Buch nie für den Druck durchgesehen, kaum je auf Tippfehler korrigiert. Mir ist trotz der ganz ungebührlichen Länge dieser self-protective (ich hoffe nicht!) Epistel die ganze Sache seit langem, eigentlich seit 1933, nicht mehr sehr wichtig. Aber, wie ich erst aus Ihrem Brief sah, doch eigentlich nicht, weil ich nun alles in sich selbst anders sehe (wohl manches, wenn ich es wieder lesen würde, aber nicht das Wesentliche), sondern weil ich halt der Meinung bin, daß dies ganze sogenannte Problem nicht so sehr wichtig oder wenigstens mir nicht mehr wichtig ist. Was immer ich an einfachen historischen Einsichten für relevant noch hielt, steht kürzer und ohne alle »Psychologie« in dem ersten Teil des Totalitarianism-Buches. Und damit mag es dann auch sein Bewenden haben. *[7. September 1952]*

Ich muß noch etwas »beichten«, was ich immer einfach vergessen habe. (Bitte, glauben Sie mir das »vergessen«, es hat keine psychologischen Hintergründe.) Nämlich: Vor einiger Zeit hat sich ein sogenanntes Leo-Baeck-Institut für die Erforschung deutsch-jüdischer Geschichte gegründet, in dessen Vorstand ich hier in New York bin und das in Jerusalem zentralisiert ist. Eine Reihe seiner Mitglieder kannte meine Biographie der Rahel Varnhagen, und da sie sehr wenig Manuskripte vorläufig haben, haben sie mich unter dauerndem Druck gesetzt, es ihnen zur Veröffentlichung zu geben. Ich habe schließlich nachgegeben. Voilà! Aber: nochmals überarbeitet, eine Einleitung dazu geschrieben und einen Anhang mit ungedruckten Rahel-Briefen vorbereitet. Die ganze Geschichte ist jetzt beim Übersetzer, denn das Institut veröffentlicht absurderweise nur auf englisch, und wird nächstes Jahr hier und in England rauskommen. Nun will ich es aber auch deutsch erscheinen lassen und habe es eine Reihe von »unschuldigen« Leuten lesen lassen, um zu sehen, wie es auf sie wirkt. Es ist, danach zu urteilen, eben doch vorwiegend ein Frauenbuch und als solches verteidigbar. *[7. September 1956]*

The Origins of Totalitarianism (1951)

Und das bringt mich auf Ihre Frage, was ich schreibe: Ich habe keinen Titel, kann also nur andeuten: Der erste Teil, der fertig ist, schildert die politische und gesellschaftliche Geschichte der Juden seit der Mitte des 18. Jahrhunderts unter dem ausschließlichen Gesichtspunkt ihrer Eignung als Kristallisator für entscheidende politische Ideologien des 20. Jahrhunderts. Der zweite Teil, den ich gerade schreibe, analysiert den Zusammenhang zwischen Imperialismus (d. h. in meiner Terminologie die reine Expansionspolitik, die in den 80er Jahren beginnt) und dem Verfall des Nationalstaates. Damit werde ich bis Ende des Jahres, wenn alles gutgeht, fertig. Der dritte abschließende Teil soll den totalitären Staatsstrukturen gelten. Den muß ich ganz neu schreiben, weil mir dazu wesentliche Dinge, vor allem auch im Zusammenhang mit Rußland, erst jetzt aufgegangen sind. *[4. September 1947]*

Ich bin sehr beruhigt, daß Sie mit dem Kz-Artikel[4] übereinstimmen; es wird ein Kapitel des Buches; und obwohl es da vielleicht gar nicht zentral wird, ist doch klar, daß, wenn [man] das nicht versteht, man alles andere einfach nicht verstanden hat. *[28. Mai 1948]*

---

4 Siehe Bibliographie Titel Nr. 072, 075.

Haben Sie Dank für das, was Sie über mein Buch schreiben.[5] Natürlich haben Sie recht. Das Unglück ist, daß dies in meinem Kopf immer ein Buch war, in Wahrheit aber, wenigstens was das zu verarbeitende historische Material angeht, drei Bücher sind: Antisemitismus, Imperialismus und Totalitarismus. Daraus drei Bücher zu machen, wäre aber auch nicht gut gewesen; und nicht nur, weil die Juden mich nach dem ersten glatt gesteinigt hätten (was ich durch Trödelei aufgeschoben habe), sondern auch, weil das politische Argument nicht herausgekommen wäre. Nun sind die beiden ersten Teile fix und fertig und der letzte in Arbeit. Nächsten Monat fange ich an, wieder zu schreiben; inzwischen habe ich mich etwas gründlicher über den Gang der russischen Revolution belehren müssen. *[19. November 1948]*

Liebe, liebe Freunde –

ob Sie wohl dieser Brief noch in Basel erreicht? Den Ihren, der mir das Herz so warm gemacht hat und mich richtig aus dem Loch der Traurigkeit herausholte, habe ich noch gerade erhalten, bevor wir in Ferien gingen. Wo wir nun glücklich angekommen sind. See, Dünen, Wald, ein bißchen wie die Samlandküste, an der ich aufgewachsen bin. Besonders schön, viele Seen. Wir sind mit amerikanischen Freunden zusammen, einem jungen Literarhistoriker, sehr begabt, russisch-jüdischer Herkunft mit der dazugehörenden Wärme und Aufgeschlossenheit. Sein Name, falls er doch einmal nach Europa kommt und inzwischen sich ein bißchen Deutsch angelernt hat, Alfred Kazin.[6] Er hat mir sehr mit dem Englisch des Buches geholfen und hilft auch noch jetzt mit den Korrekturen.
[...]
Hier natürlich viel Arbeit, aber auch schwimmen und spa-

5 Jaspers hatte am 6. November 1948 geschrieben: »Indessen ist Ihr Buch so viel weiter gekommen – aber noch nicht fertig. Ich glaube, Sie sollten nicht zu lange zögern und nicht allzuviel noch lesen. Lieber ein neues Buch.« (Hrsg.)
6 Siehe Bibliographie Titel Nr. 331.

zierengehen. Korrekturlesen ist gräßlich, nämlich langweilig. Aus der »Logik« habe ich mir ein anderes Motto genommen als das, von dem ich Ihnen damals sprach. »Weder dem Vergangenen anheimfallen noch dem Zukünftigen. Es kommt darauf an, ganz gegenwärtig zu sein.« Dieser Satz traf mich mitten ins Herz, also darf ich ihn doch haben. *[11. Juli 1950 aus Manomet, Mass.]*

Mich freute es, daß das Buch zum Geburtstag[7] doch fertig wurde; es ist noch nicht im Handel, erst Ende des Monats. Solange ich das Motto nicht hatte, wußte ich, daß noch etwas fehlt; und dann schrieb ich die Vorrede aus der Stimmung des Mottos ganz anders, als ich sie ursprünglich geplant hatte, und wie befreit eben durch diesen Satz.[8] *[4. März 1951]*

Eichmann in Jerusalem (1963)

Ich antworte erst auf Ihren ersten Brief – Israel könnte eine schlechte Figur machen usw. Ich bin, was die Rechtsgrundlage anlangt, nicht so pessimistisch wie Sie. Gewiß, Eichmann ist entführt worden, regelrecht geraubt und verschleppt. Aber die Israeli können sagen: Wir haben 1. einen Mann geraubt, der in Nürnberg im ersten Prozeß bereits angeklagt war. Damals hat er sich der Verhaftung entzogen. Das Nürnberger Gericht behandelte Fälle des Verbrechens gegen das Menschengeschlecht. Der Mann war vogelfrei – ein *hostis humani generis*, wie die Piraten ehemals. Wir haben ihn 2. aus Argentinien entführt, weil Argentinien den allerschlechtesten Rekord[9] mit Auslieferungen selbst angeforderter Kriegsverbre-

---

7 Gemeint ist Jaspers' 68. Geburtstag am 23. Februar. Jaspers hatte sich mit Brief vom 15. Februar für die Übersendung eines Exemplars bedankt. (Hrsg.)

8 Nur in der bis dato letzten (5.) englisch-amerikanischen Auflage des Buches ist dieses »Preface« (siehe Bibliographie Titel Nr. 099) wieder abgedruckt worden; eine deutsche Übersetzung erschien 1998, Bibliographie Titel Nr. 308. Vgl. auch oben S. 12 f, 16 f. (Hrsg.)

9 Engl. »record«; statistische Rate.

cher hat. Und dies, obwohl nicht nur die Siegermächte, sondern auch die United Nations wiederholt darauf bestanden haben, daß die in Nürnberg Angeklagten dingfest gemacht und ausgeliefert werden müssen. Wir haben den Mann 3. nicht nach Deutschland gebracht, sondern in unser eigenes Land. Deutschland hätte ihn ja anfordern können. Was wir dann gemacht hätten, steht dahin. Der Mann gehörte vor das Nürnberger Gericht, ein Sondergericht, für das es kein Nachfolgegericht gibt. Wären die Deutschen der Meinung, ihre ordentlichen Gerichte wären Nachfolgegerichte, so hätten sie ihn anfordern müssen. So wie die Dinge liegen, scheint sich außer uns niemand danach zu reißen, einem gesuchten Verbrecher den Prozeß zu machen. Nun, wir werden es tun.

Was diesen Teil der Sache betrifft, so scheint mir, daß es nur eine wirkliche Alternative für Raub und Entführung gegeben hätte. Man hätte ihn auf der Straße über den Haufen schießen können und sich dann sofort selbst der Polizei stellen. In diesem Falle wäre es ebenfalls zum Prozeß gekommen, die ganze Sache wäre genauso wie jetzt noch einmal aufgerollt worden – nur mit einem anderen Helden in der Hauptrolle. Dies ist keine ausgedachte Alternative. So hat Anfang der zwanziger Jahre Shalom Schwarzbard[10] gehandelt, der den Hauptanstifter der Ukrainer Pogrome[11] aus der Bürgerkriegszeit in Rußland in Paris erschoß und sofort sich auf das nächste Polizeikommissariat begab. Nach einem zweijährigen Prozeß, in dem die Geschichte dieser Pogrome aufgerollt wurde, wurde Schwarzbard freigesprochen. Ich habe den Mann gut gekannt in Paris, ein feiner Kerl. Aber das war Paris, damals noch in der Mitte der Welt, mit einer halbwegs zuverlässigen Rechtsprechung, Garantie größter Öffentlichkeit. Die Chancen für ein solches Vorgehen in Argentinien wären nicht gerade hervorragend gewesen.

Israel hat vielleicht nicht das Recht, für die Juden der Welt

---

10 Samuel Schwarzbard, 1886–1938, jüdischer Schriftsteller; erschoß 1926 in Paris den Mörder seiner Eltern. – Der Vorname Shalom geht vermutlich auf ein Verschreiben H. A.s zurück (statt Shmuel).

11 Die Pogrome fanden in den Jahren 1918–1920 in über 370 Orten statt und forderten etwa 30 000 Opfer.

zu sprechen. (Obwohl ich gerne wissen möchte, wer denn eigentlich ein solches Recht hätte, für Juden qua Juden im politischen Sinne zu sprechen. Gewiß, viele Juden wollen nicht qua Juden vertreten sein oder nur religiös. Für die hat Israel dann eben kein Recht zu sprechen. Aber für die anderen? Es ist die einzige politische Instanz, die wir besitzen. Mir gefällt sie nicht besonders gut, aber das hilft mir nichts.) Auf jeden Fall aber hat Israel das Recht, für die Opfer zu sprechen, weil nämlich die überwiegende Majorität derselben (300 000) in Israel heute lebt, als Staatsbürger. Der Prozeß findet in dem Lande statt, in dem die Geschädigten und die zufällig Überlebenden weilen. Sie sagen, Israel habe damals noch nicht existiert. Aber, könnte man sagen, um dieser Opfer willen ist aus Palästina eigentlich Israel geworden. Den Anstoß zur Revolte gegen England und der Staatsgründung gab nichts anderes als Bevins [12] Weigerung, den Überlebenden die notwendigen Zertifikate zur Einwanderung zur Verfügung zu stellen. Hinzu kommt, daß Eichmann gerade nur für Juden zuständig war, und zwar ganz gleich, welcher Nationalität. Daß also hier andere Fragen und Zuständigkeiten gar nicht hereinspielen. Das wäre z. B. nicht der Fall, wenn man [Martin] Bormann erwischt hätte.

Was diese Seite der Sache anlangt, so muß ich sagen, daß mir am unheimlichsten ist, daß die Israeli immer wieder betonen, Eichmann habe sich »freiwillig« einverstanden erklärt, nach Israel zu kommen und [sich] einem Gericht dort zu stellen. Daß da etwas nicht stimmt, ist offenbar. (Tortur? Nur Drohungen? Gott weiß, was die angestellt haben.)

Was die Prozeßführung selbst anlangt, so teile ich Ihre Befürchtungen. Immerhin hat man sich entschlossen, darauf zu verzichten, die Sache ein Jahr laufen zu lassen, was glatter Wahnsinn gewesen wäre. Aber auch so ist mir nicht wohl dabei. Daß man bestimmte Dinge dabei der israelischen Jugend und (schlimmer) der Weltöffentlichkeit wird beweisen wollen, ist ziemlich sicher. Unter anderem, daß Juden, die nicht Israeli sind, eben in die Lage kommen, sich wie Schafe abschlachten zu lassen. Ferner: Daß die Araber mit den Nazis im engsten

---

12 Ernest Bevin […], der damalige britische Außenminister.

Einvernehmen standen. Es gibt mehr Möglichkeiten, die Sache selbst zu entstellen.

Nun zu dem internationalen Gerichtshof bzw. zu dem Feststellungsverfahren, das dann zu der Errichtung eines solchen Gerichtshofes führen sollte. Solche Versuche sind nicht neu und bisher immer gescheitert. In der UNO am Widerstand der General Assembly. Die einzige Möglichkeit scheint zu sein, dem Haager Gerichtshof ein Kriminal-Gericht beizuordnen für *hostes generis humani*, das zuständig ist für Individuen ganz gleich welcher Nationalität. Solange das nicht existiert, ist internationalem Recht nach jeder Gerichtshof in der Welt zuständig – also warum nicht Israel? Legal *könnte* Israel nicht einmal sagen, es sei nicht zuständig. Mir scheint auch das Argument, Israel urteile in eigener Sache, nicht treffend. Nehmen wir an, irgendwo werden Amerikaner aus allgemeinem Haß gegen Amerika erschlagen, und auf irgendeine Weise kommen diese Mörder nach New York. Sollte da etwa ein Gerichtshof hier nicht zuständig sein, die Herrschaften abzuurteilen? Juristisch nennt man dies das »passive Nationalitäten-Prinzip«: Jurisdiktion hat das Land oder [der] Staat, dem die Opfer angehören – zum Unterschied zum aktiven Nationalitäten-Prinzip, wonach die Deutschen Jurisdiktion hätten, oder dem territorialen Prinzip, wonach so ziemlich ganz Europa das Recht hätte, sich mit dem Herrn zu befassen. Mißverstehen Sie mich nicht: Ich würde einen internationalen Gerichtshof mit entsprechenden Kompetenzen sehr begrüßen. Aber daß Israel erklärt, es sei nicht zuständig, scheint mir nur damit zu begründen zu sein, daß es Menschenraub verübt hat, nicht damit, daß es in eigener Sache urteile. Und dies finde ich nicht so schlimm in diesem Fall. Außerdem würde ein Internationaler Kriminalgerichtshof an der Tatsache des Menschenraubs hier auch nichts ändern.

Sie befürchten im Grunde ein Anwachsen des Antisemitismus. Von hier aus gesehen scheinen solche Befürchtungen eher grundlos, aber ich kann mich irren. Auch die von Ihnen vorgestellte »Verteidigung« Eichmanns bzw. sein Verzicht auf Verteidigung – ich bin ein Adler, der in die Falle geraten ist – würde hier nicht viel Eindruck machen. Es würde, glaube ich, weniger den Antisemiten zu einem Märtyrer verhelfen als alle

Welt davon überzeugen, daß diese Burschen eben verrückt waren bzw. an interessanten Neurosen litten. Auf mich würde eine solche Haltung vielleicht einen gewissen Eindruck machen – aber ich bin halt nicht von hier.

Nehmen wir an, der Prozeß wird tadellos geführt. Dann habe ich die Befürchtung, daß Eichmann erstens beweisen kann, daß kein Land Juden wollte (also die Art von zionistischer Propaganda, die Ben Gurion will und die ich für ein Unheil halte), und zweitens demonstrieren wird, in welchem ungeheuerlichen Ausmaß die Juden mitgeholfen haben, ihren eigenen Untergang zu organisieren. Dies ist zwar die nackte Wahrheit, aber diese Wahrheit, wenn sie nicht wirklich erklärt wird, könnte mehr Antisemitismus erregen als zehn Menschenraube. Es ist leider eine Tatsache, daß Herr Eichmann persönlich keinem Juden ein Haar gekrümmt hat, ja daß sogar die Auslese derer, die verschickt wurden, nicht von ihm oder seinen Helfershelfern besorgt worden ist.

Ihnen wird all dies so klingen, als versuchte auch ich, das Politische mit Rechtsbegriffen einzufangen. Und ich gebe sogar zu, daß ich, was die Rolle des Gesetzes anlangt, angelsächsisch angesteckt bin. Aber davon abgesehen liegt es, scheint mir, in der Natur dieser Sache, daß wir nichts als Rechtliches in der Hand haben, um etwas zu beurteilen und abzuurteilen, was sich weder mit Rechtsbegriffen noch mit politischen Kategorien wirklich adäquat auch nur darstellen läßt. Das gerade macht den Vorgang selbst, nämlich den Prozeß, so aufregend. Die Frage ist: Wäre es anders, wenn wir ein Gesetz hätten gegen *hostes humani generis* und nicht nur gegen Mörder und Ähnliches?

Ich selbst aber gehe dahin als ein bescheidener Berichterstatter, nicht einmal für die Presse, sondern für eine Zeitschrift. Damit habe ich für das, was da vorgeht, gar keine Verantwortung. Würde ich jetzt etwas versuchen, wie Sie es vorschlagen, so würden mich die Israelis vermutlich umgehend von der Berichterstattung ausschließen – und mit Recht. Ich habe mir ja noch gar nicht angehört, wie sie ihre eigene Kompetenz begründen werden. Qua Berichterstatter habe ich das Recht, ihre Begründungen zu kritisieren, aber nicht ihnen Vorschläge zu machen. Wenn ich das wollte, dürfte ich vor allem nicht Berichterstatter sein. Wie weit ich mich selbst aber gerade aus diesen Dingen heraushalten will, können Sie daran sehen, daß ich für ein nicht-jüdisches Blatt berichte. Das einzige, was, so wie ich die Dinge sehe, zu machen wäre, würde eine Art von Schlußfolgerung sein: Der Fall Eichmann hat bewiesen, daß wir im Haag einen Gerichtshof für Kriminalfälle brauchen. *[23. Dezember 1960]*

Ich habe noch nicht auf Ihre beiden Briefe zum Eichmann-Prozeß geantwortet. Sie wissen wahrscheinlich, daß der Termin nochmals verschoben wurde – auf den 15. März. Und vor ein paar Wochen ging eine Nachricht hier durch die Presse, daß er nochmals auf Mai verschoben würde. Das wäre herrlich, hat sich aber bisher nicht bestätigt. Weil mir dies nämlich ermöglichen würde, vor dem Prozeß in Basel vorbeizukommen. Mir liegt sehr viel daran, nicht erst post festum mit Ihnen zu sprechen, denn mir sind die Dinge noch lange nicht wirklich klar. Meine Piraten-Theorie stimmt nicht. Für den Begriff der piracy ist sowohl faktisch wie legal unerläßlich, daß der Pirat aus privaten Motiven handelt. Und da liegt ja gerade der Hase im Pfeffer. Ohne den Begriff hostis humani generis – wie immer man übersetzt, aber nicht: Verbrechen gegen die Menschlichkeit, sondern die Menschheit – wird wohl kaum auszukommen sein. Entscheidend ist, daß es sich zwar um ein im wesentlichen an den Juden ausgeübtes Verbrechen handelt, daß aber es sich keineswegs nur um die Juden oder die Judenfrage handelt. *[5. Februar 1961]*

Der Prozeß: Sie wissen durch die Zeitungen alles Wesentliche. Eichmann, kein Adler, eher ein Gespenst, das noch dazu Schnupfen hat und gleichsam von Minute zu Minute in seinem Glaskasten an Substantialität verliert. Der oberste Richter – Landau – vorzüglich! Alle drei Richter deutsche Juden. Die Komödie mit dem Hebräischen, wo alles deutsch kann und deutsch denkt. Landau spricht sehr gutes Hebräisch (sagt man mir), der Staatsanwalt hingegen, typisch galizischer Jude, sehr unsympathisch, macht dauernd Fehler. Vermutlich einer von denen, die keine Sprache können. Das Plädoyer künstlich, hyperlegalistisch mit groben Schnitzern, von Emotionen unterbrochen. Vor allem maßlos langweilig und voll von nicht-existierenden Präzedentien, statt auf der unprecedentedness der Sache zu bestehen. Letztere wird aber dann auch noch gelegentlich erwähnt. Aber das Richtige geht im Irrelevanten unter. Die Richter bereits ziemlich ungeduldig. Vielleicht kriegt Landau die Sache noch in die Hand. Servatius [der Verteidiger] ölig, schmierig, geschickt, kurz und bündig, weiß, was er will. [...]

Entscheidend: Die Sache ist so angelegt, daß, wenn nicht ein Wunder geschieht, sie bis zum Jüngsten Gericht dauern kann. Das ist heller Wahnsinn, was auch hier im Lande voll anerkannt wird – außer von den Staatsanwälten und, vermutlich, Ben Gurion. Was man eigentlich will, weiß ich nicht, zweifle auch daran, daß es irgendeiner hier weiß. Man könnte den Prozeß monatelang in die Länge ziehen, wenn es mit dem Staatsanwalt so weitergeht, und doch verhindern, daß sehr wesentliche Aspekte der Teufelei klar ans Licht kommen. Z. B. die Tatsache der Kollaboration der Juden, der Organisation überhaupt, und ähnliches. Inzwischen ist das Land voll von Deutschen; so wohnt der Frankfurter Bürgermeister in der gleichen Pension wie ich. Selbige Deutsche von einer unangenehmen Überbeflissenheit, alles schlechterdings herrlichst findend. Ziemlich zum Kotzen, mit Verlaub zu sagen. Einer ist mir bereits weinend um den Hals gefallen. Den Namen habe ich vergessen.

Das Interesse im Lande an dem Prozeß künstlich hochgepeitscht. Vor dem Gerichtssaal lungert ein orientalischer Mob, der überall lungern würde, wo was vorgeht. Auffallend viel Kinder im Alter von 3 bis 10 Jahren. Was ich von der wirklichen Jugend höre, ist ganz anders. Es sei eine Angelegenheit der Eltern; ginge sie nichts an. Aber wenn die Eltern sich interessierten, so sei es legitim. Unausgesprochen: Wir haben Wichtigeres zu tun. Heute ist keine Gerichtssitzung, und ich habe mich zum erstenmal seit New York ausgeschlafen. [...]

Mein erster Eindruck: Oben die Richter, bestes deutsches Judentum. Darunter die Staatsanwaltschaft, Galizianer, aber immerhin noch Europäer. Alles organisiert von einer Polizei, die mir unheimlich ist, nur hebräisch spricht und arabisch aussieht; manche ausgesprochen brutale Typen darunter. Die gehorchen jedem Befehl. Und vor den Türen der orientalische Mob, als sei man in Istanbul oder einem anderen halbasiatischen Land. Dazwischen, sehr prominent in Jerusalem, die Peies- und Kaftan-Juden, die allen vernünftigen Leuten hier das Leben unmöglich machen. Vor allem aber sehr große Armut. *[13. April 1961 aus Jerusalem]*

Inzwischen ist nun auch das Eichmann-Urteil herausgekommen, und ich habe gerade aus Jerusalem das ganze Material bekommen. Ich werde in den nächsten Wochen mit Schreiben anfangen, aber das Urteil ist doch recht enttäuschend. Statt einzugestehen, daß man Recht sprechen muß, auch wenn das Gesetz einen im Stich läßt, alles so konstruiert, daß es legal vielleicht gerade noch so geht, aber eben der Wirklichkeit überhaupt nicht entspricht. Eichmanns Schlußwort nicht unsympathisch, ohne alles Auftrumpfen. Empörend immer nur Herr Servatius, der in Jerusalem erklärt, dies sei der fairste Prozeß, den er je gesehen habe, und auf irgendeinem Kongreß in Deutschland, die einzige strafrechtliche Sache in diesem Prozeß sei Eichmanns Entführung aus Argentinien. Aber ich habe noch kein endgültiges Urteil, habe mir die Sache noch nicht genau ansehen können. *[30. Dezember 1961]*

Du hast ganz recht, es ist wirklich, als sei man in einen Hinterhalt geraten, und wie es um die Fairneß dieses Kampfes aussieht, kannst Du daran erkennen, daß der »Aufbau« sich geweigert hat, eine Erklärung von mir auch nur zu drucken[13] – etwas, was in diesem Land ganz ungewöhnlich ist. Typisch ist auch, daß die gleichen Leute, die mich, mit Verlaub zu sagen, mit Dreck beschmeißen, dann heimlich, bei Nacht und Nebel sozusagen, zu mir kommen, um mir zu sagen, ich müßte prozessieren, dies sei eine Haßkampagne, die Artikel im »Auf-

---

13 Später, am 20. Dezember 1963, druckte die Zeitung *Aufbau* Auszüge aus H. A.s Antwort an Gershom Scholem, siehe Bibliographie Titel Nr. 177. (Hrsg.)

bau« seien »peinlich« und gäben zu allgemeinen Besorgnissen Anlaß – alles von Leuten, die dann in der nächsten Nummer des »Aufbau« erscheinen! Höchst kurios. Andererseits: Ich war von dem Rabbiner der Columbia Universität eingeladen, vor jüdischen Studenten zu sprechen.[14] Das ist gewöhnlich ein ganz kleiner Kreis – ca. 50 Studenten, vor allem im Sommer! Der Saal für dreihundert enthielt fünfhundert, und über fünfhundert wurden von der Polizei daran gehindert, den Saal zu stürmen. Ich wurde sofort von einer Ovation empfangen, sprach kurz, hielt eine lange ausführliche Diskussion, bei der geschriebene Karten eingereicht wurden, weil die Sache anders nicht zu handhaben war; die Fragen waren anonym. Und nicht eine enthielt auch nur eine Provokation! Danach lange Ovation und größte Schwierigkeit, rauszukommen, weil mehr als 50 Studenten auf dem Podium nach Ende erschienen, um noch dies oder jenes rasch in Erfahrung zu bringen. Die Sache war sehr erfreulich, die Fragen zum Teil ausgezeichnet, und wäre noch erfreulicher gewesen, wenn sie nicht bei 90 Grad ohne Airconditioning stattgefunden hätte. Oder: eine alte Bekannte, Zionistin, Hadassah, von der ich seit Jahren nichts gehört hatte, schreibt: Come back to us (sie meint: ins jüdische Leben), we need you, sehr rührend und ganz einfach. So noch mehr – z. B. der public relations man (wichtiger Funktionär) einer der großen Synagogen-Vereinigungen hier, deren Rabbiner von den Kanzeln gegen mich predigen, tritt an mich heran, um mir zu sagen, daß er im Nebenberuf Agent für Vorträge sei und ob er mir eine Vortragsreise zusammenstellen dürfe, mit Honoraren von 1000 zu 1500 Dollar pro Vortrag! Schreibt ganz unbekümmert auf dem Briefpapier seiner Hebrew Congregations.[15] Mit anderen Worten – die ganze Geschichte ist nahezu ausschließlich eine Sache bezahlter Funktionäre, und diese haben sehr große Schichten auch des jüdischen Volkes keineswegs mehr in der Hand. Auch handelt es sich ausschließlich um die ältere Generation. Die Parallele zu deutschen Verhältnissen ist nicht zu übersehen.

---

14 Vortrag und Diskussion fanden am 23. Juli statt.
15 Brief von Gunther Lawrence, Director of Public Information der Union of American Hebrew Congregations, vom 24. 7. 1963.

Was den [Deutschen] Widerstand betrifft, so hast Du (und Piper) recht, daß ich ausführlicher erklären muß, was ich eigentlich meine: Mir scheint, daß das Entscheidende ist, daß diese Leute, auch wenn die Verbrechen sie privat beunruhigten, in ihren offiziellen Proklamationen, die für den Fall des Erfolgs vorbereitet waren, sie nicht oder nur am Rande oder als Verbrechen gegen Deutsche erwähnten. Wie mir ein sehr sympathischer Mann aus diesen Kreisen kürzlich schrieb, hätten sie anderenfalls den Bürgerkrieg riskiert – was natürlich stimmt –, wobei aber bestehen bleibt, daß sie den Bürgerkrieg zu riskieren nicht bereit waren – aus nationalen Gründen. Ferner: Es ist Tatsache, daß Himmler informiert war, daß Graf Helldorf, ein SS-Mann, mitmachte, daß sie also nicht mehr als eine Art Palastrevolution vorbereiteten. Nun muß man aber, scheint mir, diese Widerstandsbewegung, die zum 20. Juli geführt hat, deutlichst von den früheren Anti-Nazi-Bestrebungen der Sozialisten (Mierendorff), aber auch mancher Konservativer scheiden. All das war im Jahre 1938 sozusagen erledigt, und ein wirklicher Widerstand von Volksgruppen war bereits 1936 kaum noch da. Eine ganz andere Frage ist das unorganisierte Verhalten einzelner, auch wenn diese zu Gruppen gehörten. Sie haben oft unter wirklicher Lebensgefahr geholfen, wo sie konnten, aber das ist eine Sache der Humanität, nicht der Politik. Sobald sie politisch tätig waren, glaubten sie, mit »humanen« oder »moralischen« Gründen nicht mehr argumentieren zu dürfen. Und dies, fürchte ich, war nicht nur eine Frage der Taktik (wiewohl es ihnen heute so erscheinen mag), um die Generäle zu gewinnen. Wirklich orientieren kann man sich m. E. nur an den für den Fall des Sieges vorbereiteten Maßnahmen und Proklamationen. Goerdeler z. B., zweifellos in Übereinstimmung mit anderen, wollte noch nicht einmal die NSDAP auflösen! Das wäre undemokratisch gewesen. Überzeugend gegen meine These spricht, wenn ich recht verstehe, nur der Fall von Tresckow – von dem ich zu wenig weiß. Ich muß mich danach noch umsehen. Aber was die Leute politisch als Gruppe kennzeichnet, war ihre Prinzipienlosigkeit, und die ist nicht nur aus dem Bündnis zwischen Sozialisten und Konservativen und überzeugten Christen zu erklären – als habe es hier zu heterogene Prinzipien gegeben, als daß man sich habe einigen können. Sondern daraus, daß ihnen eben der Widerstand gegen das Regime selbst nie zum Prinzip geworden ist. Was schließlich die Frage anlangt, wie viel sie gewußt haben, so wird sie vielleicht individuell bei jedem anders zu beantworten sein. Aber im allgemeinen wird man doch sagen dürfen, daß die Mehrzahl von ihnen so sehr selbst in das Regime verstrickt war oder doch so nahe Beziehungen zu wichtigen Funktionären hatte, daß man annehmen darf, daß sie wußten, was zum mindesten an der Ostfront die Spatzen von den Dächern pfiffen. Ob sie sich selber eingestehen wollten, daß sie wußten, was sie wußten, ist eine andere Frage. Sehr auffallend ist auch, daß z. B. die Ausrottung des polnischen Judentums nicht unter die »Endlösung« des Sommers 1941 fiel, sondern von vornherein beschlossene Sache war. Auch diejenigen, denen das Gewissen später bei der »Endlösung«, also der Einbeziehung aller, auch der deutschen Juden, schlug, haben hiergegen nie das geringste einzuwenden gehabt. Jeder hielt dies für selbstverständlich. Was ich meine, ist, daß jeder, der politisch auftrat, auch wenn er dagegen war, auch wenn er im geheimen ein Attentat vorbereitete, in Wort und Tat von der Seuche angesteckt war. In diesem Sinne war die Demoralisation komplett – von ihr ausgenommen waren nur diejenigen, die entschlossen in den Schlupflöchern saßen. Du meinst etwa 100 000, und ich denke, dies ist eine gerechte Schätzung. Wären diese Hunderttausend nach der Niederlage an die Macht gekommen, so sähe vermutlich alles anders aus. *[9. August 1963]*

Hinzu kommt [16] der Eichmann-Skandal, der sich weiterhin in phantastische Ausmaße ausgewachsen hat. Mein Erfolg in Columbia war ein Pyrrhus-Sieg, insofern dies die Israeli-Regierung und die jüdischen Organisationen, die von ihr gelenkt werden, nur veranlaßt hat, ihre Anstrengungen zu verdoppeln. So haben sie augenblicklich, um mich auch in der akademischen Welt unmöglich zu machen, Ernst Simon [17] extra aus Je-

---

16 Zuvor hatte H. A. berichtet, daß ihr Mann erkrankt sei. (Hrsg.)
17 Ernst A. Simon, 1899–1988, deutsch-jüdischer Pädagoge; seit 1928 Professor für Erziehungswesen an der Hebräischen Universität in Jerusalem.

rusalem hierher geschickt, der die Universitäten bereist, um überall in der Hillel-Organisation – eine jüdische Studentenorganisation auf allen Universitäten und den meisten Colleges, von Rabbinern geleitet – gegen mich zu sprechen. Er hat selbiges in Chicago vorige Woche erledigt – mit unglaublichen Lügen und größter Aggressivität. Der hiesige Rabbiner war keineswegs glücklich – aber was sollte er tun? Es wurde ihm von New York aus aufoktroyiert, nein sagen hätte ihn den Job gekostet. Einige Wochen vor Neujahr verschickte die Anti-Defamation-League [18] (wie man mir berichtete, gesehen habe ich es nicht) einen Rundbrief an alle Rabbiner des Landes, gegen mich zu predigen. Sie haben es nicht getan, aber immerhin! Leute, die für mich öffentlich Stellung genommen haben, vor allem Nicht-Juden, bekommen Propaganda-Material nebst Brief ins Haus geschickt, und der Brief kommt vom »Prime Minister« aus Israel. Oder: Eine der großen Illustrierten hier, »Look Magazine«, wollte Ende Juli eine Reportage über diese ganze Geschichte machen und schlug einen bekannten, nichtjüdischen Reporter vor. Der Verlag sowie der »New Yorker« meinten, ich sollte darauf eingehen (geschriebene Fragen beantworten unter bestimmten Bedingungen), es handele sich um ein durchaus faires Unternehmen. Als es dann soweit war, hatten sie einen ganz anderen Reporter genommen, Juden, der nur Leute interviewte, die sich bereits gegen mich geäußert hatten und mir ein Questionnaire schickte, das lauter Fragen enthielt, die bereits die Antwort präjudizierten. Ich habe die Fragen erst beantwortet;[19] Verlage wie »New Yorker« meinten aber dann, es sei klüger, sich darauf nicht erst einzulassen. Mir scheint es fraglos, daß die jüdischen Organisationen von der Absicht von »Look« Wind bekommen hatten und interveniert haben. Dies sind nur einige Beispiele, ich könnte sie beliebig vermehren. Es ist ein klassischer Fall von Rufmord; die Me-

---

18 Eine 1913 in New York gegründete Liga, die primär den Antisemitismus bekämpft, aber auch für Gleichberechtigung aller Bürger eintritt.

19 Fragesteller war der bekannte Journalist Samuel Grafton. Sein Brief an Arendt vom 19. Sept. 1963 und ein mehrseitiger Entwurf mit Arendts Antworten sind im Nachlaß in der Library of Congress erhalten. Vgl. auch die Erinnerungen des Sohnes Anthony Grafton, in Gary Smith (Hrsg.), *Hannah Arendt Revisited* (Frankfurt/M: Suhrkamp), 2000, S. 57–77.

thode ist immer die gleiche: man behauptet, ich hätte Dinge gesagt, die ich nie gesagt habe, um zu verhindern, daß man erfährt, was ich wirklich gesagt habe. Augenblicklich wird die deutsche Ausgabe als ungeheuer gefährlich dargestellt, da ich die Deutschen exkulpiert hätte – Implikation: die Wiedergutmachung steht auf dem Spiel!

Solch eine Kampagne hat eine große Wirkung. Es gibt immer sehr viele, die nur darauf warten, sich an irgend etwas gleichzuschalten – pro oder contra –, hinzu kommt, daß jeder, der aus gleich was für Gründen »gegen mich« ist, durch die Organisation jetzt seine Chance bekommt. So wählen nicht nur Zeitungen, wie die »New York Times«, die Besprecher des Buches unter denen aus, die ich entweder angegriffen habe (wie Musmanno[20]) oder die mich angegriffen haben, sondern alle Zeitschriften, die irgend von Juden geleitet und durch Organisationen erreichbar sind. Das kann auf vielerlei Weise vonstatten gehen. Jüdische Literaten, die sich nie in ihrem Leben um jüdische Dinge gekümmert haben, werden als »Experten« vorgeschoben. Diejenigen, die für mich sind, schreiben private Briefe – an die Öffentlichkeit wagt man sich nicht mehr. Und mit Recht, es ist außerordentlich gefährlich, da sich ja eine ganze, sehr gut organisierte Meute sofort auf jeden stürzt, der wagt, etwas zu sagen. Schließlich glaubt jeder, was alle glauben – wie wir ja oft im Leben erfahren haben. Die alte Geschichte vom Turmwächter, der die falsche Nachricht ausgab: Die Feinde kommen, und dann als letzter zu den Mauern lief, um sie abzuwehren, ist so wahr wie eh und je.

Du sagtest, es sei, als sei ich in einen Hinterhalt geraten. Und das ist vollkommen wahr. Jede Sache erweist sich nachträglich als Falle. So der Briefwechsel mit Scholem,[21] dem ich noch in gutem Glauben antwortete – und der dann auszog, um diese ganze sordide Geschichte an die große Glocke zu hängen, »Zürcher Zeitung« und »Encounter«. Wodurch man auch nichts anderes tut, scheint mir, als die Schichten, die von der Lügenepidemie noch nicht erfaßt sind, zu infizieren. Und alle spielen mit. Ich kann nichts dagegen tun. Scholem wollte par-

---

20 Siehe Bibliographie Titel Nr. 176.
21 Siehe Bibliographie Titel Nr. 177, ferner in dieser Ausgabe S. 31–38.

tout veröffentlichen, und ich nahm natürlich an, im Tel-Aviver Mitteilungsblatt, was mir harmlos schien. Das tat er auch erst, nutzte aber dann alle seine Beziehungen, um es an die große Glocke zu hängen.

Ich kann kaum etwas tun, jedenfalls nichts, was wirksam wäre. Die Leute wissen ganz genau, daß ich nicht klagen kann, weil das mich ruinieren würde und weil sie den Prozeß mit ihren ungeheuren Hilfsmitteln an Geld und Organisationen spielend gewinnen würden. Ich werde hier auf dem Campus nächste Woche sprechen – was auch nur zur Folge haben wird, daß die Sache auf verdoppelten Touren weitergeht. Wollte ich jede Lüge widerlegen, so hätte ich nichts anderes zu tun und brauchte außerdem einen Research-Stab und Sekretärinnen. Hinzu kommt, daß ich persönlich dieser Sache nicht gewachsen bin. Es ist nicht nur eine Frage der Nerven und auch nicht nur, daß die Koinzidenz dieser Sache mit der Sorge um Heinrich mich einfach paralysiert. Ich bin außerstande, mich so in die Öffentlichkeit zu begeben, schon weil der Ekel vor diesem Spektakel bei mir alles übrige übermannt.

Bleibt schließlich die Frage, warum sich das jüdische »Establishment« so außerordentlich für diese Sache interessiert und sich in solche ungeheuren Kosten stürzt. Die Antwort scheint doch wohl zu sein, daß die jüdische Führung (Jewish Agency vor Errichtung des Staates) sehr viel mehr Dreck am Stecken hat, als irgend jemand vermutete – jedenfalls weiß ich nicht sehr viel darüber. [...] Typisch ist auch, daß Briefe von mir und an mich nicht durch die Israeli-Zensur gehen: kommen einfach nicht an! Nur Briefe an Leute, deren man sicher ist – Hebräische Universität etc. – und an meine Familie gehen durch.

Da ja bekanntlich ein Unglück nie allein kommt, habe ich nun auch Schwierigkeiten mit Piper wegen der Übersetzung. [...]

Lieber Verehrtester, Du wirst verstehen, daß ich so lange gezögert habe zu schreiben. Warum soll ich Dich und Euch belasten? Aber wenn ich schreibe, schien mir, muß ich sagen, wie es ist. Ich tue dies sonst niemandem gegenüber und bin überhaupt, glaube ich, halbwegs fähig, die Fassade aufrechtzuerhalten. Ich mache meine Vorlesungen, habe viele Studenten, und es geht alles äußerlich normal vonstatten. Schließlich glaubst

Du, glauben wir, kommt die Wahrheit doch an den Tag. Aber es ist ein Glaube. Und die Frage, ob man es erlebt, ist von ihm nicht mitentschieden. *[20. Oktober 1963 aus Chicago]*

Die Eichmann-Affäre geht munter weiter. Ich schicke Dir noch ein paar der englischen Besprechungen, die zum Teil auch manipuliert sind – wohl von [Jacob L.] Talmon (Hebräische Universität) und eventuell von Isaiah Berlin, der in engstem Zusammenhang mit der Regierung in Israel steht. Hier auf dem Campus habe ich gesprochen, mit sehr gutem Erfolg. Noch mehr Studenten als in Columbia, die Sache wurde auf Band genommen, weil so viele nicht rein konnten, und dann noch mehrmals im Hillel-Haus von dem Rabbiner am Abend gespielt. [Ernst] Simon, sagte der Rabbiner, habe sich am nächsten Morgen bei ihm entschuldigt; er hatte keinen großen Erfolg, die Studenten waren ziemlich verblüfft und angeekelt. Der einzige, der hier auf dem Campus hetzt, ist natürlich Leo Strauss, und der hätte dies ohnehin getan. In der Universität ist komischerweise mein Ansehen eher gestiegen. Und was augenblicklich in New York sich abspielt, geht auch mehr in kleineren Zirkeln vor sich, allerdings da gerade wie vor einem heulenden Mob. Was ernst ist daran, ist, daß nunmehr alle Nicht-Juden auf meiner Seite stehen und daß nicht ein einziger Jude es wagt, öffentlich für mich einzutreten, auch wenn er absolut für mich ist. [Robert T.] Lowell, ein sehr bekannter amerikanischer Dichter und ein guter Freund, war hier und erzählte mir. Er ist nicht Jude, und ich hörte von ihm, den ich seit vielen Jahren kenne, zum erstenmal kritische Bemerkungen über Juden.

Du sagst: »Da liegt ein ganz tiefsitzendes tödliches Getroffensein vor. Es ist etwas im Judentum selbst getroffen.« Das ist vollkommen wahr. Der hiesige Israeli-Konsul kam nach einem Vortrag hier an mich heran, und wir unterhielten uns mehrere Stunden. Er sagte immer wieder: Natürlich ist alles, was Sie sagen, wahr; wir wissen das. Aber wie konnten Sie als Jüdin dies sagen »in a hostile environment«. Ich sagte: Ich lebe hier meines Wissens nicht in einer feindlichen Umgebung. Und er: Sie wissen doch, daß jede nichtjüdische Umgebung feindlich ist. Daß ich von der Zweiteilung Juden-Goien gesprochen habe, ist unverzeihlich, und daß ich sie nicht beachtet habe, noch unverzeihlicher. Es ist beides, das uralte odium humani generis und die furchtbare uralte Angst, die durch Hitler und Auschwitz wieder virulent geworden sind. *[24. November 1963 aus Chicago]*

Was mich betrifft, so haben mich die Universitäten gerettet. Wo ich hinkomme – letzte Woche Yale, Law School, diese Woche ein College in der Nachbarschaft usw. –, werde ich mit Ovationen empfangen, und die Nachfrage unter Studenten und auch für Kurse ist so groß, daß wir die Paperback-Ausgabe beschleunigen müssen. Zudem hat mich das National Institute of Arts and Letters, eine Art Institut Français mit großem Prestige hier, zum Mitglied gewählt,[22] was sonst bei Leuten wie mir nicht vorkommt: keine Wissenschaftler, nur Künstler und reine Schriftsteller. Natürlich aus reiner Daffke (falls Du weißt, was das heißt, sonst soll Gertrud erklären). *[19. Februar 1964]*

Nun noch etwas: ich habe für die deutsche Ausgabe des Eichmann-Buches eine Vorrede geschrieben, wie Piper es wünschte. Und ich habe ihn gebeten, Dir eine Fotokopie zu senden. Es ist mir schrecklich, Dich mit all dem zu belasten – aber ich brauche hier wirklich Deinen Rat. Mir schien auch vor Wochen in einem Brief von Dir aus dem März, daß Du zögerst – Du sagtest: »Mir ist nicht geheuer« –, mit Namen erwähnt zu werden. Wir können Dich immer noch aus dem Widerstand herausstreichen. Was Leute wie Golo Mann dann sagen, ist mir wirklich völlig gleichgültig. Ich habe mir im letzten Jahr eine Haut zugelegt, die einem Elefanten alle Ehre machen würde. *[20. April 1964]*

---

22 Siehe Bibliographie Titel Nr. 192.

Eichmann-Vorwort: Du hast in allem vollkommen recht, aber ich werde es erst in den Fahnen in Ordnung bringen können und schreibe noch heute an Piper diesbezüglich. Komisch, daß mir das Wort »Haftung« einfach entfallen war. Ich bin Dir *sehr, sehr* dankbar, so genau gelesen zu haben, so genaue Vorschläge zu machen. Ich habe mit Ungeduld geschrieben. Mir fiel auch auf, daß es sich im Sande verläuft, aber das passiert bei mir häufig.[23] *[14. Mai 1964]*

Mit Piper habe ich übrigens dauernd Ärger. [...] Jetzt will er plötzlich den »Eichmann« nur in Paperback herausgeben – Gott weiß warum; ich stimme natürlich nicht zu. Vorher hat er mir ein Memorandum eines Rechtsanwalts wegen möglicher Klagen eingeschickt. Daß er dies verlangte, ist völlig in Ordnung. Aber dies Memorandum hättest Du sehen müssen: Seitenlange Bedenken, abgeurteilte Naziverbrecher (vom Eichmann-Kommando), die in deutschen Gefängnissen sitzen, könnten sich in ihrer »Ehre« beleidigt fühlen. Absolut phantastisch und ganz unverwechselbar ein Dokument von Nazi-Sympathisierenden – was aber dort niemandem aufgefallen ist! Ich habe fast den Verdacht, daß er da solche Leute im eigenen Verlag drin hat, natürlich ohne es zu wissen. Aber auch dies nicht etwa zielbewußt, sondern konfus: Sie haben dann de facto überhaupt nichts geändert (ich habe gerade die Umbruchkorrekturen), vermutlich aus reiner Faulheit. *[23. Juli 1964]*

Ich lege Dir erstens das Material von der Anti-Defamation League[24] bei, die die Kampagne hier eigentlich geführt hat, im Einverständnis und in Zusammenarbeit mit den jüdischen Organisationen. Ich füge auch den Brief bei, den Henry Schwarz-

---

23 Die endgültige Fassung der deutschen »Vorrede« zu *Eichmann in Jerusalem* (Bibliographie Titel Nr. 178) ist weitgehend identisch mit dem in der zweiten englischen Auflage des Buches (1964) hinzugefügten »Postscript«. (Hrsg.)

24 Zwei interne Memoranda der Anti-Defamation League vom 11. und 27. 3. 1963, in denen Richtlinien und Material zum Kampf gegen H. A.s Eichmann-Buch gegeben wurden.

schild, dem ich die internen Memoranden verdanke, mir schrieb, als er mir das Material zuschickte, und ich lege Dir meinen Antwortbrief bei. Der Name Henry Schwarzschild ist vertraulich. Sie haben ihn ja inzwischen sowieso rausgeschmissen, aber ich möchte doch nicht, daß er je genannt wird. Zweitens schicke ich Dir zwei Briefe von Siegfried Moses[25], hoher Staatsbeamter in Jerusalem, pensioniert, ferner Präsident des Baeck-Instituts und der Federation der deutschen Juden, die in New York, London und Jerusalem ihren Sitz hat. Wie Du siehst, ist Moses ein alter Bekannter von mir; der Brief vom 24. März bezieht sich auf ein langes Gespräch, das ich mit ihm in Basel hatte. Er bat um genauere Abgrenzung der späteren Judenräte von der Hilfsarbeit vor dem Krieg. Ich fügte eine entsprechende Erklärung zu – p. 35: Klammer. Drittens schicke ich Dir ein Rundschreiben von dem Jewish Center Lecture Bureau, aus dem Du die enge »Zusammenarbeit« zwischen Musmanno und den jüdischen Organisationen ersiehst. Schließlich sende ich Dir noch einen Zeitungsausschnitt aus dem »Aufbau«[26] und meine Antwort darauf, die der »Aufbau« nie gedruckt hat. Der »Aufbau« erhielt zu demselben Artikel noch andere Leserbriefe, in welchen die Darstellung des Herrn May recht scharf angegriffen wurde und die der »Aufbau« ebenfalls nicht gedruckt hat. Schließlich und endlich schicke ich Dir *nicht* die Zeitungsnotiz bezüglich [Gideon] Hausners Besuch von New York im Mai 1963[27], weil ich sie in dem Wust meiner Papiere nicht gefunden habe. Es stand in dieser Notiz ausdrücklich, daß Herr Hausner nach Amerika gekommen wäre wegen des Erscheinens meines Eichmann-Buches. Soweit ich mich entsinne, war die Notiz in der »Daily News«, aber ich kann mich irren.

25 Siegfried Moses, 1887–1974, deutscher Zionist, der seit 1936 in Palästina war; 1949–61 Finanzkontrolleur des Staates Israel. – Beigelegt waren die Briefe von ihm an H. A. vom 7. und 24. 3. 1963, in denen er von der großen Entrüstung der Juden über H. A.s Eichmann-Artikel in *The New Yorker* berichtete. – Zusatz d. Hrsg.: 1962 hatte H. A. zur Festschrift für S. Moses zum 75. Geburtstag einen Beitrag beigesteuert, siehe Bibliographie Titel Nr. 165.
26 *Aufbau*, 26. Juli 1963; Verfasser: Kurt May.
27 Siehe den Bericht über Gideon Hausners Besuch in New York in der *New York Times* vom 20. Mai 1963. Siehe auch weiter oben S. 181 f. (Hrsg.)

Ich denke, wir sprachen bereits über das Pamphlet, das die Nymphenburger Verlagsanstalt auf Veranlassung von Moses gegen den »Eichmann« hat erscheinen lassen[28]; ich bekomme außerdem gerade einen Brief von Michael Freund (Historiker in Kiel), aus dem ich schließe, daß man alle auch nur möglicherweise an diesen Dingen Interessierten mit Exemplaren bedacht hat.

Gerade telefonierte ich mit dem Verlag wegen des Boykotts der Buchhandlungen: Es darf ruhig erwähnt werden; man sagte den Vertretern in den Buchhandlungen, daß man dies Buch nicht vertreiben *wolle* – etwas ganz und gar Ungewöhnliches. *[29. September 1964]*

28 F. A. Krummacher (Hrsg.), *Die Kontroverse: Hannah Arendt, Eichmann und die Juden*, München: Nymphenburger, 1964.

4. Über Lebensthemen

Wirklichkeit

Daß man im Guten und Bösen dem Wirklichen die Treue halten muß, darauf läuft doch alle Wahrheitsliebe heraus und alle Dankbarkeit dafür, daß man überhaupt geboren wurde.
[11. Juni 1965]

Das Literatenproblem

Ich bin sehr gespannt auf das, was Du zu dem Literatenproblem zu sagen hast. Leider ist es ja auch ganz besonders ein jüdisches Problem, aber natürlich dies nur zufällig. Voltaire habe ich nie gelesen. Du sagst, letztlich niederträchtig. Natürlich, aber was so außerordentlich irritierend ist, scheint mir, ist, daß hier der Geist, und zwar gewissermaßen wirklicher Geist, direkt aus dem Schmutz steigt. Ich habe mir oft, schon als ich jung war, gesagt: Was habe ich eigentlich mit diesen Leuten gemein? Unendlich weniger als sagen wir mal mit Erna oder meiner guten Esther, und dies meine ich buchstäblich. Rein technisch scheint mir das Entscheidende der »Einfall« zu sein. Es gibt schlechterdings nichts, wozu man sich nicht mit einiger Begabung etwas einfallen lassen kann; ist es einem erst einmal eingefallen, selbst wenn auf Befehl von anderen, wird es zu »meinem Einfall«. Karl Kraus hat 1933 gesagt: »Zu Hitler fällt mir nichts ein«[1], was von einem Literaten gesagt ein großes Wort ist. Ich zitiere es manchmal, um zu sagen: Natürlich hätten sich auch Juden gleichgeschaltet, wenn

---

1 Karl Kraus, »Die Dritte Walpurgisnacht«, in: ders., *Werke* (hrsg. von H. Fischer) Bd. 1, 3. Aufl., München 1965, S. 9. – Bei Kraus: »Mir fällt zu Hitler nichts ein.« Siehe auch in dieser Ausgabe S. 59.

sie gedurft hätten; wie also kann man sagen, wer sich nicht gleichgeschaltet hätte? Nun, Karl Kraus hätte sich nicht gleichgeschaltet, auch wenn er nicht Jude gewesen wäre. Aber Adorno hätte bestimmt – hat es nb. auch versucht auf Grund von Halbjude, ist nur leider nicht gegangen. Was mir daran so unheimlich ist, ist die Realitätsfremde, daß man alles Reale übersieht zugunsten des Einfalls. *[13. April 1965]*

Antisemitismus

Über Antisemitismus ein andermal. Ich unterscheide in der Moderne den Antisemitismus im Nationalstaat (beginnend in Deutschland mit den Freiheitskriegen, endend mit der Dreyfusaffaire in Frankreich), der daraus entstanden ist, daß die Juden als eine dem Staatsapparat besonders nützliche und von ihm besonders protegierte Gruppe auftreten, was zur Folge hatte, daß jede Gruppe in der Bevölkerung, die mit dem Staatsapparat in Konflikt kam, antisemitisch wurde, von dem Antisemitismus des imperialistischen Zeitalters (der in den achtziger Jahren begann). Der letztere organisiert sich von vornherein international. Was die zweitausendjährige Geschichte des Judenhasses anlangt, so beruht sie wesentlich auf dem Auserwähltheitsanspruch des jüdischen Volkes. Diese Geschichte – wie überhaupt alle jüdische Geschichte – ist leider, mit wenigen großen Ausnahmen so gefälscht in der Geschichtsschreibung, von jüdischer Seite als die Geschichte der ewig Verfolgten, von antisemitischer Seite als Teufelsgeschichte, daß man alle Ergebnisse irgendwie revidieren muß. *[17. August 1946]*

Ich wußte nichts von Pollnows[2] Tod, nur von dem seines Vaters. Da er aus Königsberg war, kannte ich ihn gut, habe ihn auch damals, als er von Ihnen kam, ausführlich gesprochen. Er hatte sich auf seinen französischen Paß verlassen und irgendwo auf dem Lande in Frankreich niedergelassen. Ja, so war es; eine falsche Bewegung, eine Sache falsch eingeschätzt, und man war schon verloren. Vielleicht war er auch nur müde, wollte nicht mehr weiter, wollte nicht wieder in die völlige Fremde, in die völlig fremde Sprache und in die unvermeidliche Armut, die so oft, vor allem am Anfang, dem Elend so ekelhaft nahe kommt. Diese Müdigkeit, meist noch gepaart mit dem Widerwillen, so groß anzugeben, sich so zu konzentrieren nur um des bißchen Lebens willen, war ja unser aller größte Gefahr. Und an ihr ist uns unser bester Freund in Paris draufgegangen, Walter Benjamin, der sich im Oktober 1940 an der spanischen Grenze mit dem amerikanischen Visum in der Tasche das Leben genommen hat. Diese Atmosphäre damals des sauve qui peut war grauenhaft, und der Selbstmord war die einzig noble Geste – wenn einem noch etwas daran lag, nobel zugrunde zu gehen. Man muß wohl in unserer Zeit den Mord schon sehr hassen, um durch den Selbstmord nicht verführt zu werden. *[30. Mai 1946 an Gertrud Jaspers]*

Heldentum

Was Sie über die Franzosen aus der Resistance schrieben, hat mich sehr erfreut. Ja, ich weiß, da gibt es noch richtige Menschen; natürlich sind sie eine verschwindende Minorität, aber sie sind doch da und sie sind, was entscheidend ist, immer noch bereit, sich zu schlagen und ihr Leben zu riskieren. Wir sind doch leider daran gewöhnt worden, daß nur unsere Feinde bereit sind, ihr Leben zu riskieren; und dies nicht aus Herois-

---

2 Hans Pollnow, Übersetzer u. a. des Descartes-Buchs von Jaspers ins Französische.

mus, sondern weil ein bestimmter moderner Typus Mensch gerne das Risiko auf sich nimmt, gemordet zu werden, wenn er nur selbst eine Chance bekommt, ein Mörder zu werden. Es ist ja nicht weiter schwer, ein »Held« zu sein, wenn man das Leben haßt. *[11. November 1946]*

Das Böse – Traditionsbruch

Nun geht mir seit Wochen Ihr »Ob Jahwe nicht allzusehr verschwunden ist« nach, ohne daß ich eine Antwort wüßte. Sowenig vielleicht als auf meine eigene Forderung aus dem Schlußkapitel.[3] Ich persönlich schlage mich recht und schlecht (und eigentlich mehr recht als schlecht) mit einer Art (kindlichen?, weil nie bezweifelten) Gottesvertrauen durch (im Unterschied zum Glauben, der ja doch immer zu wissen glaubt und dadurch in Zweifel und Paradoxien gerät). Damit kann man natürlich gar nichts anfangen außer fröhlich sein. Alle überlieferte Religion, jüdische oder christliche, sagt mir als solche gar nichts mehr. Ich glaube auch nicht, daß sie irgendwo oder irgendwie noch ein Fundament für etwas so unmittelbar Politisches wie Gesetze hergeben könnte. Das Böse hat sich als radikaler erwiesen als vorgesehen. Äußerlich gesprochen: Die modernen Verbrechen sind im Dekalog nicht vorgesehen. Oder: Die abendländische Tradition krankt an dem Vorurteil, daß das Böseste, was der Mensch tun kann, aus den Lastern

---

3 Gemeint sind die »Concluding Remarks« in der ersten Auflage von *The Origins of Totalitarianism* (Bibliographie Titel Nr. 099). Die letzten Sätze lauten: »For those who were expelled from humanity and from human history and thereby deprived of their human condition need the solidarity of all men to assure them of their rightful place in ›man's enduring chronicle‹. At least we can cry out to each one of those who rightly is in despair: ›Do thyself no harm; for we are all here.« (*Acts*, 16:28).« (Dt.: »Denn jene, die aus der Menschheit und der Menschengeschichte ausgegrenzt und der Grundbedingungen menschlicher Existenz beraubt waren, brauchen die Solidarität aller Menschen, um sie ihres rechtmäßigen Platzes in der ›fortdauernden Menschenchronik‹ zu versichern. Zumindest können wir jedem von ihnen, der mit Recht verzweifelt ist, zurufen: ›Tu dir nichts Übels, Denn wir sind alle hie.‹« [Bibliographie Titel Nr. 308, S. 31])

der Selbstsucht stammt; während wir wissen, daß das Böseste oder das radikal Böse mit solchen menschlich begreifbaren, sündigen Motiven gar nichts mehr zu tun hat. Was das radikal Böse nun wirklich ist, weiß ich nicht, aber mir scheint, es hat irgendwie mit den folgenden Phänomenen zu tun: Die Überflüssigmachung von Menschen als Menschen (nicht sie als Mittel zu benutzen, was ja ihr Menschsein unangetastet läßt und nur ihre Menschenwürde verletzt, sondern sie qua Menschen überflüssig zu machen). Dies geschieht, sobald man alle unpredictability ausschaltet, der auf Seite des Menschen die Spontaneität entspricht. Dies alles wiederum entspringt oder besser hängt zusammen mit dem Wahn von einer Allmacht (nicht einfach Machtsucht) *des* Menschen. Wäre *der* Mensch qua Mensch allmächtig, dann wäre in der Tat nicht einzusehen, warum es *die* Menschen geben sollte – genauso wie im Monotheismus nur die Allmacht Gottes ihn zu EINEM macht. In diesem Sinne: die Allmacht *des* Menschen macht die Menschen überflüssig. (Nietzsche, scheint mir, hat damit gar nichts zu tun und auch Hobbes nicht. Der Wille zur Macht will immer nur mächtiger werden, bleibt prinzipiell in diesem Komparativ, der noch die Grenzen des Menschseins respektiert, und dringt zu dem Wahn des Superlativs nie vor.)

Nun habe ich den Verdacht, daß die Philosophie an dieser Bescherung nicht ganz unschuldig ist. Nicht natürlich in dem Sinne, daß Hitler etwas mit Plato zu tun hätte. (Ich habe mir nicht zuletzt solche Mühe gegeben, die Elemente der totalitären Regierungsformen herauszukriegen, um die abendländische Tradition von Plato bis Nietzsche inklusive von solchen Verdächten zu reinigen.) Aber wohl in dem Sinne, daß diese abendländische Philosophie nie einen reinen Begriff des Politischen gehabt hat und auch nicht haben konnte, weil sie notgedrungen von *dem* Menschen sprach und die Tatsache der Pluralität nebenbei behandelte. Aber dies alles hätte ich nicht schreiben sollen, es ist ganz und gar unausgegoren. Verzeihen Sie. *[4. März 1951]*

Je älter man wird, desto schwerer wird es wohl, mit Menschen nahe zusammenzuleben, die nicht in genau der gleichen Schicht beheimatet sind, wie man selbst. Dann geht einem plötzlich jedes Wort wider den Strich, und dagegen, nämlich gegen die psychischen Nerven, kann man gar nichts tun. *[28. Januar 1949]*

Sie schreiben so schön über das »wenn man gerade soweit ist, daß man anfangen könnte« – es hat mich so gefreut. Es ist eben immer noch wahr, daß die Götter ihre Lieblinge jung sterben lassen, zwar nicht wörtlich, aber in dem Sinne, daß sie ihnen zum Entgelt den Trost des Alters »alt und des Lebens satt« nicht gönnen. Das zweideutige ironische Geschenk der Götter ist, daß der Tod immer noch etwas finden muß, was er zugrunde richtet, daß er also bleibt, was er in der Jugend war. So wächst man ihm nicht zu wie die jüdischen Patriarchen, bis er ihnen in den Mund hängt wie die reifen Früchte des Feigenbaumes, unter dem sie sitzen und auf ihn warten. Das ist der Preis, den man zahlt dafür, daß man lebendig ist, solange man am Leben ist; dann trennt eben doch der Tod und nicht die Last des gelebten Lebens. *[28. September 1951]*

Einer der größten Vorteile des Älterwerdens ist doch, daß man endlich sich reguläre Rechte auf Bequemlichkeit erwirbt. Ich fange damit jetzt bereits kräftig an, wo immer ich mit jüngeren Menschen zu tun habe, und verweise sie auf meine weißen Haare mit dem größten Vergnügen. *[15. November 1953]*

---

4 Siehe auch in dieser Ausgabe S. 195 f.

Was Sie nicht schreiben und vielleicht auch nicht schreiben könnten, ist der Glanz des Alters, von dem man sonst wohl weiß, aber doch nicht so recht an ihn glaubt. Aus Ihnen beiden ist er mir immer wieder entgegengetreten. Er ist so selten, aber wenn es ihn gibt, ist er wie die Krone des Lebens. Und schön ist, daß er sicher nur möglich ist, wenn man zu zweit und gemeinsam alt wird. *[18. Februar 1958]*

Am 12. Juli bei Ihnen. Als erstes habe ich mir vorgenommen, will ich versuchen, Sie zu überzeugen, daß Sie sich über das Alter irren.[5] (Jetzt sagt Ihre Frau: »Die Hannah wird frech.«) Das Bibelwort stimmt zwar, aber es hat sich rein faktisch alles um ca. 10 Jahre verschoben – denken Sie an die vielen Achtzigjährigen, die heute aktiver sind als die Siebzigjährigen vor 30 Jahren. Außerdem soll man in solchen Dingen keine Vorurteile haben, sondern es nehmen, wie es gegeben wird. Sie sind unverändert, nicht nur in dem, was man so geistige Frische nennt, sondern auch in dem Aufnehmen, in der Wachheit, in der Weltoffenheit. Das ist kein »Zurechtrücken«, sondern einfach so. *[16. März 1958]*

Menschlich, nicht »existentiell«, ist es ja doch so, daß der eigene Tod normalerweise, ohne die Dazwischenkunft von Krankheit in der Jugend, von dem Tod der anderen, die zu einem gehören, vorbereitet wird, als sterbe die Welt langsam ab bzw. das Stückchen Welt, das man sein eigen nennt. *[19. Februar 1962]*

---

5 H. A. bezieht sich auf eine Passage aus dem vorangehenden Brief von Jaspers, den dieser nach seinem 75. Geburtstag geschrieben hatte (am 5. März 1958). Dort heißt es: »Auch war die Feier anders als am siebzigsten Geburtstag. Man kann nicht wiederholen. Es gibt nur *einen* Altersgeburtstag und das ist der siebzigste. Der achtzigste ist für die, die ihn erleben, ein stiller Nachzügler, da ist man fast schon nicht mehr da, für die Welt allenfalls eine Erinnerung. Es gilt doch das Bibelwort: ›Das Leben währet siebenzig Jahr ...‹ Das ist eine qualitative, nicht quantitative Aussage. Ihr reizendes Spiel mit dem Dreiviertel eines Jahrhunderts entspringt Ihrer unbändigen Neigung, das, was ist, Ihren Freunden aufs schönste zurechtzurücken.« (Hrsg.)

TEIL III

Lebenslauf und Bibliographie

1. Lebenslauf

Tabellarischer Überblick[1]

1906	14. Oktober – Geboren in Hannover als einziges Kind des Ingenieurs Paul Arendt und seiner Frau Martha, geb. Cohn; standesamtlicher Name: Johanna Arendt, nach der Großmutter väterlicherseits (beide Eltern sind aus Königsberg [Ostpreußen] stammende Juden; H. A.: »typisch deutsch-jüdisches assimiliertes Milieu«).
1909	Umzug der Familie nach Königsberg
1913	Tod des Großvaters Max Arendt; nach langer Krankheit (progressive Paralyse) Tod auch des Vaters (Martha Arendt heiratet 1920 den Witwer Martin Beerwald, der zwei Töchter, Clara und Eva, mit in die Ehe bringt).
1913–24	Schulzeit in Königsberg und Berlin, z. T. Selbstunterricht, Teilnahme an Universitätsveranstaltungen, Privatunterricht; 1924 Abitur in Königsberg als Externa
1924–28	Studium der Philosophie (Hauptfach), protestantischen Theologie und griechischen Philologie an den Universitäten Marburg, Freiburg und Heidelberg; Lehrer: M. Heidegger, E. Husserl, K. Jaspers; R. Bultmann, M. Dibelius; O. Regenbogen
1928	November – Promotion (mündliche Prüfung) zum Dr. phil. in Heidelberg; Doktorvater: K. Jaspers; Thema der Dissertation: *Der Liebesbegriff bei Augustin* (Titel Nr. 001)
1929	September – Heirat mit Günther Stern (Anders) in Nowawes bei Berlin (die Sterns leben zeitweise, 1929–1931, in Frankfurt am Main).
1930–33	Forschungsarbeiten »über das Problem der deutsch-jüdischen Assimilation, exemplifiziert an dem Leben der Rahel Varnhagen«, gefördert von

---

1 Titelnummern entsprechend der Bibliographie, S. 257 ff.

der Notgemeinschaft der Deutschen Wissenschaft (1930–31) und einer jüdischen Organisation (1932); erste Publikationen als freie wissenschaftliche Schriftstellerin (Titel Nr. 002–017)

1933 Juli – Verhaftung in Berlin; nach Freilassung Flucht aus Deutschland

1933–40 In Paris; 1937 Aberkennung der deutschen Staatsbürgerschaft

1933–37 Tätigkeiten (»Sozialarbeit«) im Rahmen zionistischer Politik; Gründerin der französischen Abteilung der Jugend-Alijah (1935); dreimonatiger Aufenthalt in Palästina (1935)

1936 Frühjahr – Begegnung mit Heinrich Blücher

1937–38 Wiederaufnahme der wissenschaftlichen Studien; Fertigstellung des nach der Promotion begonnenen Buches über Rahel Varnhagen (Titel Nr. 139); Beginn der Arbeiten an einer Geschichte des Antisemitismus; Vortragstätigkeit

1938–40 Nach den Novemberpogromen 1938 in Deutschland Rückkehr zur »Sozialarbeit«; Aufgabenbereich: »Einwanderung von Kindern und Erwachsenen aus Zentraleuropa nach Frankreich« in Zusammenarbeit mit der Jewish Agency for Palestine, Jerusalem, und französischen Zionisten

1940 Januar – Heirat mit Heinrich Blücher nach Scheidung (1937) von Günther Stern

1940 15. Mai bis 1. Juli – Internierung als »feindliche Ausländerin« im südfranzösischen Lager Gurs (Titel Nr. 166); Flucht über Lourdes (Aufenthalt mit Walter Benjamin) zu Freunden nach Montauban

Ab 1941 In den USA; seit Dezember 1951 amerikanische Staatsbürgerin

1941 22. Mai – Ankunft per Schiff aus Lissabon in New York, zusammen mit Heinrich Blücher (die Mutter, Martha Beerwald, trifft einen Monat später ein und wird bis kurz vor ihrem Tod [27. Juli 1948] mit den Blüchers in New York zusammenleben).

1941–52 Journalistisch-politische und Lehrtätigkeit: Veröffentlichungen im *Aufbau* (siehe am Ende der Bibliographie, S. 338 ff. und Titel Nr. 313) und anderen, insbesondere amerikanisch-jüdischen Organen; Mitarbeit in der Commission on European Jewish Cultural Reconstruction; Vorlesungen und Vorträge an verschiedenen New Yorker akademischen Einrichtungen

1944–46 Forschungsleiterin bei der Conference on Jewish Relations (Commission on European Jewish Cultural Reconstruction)

1946–48 Lektorin beim Schocken Verlag, New York

1949–52 Geschäftsführerin (executive secretary) der Jewish Cultural Reconstruction, New York

1949–50 November bis März – Erste Europareise, im Auftrag der Jewish Cultural Reconstruction: Ausgedehnte Reisen in der BR Deutschland mit Besuch in Berlin (Titel Nr. 091); Wiedersehen mit K. Jaspers, M. Heidegger und Freunden/Bekannten aus der Jugend- und Studienzeit

1950 Juni – Beginn der Aufzeichnungen im *Denktagebuch*, 28 Hefte (bis 1973) werden postum veröffentlicht (Titel Nr. 317)

1951 Veröffentlichung von *The Origins of Totalitarianism/The Burden of Our Time* (Titel Nr. 099, dt. 1955 *Elemente und Ursprünge totaler Herrschaft* [Titel Nr. 122])

1952–53 Freie wissenschaftliche Arbeit, gefördert von der Guggenheim Foundation; Titel des Projekts: »Totalitarian Elements in Marxism«

1952 Heinrich Blücher erhält eine feste Anstellung als Professor für Philosophie am Bard College in Annandale-on-Hudson, New York

1953 Oktober/November – Sechs Vorlesungen im Rahmen der Christian Gauss Seminars in Criticism an der Princeton University; Thema: »Karl Marx and the Tradition of Western [Political] Thought« (Titel Nr. 120, 131, 145)

1954 März – Dreiteilige Vorlesung an der University of Notre Dame in Notre Dame, Indiana; Thema:

»Philosophy and Politics: The Problem of Action and Thought After the French Revolution« (Titel Nr. 131, 145, 275, 324)

1955 Frühjahr – Visiting Professor an der University of California, Berkeley; Vorlesung: »History of Political Theory« (Titel Nr. 282) und zwei Seminare

1955 Herbst – Vortrags- und Ferienreise nach Italien (Titel Nr. 124), Griechenland und Israel, in die Schweiz und nach Deutschland (West)

1956 April – Sechs Vorlesungen im Rahmen der Walgreen Lectures an der University of Chicago; Thema: »The Labour of Man's Body and the Work of His Hands« (*The Human Condition* [Titel Nr. 137] entsteht, dt. 1960 *Vita activa* [Titel Nr. 152]).

1956 Herbst – Europareise: Studien, finanziert von der Rockefeller Foundation, und Vorträge

1958 April bis Juli – Europareise mit u. a. Vorträgen in Bremen (Titel Nr. 138), Zürich (Titel Nr. 142), München (Titel Nr. 144)

1958 September – Laudatio auf Karl Jaspers (Titel Nr. 143)

1959 Frühjahr – Gastprofessor an der Princeton University: Vorlesungen über »The United States and the Revolutionary Spirit« (es entsteht *On Revolution* [Titel Nr. 171], dt. 1965 *Über die Revolution* [Titel Nr. 188]).

1959 September – Erhalt des Lessingpreises der Freien und Hansestadt Hamburg (Titel Nr. 153)

1959 Dezember – Umzug in New Yorks Stadtteil Manhattan: von den Morningside Heights an den Riverside Drive; neue Anschrift (bis Lebensende): 370 Riverside Drive

1960–61 Verschiedene Engagements als Gastprofessor: unter anderem Columbia University (Herbst 1960); Northwestern University (Frühjahr 1961); Wesleyan University (Herbst 1961)

1961 April und Juni – Teilnahme am Eichmann-Prozeß in Jerusalem als »Reporter« für die Zeitschrift *The New Yorker*

1961	Veröffentlichung von *Between Past and Future*, einer Sammlung von »Übungen im politischen Denken« (Titel Nr. 159)
1962	März – Krankenhausaufenthalt nach schwerem Unfall im Taxi in New York
1962	Herbst – Gastvorlesungen an der University of Chicago: danach Seminar an der Wesleyan University
1963	Februar – *The New Yorker* beginnt mit der Veröffentlichung von *Eichmann in Jerusalem* (Titel Nr. 170)
1963	Februar bis Juni – Europaaufenthalt, u. a. ausgedehnte Ferienreise mit Heinrich Blücher und Lotte Beradt in Griechenland und Italien
1963–67	Professor (mit reduzierter Lehr- und Präsenzpflicht) an der University of Chicago, Committee on Social Thought; Vorlesungen u. a.: »Introduction into Politics«, »Basic Moral Propositions«; Lehrveranstaltungen an der New School for Social Research, New York, u. a. »Some Questions of Moral Philosophy« (Titel Nr. 320)
1964	Aufnahme in das National Institute of Arts and Letters (Titel 192)
1965	Herbst – Gastprofessur an der Cornell University, Ithaca, N. Y.
1967–75	Professor (»university professor«, auch mit reduzierter Lehr- und Präsenzpflicht) an der Graduate Faculty der New School for Social Research, New York; Vorlesungen u. a.: »Philosophy and Politics«, »Kant's Political Philosophy« (Titel Nr. 266)
1967	Oktober – Erhalt des Sigmund-Freud-Preises für wissenschaftliche Prosa der Deutschen Akademie für Sprache und Dichtung, in absentia
1968	Veröffentlichung von *Men in Dark Times*, einer Sammlung literarischer Porträts (Titel Nr. 209)
1969	Februar – Tod von Karl Jaspers (Titel Nr. 221)
1969	Sommer – Aufenthalt in Europa (mit Heinrich Blücher); mehrere Wochen in Tegna-Locarno, dem Schweizer Urlaubsort (in Tegna, Hotel Casa

Barbatè, wird Arendt beinahe in jedem der folgenden Jahre einige Wochen verbringen).

1970 Oktober – Tod von Heinrich Blücher

1971 »Thinking and Moral Considerations« (Titel Nr. 237) erscheint (die Arbeit am zweiten Band der *Vita activa*, d. i. *The Life of the Mind* [Titel Nr. 258], hat begonnen).

1971 November – Entscheidung des Bundesverfassungsgerichts: BVerfG 2 BvR 493/66, auch »Lex Arendt« (Wiedergutmachungsansprüche können erfolgreich durchgesetzt werden).

1972 November – Teilnahme an der Konferenz »The Work of Hannah Arendt« an der York University in Toronto, Kanada (Titel Nr. 262, in dieser Ausgabe S. 73–115)

1973 April bis Mai – Vorlesungen im Rahmen der Gifford Lectures an der University of Aberdeen, Schottland; Thema: »The Life of the Mind, First Series: Thinking« (Titel Nr. 258)

1974 Mai – Fortsetzung der Gifford Lectures; Thema: »The Life of the Mind, Second Series: Willing« (Titel Nr. 258); abgebrochen am 5. Mai wegen Herzinfarkt

1974 September – Tod von Wystan H. Auden (Titel Nr. 248)

1975 April – Erhalt des von der dänischen Regierung verliehenen Sonning-Preises für Beiträge zur europäischen Kultur (Titel Nr. 321)

1975 Mai – Vortrag »Home to Roost« (Titel Nr. 251) im Rahmen des Boston Bicentennial Forum, einer Veranstaltungsreihe zur 200-Jahr-Feier der Unabhängigkeit der USA

1975 Mai bis September – Europaaufenthalt; Stationen u. a.: Marbach (Deutsches Literaturarchiv), Tegna (Arbeit an *The Life of the Mind* [Titel Nr. 258], Teile »Willing« und »Judging«), Freiburg (Besuch bei M. Heidegger)

1975 4. Dezember – Tod durch Herzinfarkt in der New Yorker Wohnung

2. Bibliographie

Zusammenstellung aller deutsch- und englischsprachigen Veröffentlichungen

Vorbemerkung:
Die Bibliographie ist das Ergebnis eigener Recherchen. Dabei konnte ich mich auf die folgenden zuvor veröffentlichten Literaturzusammenstellungen stützen:

- YOUNG-BRUEHL, Elisabeth: »Chronological Bibliography of the Works of Hannah Arendt«, in dies.: *Hannah Arendt: For Love of the World*, New Haven-London: Yale University Press, 1982, S. 535–547 (dt. übersetzt von Hans Günter Holl, 1986, S. 712–730);
- FORTI, Simona: »Bibliografia« in ARENDT, Hannah: *La vita della mente*, Bologna: Mulino, 1987, S. 571–594;
- NORDQUIST, Joan: *Hannah Arendt*, Santa Cruz, CA: Reference and Research Services, 1989 (Social Theory: A Bibliographical Series, 14), 64 Seiten.

Ferner hat mir Norbert Stennes, Diez (Hessen), seine bibliographischen Aufzeichnungen zur Einsicht zur Verfügung gestellt. Großzügige Hilfen habe ich darüber hinaus von Edna Brocke, Wolfgang Heuer, Lotte Köhler, Jerome Kohn und Iris Pilling erhalten. Mein besonderer öffentlicher Dank gilt den zahlreichen häufig anonym (manchmal sogar ohne Gesicht) gebliebenen Helfern in den von mir genutzten Bibliotheken, insbesondere der Bayerischen Staatsbibliothek.

Die Deutsche Forschungsgemeinschaft hat es mir durch eine Beihilfe im Jahre 1987–88 ermöglicht, diese Bibliographie zu konzipieren und den datenmäßigen Grundstock zu legen.

Bei der Konzipierung der Bibliographie bin ich davon ausgegangen, daß es ein deutsch- und ein englischsprachiges Originalwerk von Hannah Arendt (im folgenden: H. A.) gibt. Deshalb hat jeder deutsche und jeder englische Titel, der zu Lebzeiten H. A.s erschienen ist, eine eigene Nummer erhalten. Er wird unter dem Jahr seiner Erstveröffentlichung aufgeführt. Auf Nachdrucke in der Originalsprache wird unter dieser Nummer ebenso hingewiesen wie auf den entsprechenden Titel in der jeweils anderen Sprache. Wichtige mir bekannte Informationen zu den einzelnen Titeln habe ich als »Bemerkungen« (Bem.) hinzugefügt.

Bei postumen, also nach 1975 erschienenen *Buch*veröffentlichungen ist so verfahren worden wie bei dem zu Lebzeiten veröffentlichten Werk. Nach dem Tod herausgekommene Übersetzungen von früher veröffentlichten *Aufsätzen* haben dagegen keinen eigenen Eintrag bekommen, sondern werden beim Originaltitel aufgeführt. Als unselbständige bibliographische Einheiten veröffentlichte *Manuskripte* aus dem Nachlaß haben einen Eintrag in der Sprache, in der das Manuskript / der Brief hinterlassen wurde, erhalten – auch wenn sie zuerst in einer Übersetzung veröffentlicht worden sind.

Was das Original- und das Nachlaßwerk angeht, so habe ich Vollständigkeit angestrebt, bei den Nachdrucken (insbesondere von Kapiteln und Teilkapiteln aus Büchern) und den postumen Übersetzungen ist das nicht der Fall. Wiederabdrucke seit 1996 blieben unberücksichtigt, außer wenn sie im vollständigen Nachdruck in einer postumen Arendt-Ausgabe erschienen sind.

Die aufgenommenen Titel sind nach dem Ersterscheinungs- und/oder Copyright-Jahr geordnet. Innerhalb des jeweiligen Erscheinungsjahres werden von H. A. allein verfaßte Bücher zuerst genannt, es folgen als zweite Untergruppe die von ihr verfaßten Artikel, Rezensionen etc., und am Ende stehen von ihr herausgegebene Werke sowie mitverfaßte Bücher und Artikel. Innerhalb der Untergruppen gilt die alphabetische Anordnung.

Veröffentlichungen ab September 2005 konnten nicht mehr berücksichtigt werden.

Aus Anlaß der Neuausgabe noch einige Hinweise:

(1) Im Jahr 1999 erschien, von DerHörVerlag in der Reihe »Stimmen der Philosophie« produziert, das Hörbuch: Hannah Arendt, *Von Wahrheit und Politik: Reden und Gespräche* (Auswahl und Begleittext von Ursula Ludz). Es enthält den O-Ton des Fernsehgesprächs mit Günter Gaus (Titel Nr. 185) sowie die überlieferten Tondokumente der folgenden Veröffentlichungen: Titel Nr. 134, 142, 143, 223, 184, 224 (Teil II).

(2) Im Jahr 2000 erschien *The Portable Hannah Arendt* (edited by Peter Baehr, New York: Penguin Books). Die Auswahl enthält über dreißig Textstücke aus Büchern, Artikeln und Briefen von H. A., überwiegend Auszüge aus den jeweiligen bibliographischen Einheiten. Sie findet in der nachfolgenden Bibliographie keine Berücksichtigung; eine Inhaltsübersicht kann dem *Hannah Arendt Newsletter*, Nr. 4, April 2001, S. 60, entnommen werden.

(3) »The Papers of Hannah Arendt«, d. i. der Nachlaß von H. A. in der Library of Congress in Washington, sind inzwischen vollständig digitalisiert. Unter »http://memory.loc.gov/ammem/arendthtml/arendthome.html« kann man sich einen Überblick verschaffen. Einige Papiere stehen im »Onsite Internet Access« zur Verfügung, der Großteil der Sammlung ist jedoch nur in Washington (Library of Congress), New York (Hannah Arendt Center at New School University) und Oldenburg (Hannah-Arendt-Zentrum an der Universität Oldenburg) abrufbar.

(4) Die Internet-Zeitschrift *HannahArendt.net*, die aus dem *Hannah Arendt Newsletter* hervorgegangen ist, informiert fortlaufend über Veröffentlichungen von H. A. (Rubrik »Bibliographie«).

Ursula Ludz

1929

001 *Der Liebesbegriff bei Augustin: Versuch einer philosophischen Interpretation.*
Berlin: J. Springer, 1929 (Philosophische Forschungen 9). – 90 S.
→ Dass. (mit kleineren Druckfehlerkorrekturen) hrsg. und mit einem Vorwort von Ludger Lütkehaus. Berlin–Wien: Philo, 2003. – 134 S.
→ Engl.: *Love and St. Augustine* (Titel Nr. 304)
Bem.: Es handelt sich um die gedruckte Fassung der Dissertationsschrift, mit der H. A. von der Philosophischen Fakultät der Universität Heidelberg promoviert wurde (mündliche Prüfung am 26. Nov. 1928). Der Wiederabdruck von 2003 enthält als »Anhang I« das Dissertationsgutachten von Karl Jaspers und als »Anhang II« Arendts Aufsatz »Augustin und der Protestantismus« (Titel 002). – Eine erste englische Übersetzung besorgte E. B. Ashton. H. A. hat sie 1963 erhalten und mit der Überarbeitung begonnen, zu einer Veröffentlichung ist es zu Arendts Lebzeiten jedoch nicht gekommen. Das Exemplar liegt in der Library of Congress, vgl. auch Appendix 3 (»Arendt's Doctoral Dissertation: A Synopsis«) in Young-Bruehl: *Hannah Arendt*, S. 490–500 (dt. Ausg. S. 650–663). Im übrigen siehe die Angaben unter dem o. g. englischen Titel. – Siehe auch in dieser Ausgabe S. 188 f.

1930

002 **Augustin und der Protestantismus.**
In: *Frankfurter Zeitung* 75 (1930–12–04), Nr. 902, S. 1
→ Dass. in: *Der Liebesbegriff bei Augustin* (Titel 001), Ausgabe 2003, S. 131–134
→ Engl. (übers. von Robert und Rita Kimber unter dem Titel »Augustine and Protestantism«) in: *Essays in Understanding* (Titel Nr. 292), S. 24–27

003 **Philosophie und Soziologie: Anläßlich Karl Mannheim, Ideologie und Utopie.**
In: *Die Gesellschaft* 7 (1930), Nr. 1, S. 163–176 (des Ersten Bandes)
→ Dass. in LIEBER, Hans-Joachim (Hrsg.): *Ideologienlehre und Wissenssoziologie: Die Diskussion um das Ideologieproblem in den zwanziger Jahren.* Darmstadt: Wissenschaftliche Buchgesellschaft, 1974 (Wege der Forschung 117), S. 530–547
→ Engl. (übersetzt von Clare McMillan und Volker Meja unter dem Titel »Philosophy and Sociology«) in MEJA, Volker (Hrsg.); STEHR, Nico (Hrsg.): *Knowledge and Politics: The Sociology of Knowledge Dispute.* London: Routledge and Kegan Paul, 1990, S. 196–208
→ Engl. (übersetzt von Robert und Rita Kimber unter dem Titel »Philosophy and Sociology«) in: *Essays in Understanding* (Titel Nr. 292), S. 28–43

004 ARENDT, Hannah; STERN, Günther:
Rilkes »Duineser Elegien«.
In: *Neue Schweizer Rundschau* (= *Wissen und Leben*) 23 (1930), Nr. 11,
S. 855–871

1931

005 WEIL, Hans: *Die Entstehung des deutschen Bildungsprinzips,*
Bonn: Cohen, 1930 (Schriften zur Philosophie und Soziologie 4).
In: *Archiv für Sozialwissenschaft und Sozialpolitik* 66 (1931), Nr. 1,
S. 200–205
Bem.: Rezension.

1932

006 Adam Müller-Renaissance?
In: *Kölnische Zeitung* (1932–09–13), Nr. 502, Unterhaltungsblatt;
(1932–09–17), Nr. 510, Unterhaltungsblatt
Bem.: Anläßlich der Veröffentlichung der Adam-Müller-Textauswahl von
Friedrich Bülow bei Kröner, Leipzig.

007 Aufklärung und Judenfrage.
In: *Zeitschrift für die Geschichte der Juden in Deutschland* 4 (1932), Nr. 2–3,
S. 65–77
→ Dass. in: *Die verborgene Tradition* (Titel Nr. 249), S. 108–126
Bem.: Als Autor zeichnete 1932 Hannah Arendt-Stern. In ihrem Brief an
Karl Jaspers vom 1. Jan. 1933 schreibt H. A., daß der Aufsatz von der Re-
daktion »um Wesentliches gekürzt« worden sei. Die Fassungen von 1932
und 1976 sind identisch.

008 Berliner Salon.
In: *Deutscher Almanach für das Jahr 1932*. Leipzig: Reclam, S. 173–184
→ Engl. (übers. von Robert und Rita Kimber unter dem Titel »Berlin Sa-
lon«) in: *Essays in Understanding* (Titel Nr. 292), S. 57–65
Bem.: Siehe auch H. A. (Hrsg.): Brief Rahels … (Titel Nr. 011).

009 Friedrich von Gentz: Zu seinem 100. Todestag am 9. Juni.
In: *Kölnische Zeitung* (1932–06–08), Nr. 308, Unterhaltungsblatt
→ Engl. (übers. von Robert und Rita Kimber unter dem Titel »Friedrich
von Gentz: On the 100th Anniversary of His Death, June 9, 1932«) in:
Essays in Understanding (Titel Nr. 292), S. 50–56

010 Sören Kierkegaard.
In: *Frankfurter Zeitung* 76 (1932–01–29), Nr. 75–76, S. 2
→ Engl. (übers. von Robert und Rita Kimber unter dem Titel »Søren
Kierkegaard«) in: *Essays in Understanding* (Titel Nr. 292), S. 44–49
Bem.: Aus Anlaß des 75. Todestages von Kierkegaard.

011 ARENDT, Hannah (Hrsg.):
Brief Rahels an Pauline Wiesel: Zum ersten Male veröffentlicht von Han-
nah Arendt.
In: *Deutscher Almanach für das Jahr 1932* (Leipzig: Reclam), S. 185–190
Bem.: Anhang zu »Berliner Salon« (Titel Nr. 008). – Es handelt sich um
den Brief Rahels vom 8. Juni 1826, den Ludmilla Assing allerdings schon
1867 veröffentlicht hatte; vgl. dazu K. Feilchenfeldt und R. E. Steiner,
»Rahel Varnhagens ›Werke‹«, in VARNHAGEN, Rahel: *Gesammelte
Werke*, München: Matthes & Seitz, 1983, Bd. 10, S. 89–90.

1933

012 Gegen Privatzirkel.
In: *Jüdische Rundschau* 38 (1933–05–03), S. 174
Bem.: Plädoyer für eine »jüdische Schule« in Deutschland »auf allerbrei-
tester Basis«.

013 Originale Assimilation: Ein Nachwort zu Rahel Varnhagens 100. Todes-
tag.
In: *Jüdische Rundschau* 38 (1933–04–07), Nr. 28–29, S. 143

014 Rahel Varnhagen: Zum 100. Todestag, 7. März 1933.
In: *Kölnische Zeitung* (1933–03–07), Nr. 131, Unterhaltungsblatt

015 RÜHLE-GERSTEL, Alice: *Das Frauenproblem der Gegenwart: Eine*
psychologische Bilanz,
Leipzig: Hirzel, 1932.
In: *Die Gesellschaft* 10 (1933), Nr. 2, S. 177–179
→ Engl. (übers. von E. Young-Bruehl unter dem Titel »On the Emanci-
pation of Women«) in: *Essays in Understanding* (Titel Nr. 292), S. 66–68
Bem.: Rezension.

(…) Zur Minderheitenfrage: Brief an Erich Cohn-Bendit.
Siehe Titel Nr. 314.

1934

016 HAGEN, Hans Wilhelm: *Rilkes Umarbeitungen,*
Leipzig: Eichblatt, 1931.

In: *Zeitschrift für Ästhetik und allgemeine Kunstwissenschaft* 28 (1934),
Nr. 1, S. 111–112
Bem.: Rezension.

017 HAMBURGER, Käte: *Thomas Mann und die Romantik,*
Berlin: Juncker & Dünnhaupt, 1932.
In: *Zeitschrift für Ästhetik und allgemeine Kunstwissenschaft* 28 (1934),
Nr. 3, S. 297–298
Bem.: Rezension.

1941 *

1942 *

018 A Believer in European Unity.
In: *The Review of Politics* 4 (1942), Nr. 2, S. 245–247
Bem.: Rezension von SWEET, Paul R.: Friedrich von Gentz: *Defender of
the Old Order*, Madison, Wisc.: University of Wisconsin, 1941.

019 From the Dreyfus Affair to France Today.
In: *Jewish Social Studies* 4 (1942), Nr. 3, S. 195–240
→ Dass. (überarb.) in PINSON, Koppel S. (Hrsg.): *Essays on Antisemi-
tism*. With a foreword by Salo W. Baron. 2nd ed. rev and enl. New York:
Conference an Jewish Relations, 1946 (Jewish Social Studies Publica-
tion 2), S. 173–217
Bem.: Hervorgegangen aus einem nicht erhaltenen deutschen Manuskript
»Dreyfus und die Folgen«, das Theodor H. Gaster ins Englische über-
setzte. Die Seiten 173–213 der Fassung von 1946 hat H. A. für das Kap. 4
(»The Dreyfus Affair«) von *The Origins of Totalitarianism* (Titel Nr. 099,
S. 89–120) erneut überarbeitet; nicht übernommen wurde der Abschnitt
»Herzl and Lazare« (S. 213–217), der in *The Jew as Pariah* (Titel Nr. 257,
S. 125–130) wiederabgedruckt ist.

(…) Herzl and Lazare.
Siehe Titel Nr. 019.

020 Ein Mittel zur Versöhnung der Völker.
In: *Porvenir: Zeitschrift für alle Fragen des jüdischen Lebens* (Buenos Ai-
res) o. Jg. (1942), Nr. 3 (Nov.–Dez.), S. 125–130
Bem.: Der Titel auf der Kopie des in der Library of Congress aufbewahr-
ten maschinenschriftlichen Manuskriptes lautet: »Die jüdische Armee –
Ein Mittel zur Versöhnung der Völker«.

---

* *Aufbau*-Artikel am Schluß der Bibliographie

1943*

021 **BROOKS, Howard L.:** *Prisoners of Hope: Report on a Mission,*
New York: L. B. Fischer, 1942.
In: *Jewish Social Studies* 5 (1943), Nr. 1, S. 79–80
Bem.: Rezension.

022 **Portrait of a Period.**
In: *The Menorah Journal* 31 (1943), Nr. 3, S. 307–314
→ Dass. in: *The Jew as Pariah* (Titel Nr. 257), S. 112–121
→ Dt.: Stefan Zweig (Titel Nr. 076)
Bem.: Rezension von ZWEIG, Stefan: *The World of Yesterday: An Auto-
biography.* New York: Viking, 1943. – Siehe die Bemerkungen unter Titel
Nr. 076.

023 **We Refugees.**
In: *The Menorah Journal* 31 (1943), Nr. 1, S. 69–77
→ Dass. in: *The Jew as Pariah* (Titel Nr. 257), S. 55–66
→ Dt. (übers. von Eike Geisel unter dem Titel »Wir Flüchtlinge«)
in: *Zur Zeit* (Titel Nr. 269), S. 7–21

024 **WEIL, Bruno:** *Dreyfus: Historia del Crimen Judical más Escandalosa
del Siglo XIX,*
Traducción de la edición francesa y revisado sobre la alemana por Luis
Villa, Buenos Aires: Claridad, 1941.
In: *Jewish Social Studies* 5 (1943), Nr. 2, S. 205
Bem.: Rezension.

025 **Why the Crémieux Decree Was Abrogated?**
In: *Contemporary Jewish Record* 6 (1943), Nr. 2, S. 115–123

1944*

026 **Concerning Minorities.**
In: *Contemporary Jewish Record* 7 (1944), Nr. 4, S. 353–368
Bem.: Vgl. das Kapitel 9/I (»The ›Nation of Minorities‹ and the Stateless
People«) von *The Origins of Totalitarianism* (Titel Nr. 099), S. 269–290.

027 **Franz Kafka: A Revaluation (On the occasion of the twentieth anniver-
sary of his death).**
In: *Partisan Review* 11 (1944), Nr. 4, S. 412–422
→ Dass. in BAKER, Donald N. (Hrsg.); FASEL, George W. (Hrsg.):
Landmarks in Western Culture: Commentaries and Controversies. Bde.
1–2, Englewood Cliffs, N. J.: Prentice-Hall, 1968, Bd. 2, S. 413–421

---

* *Aufbau*-Artikel am Schluß der Bibliographie

→ Dass. in: *Essays in Understanding* (Titel Nr. 292), S. 69–80

→ Dt.: Franz Kafka, von neuem gewürdigt (Titel Nr. 048)

Bem.: Siehe die Bemerkungen zur deutschen Fassung. – Auszüge aus dem deutschen Artikel in Sechs Essays wurden von Kenneth Hughes übersetzt und unter dem Titel »Franz Kafka« veröffentlicht in HUGHES, Kenneth (Hrsg.): *Franz Kafka: An Anthology of Marxist Criticism.* Hanover: University Press of New England, 1981, S. 3–11.

028 The Jew as Pariah: A Hidden Tradition.

In: *Jewish Social Studies* 6 (1944), Nr. 2, S. 99–122

→ Dass. (leicht gekürzt und mit zusätzlichen Zwischenüberschriften) in: *Reconstructionist* 25 (1959–03–20), Nr. 3, S. 3–9; 25 (1959–04–03), Nr. 4, S. 8–14

→ Dass. in COHEN, Arthur A. (Hrsg.): *Arguments and Doctrines: A Reader of Jewish Thinking in the Aftermath of the Holocaust.* New York: Harper, 1970, S. 27–49

→ Dass. in: *The Jew as Pariah* (Titel Nr. 257), S. 67–90

→ Dt.: Die verborgene Tradition (Titel Nr. 078)

Bem.: Siehe die Bemerkungen beim deutschen Titel.

029 LYTTON, Neville: *Life in Unoccupied France,*

London: Macmillan, 1942.

In: *Jewish Social Studies* 6 (1944), Nr. 1, S. 85

Bem.: »Book Note«, mit H. A. gezeichnet.

030 New Leaders Arise in Europe: Fighting Jews Will Want a Fighting Leadership.

In: *New Currents: A Jewish Monthly* (Published by the American Committee of Jewish Writers, Artists and Scientists, New York) 2 (1944), Nr. 4, S. 13–14

031 Our Foreign Language Groups.

In: *The Chicago Jewish Forum* 3 (1944), Nr. 1, S. 25–34

→ Dt. (übers. von Ursula Ludz unter dem Titel »Unsere fremdsprachlichen Volksgruppen«) in: *In der Gegenwart* (Titel Nr. 312), S. 211–227

Bem.: Siehe »Foreign Affairs in the Foreign-Language Press« (Titel Nr. 296).

032 Race-Thinking Before Racism.

In: *The Review of Politics* 6 (1944), Nr. 1, S. 36–73

Bem.: Eine Vorfassung des Kapitels 6 von *The Origins of Totalitarianism*, das den gleichen Titel trägt (Titel Nr. 099, S. 158–184).

1945*

033 Approaches to the »German Problem«.
  In: *Partisan Review* 12 (1945), Nr. 1, S. 93–106
  → Dass. in: *Essays in Understanding* (Titel Nr. 292), S. 106–120
  → Dt. (übers. von Eike Geisel unter dem Titel »Das ›Deutsche Problem‹:
  Die Restauration des alten Europa«) in: *Zur Zeit* (Titel Nr. 269),
  S. 23–41
  Bem.: Wahrscheinlich eine Übersetzung der deutschen Originalfassung,
  siehe unter Titel 035 a.

034 The Assets of Personality.
  In: *Contemporary Jewish Record* 8 (1945), Nr. 2, S. 214–216
  Bem.: Rezension von WEISGAL, Meyer W. (Hrsg.): *Chaim Weizmann:
  Statesman, Scientist, Builder of the Jewish Commonwealth.* Foreword by
  Felix Frankfurter. New York: Dial, 1944.

035 Christianity and Revolution.
  In: *The Nation* 161 (1945–09–22), Nr. 12, S. 288–289
  → Dass. in: *Essays in Understanding* (Titel Nr. 292), S. 151–155
  Bem.: Geschrieben anläßlich der Veröffentlichung von MARITAIN,
  Raissa: *Adventures in Grace*, New York: Longmans, Green, 1945.

035a Das »deutsche Problem« ist kein deutsches Problem.
  In: *La Otra Alemania: Das andere Deutschland* (Organo de los Alemanos
  democráticos de América del Sur) 7 (1945), Nr. 97, S. 7–10; Nr. 98, S. 8–9
  → Dass. (erweitert) in: *In der Gegenwart* (Titel Nr. 312), S. 9–25
  Bem.: Vermutlich die deutsche (redaktionell gekürzte) Originalfassung
  von Titel 033. Sie wurde 1999 von M. L. Knott entdeckt und in die Neu-
  ausgabe von *Zur Zeit* aufgenommen (Titel Nr. 269, S. 214–225). In *In der
  Gegenwart* wurden die gekürzten Passagen aus Geisels Übersetzung von
  Titel 033 eingefügt.

036 Dilthey as Philosopher and Historian.
  In: *Partisan Review* 12 (1945), Nr. 3, S. 404–406
  → Dass. in: *Essays in Understanding* (Titel Nr. 292), S. 136–139
  Bem.: Rezension von HODGES, H. A.: *Wilhelm Dilthey: An Intro-
  duction.* Oxford Univ. Press.

(…) German Guilt.
  Siehe Titel Nr. 041

---

* *Aufbau*-Artikel am Schluß der Bibliographie

037 Imperialism, Nationalism, Chauvinism.
In: *The Review of Politics* 7 (1945), Nr. 4, S. 441–463
Bem.: Formulierung von Gedanken, die im Zweiten Teil des Buches *The Origins of Totalitarianism* (Titel Nr. 099) dargelegt werden, dort besonders Kap. 5 (»The Political Emancipation of the Bourgeoisie«) und Kap. 8 (»Continental Imperialism: The Pan-Movements«).

038 KULISCHER, Eugene M.: *The Displacement of Population in Europe,*
Montreal: International Labor Office, 1943.
In: *Jewish Social Studies* 7 (1945), Nr. 1, S. 88–89
Bem.: Rezension.

039 MICAUD, Charles A.: *The French Right and Nazi Germany, 1933–1939: A Study of Public Opinion,*
Durham: Duke Univ., 1943.
In: *Jewish Social Studies* 7 (1945), Nr. 2, S. 187–188
Bem.: »Book Note«, mit H. A. gezeichnet.

040 Nightmare and Flight.
In: *Partisan Review* 12 (1945), Nr. 2, S. 259–260
→ Dass. in: *Essays in Understanding* (Titel Nr. 292), S. 133–135
Bem.: Rezension von ROUGEMONT, Denis de: *The Devil's Share.* Translated from the French by Haakon Chevalier. Pantheon Books.

041 Organized Guilt and Universal Responsibility.
In: *Jewish Frontier* 12 (1945), Nr. 1, S. 19–23
→ Dass. (unter dem Titel »German Guilt«) in: *Jewish Frontier Anthology, 1934–1944*, New York: Jewish Frontier Association, 1945, S. 470–481
→ Dass. in SMITH, Roger W. (Hrsg.): *Guilt: Man and Society.* New York: Doubleday, 1971 (Anchor Original A 768), S. 255–267
→ Dass. (unter dem Titel »German Guilt«), in: *Jewish Frontier* 47 (1979), Nr. 10 (500), S. 36–41
→ Dass. in: *The Jew as Pariah* (Titel Nr. 257), S. 225–236
→ Dass. in: *Essays in Understanding* (Titel Nr. 292), S. 121–132
→ Dt: Organisierte Schuld (Titel Nr. 058)
Bem.: Die deutsche Fassung ist die Originalfassung; in den englischen Ausgaben wird kein Übersetzer genannt.

042 Parties, Movements, and Classes.
In: *Partisan Review* 12 (1945), Nr. 4, S. 504–513
→ Dt.: Parteien und Bewegungen (Titel Nr. 086)
Bem.: Eine Vorfassung des Kap. 8/III (»Party and Movement«) von *The Origins of Totalitarianism* (Titel Nr. 099, S. 250–266).

043 Power Politics Triumphs.
In: *Commentary* 1 (1945–46), Nr. 2, S. 92–93
→ Dass. in: *Essays in Understanding* (Titel Nr. 292), S. 156–157

Bem.: Rezension von GROSS, Feliks: *Crossroads of Two Continents: A Democratic Federation of East Central Europe*. New York: Columbia University Press, 1945.

044 The Seeds of a Fascist International.
In: *Jewish Frontier* 12 (1945), Nr. 6 (124), S. 12–16
→ Dass. in: *Essays in Understanding* (Titel Nr. 292), S. 140–150
→ Dt. (übers. von Eike Geisel unter dem Titel »Antisemitismus und faschistische Internationale«) in: *Nach Auschwitz* (Titel Nr. 274), S. 31–48; Wiederabdruck in: *Israel, Palästina und der Antisemitismus* (Titel Nr. 276), S. 95–107
Bem.: Über die »Protocols of the Elders of Zion«.

045 The Stateless People.
In: *Contemporary Jewish Record* 8 (1945), Nr. 2, S. 137–153
Bem.: Vgl. Kap. 9/I (»The ›Nation of Minorities‹ and the Stateless People«) von *The Origins of Totalitarianism* (Titel Nr. 099, S. 269–290).

046 Zionism Reconsidered.
In: *The Menorah Journal* 33 (1945), Nr. 2, S. 162–196
→ Dass. in SELZER, Michael (Hrsg.): *Zionism Reconsidered: The Rejection of Jewish Normalcy*. New York: Macmillan, 1970, S. 213–249
→ Dass. in: *The Jew as Pariah* (Titel Nr. 257), S. 131–163
→ Dt. (übers. von Friedrich Griese unter dem Titel »Der Zionismus aus heutiger Sicht«) in: *Die verborgene Tradition* (Titel Nr. 249), S. 127–168; Wiederabdruck in: *Die Krise des Zionismus* (Titel Nr. 272), S. 7–59

1946

047 Expansion and the Philosophy of Power.
In: *Sewanee Review* 54 (1946), Nr. 4, S. 601–616
Bem.: Eine Vorfassung der Kapitel 5/I (»Expansion and the Nation-State«) und 5/II (»Power and the Bourgeoisie«) des Buches *The Origins of Totalitarianism* (Titel Nr. 099, S. 124–147).

048 Franz Kafka, von neuem gewürdigt.
In: *Die Wandlung* 1 (1945–46), Nr. 12, S. 1050–1062
→ Dass. (überarb. unter dem Titel »Franz Kafka«) in: *Sechs Essays* (Titel Nr. 069), S. 128–149
→ Dass. (Fassung aus *Sechs Essays*) in: *Die verborgene Tradition* (Titel Nr. 249), S. 88–107
→ Engl.: Franz Kafka: A Revaluation (Titel Nr. 027)
Bem.: Deutsche und englische Fassungen weichen z.T. erheblich voneinander ab. Nach den Angaben in *Sechs Essays* hat H. A. den Artikel ursprünglich deutsch verfaßt; die englische Fassung enthält keinen Hinweis auf die Entstehungsgeschichte.

049 French Existentialism.
In: *The Nation* 162 (1946–02–23), Nr. 8, S. 226–228
→ Dass. in CHRISTMAN, Henry M. (Hrsg.): *One Hundred Years of THE NATION: A Centennial Anthology.* New York: Macmillan, 1965, S. 253–258
→ Dass. in: *Essays in Understanding* (Titel Nr. 292), S. 188–193

050 The Image of Hell.
In: *Commentary* 2 (1946), Nr. 3, S. 291–295
→ Dass. in: *Essays in Understanding* (Titel Nr. 292), S. 197–205
→ Dt. (übers. von Eike Geisel unter dem Titel »Das Bild der Hölle«) in: *Nach Auschwitz* (Titel Nr. 274), S. 49–62
Bem.: Rezension von *The Black Book: The Nazi Crime Against the Jewish People.* Compiled and edited by the World Jewish Congress et al. New York: Duell, Sloan & Pearce, 1946; sowie von WEINREICH, Max: *Hitler's Professors.* New York: Yiddish Scientific Institute, 1946.

051 Imperialism: Road to Suicide, The Political Origins and Use of Racism.
In: *Commentary* 1 (1945–46), Nr. 4, S. 27–35
→ Dt.: Über den Imperialismus (Titel Nr. 063)
Bem.: Formulierung von Gedanken, die im zweiten Teil des Buches *The Origins of Totalitarianism* ausführlicher dargelegt werden, siehe besonders Kapitel 5/III: »The Alliance Between Mob and Capital« (Titel Nr. 099, S. 147–157).

052 The Ivory Tower of Common Sense.
In: *The Nation* 163 (1946–10–19), Nr. 16, S. 447–449
→ Dass. in: *Essays in Understanding* (Titel Nr. 292), S. 194–196
Bem.: Rezension von DEWEY, John: *Problems of Men.* Philosophical Library.

053 JANOWSKY, Oscar I.: *Nationalities and National Minorities,*
New York: Macmillan, 1945.
In: *Jewish Social Studies* 8 (1946), Nr. 3, S. 204–205
Bem.: Rezension.

054 The Jewish State: 50 Years After, Where Have Herzl's Politics Led?
In: *Commentary* 1 (1945–46), Nr. 7, S. 1–8
→ Dass. in: *The Jew as Pariah* (Titel Nr. 257), S. 164–177
→ Dt. (übers. von Eike Geisel unter dem Titel »›Der Judenstaat‹: Fünfzig Jahre danach, oder: Wohin hat die Politik Herzls geführt?«) in: *Die Krise des Zionismus* (Titel Nr. 272), S. 61–81

(...) The Moral of History.
Siehe Titel Nr. 059.

055 MUNRO, Katharine: *France, Yesterday and Today,*
London: Royal Institute of International Affairs, 1945.
In: *Jewish Social Studies* 8 (1946), Nr. 2, S. 143
Bem.: Rezension.

056 The Nation.
In: *The Review of Politics* 8 (1946), Nr. 1, S. 138–141
→ Dass. in: *Essays in Understanding* (Titel Nr. 292), S. 206–211
Bem.: Rezension von DELOS, J.-T.: *La Nation*, 2 vols. Montréal: L'Arbre, 1944.

057 No Longer and Not Yet.
In: *The Nation* 163 (1946–09–14), Nr. 11, S. 300–302
→ Dass. in: *Essays in Understanding* (Titel Nr. 292), S. 158–162
→ Dt. (übersetzt von Paul Michael Lützeler unter dem Titel »Nicht mehr und noch nicht«), in ARENDT / BROCH: *Briefwechsel* (Titel Nr. 306), S. 169–174
Bem.: Rezension von BROCH, Hermann: *The Death of Virgil.* Translated by Jean Starr Untermeyer. Pantheon Books. – Siehe auch Titel Nr. 083.

058 Organisierte Schuld.
In: *Die Wandlung* 1 (1945–46), Nr. 4, S. 333–344
→ Dass. in: *Sechs Essays* (Titel Nr. 069), S. 33–47
→ Dass. in: *Die verborgene Tradition* (Titel Nr. 249), S. 32–45; ferner in: *In der Gegenwart* (Titel Nr. 312), S. 26–37
→ Engl.: Organized Guilt (Titel Nr. 041)
Bem.: Nach Angaben in *Die Wandlung* hat H. A. den Artikel im November 1944 verfaßt. Im Januar 1945 erschien er englisch in *Jewish Frontier. Die Wandlung* hat die deutsche Originalfassung (die Karl Jaspers gewidmet ist) veröffentlicht.

059 Privileged Jews.
In: *Jewish Social Studies* 8 (1946), Nr. 1, S. 3–30
→ Dass. (leicht überarbeitet) in DUKER, Abraham G. (Hrsg.); BEN-HORIN, Meir (Hrsg.): *Emancipation and Counter-Emancipation: A Jewish Social Studies Reader.* New York: KTAV Publishing House, 1974, S. 53–87
Bem.: H. A. schreibt anläßlich der Wiederveröffentlichung des Essays an Ben-Horin (14. 10. 1968): »I remember that I wrote the essay in German, but I don't remember who translated it – I'm afraid myself.« – Abdruck des ersten Abschnitts (S. 3–7) unter dem Titel »The Moral of History«, in: *The Jew as Pariah* (Titel Nr. 257), S. 106–111. – Siehe auch *The Origins of Totalitarianism*, Kap. 3: »The Jews and Society« (Titel Nr. 099, S. 54–88).

060 Proof Positive.
   In: *The Nation* 162 (1946–01–05), Nr. 1, S. 22
   Bem.: Rezension von LANGE, Victor: *Modern German Literature, 1870–1940*. Cornell University Press.

061 The Streets of Berlin.
   In: *The Nation* 162 (1946–03–23), Nr. 12, S. 350–351
   Bem.: Rezension von GILBERT, Robert: *Meine Reime Deine Reime*. Peter Thomas Fisher.

062 The Too Ambitious Reporter.
   In: *Commentary* 1 (1945–46), Nr. 3, S. 94–95
   Bem.: Rezension von KOESTLER, Arthur: *Twilight Bar*. New York: Macmillan, 1945; sowie KOESTLER, Arthur: *The Yogi and the Commissar*. New York: Macmillan, 1945.

063 Über den Imperialismus.
   In: *Die Wandlung* 1 (1945–46), Nr. 8, S. 650–666
   → Dass. in: *Sechs Essays* (Titel Nr. 069), S. 11–32
   → Dass. in: *Die verborgene Tradition* (Titel Nr. 249), S. 12–31
   → Engl.: Imperialism (Titel Nr. 051)
   Bem.: Die Redaktion von *Die Wandlung* bezeichnet H. A.s Artikel als einen »Originalbeitrag« für *Die Wandlung*. Von der etwa zur gleichen Zeit erschienenen englischen Fassung weicht er stark ab. – Vorfassung zu dem 3. Unterkapitel (»Das Bündnis zwischen Kapital und Mob«) des Kap. 5 von *Elemente und Ursprünge totaler Herrschaft* (Titel Nr. 122, S. 252–266).

064 What Is Existenz Philosophy?
   In: *Partisan Review* 13 (1946), Nr. 1, S. 34–56
   → Dt.: Was ist Existenz-Philosophie? (Titel Nr. 079)
   Bem.: Siehe die Angaben und Bemerkungen unter dem deutschen Titel.

065 Commission on European Jewish Cultural Reconstruction (Hrsg.)/ ARENDT, Hannah (Projektleiterin):
   Tentative List of Jewish Cultural Treasures in Axis-Occupied Countries.
   In: *Jewish Social Studies*. Supplement to volume 8 (1946), Nr. 1 (S. 5–103); Supplement to volume 8 (1946), Nr. 3 (S. 5–95)
   Bem.: Die Zusammenstellung wurde vom Forschungsstab der Kommission, die organisatorisch zur Conference on Jewish Relations (New York) gehörte, erarbeitet. H. A. war für das gesamte Projekt und speziell für die westeuropäischen Gebiete verantwortlich. – Addenda und Corrigenda erschienen in *Jewish Social Studies* 10 (1948), Nr. 1 (nach S. 100, S. 3–16). Siehe auch Titel Nr. 065 a, 068.

065a Commission on European Jewish Cultural Reconstruction (Hrsg.)/ ARENDT, Hannah (Projektleiterin):
Tentative List of Jewish Educational Institutions in Axis-Occupied Countries.
In: *Jewish Social Studies*, Supplement to volume 8 (1946), Nr. 3 (S. 5–95)
Bem.: Siehe Titel Nr. 065.

1947

066 Creating a Cultural Atmosphere.
In: *Commentary* 4 (1947), Nr. 5, S. 424–426
→ Dass. in: *The Jew as Pariah* (Titel Nr. 257), S. 91–95
Bem.: Ein Beitrag, den H. A. zu einem Symposium über »Jewish Culture in this Time and Place« beisteuerte. Die Zeitschrift *Commentary* hatte um Kommentare zu einem im Mai 1947 veröffentlichten Artikel »Jewish Culture in America« von Elliot E. Cohen gebeten.

067 The Hole of Oblivion.
In: *Jewish Frontier* 14 (1947), Nr. 7, S. 23–26
Bem.: Rezension von [Zoë Zajdlerowa], *The Dark Side of the Moon.* With a preface by T. S. Eliot. New York: Scribner, 1947.

068 Commission on European Jewish Cultural Reconstruction (Hrsg.)/ ARENDT, Hannah (Projektleiterin):
Tentative List of Jewish Periodicals in Axis-Occupied Countries.
In: *Jewish Social Studies*. Supplement to volume 9 (1947), Nr. 3 (S. 7–44)
Bem.: Siehe Titel Nr. 065.

1948

069 *Sechs Essays.*
Heidelberg: L. Schneider, 1948 (Schriften der Wandlung 3). – 149 S.
Bem.: Wird eingeleitet durch eine Zueignung an Karl Jaspers (Titel Nr. 080) und enthält die Titel Nr. 063, 058, 079, 078, 076, 048, die H. A. in den USA in deutscher Sprache geschrieben hat. Die Sammlung ist ohne den Essay »Was ist Existenz-Philosophie?« (Titel Nr. 079), aber um zwei Essays erweitert wiederaufgelegt worden, siehe *Die verborgene Tradition* (Titel Nr 249).

070 About »Collaboration«.
In: *Jewish Frontier* 15 (1948), Nr. 10, S. 55–56
→ Dass. in: *The Jew as Pariah* (Titel Nr. 257), S. 237–239
→ Dt. (übersetzt von Eike Geisel unter dem Titel »Über ›Kollaboration‹«) in: *Die Krise des Zionismus* (Titel Nr. 272), S. 107–111
Bem.: Ein Leserbrief, mit dem H. A. auf den Artikel, den Ben Halpern

unter dem Titel »The Partisan in Israel« im Heft 8/1948, S. 6–9, von *Jewish Frontier* veröffentlicht hatte, reagiert. Halpern kritisierte neben anderen Autoren (Robert Weltsch und Ernst Simon) insbesondere H. A. wegen ihrer Artikel »To Save the Jewish Homeland …« (Titel Nr. 077) und »The Concentration Camps« (Titel Nr. 072). Heft 10 von *Jewish Frontier* enthält auf S. 56 unter dem Titel »About Friends and Foes« auch eine Replik von Halpern.

071 Beyond Personal Frustration: The Poetry of Bertolt Brecht.
In: *The Kenyon Review* 10 (1948), Nr. 2, S. 304–312
Bem.: Besprechung von BRECHT, Bertolt: *Selected Poems*. Translated by H. R. Hays. Reynal & Hitchcock.

072 The Concentration Camps.
In: *Partisan Review* 15 (1948), Nr. 7, S. 743–763
→ Dass. in PHILLIPS, William (Hrsg.); RAHV, Philip (Hrsg.): *The New Partisan Reader, 1945–1953*. New York: Harcourt, 1953, S. 230–248
→ Dass. in RIBALOW, Harold U. (Hrsg.): *Mid-Century: An Anthology of Jewish Life and Culture in Our Times*. New York: Beechhurst, 1955, S. 195–215
→ Dass. (ohne Anmerkungen) in: The Contemporary Civilization Staff of Columbia College (Hrsg.): *Man in Contemporary Society: A Source Book*. Bd. 2. New York: Columbia University, 1956. S. 685–703
→ Dt.: Konzentrationsläger (Titel Nr. 075)
Bem.: Das Kapitel 12/III (»Total Domination«) in: *The Origins of Totalitarianism* (Titel Nr. 099), S. 437–459, ist eine überarbeitete Fassung des Artikels. – Siehe auch in dieser Ausgabe S. 220.

073 The Failure of Reason: The Mission of Bernadotte.
In: *The New Leader* 31 (1948–10–23), Nr. 43, S. 8; 15

074 Jewish History, Revised.
In: *Jewish Frontier* 15 (1948), Nr. 3, S. 34–38
→ Dass. in: *The Jew as Pariah* (Titel Nr. 257), S. 96–105
Bem.: Rezension von SCHOLEM, Gershom G.: *Major Trends in Jewish Mysticism*. Revised ed. New York: Schocken, 1946.

075 Konzentrationsläger.
In: *Die Wandlung* 3 (1948), Nr. 4, S. 309–330
→ Engl.: The Concentration Camps (Titel Nr. 072)
Bem.: Deutsche und englische Fassung, etwa zur gleichen Zeit erschienen, weichen leicht voneinander ab. Vermutlich ist die deutsche Fassung die originale, die englische eine Übersetzung (Übersetzer ungenannt). – Vorfassung des Unterkapitels »Die Konzentrationslager« im Kap. 12 von *Elemente und Ursprünge totaler Herrschaft* (Titel Nr. 122, S. 676–702). – Siehe auch in dieser Ausgabe S. 220.

(...) New Palestine Party.
Siehe Titel Nr. 082.

(...) Palestine Legalities.
Siehe Titel Nr. 077.

(...) (Preface to Bernard Lazare, *Job's Dungheap*).
Siehe Titel Nr. 081.

076 Stefan Zweig: Juden in der Welt von gestern.
In: *Sechs Essays* (Titel Nr. 069), S. 112–127
→ Dass. (unter dem Titel »Juden in der Welt von gestern: Anläßlich Stefan Zweig, The World of Yesterday, An Autobiography«) in: *Die verborgene Tradition* (Titel Nr. 249), S. 74–87
→ Engl.: Portrait of a Period (Titel Nr. 022)
Bem.: Aus einer Rezension hervorgegangener Artikel (siehe unter »Portrait of a Period«). H. A. hat die Rezension deutsch geschrieben und für die englische Veröffentlichung übersetzt (oder übersetzen lassen). Ob die deutsche Fassung, die fünf Jahre nach der englischen erschien, die originale oder eine überarbeitete Version darstellt, ließ sich nicht feststellen; auf jeden Fall ist sie mit der englischen nur teilweise identisch und länger als diese.

077 To Save the Jewish Homeland There Is Still Time.
In: *Commentary* 5 (1948), Nr. 5, S. 398–406
→ Dass. in: *The Jew as Pariah* (Titel Nr. 257), S. 178–192
→ Dt. (übers. von Eike Geisel unter dem Titel »Es ist noch nicht zu spät«) in: *Die Krise des Zionismus* (Titel Nr. 272), S. 83–106
Bem.: Zu diesem Artikel brachte *Commentary* in Nr. 6/1948 unter der Überschrift »Palestine Legalities« eine Leserzuschrift von Jacob Robinson (S. 570) und H. A.s Antwort darauf (S. 570–571).

078 Die verborgene Tradition.
In: *Sechs Essays* (Titel Nr. 069), S. 81–111
→ Dass. in: *Die verborgene Tradition* (Titel Nr. 249), S. 46–73
→ Engl.: The Jew as Pariah (Titel Nr. 028)
Bem.: Obwohl die deutsche Fassung später als die englische erschienen ist, ist anzunehmen, daß H. A. den Artikel zunächst deutsch geschrieben hat, vgl. auch H. A. in der »Zueignung an Karl Jaspers« (Titel Nr. 080, S. 5).

079 Was ist Existenz-Philosophie?
In: *Sechs Essays* (Titel Nr. 069), S. 48–80
→ Dass. (als selbständige Publikation) ARENDT, Hannah: *Was ist Existenz-Philosophie?*, Frankfurt/M: Hain, 1990. – 47 S.
→ Engl. 1: What Is Existenz Philosophy? (Titel Nr. 064)
→ Engl. 2 (übers. von Robert und Rita Kimber unter dem Titel »What Is Existential Philosophy?«) in: *Essays in Understanding* (Titel Nr. 292), S. 163–187

Bem.: Obwohl die deutsche Fassung später als die erste englische erschienen ist, ist anzunehmen, daß H. A. den Artikel deutsch geschrieben hat, vgl. ihre Bemerkungen in der »Zueignung an Karl Jaspers« (Titel Nr. 080, S. 5). Angaben darüber, wie die erste englische Fassung zustande kam, fehlen (so auch Jerome Kohn in seiner Begründung für eine Neuübersetzung, *Essays in Understanding*, Titel Nr. 292, S. XIX).

080 Zueignung an Karl Jaspers.

In: *Sechs Essays* (Titel Nr. 069), S. 5–10

→ Dass. in: *Die verborgene Tradition* (Titel Nr. 249), S. 7–11

→ Engl. (übers. von Robert und Rita Kimber unter dem Titel »Dedication to Karl Jaspers«) in: *Essays in Understanding* (Titel Nr. 292), S. 212–216

Bem.: Datiert New York, Mai 1947. – Siehe auch in dieser Ausgabe S. 142, 209.

081 ARENDT, Hannah (Hrsg.):
LAZARE, Bernard: *Job's Dungheap: Essays on Jewish Nationalism and Social Revolution.*

With a Portrait of Bernard Lazare by Charles Péguy. Translated by Harry Lorin Binsse. New York: Schocken, 1948.

Bem.: H. A. hat diese Sammlung herausgegeben und mit Anmerkungen versehen, wie aus dem nicht betitelten Vorwort (S. 5–12), das mit ihrem Namen gezeichnet ist, hervorgeht.

082 ABRAMOWITZ, Isidore; ARENDT, Hannah; BRICK, Abraham; et al.:
Letter to *The New York Times*: New Palestine Party – Visit of Menachem Begin and Aims of Political Movement Discussed.

In: *The New York Times* 98 (1948–12–04), Nr. 33, 187, S. 12

→ Dt. (übers. von Eike Geisel unter dem Titel »Der Besuch Menachem Begins und die Ziele seiner politischen Bewegung«) in: *Die Krise des Zionismus* (Titel Nr. 272), S. 113–116; Wiederabdruck in: *Israel, Palästina und der Antisemitismus* (Titel Nr. 276), S. 117–119

Bem.: Der Entwurf für den u. a. auch von Albert Einstein unterzeichneten Brief stammt möglicherweise aus H. A.s Feder, siehe dazu Young-Bruehl, *Hannah Arendt* (engl. Ausg.), S. 513, Anm. 43.

1949

083 The Achievement of Hermann Broch.

In: *The Kenyon Review* 11 (1949), Nr. 3, S. 476–483

→ Dass. (gekürzt) in BROCH, Hermann: *The Sleepwalkers: A Trilogy.* Translated from the German by Willa and Edwin Muir. New York: Grosset & Dunlap, 1964, S. V–X

→ Dt.: Hermann Broch und der moderne Roman (Titel Nr. 085)

Bem.: Rezension von BROCH, Hermann: *The Sleepwalkers*. Translated by Willa and Edwin Muir. Pantheon, 1948; sowie ders.: *The Death of Virgil*. Translated by Jean Starr Untermeyer. Pantheon, 1945. – Siehe auch Titel Nr. 057.

084 Es gibt nur ein einziges Menschenrecht.
In: *Die Wandlung* 4 (1949), o. Nr. (Herbstheft), S. 754–770
→ Dass. in HÖFFE, Otfried (Hrsg.); KADELBACH, Gerd (Hrsg.); PLUMPE, Gerhard (Hrsg.): *Praktische Philosophie/Ethik*. Frankfurt/M: Fischer, 1981 (Fischer Taschenbuch 6855), S. 152–166
→ Engl.: »The Rights of Man« (Titel Nr. 087)
Bem.: Ein Hinweis darauf, welches die Original- und welches die übersetzte Fassung ist, fehlt. – Abschnitte I–III (S. 754–766) sind weitgehend identisch mit dem Unterkapitel »Die Aporien der Menschenrechte« im Kap. 9 von *Elemente und Ursprünge totaler Herrschaft* (Titel Nr. 122, S. 452–470). – Der Artikel ist in Auseinandersetzung mit Hermann Broch entstanden, siehe P. M. Lützeler in seinem Nachwort zum Arendt-Broch-Briefwechsel (Titel Nr. 306), S. 244 ff.

085 Hermann Broch und der moderne Roman.
In: *Der Monat* 1 (1948–49), Nr. 8–9, S. 147–151
→ Dass. in MAYER, Hans (Hrsg.): *Deutsche Literaturkritik der Gegenwart*. Stuttgart: Goverts, Bd. IV,1 (1971), S. 406–418
→ Dass. (gekürzt) in BRUDE-FIRNAU, Gisela (Hrsg.): *Materialien zu Hermann Brochs »Die Schlafwandler«*. Frankfurt am Main: Suhrkamp, 1972 (edition suhrkamp 571), S. 117–126
→ Dass. in ARENDT/BROCH: *Briefwechsel* (Titel Nr. 306), S. 175–184
→ Engl.: The Achievement of Hermann Broch (Titel Nr. 083)
Bem.: Anläßlich der englischen Ausgaben von Brochs Romanen *Die Schlafwandler* und *Der Tod des Vergil* geschrieben (siehe Titel Nr. 083). Die deutsche Fassung stimmt mit der englischen nicht voll überein. – Ein weiterer, von H. A. nicht genehmigter Nachdruck des Artikels aus *Der Monat* findet sich in DURZAK, Manfred (Hrsg.): *Hermann Broch: Perspektiven der Forschung*, München: Fink, 1972, S. 25–33.

086 Parteien und Bewegungen.
In: *Die Wandlung* 4 (1949), Nr. 6, S. 459–473
→ Engl.: Parties, Movements, and Classes (Titel Nr. 042)
Bem.: Die deutsche Fassung, später als die englische erschienen, unterscheidet sich stark von dieser. Sie ist eine Vorfassung des Unterkapitels »Partei und Bewegung« im Kap. 8 von *Elemente und Ursprünge totaler Herrschaft* (Titel Nr. 122, S. 401–421).

087 »The Rights of Man«: What Are They?
In: *Modern Review* 3 (1949), Nr. 1, S. 24–37
→ Dt.: Es gibt nur ein einziges Menschenrecht (Titel Nr. 084)
Bem.: Abschnitte I–III (S. 24–34) des Artikels sind weitgehend identisch mit Kap. 9 (Unterkapitel: »The Perplexities of the Rights of Man«) von *The Origins of Totalitarianism* (Titel Nr. 099, S. 290–302).

088 Single Track to Zion.
In: *The Saturday Review of Literature* 32 (1949–02–05), Nr. 6, S. 22–23
Bem.: Rezension von WEIZMANN, Chaim: *Trial and Error: The Autobiography of Chaim Weizmann*. New York: Harper & Bro., 1949.

089 Totalitarian Terror.
In: *The Review of Politics* 11 (1949), Nr. 1, S. 112–115
Bem.: Rezension von DALLIN, David J.; NIKOLAEVSKY, Boris I.: *Forced Labor in Soviet Russia*. New Haven: Yale University, 1947.

090 ARENDT, Hannah (Mitarbeiterin):
BROD, Max (Hrsg.): *The Diaries of Franz Kafka, vol. 2: 1914–23.*
Translated from the author's unpublished manuscript by Martin Greenberg, with the cooperation of Hannah Arendt. New York: Schocken, 1949.

1950

091 The Aftermath of Nazi-Rule: Report from Germany.
In: *Commentary* 10 (1950), Nr. 4, S. 342–353
→ Dass. (gekürzt unter dem Titel »Germany – 1950«) in PODHORETZ, Norman (Hrsg.): *Commentary: The Common Reader*. New York: Atheneum, 1966, S. 49–60
→ Dass. (wie 1950) in: *Essays in Understanding* (Titel Nr. 292), S. 248–269
→ Dt. (übersetzt von Eike Geisel unter dem Titel »Besuch in Deutschland 1950: Die Nachwirkungen des Naziregimes«) in: *Zur Zeit* (Titel Nr. 269), S. 43–70; zuvor in: *Befreiung: Zeitschrift für Politik und Wissenschaft* o. Jg. (1982), Nr. 26, S. 17–36, sowie in *tageszeitung* (Berlin) (1982–12–03), S. 12–13. – Wiederabdruck als selbständige Publikation *Besuch in Deutschland* (Titel Nr. 279); ferner unter dem Titel »Die Nachwirkungen des Naziregimes: Bericht aus Deutschland« in: *In der Gegenwart* (Titel Nr. 312), S. 38–63
Bem.: In einem »Letter to the Editor of *Commentary*« korrigiert H. A. einen Fehler, der sich in ihren Artikel eingeschlichen hat, abgedruckt unter der Überschrift »A Correction« in: *Commentary* 10 (1950), Nr. 5, S. 496. – Siehe auch in dieser Ausgabe S. 147.

092 Der Dichter Bertolt Brecht.
In: *Die neue Rundschau* 61 (1950), Nr. 1, S. 53–67
→ Dass. in SCHWERIN, Christoph (Hrsg.): *Der Goldene Schnitt: Große Essayisten der Neuen Rundschau 1890–1960*. Frankfurt/M: Fischer, 1960, S. 598–610
→ Engl.: The Poet Bertolt Brecht (Titel Nr. 164)

093 The Imperialist Character.
In: *The Review of Politics* 12 (1950), Nr. 3, S. 303–320
→ Dt.: Der imperialistische Charakter (Titel Nr. 094)

Bem.: Vorabdruck von Kap. 7/III aus *The Origins of Totalitarianism* (Titel Nr. 099, S. 207–221) mit geringen Abweichungen in Text und Anmerkungen.

094 Der imperialistische Charakter: Eine psychologisch-soziologische Studie.
In: *Der Monat* 2 (1949–50), Nr. 24, S. 509–522
→ Engl.: The Imperialist Character (Titel Nr. 093)
Bem.: Entspricht Kapitel 7/III (»Die imperialistische Legende und der imperialistische Charakter«) von *Elemente und Ursprünge totaler Herrschaft* (Titel Nr. 122, S. 336–357). Der Vorabdruck erfolgte unter Weglassung der Anmerkungen und enthält leichte textliche Abweichungen.

095 The Mob and the Elite.
In: *Partisan Review* 17 (1950), Nr. 8, S. 808–819
Bem.: Vorabdruck (gekürzt und ohne Anmerkungen) des Kapitels 10/II »The Temporary Alliance Between the Mob and the Elite« aus *The Origins of Totalitarianism* (Titel Nr. 099, S. 326–340). – Siehe auch »Das zeitweilige Bündnis zwischen Mob und Elite« (Titel Nr. 109).

096 Peace or Armistice in the Near East?
In: *The Review of Politics* 12 (1950), Nr. 1, S. 56–82
→ Dass. in: *The Jew as Pariah* (Titel Nr. 257), S. 193–222
→ Dt. (übers. von Eike Geisel unter dem Titel »Frieden oder Waffenstillstand im Nahen Osten?«) in: *Die Krise des Zionismus* (Titel Nr. 272), S. 117–166; Wiederabdruck in: *Israel, Palästina und der Antisemitismus* (Titel Nr. 276), S. 39–75
Bem.: Auf S. 56 findet sich folgende Anmerkung: »This paper was written in 1948 upon the suggestion of Judah L. Magnes, the late President of the Hebrew University in Jerusalem, who from the close of World War I to the day of his death in October, 1948, had been the outstanding Jewish spokesman for Arab-Jewish understanding in Palestine. It is dedicated to his memory.« – Siehe auch in dieser Ausgabe S. 144 ff.

097 Religion and the Intellectuals.
In: *Partisan Review* 17 (1950), Nr. 2, S. 113–116
→ Dass. in PHILLIPS, William (Hrsg.); RAHV, Philip (Hrsg.): *The Partisan Review Anthology*. New York: Holt, Rinehart & Winston, 1962, S. 406–408
→ Dass. in: *Essays in Understanding* (Titel Nr. 292), S. 228–231
Bem.: Beitrag zu einem Symposium. Die Redaktion der Zeitschrift *Partisan Review* hatte 5 Fragen zum Thema »Religion and the Intellectuals« versandt; H. A. beantwortete sie mit diesem Artikel.

098 Social Science Techniques and the Study of Concentration Camps.
In: *Jewish Social Studies* 12 (1950), Nr. 1, S. 49–64
→ Dass. in: *Essays in Understanding* (Titel Nr. 292), S. 232–247
→ Dt. (übers. von Eike Geisel unter dem Titel »Die vollendete Sinnlosig-

keit«) in: *Nach Auschwitz* (Titel Nr. 274), S. 7–30; Wiederabdruck in: *Israel, Palästina und der Antisemitismus* (Titel Nr. 276), S. 77–94
Bem.: Hervorgegangen aus einem Referat auf der Konferenz »Problems of Research in the Study of the Jewish Catastrophe 1939–1945«, die die Zeitschrift *Jewish Social Studies* aus Anlaß ihres zehnjährigen Bestehens am 3. April 1949 an der New School for Social Research veranstaltet hatte.

1951

(...) *The Burden of Our Time.*
Siehe Titel Nr. 099

099 *The Origins of Totalitarianism.*
New York: Harcourt, Brace, 1951. – XV, 477 S. → Dass. unter dem Titel *The Burden of Our Time*, London: Secker & Warburg, 1951
→ (2. Aufl.) 2nd enl. ed. New York: Meridian, 1958 (Meridian Books MG 15). – XV, 520 S. → Dass. London: Allen & Unwin, 1958
→ (3. Aufl.) New ed. New York: Harcourt, Brace & World, 1966. – XXXI, 526 S. → Dass. 3rd ed. London: Allen & Unwin, 1967
→ (4. Aufl.) Bde. 1–3. New York: Harcourt, Brace, 1968 (Harvest Book HB 131, 132, 133). – 136; 201; 196 S.
→ (5. Aufl.) New ed. with added prefaces. New York: Harcourt Brace Jovanovich, 1973 (Harvest Book HB 244). – XLIII, 527 S.[*] → Dass. London: Deutsch, 1986
→ (6. Aufl., new edition) Introduction by Samantha Power. New York: Schocken, 2004. – XXVII, 674 S.
→ Dt.: *Elemente und Ursprünge totaler Herrschaft* (Titel Nr. 122); »Preface« und »Concluding Remarks« der 1. Aufl. in: *Über den Totalitarismus* (Titel Nr. 308), S. 11–31
Bem.: Die Auflagen unterscheiden sich wie folgt:
In der *2., erweiterten Aufl.* blieben Teil I und die Kapitel 5–8 des Teiles II unverändert; Kapitel 9 von Teil II und der ganze Teil III wurden, entsprechend der deutschen Ausgabe von 1955, überarbeitet und erweitert, ohne daß sie (was auch für das gesamte Werk gilt) mit der deutschen Ausgabe voll identisch geworden wären. – Hinzugefügt sind als Kap. 13 »Ideology and Terror« (Titel Nr. 114), wofür die »Concluding Remarks« der 1. Aufl. entfielen, ferner ein Kap. 14 »Epilogue: Reflections on the Hungarian Revolution« (Titel Nr. 147) sowie ein »Preface to the Second Enlarged Edition« vom April 1958.
Die *3. Aufl.* hat eine »Introduction« (Juni 1966) erhalten; es entfielen das Vorwort zur 2. Aufl. sowie das Kap. 14 über die Ungarische Revolution.

---

[*] Auf diese Ausgabe beziehen sich die hier in Bibliographie und Text angegebenen Seitenzahlen.

Die drei Bände der *4. Aufl.* sind unter den Titeln der drei Teile des Gesamtwerkes erschienen: *Antisemitism*; *Imperialism*; *Totalitarianism*. Der erste und zweite Band erhielten ein eigenes, neues Vorwort; Vorwort zu Band III wurde die »Introduction« der 3. Aufl.

Die *5. Aufl.* faßt alle drei Teile wieder in einem Band zusammen und wird eingeleitet von folgenden Vorwörtern: »Preface to the First Edition« (Sommer 1950), »Preface to Part One: Antisemitism« (Juli 1967), »Preface to Part Two: Imperialism« (Juli 1967), »Preface to Part Three: Totalitarianism« (Juni 1966).

Die *6. Aufl.* enthält zusätzlich zu den Texten der 5. Aufl. und der Introduction von Samantha Power (S. IX-XXIV) das »Preface to the First Edition« (S. XXV-XXVII) und einen »Appendix«, der unter dem Titel »Totalitarianism« Hinweise zur 2. erw. Aufl., die Arendt 1958 im Newsletter von *The Meridian* veröffentlichte (S. 617 f.), nachdruckt sowie die »Concluding Remarks« aus der 1. Aufl. von 1951 (S. 618-632). Im Gegensatz zur 5. Aufl. stehen hier die »Prefaces« für die einzelnen Teile nicht am Anfang des Buches, sondern zu Beginn des jeweiligen Teiles.

In den Auflagen 1, 2, 3 und 5 sind die Kapitel 1-8 bis in die Seitennumerierung hinein identisch. Das gilt auch für die Kapitel 9-13 bei den Auflagen 2, 3 und 5.

Einige Kapitel oder Unterkapitel des Manuskriptes wurden vorab veröffentlicht: Titel Nr. 019; 026; 032; 037; 042; 045; 047; 051; 059; 072; 087; 093; 095; 103. – Wiederabdrucke von Kapiteln und Teilkapiteln wurden nicht berücksichtigt.

Das Buch trägt die Widmung: »To Heinrich Blücher«. – Siehe auch in dieser Ausgabe S. 145 f., 220-222.

100 Bei Hitler zu Tisch.

In: *Der Monat* 4 (1951-52), Nr. 37, S. 85-90

→ Engl. (übers. von Robert and Rita Kimber unter dem Titel »At Table with Hitler«) in: *Essays in Understanding* (Titel Nr. 292), S. 285-296

Bem.: Rezension von PICKER, Henry: *Hitlers Tischgespräche*. Geordnet, eingeleitet und veröffentlicht von Gerhard Ritter. Bonn: Athenäum.

101 The Road to the Dreyfus Affair.

In: *Commentary* 11 (1951), Nr. 2, S. 201-203

Bem.: Rezension von BYRNES, Robert F.: *Anti-Semitism in Modern France*. Rutgers University Press.

102 Totalitäre Propaganda: Ein Kapitel aus »Die Ursprünge des Totalitarismus«.

In: *Der Monat* 3 (1950-51), Nr. 33, S. 241-258

Bem.: Kap. 11/I von *Elemente und Ursprünge totaler Herrschaft* (Titel Nr. 122, S. 546-574). Der Vorabdruck erfolgte unter Weglassung fast aller Anmerkungen und enthält leichte textliche Abweichungen. – Zusammen mit »Die Geheimpolizei« (Titel Nr. 104) auch in Broschürenform als Sonderdruck von *Der Monat* unter dem Titel *Der Totalitarismus: Gedanken über Geheimpolizei und Propaganda*.

103 The Totalitarian Movement: I.
In: *Twentieth Century* 149 (1951), Nr. 891, S. 368–389
Bem.: Vorabdruck des Kapitels 11/I (»Totalitarian Propaganda«) aus *The Burden of Our Time* (siehe Titel 099, S. 341–364). – Die angekündigte Fortsetzung des Beitrages ist nicht erschienen.

1952

(...) *Der Totalitarismus: Gedanken über Geheimpolizei und Propaganda.*
Siehe Titel Nr. 102; Nr. 104.

104 Die Geheimpolizei: Ihre Rolle im totalitären Herrschaftsapparat.
In: *Der Monat* 4 (1951–52), Nr. 46, S. 370–388
Bem.: Kapitel 12/II (»Die Rolle der Geheimpolizei«) von *Elemente und Ursprünge totaler Herrschaft* (Titel Nr. 122, S. 647–676). Der Vorabdruck erfolgte unter Weglassung der Anmerkungen und enthält leichte textliche Abweichungen. – Zusammen mit »Totalitäre Propaganda« (Titel Nr. 102) auch in Broschürenform als Sonderdruck von *Der Monat* unter dem Titel *Der Totalitarismus: Gedanken über Geheimpolizei und Propaganda.*

105 The History of the Great Crime.
In: *Commentary* 13 (1952), Nr. 3, S. 300–304
Bem.: Rezension von POLIAKOV, Léon: *Bréviaire de la haine: Le IIIe Reich et les juifs.* Paris: Calmann-Lévy.

106 Irgendwann einmal glaubten die meisten ...
In: *Deutsche Zeitung und Wirtschaftszeitung* 7 (1952–11–29), Nr. 96, S. 13
Bem.: Leserbrief, in dem H. A. erläutert, was sie mit ihrer in der *Deutschen Zeitung und Wirtschaftszeitung* zitierten Behauptung, daß »zur Zeit der Erfolge Hitlers neun Zehntel der Deutschen seine gläubigen Anhänger gewesen« seien, tatsächlich gemeint hat.

107 Magnes, the Conscience of the Jewish People.
In: *Jewish Newsletter* 8 (1952–11–24), Nr. 24, S. 3
Bem.: Die Redaktion von *Jewish Newsletter* hatte H. A. u. a. gebeten, einige Worte des Gedenkens an Judah L. Magnes (1877–1948) zu schreiben. H. A. antwortete in einem Brief an William Zukerman (vom 11. 11. 1952), den der *Newsletter* unter o. g. Überschrift auszugsweise veröffentlichte. Anläßlich des 10. Todestages von Magnes wurde der Text wiederabgedruckt in: *Jewish Newsletter* 14 (1958–04–21), Nr. 8, S. 3. – Siehe auch in dieser Ausgabe S. 144 ff.

108 STERN, Selma: *The Court Jew: A Contribution to the History of the Period of Absolutism in Central Europe,*
Philadelphia: The Jewish Publication Society of America, 1950.
In: *Jewish Social Studies* 14 (1952), Nr. 2, S. 176–178
Bem.: Rezension.

109 Das zeitweilige Bündnis zwischen Mob und Elite.
In: *Hochland* 44 (1951–52), Nr. 6, S. 511–524
Bem.: Der Artikel enthält folgenden Hinweis: »Von der Verfasserin neu gestalteter Abschnitt aus ihrem Buch *The Burden of Our Time*« (siehe Titel Nr. 099). Siehe auch Titel Nr. 095. – Den Text hat H. A. unter dem gleichen Titel in leicht überarbeiteter Form und mit Anmerkungen versehen in die deutsche Ausgabe ihres Totalitarismus-Buches (Titel Nr. 122, Kap. 10/III, S. 528–545) übernommen.

1953

110 Contemporary Political Science: A Survey of Methods, Research, and Teaching,
Paris: Unesco, 1950.
In: *Jewish Social Studies* 15 (1953), Nr. 3–4, S. 331
Bem.: Book Note.

111 The Ex-Communists.
In: *The Commonweal* 57 (1953–03–20), Nr. 24, S. 595–599
→ Dass. in: *Essays in Understanding* (Titel Nr. 292), S. 391–400
→ Dt.: Gestern waren sie noch Kommunisten (Titel Nr. 112)
Bem.: Eine Kurzfassung erschien unter dem Titel »›Ex-Communists‹ Remain Totalitarian at Heart« in *The Washington Post* (1953–05–03).

112 Gestern waren sie noch Kommunisten.
In: *Aufbau* (New York) 19 (1953–07–31), Nr. 31, S. 19; (1953–08–07), Nr. 32, S. 13, 16
→ Dass. (mit Kommentar von Klaus Naumann) in: *Mittelweg 36* 2 (1993), April–Mai, S. 30–40
→ Dass. in: *In der Gegenwart* (Titel Nr. 312), S. 228–237
→ Engl.: The Ex-Communists (Titel Nr. 111)
Bem.: Die deutsche Fassung ist eine überarbeitete Version der englischen. Soweit erkennbar, ist weder in dem einen noch im anderen Fall ein Übersetzer tätig geworden.

113 Ideologie und Terror.
In: *Offener Horizont: Festschrift für Karl Jaspers*. München: Piper, 1953, S. 229–254
→ Dass. (überarbeitet und mit dem Untertitel »Eine neue Staatsform«) in: *Elemente und Ursprünge totaler Herrschaft* (Titel Nr. 122), S. 703–730
→ Dass. (Wiederabdruck aus *Elemente und Ursprünge ...*) in SEIDEL, Bruno (Hrsg.); JENKNER, Siegfried (Hrsg.): *Wege der Totalitarismus-Forschung*. Darmstadt: Wissenschaftliche Buchgesellschaft, 1968 (Wege der Forschung 140), S. 133–167
→ Engl.: Ideology and Terror (Titel Nr. 114)

Bem.: Hervorgegangen aus einem Vortrag, den H. A. auf ihrer Europareise im Juni/Juli 1952 mehrmals (u. a. an der Universität Heidelberg) gehalten hat. Ein gekürzter Vorabdruck des Beitrages zur Jaspers-Festschrift erschien in: *Rheinischer Merkur* 8 (1953–02–06), Nr. 6, S. 4–5, und 8 (1953–02–13), Nr. 7, S. 4–5, unter dem Titel »Ideologie und Terror: Wesen und Originalität der totalitären Herrschaft«.

114 Ideology and Terror: A Novel Form of Government.

In: *The Review of Politics* 15 (1953), Nr. 3, S. 303–327

→ Dass. (leicht gekürzt) in The Contemporary Civilization Staff of Columbia College (Hrsg.): *Man in Contemporary Society: A Source Book*. Bd. 2. New York: Columbia University, 1956, S. 671–685

→ Dass. in FITZSIMONS, Matthew A.; et al. (Hrsg.): *Image of Man: A REVIEW OF POLITICS Reader*. Notre Dame, Ind.: University of Notre Dame, 1959, S. 220–240

→ Dt.: Ideologie und Terror (Titel Nr. 113)

Bem.: Nach Abschluß der deutschen Fassung hat H. A. die englische für den Druck fertiggestellt; sie ist gegenüber der deutschen verändert und (unter o. g. Titel) ab der zweiten Auflage (1958) in das Buch *The Origins of Totalitarianism* als Kap. 13 (Titel Nr. 099, S. 460–479) aufgenommen worden.

(…) Karl Marx and the Tradition of Western Political Thought.

Siehe Titel Nr. 317 a.

(…) Die Menschen und der Terror.

Siehe Titel Nr. 297.

115 Religion and Politics.

In: *Confluence* 2 (1953), Nr. 3, S. 105–126

→ Dass. in: *Essays in Understanding* (Titel Nr. 292), S. 368–384; 386–390

→ Dt. (übers. von Ursula Ludz unter dem Titel »Religion und Politik«) in: *Zwischen Vergangenheit und Zukunft* (Titel Nr. 293), S. 305–324

Bem.: Schriftliche Fassung des Papiers, das H. A. auf der Summer School Conference »Is the Struggle Between the Free World and Communism Basically Religious?« (veranstaltet von der Harvard University, 20.–22. 7. 1953) vorgetragen hatte. In ihm hatte Arendt u. a. Jules Monnerot, den Verfasser des Buches *Sociologie du communisme*, angegriffen. Monnerot verteidigte sich (und kritisierte seinerseits Arendts Position) in einem Leserbrief (in Heft 4/1953 von *Confluence*, S. 131–134). H. A. antwortete ebenfalls in einem Leserbrief (in Heft 1/1954, S. 118–120). – Arendts Leserbrief ist wiederabgedruckt in: *Essays in Understanding*, S. 384–386; dt. (übers. von Ursula Ludz) in: *Zwischen Vergangenheit und Zukunft*, S. 324–326.

116 A Reply (to Eric Voegelin).

In: *The Review of Politics* 15 (1953), Nr. 1, S. 76–84

→ Dass. in: *Essays in Understanding* (Titel Nr. 292), S. 401–408

→ Dt. (übersetzt von Ursula Ludz) in: *Über den Totalitarismus* (Titel
Nr. 308), S. 42–51

Bem.: Unter dem Titel »The Origins of Totalitarianism« hatte Eric Voegelin einen Besprechungsaufsatz über H. A.s gleichnamiges Buch geschrieben (*The Review of Politics* 15 [1953], Nr. 1, S. 68–76) und auf H. A.s
»Reply« mit »Concluding Remarks« (S. 84–85) geantwortet. – Titel
Nr. 308 enthält auch die deutsche Übersetzung von Voegelins Besprechung sowie seine abschließenden Bemerkungen.

117 Understanding and Politics.
In: *Partisan Review* 20 (1953), Nr. 4, S. 377–392

→ Dass. (in erweiterter Fassung hrsg. von Jerome Kohn) in: *Essays in Understanding* (Titel Nr. 292), S. 307–327

→ Dt. (nach der Fassung von 1953 übersetzt von Ursula Ludz unter dem
Titel »Verstehen und Politik«) in: *Zwischen Vergangenheit und Zukunft* (Titel Nr. 293), S. 110–127

Bem.: Kohn hat für die Erweiterung ein im Arendt-Nachlaß in der Library of Congress aufbewahrtes Manuskript unter dem Titel »The Diffi-
culties of Understanding«, das er als erste Fassung des o. g. Essays identifiziert, benutzt. Zum Vorgehen im einzelnen siehe *Essays in Understanding*, S. XX, S. 307; vgl. auch »On the Nature of Totalitarianism« (Titel
Nr. 298). – Siehe auch in dieser Ausgabe S. 13–23, 151.

118 Understanding Communism.
In: *Partisan Review* 20 (1953), Nr. 5, S. 580–583

→ Dass. in: *Essays in Understanding* (Titel Nr. 292), S. 363–367

Bem.: Rezension von GURIAN, Waldemar: *Bolshevism: An Introduction
to Soviet Communism*. Univ. of Notre Dame Press.

(…) Von Hegel zu Marx.
Siehe Titel Nr. 329.

1954

119 Europe and America.
In: *The Commonweal* 60 (1954–09–10), Nr. 23, S. 551–554;
(1954–09–17), Nr. 24, S. 578–580; (1954–09–24), Nr. 25, S. 607–610

→ Dass. in: *Essays in Understanding* (Titel Nr. 292), S. 409–427

→ Dt. (übers. von Eike Geisel unter dem Titel »Europa und Amerika«)
in: *Zur Zeit* (Titel Nr. 269), S. 71–93; ferner in: *In der Gegenwart* (Titel
Nr. 312), S. 238–257

Bem.: Der dreiteilige Artikel erschien mit folgenden Untertiteln: »Dream
and Nightmare« (Nr. 23), »Europe and the Atom Bomb« (Nr. 24), »The
Threat of Conformism« (Nr. 25). Hervorgegangen ist er aus der »intro-
ductory speech«, die H. A. auf einer Veranstaltung unter dem Thema
»The Image of America Abroad« an der Princeton University am 28. 1.
1954 gehalten hat. H. A. war als »panelist« für Westeuropa eingeladen.

Das *Princeton Alumni Weekly* (vom 19. März 1954, S. 10 f.) veröffentlichte eine Zusammenfassung von H. A.s Bemerkungen.

120 Tradition and the Modern Age.
In: *Partisan Review* 21 (1954), Nr. 1, S. 53–75
→ Dass. (überarb. und gekürzt) in: *Between Past and Future* (Titel Nr. 159), S. 17–40
→ Dt.: Tradition und die Neuzeit (Titel Nr. 135)
Bem.: Aus Vorlesungen an der Princeton University im Rahmen der Christian Gauss Seminars in Criticism (Okt./Nov. 1953) hervorgegangen. Das Thema der Vorlesungsreihe lautete:»Karl Marx and the Tradition of Western [Political] Thought«. – Zwischenstufe zwischen den beiden englischen Fassungen war die deutsche, die aber bei der Überarbeitung für *Between Past and Future* nur sporadisch herangezogen wurde.

121 ARENDT, Hannah (Diskussionsteilnehmerin)/Beiträge ohne Titel.
In FRIEDRICH, Carl J. (Hrsg.): *Totalitarianism: Proceedings of a Conference Held at the American Academy of Arts and Sciences, March 1953.* Edited with an introduction by Carl J. Friedrich, Cambridge, Mass.: Harvard Univ. Press, 1954, S. 75–79; 133–134; 228–229; 336–338
Bem.: Die Konferenz fand vom 6. bis 8. März 1953 in Boston statt. – Siehe auch in dieser Ausgabe S. 150.

1955

122 *Elemente und Ursprünge totaler Herrschaft.*
Von der Verfasserin übertragene und neubearb. Ausgabe. Frankfurt/M: Europäische, 1955. – XV, 782 S.
→ (2., durchges. Aufl.) 2. Aufl. Frankfurt/M: Europäische, 1958. – 731 S.
→ Dass. Frankfurt/M: Büchergilde Gutenberg, 1958
→ (3., gegenüber der zweiten unv. Aufl.) 3. Aufl. Frankfurt/M: Europäische, 1962. – 731 S. → Dass. Frankfurt/M: Büchergilde Gutenberg, 1962
→ (4. Aufl.) *Elemente und Ursprünge totaler Herrschaft.* Ungekürzte Ausgabe. Bde. 1–3. Frankfurt/M: Ullstein, 1975. – Bd. I: *Antisemitismus* (Ullstein Buch 3181, 1980=35 084), 204 S.; Bd. II: *Imperialismus* (Ullstein Buch 3182), 271 S.; Bd. III: *Totale Herrschaft* (Ullstein Buch 3183), 285 S.
→ (5. Aufl.) *Elemente und Ursprünge totaler Herrschaft: I. Antisemitismus; II. Imperialismus; III. Totale Herrschaft.* Ungekürzte Ausg., München: Piper, 1986 (Serie Piper 645, später 1032). – 757 S.[*]
→ (5. Aufl. mit neuem Satzspiegel, verlagsintern durchgesehen) *Elemente und Ursprünge totaler Herrschaft: Antisemitismus, Imperialismus, Totalitarismus.* München–Zürich: Piper, 1996 (Serie Piper 1032). – 1015 S.

---

[*] Auf diese Ausgabe beziehen sich die angegebenen Seitenzahlen.

→ Engl.: *The Origins of Totalitarianism* (Titel Nr. 099)

Bem.: Die Kapiteleinteilung des Werkes entspricht der der englischen Ausgabe ab der 2. Aufl. (mit Ausnahme von Kap. 14, das in keine der deutschen Auflagen aufgenommen wurde); doch deutscher und englischer Text sind nicht identisch.

Allen Auflagen ist ein »Geleitwort« von Karl Jaspers (datiert: Basel, September 1955) vorangestellt, das in der englischen Ausgabe nicht vorhanden ist.

H. A.s »Vorwort« zur deutschen Ausgabe, datiert: New York, Juni 1955, wurde in den Auflagen 1–3 und 5 nachgedruckt. In der 2. Aufl. ist ein kurzes Vorwort (datiert: New York, März 1957) hinzugekommen, das in der 3. (später jedoch nicht mehr) nachgedruckt wurde. In der 4. Aufl. hat jeder Band ein eigenes neues Vorwort erhalten; diese drei Vorwörter sind Übersetzungen der »Prefaces« aus der vierten, englischen Aufl. (Übersetzer: Michael Schröter; keine Überarbeitung durch H. A.). In der 5. Aufl. sind diese Vorwörter vor den jeweiligen Teilen gedruckt (S. 17–24; 209–216; 473–494).

Einige Kapitel oder Unterkapitel des Werkes wurden vorab veröffentlicht: Titel Nr. 063; 075; 084; 086; 094; 102; 104; 109; 113. Ferner erschienen die Kapitel 9 bis 13 als *Elemente totaler Herrschaft* (Titel Nr. 136). – Wiederabdrucke von (Teil-)Kapiteln wurden nicht berücksichtigt.

Die Widmung lautet: »Heinrich Blücher« (später »Für Heinrich Blücher«). In der ersten Auflage trägt das Deckblatt zu Kap. I (»Antisemitismus«) zusätzlich die Widmung: »Kurt Blumenfeld zum 70. Geburtstag«. – Siehe auch in dieser Ausgabe S. 154, 220–222.

(…) »Einleitung« (zu Hermann Broch, Dichten und Erkennen).
Siehe Titel Nr. 125; Nr. 211.

123 The Personality of Waldemar Gurian.
In: *The Review of Politics* 17 (1955), Nr. 1, S. 33–42
→ Dass. (leicht überarbeitet und unter dem Titel »Waldemar Gurian: 1903–1954«) in: *Men in Dark Times* (Titel Nr. 209), S. 251–262
→ Dt. (übers. von Ursula Ludz nach dem Text in *Men in Dark Times* unter dem Titel »Waldemar Gurian«) in: *Menschen in finsteren Zeiten* (Titel Nr. 273), S. 310–323
Bem.: Siehe auch in dieser Ausgabe S. 157.

124 The Rise and Development of Totalitarianism and Authoritarian Forms of Government in the Twentieth Century.
In: *The Future of Freedom: A Compilation of Papers Submitted to the International Conference on the Future of Freedom Convened by the Congress for Cultural Freedom …*, Bombay 1955, S. 180–206
Bem.: Die vom Congress for Cultural Freedom veranstaltete Konferenz fand vom 12.–17. September 1955 in Mailand statt. Eine gekürzte, unautorisierte deutsche Übersetzung des Papiers von H. A. erschien unter dem Titel »Über den Autoritätsbegriff«, in: *Forum* (Wien) 2 (1955), Nr. 23,

S. 385–389. – In überarbeiteter Form veröffentlichte H. A. Teil I und II dieses Vortrages als »Authority in the Twentieth Century« (Titel Nr. 126), während sie Teil III zu einem eigenständigen Vortrag, später Essay erweiterte: »Was ist Autorität?« (Titel Nr. 127), »What Was Authority?« (Titel Nr. 148). – Siehe auch in dieser Ausgabe S. 152, 158.

(…) Über den Autoritätsbegriff.
Siehe Titel Nr. 124.

125 ARENDT, Hannah (Hrsg.):
BROCH, Hermann: Dichten und Erkennen: Essays.
In ders.: *Gesammelte Werke*. Bd. 6; Bd. 7. Hrsg. und eingel. von Hannah Arendt. Zürich: Rhein, 1955
Bem.: H. A.s »Einleitung« (in Bd. 6, S. 5–42) wurde auch separat veröffentlicht, siehe Titel Nr. 211. – Außer der Einleitung enthalten die Bände von H. A. verfaßte »Hinweise zu den Essays« (Bd. 6, S. 351–359; Bd. 7, S. 283–295). – Die Einleitung wurde nachgedruckt in ARENDT/ BROCH: *Briefwechsel* (Titel Nr. 306), S. 175–184; ein Teil erschien als »Nachwort« in BROCH, Hermann: *Hofmannsthal und seine Zeit: Eine Studie*, mit einem Nachwort von Hannah Arendt, München: Piper, 1964 (Serie Piper 194), S. 191–197. – Siehe auch in dieser Ausgabe S. 154, 157.

1956

126 Authority in the Twentieth Century.
In: *The Review of Politics* 18 (1956), Nr. 4, S. 403–417
Bem.: Hervorgegangen aus den Teilen I und II des 1955 in Mailand gehaltenen Vortrages »The Rise and Development of Totalitarianism …« (Titel Nr. 124).

127 Was ist Autorität?
In: *Der Monat* 8 (1955–56), Nr. 89, S. 29–44
→ Dass. (überarb.) in: *Fragwürdige Traditionsbestände* (Titel Nr. 128), S. 117–168
→ Dass. (wie *Fragwürdige Traditionsbestände*) in: *Zwischen Vergangenheit und Zukunft* (Titel Nr. 293), S. 159–200
→ Engl.: What Was Authority? (Titel Nr. 148)
Bem.: Aus Teil III des im September 1955 in Mailand gehaltenen Vortrages (Titel Nr. 124) hervorgegangener Vortrag, den H. A. am 22. Nov. 1955 in Frankfurt, am 1. Dez. 1955 in Köln und am 8. Dezember 1955 in Berlin (Reuter Memorial Series) gehalten hat. Offizielles Thema des Berliner Vortrags war: »Autoritäre und totalitäre Staatsform«. – Die deutsche Fassung (von 1956 und 1957) und die englische Fassung (von 1959 und 1968) sind nur teilweise identisch. – Siehe auch in dieser Ausgabe S. 158.

1957

128 *Fragwürdige Traditionsbestände im politischen Denken der Gegenwart:*
Vier Essays.
Aus dem Englischen übertragen von Charlotte Beradt.
Frankfurt/M: Europäische, o. J. (1957). – 168 S.
Bem.: Enthält nach einer »Vorbemerkung« die Titel Nr. 135; 134; 130;
127; Wiederabdruck in: *Zwischen Vergangenheit und Zukunft* (Titel
Nr. 293). – Die Widmung lautet: »Dem Andenken Walter Benjamins«. –
Im Englischen ist die Sammlung aufgegangen in *Between Past and Future*
(Titel Nr. 159). – Siehe auch in dieser Ausgabe S. 151 f.

129 **Geschichte kann nicht gemacht werden: Die Entstehung des historischen**
Bewußtseins.
In: *Deutsche Universitätszeitung* 12 (1957), Nr. 20, S. 7–11; Nr. 21, S. 10–14
Bem.: Eine Kurzfassung von »Geschichte und Politik in der Neuzeit« (Ti-
tel Nr. 130), die H. A. wahrscheinlich über den Rundfunk (WDR und
SFB) vorgetragen hat.

130 **Geschichte und Politik in der Neuzeit.**
In: *Fragwürdige Traditionsbestände* (Titel Nr. 128), S. 81–116
→ Dass. in: *Zwischen Vergangenheit und Zukunft* (Titel Nr. 293),
S. 80–109
Bem.: Ein englisches Vortragsmanuskript hat Charlotte Beradt übersetzt
und H. A. überarbeitet. Die deutsche Veröffentlichung stimmt teilweise
mit »History and Immortality« (Titel Nr. 131) überein. – Kurzfassung un-
ter »Geschichte kann nicht gemacht werden« (Titel Nr. 129).

131 **History and Immortality.**
In: *Partisan Review* 24 (1957), Nr. 1, S. 11–35
Bem.: Aus Vorlesungen an der Princeton University (Okt./Nov. 1953) und
der University of Notre Dame (März 1954) hervorgegangen. In überarbeiteter Fassung ist der Essay in »The Concept of History: Ancient and Modern« (Titel Nr. 160) enthalten. – Vgl. dt.: »Geschichte und Politik in der
Neuzeit« (Titel Nr. 130).

132 **Karl Jaspers: Bürger der Welt.**
In SCHILPP, Paul Arthur (Hrsg.): *Karl Jaspers.* Stuttgart: Kohlhammer,
1957, S. 532–543
→ Dass. in SANER, Hans (Hrsg.): *Karl Jaspers in der Diskussion.* Mün-
chen: Piper, 1973, S. 407–417
→ Dass. in: *Menschen in finsteren Zeiten* (Titel Nr. 273), S. 99–112
→ Engl.: Karl Jaspers as Citizen of the World (Titel Nr. 133)
Bem.: Die englische Originalfassung hat Charlotte Beradt übersetzt und
H. A. überarbeitet.

133 Karl Jaspers: Citizen of the World.
In SCHILPP, Paul A. (Hrsg.): *The Philosophy of Karl Jaspers*. New York: Tudor, 1957, S. 539–549. – 2nd augmented ed. La Salle, Ill.: Open Court Publishing Company, 1981, S. 539–549
  → Dass. (überarbeitet unter dem Titel »Karl Jaspers: Citizen of the World?«) in: *Men in Dark Times* (Titel Nr. 209), S. 81–94
  → Dt.: Karl Jaspers: Bürger der Welt (Titel Nr. 132)
Bem.: Bei der Überarbeitung 1967/68 ist die deutsche Fassung vermutlich nicht berücksichtigt worden.

(...) A Letter to Rose Feitelson, April 29, 1957.
Siehe Titel Nr. 326.

134 Natur und Geschichte.
In: *Deutsche Universitätszeitung* 12 (1957), Nr. 8, S. 6–9; Nr. 9, S. 9–14
  → Dass. in: *Fragwürdige Traditionsbestände* (Titel Nr. 128), S. 47–79
  → Dass. in: *Zwischen Vergangenheit und Zukunft* (Titel Nr. 293), S. 54–79
Bem.: Ein englisches Vortragsmanuskript hat Charlotte Beradt übersetzt, H. A. überarbeitet und für den Bayerischen Rundfunk (Sendung am 3.1. 1957) auf Band gesprochen. Die *Deutsche Universitätszeitung* hat die Rundfunkfassung gedruckt und mit Untertiteln, die in der Buchfassung nicht übernommen wurden, publiziert. – Der Essay stimmt teilweise mit »The Modern Concept of History« (Titel Nr. 145) überein.

135 Tradition und die Neuzeit.
In: *Fragwürdige Traditionsbestände* (Titel Nr. 128), S. 9–45
  → Dass. in: *Zwischen Vergangenheit und Zukunft* (Titel Nr. 293), S. 23–53
  → Engl.: Tradition and the Modern Age (Titel Nr. 120)
Bem.: Den englischen Artikel von 1954 hat Charlotte Beradt übersetzt, H. A. hat ihn anschließend überarbeitet und erweitert.

1958

136 *Elemente totaler Herrschaft.*
Frankfurt/M: Europäische, 1958 (Sammlung »res publica« 6). – 279 S.
  → Dass. (Neudruck): Sonderdruck des Bundesministeriums für gesamtdeutsche Fragen. Frankfurt/M: Europäische, 1958. – 298 S.
Bem.: Es handelt sich um die Kapitel 9 bis 13 des Buches *Elemente und Ursprünge totaler Herrschaft* (Titel Nr. 122). H. A. hat dieser Ausgabe ein »Vorwort zur gekürzten Ausgabe« (S. 7–8) vorangestellt (ohne Seitenzahlen in der Ausgabe des Bundesministeriums).

137 *The Human Condition.*
Chicago: University of Chicago Press, 1958. – VI, 332 S.
  → Dass. (durchges. und verbessert) Garden City: Doubleday, 1959 (Anchor Books A 182). – IX, 385 S.
  → Dass. (wie 1959) Chicago: Chicago Univ. Press, 1969 (Collector's Edition). – VI, 332 S.

→ Dass. (wie 1959 und 1969) Chicago: Chicago Univ. Press, 1970 (Phoenix P 36). – VI, 332 S. → Dass. Paperback Edition 1989

→ Dass. 2nd edition. Introduction by Margaret Canovan. Chicago: Chicago Univ. Press, 1998. – XX, 349 S.

→ Dt.: *Vita activa* (Titel Nr. 152)

Bem.: Hervorgegangen aus Vorlesungen, die H. A. im Rahmen der »Walgreen Lectures at the University of Chicago« im April 1956 gehalten hat. – Die Anchor-Book-Ausgabe trägt auf dem Einband den Untertitel: »A Study of the Central Dilemmas Facing Modern Man«. – Ein Nachdruck ist ferner bei Peter Smith, Magnolia, Mass., erhältlich. – Siehe auch in dieser Ausgabe S. 158 f.

138 *Die Krise in der Erziehung.*
Bremen: Angelsachsen, 1958. – 23 S.

→ Dass. in FROESE, Leonhard (in Verbindung mit Hannah Arendt u. a.): *Aktuelle Bildungskritik und Bildungsreform in den USA.* Heidelberg: Quelle und Meyer, 1968 (Vergleichende Erziehungswissenschaft und Pädagogik des Auslands 6), S. 11–30

→ Dass. in: *Zwischen Vergangenheit und Zukunft* (Titel Nr. 293), S. 255–276

→ Engl.: The Crisis in Education (Titel Nr. 141)

Bem.: Ein Vortrag, den H. A. im Rahmen der »Geistigen Begegnungen in der Boettcherstraße« am 13. Mai 1958 in Bremen gehalten hat. – Die Buchveröffentlichung enthält die Widmung: »Erwin Loewenson zum siebzigsten Geburtstag«. – Eine leicht gekürzte Fassung mit Zwischenüberschriften: »Die Krise der Erziehung: Gedanken zur ›Progressive Education‹«, erschien in: *Der Monat* 11 (1958–59), Nr. 124, S. 48–61.

139 *Rahel Varnhagen: The Life of a Jewess.*
Translated from the German by Richard and Clara Winston.
London: East and West Library (for the Leo Baeck Institute of Jews from Germany), 1958. – XIV, 222 S.

→ Dass. (durchges. und verb. von Lotte Kohler) *Rahel Varnhagen: The Life of a Jewish Woman.* Translated from the German by Richard and Clara Winston. Rev. ed. New York: Harcourt Brace Jovanovich, 1974. – XX, 236 S.

→ Dass. (wie 1958) als »First Complete Edition«. Edited by Liliane Weissberg. Baltimore–London: Johns Hopkins Univ. Press, 1997. – XII, 388 S.

→ Dt.: *Rahel Varnhagen* (Titel Nr. 149)

Bem.: Die Ausgaben haben einen Anhang in deutscher Sprache (»Aus unveröffentlichten Briefen und Tagebüchern in chronologischer Folge«). – Die Widmung lautet: »To Anne since 1921.« – Die »first complete edition«, published in cooperation with the Leo Baeck Institute, versteht sich als »critical edition«. Die Herausgeberin hat der ersten Auflage von 1958 eine »Introduction: Hannah Arendt, Rahel Varnhagen, and the Writing of (Auto)biography« vorangestellt (S. 3–69) sowie »Notes« (283–368) und »Further Readings« (S. 373–380) hinzugefügt. – Vgl. auch die Bemerkungen zur deutschen Ausgabe.

140 *Die Ungarische Revolution und der totalitäre Imperialismus.*
München: Piper, 1958. – 69 S.
→ Dass. in: *In der Gegenwart* (Titel Nr. 312), S. 73–126
→ Engl.: Totalitarian Imperialism (Titel Nr. 147)
Bem.: H. A. stellte der Veröffentlichung folgende Vorbemerkung voran: »Dies ist die vielfach korrigierte und erweiterte Fassung eines erst in Amerika im ›Journal of Politics‹ erschienenen Essays, dessen deutsche Fassung der Bayerische Rundfunk zu Beginn dieses Jahres in drei Sendungen brachte. Die Übertragung aus dem Englischen besorgte Charlotte Beradt.« – Auszüge wiederabgedruckt unter dem Titel »Die Räte des Volkes«, in: *Neues Forum* (Wien) 13 (1966), Nr. 154, S. 596–597. – Siehe auch in dieser Ausgabe S. 164.

141 The Crisis in Education.
In: *Partisan Review* 25 (1958), Nr. 4, S. 493–513
→ Dass. in RUITENBEEK, Hendrik M. (Hrsg.): *Varieties of Modern Social Theory.* New York: Dutton, 1963, S. 341–362
→ Dass. (überarb.) in: *Between Past and Future* (Titel Nr. 159), S. 171–196
→ Dt.: *Die Krise in der Erziehung* (Titel Nr. 138)
Bem.: Übersetzt von Denver Lindley.

(…) Festansprache.
Siehe Titel Nr. 143.

142 Freiheit und Politik: Ein Vortrag.
In: *Die neue Rundschau* 69 (1958), Nr. 4, S. 670–694
→ Dass. (ohne Untertitel) in ANTONI, Carlo et al.: *Erziehung zur Freiheit.* Geleitwort von Albert Hunold. Erlenbach: Rentsch, 1959 (Sozialwissenschaftliche Studien für das Schweizerische Institut für Auslandsforschung), S. 31–62
→ Dass. in: *Zwischen Vergangenheit und Zukunft* (Titel Nr. 293), S. 201–226
→ Engl.: Freedom and Politics (Titel Nr. 154)
Bem.: Den Vortrag hat H. A. am 22. Mai 1958 im Rahmen des Zyklus »Erziehung zur Freiheit« auf Einladung des Schweizerischen Instituts für Auslandsforschung in der Universität Zürich gehalten. Er wurde von der Schweizerischen Rundspruchgesellschaft (Studio Zürich) aufgezeichnet.

(…) Humanitas.
Siehe Titel Nr. 143

143 Karl Jaspers.
In JASPERS, Karl: *Wahrheit, Freiheit und Friede*; ARENDT, Hannah: *Karl Jaspers* (Reden zur Verleihung des Friedenspreises des Deutschen Buchhandels 1958). München: Piper, 1958, S. 29–40

→ Dass. (unter dem Titel »Humanitas«) in: *Der Friedenspreis des Deutschen Buchhandels: Reden und Würdigungen 1951–1960.* Frankfurt/M: Börsenverein, 1961, S. 161–170

→ Dass. in JASPERS, Karl: *Mitverantwortlich: Ein philosophisch politisches Lesebuch.* Geleitwort Hannah Arendt. Gütersloh: Mohn, o. J. (1968), S. 5–13

→ Dass. (unter dem Titel »Laudatio auf Karl Jaspers«) in: *Menschen in finsteren Zeiten* (Titel Nr. 273), S. 89–98

→ Engl.: Karl Jaspers (Titel Nr. 214)

Bem.: Die Verleihung des Friedenspreises an Karl Jaspers fand am 28. September 1958 statt. Alle beim Festakt gehaltenen Ansprachen erschienen zunächst in: *Börsenblatt für den Deutschen Buchhandel* 14 (1958), Nr. 79, S. 1313–1322; H. A.s Rede ist dort mit »Festansprache« überschrieben, die von Jaspers trägt den Titel »Wahrheit, Freiheit und Friede«. – Siehe auch in dieser Ausgabe S. 162 ff.

144 Kultur und Politik.
In: *Merkur* 12 (1958), Nr. 12, S. 1122–1145

→ Dass. in [FREUDENFELD, Burghard (Hrsg.)]: *Untergang oder Übergang: 1. Internationaler Kulturkritikerkongress in München, 1958.* Vorwort von Alfred Marchionini. München: Werk-Verlag Banaschewski, 1959, S. 35–66

→ Dass. in: *Zwischen Vergangenheit und Zukunft* (Titel Nr. 293), S. 277–302

Bem.: Ursprünglich ein Vortrag, den H. A. auf dem o. g. Kongreß anläßlich der 800-Jahr-Feier der Stadt München (30. 6.–5. 7. 1958) gehalten hat. An das Referat schloß sich eine Diskussion an (*Untergang oder Übergang*, S. 162–166). Ferner äußerte sich H. A. zu den Referaten von Walter Muschg (S. 183–186; S. 199–202) und Oswald von Nell-Breuning (S. 218–220). – H. A.s Antwort auf Fragen ihrer Kritiker (S. 165–166) wurde wiederabgedruckt in: *Zwischen Vergangenheit und Zukunft*, S. 303–304. – Weitere (Teil-)Veröffentlichungen: »Mißtrauen gegen Kultur«, in: *Die Kultur: Eine unabhängige Zeitung mit internationalen Beiträgen* (München) 6 (1958–07–15), Nr. 112, S. 10; »Das Mißtrauen gegen die Kultur«, in: *Stuttgarter Zeitung* 27 (1971–02–13), Nr. 36, S. 50. – Richard Winston hat den Artikel für *Partisan Review* übersetzt (Titel: Culture and Politics); eine Veröffentlichung ist jedoch nicht zustandegekommen. Wahrscheinlich hat H. A. Winstons Übersetzung bei der Überarbeitung von »Society and Culture« (Titel Nr. 158) verwandt.

(...) Mißtrauen gegen Kultur.
Siehe Titel Nr. 144

145 The Modern Concept of History.
In: *The Review of Politics* 20 (1958), Nr. 4, S. 570–590
Bem.: Aus Vorlesungen an der Princeton University (Okt./Nov. 1953) und der University of Notre Dame (März 1954) sowie einem Vortrag unter

demselben Titel vor der John Dewey Society (Yale University, 13. 1. 1954) hervorgegangen. In überarbeiteter Fassung ist der Titel in »The Concept of History: Ancient and Modern« (Titel Nr. 160) enthalten. – Vgl. dt.: »Natur und Geschichte« (Titel Nr. 134).

146 Die sowjetfeindlichen Sowjets: Zum zweiten Jahrestag der Ungarischen Revolution.

In: *Forum* (Wien) 5 (1958), Nr. 58, S. 350–352

Bem.: Von der Redaktion des *Forum* zusammengestellte und übersetzte Auszüge aus »Totalitarian Imperialism« (Titel Nr. 147).

147 Totalitarian Imperialism: Reflections on the Hungarian Revolution.

In: *The Journal of Politics* 20 (1958), Nr. 1, S. 5–43

→ Dass. (ohne Untertitel) in: *Cross Currents* 8 (1958), Nr. 2, S. 102–108
→ Dt.: *Die Ungarische Revolution* (Titel Nr. 140)

Bem.: H. A. hat diesen Artikel (in überarbeiteter Form) als Kapitel 14 (»Epilogue: Reflections on the Hungarian Revolution«) in die zweite, erweiterte Aufl. ihres Buches *The Origins of Totalitarianism* (Titel Nr. 099, 1958, S. 480–510) aufgenommen. – Siehe auch Titel Nr. 146.

148 What Was Authority?

In: *Nomos: Yearbook of the American Society for Political and Legal Philosophy* 1 (1958), S. 81–112

→ Dass. (überarbeitet und unter dem Titel »What Is Authority?«) in: *Between Past and Future* (Titel Nr. 159), S. 91–141
→ Dt.: Was ist Autorität? (Titel Nr. 127)

Bem.: Ein Vortrag, den H. A. u. a. auf der 1. Jahrestagung der American Society for Political and Legal Philosophy (8.–9. Sept. 1956) in Washington gehalten hat. Er ist aus Teil III des 1955 in Mailand gehaltenen Vortrages (Titel Nr. 124) hervorgegangen. – Siehe auch in dieser Ausgabe S. 160.

1959

149 *Rahel Varnhagen: Lebensgeschichte einer deutschen Jüdin aus der Romantik.*

Mit einer Auswahl von Rahel-Briefen und zeitgenössischen Abbildungen. München: Piper, 1959. – 297 S.

→ Dass. (als Paperback) Ungekürzter Text. Frankfurt am Main: Ullstein, 1974 (Ullstein Buch 3091). – 299 S.
→ Dass. Neuausgabe München: Piper, 1981 (Serie Piper 230). – 296 S.
→ Dass. (mit neuem Satzspiegel, verlagsintern durchgesehen) München–Zürich: Piper, 1997 (Serie Piper 230). – 336 S.
→ Engl.: *Rahel Varnhagen* (Titel Nr. 139)

Bem.: H. A. schreibt im Vorwort: »Das Manuskript dieses Buches war bis auf die letzten beiden Kapitel fertig, als ich Deutschland 1933 verließ.« Ein maschinenschriftlicher Durchschlag dieses Manuskriptes ist im Nachlaß von Jaspers im Deutschen Literaturarchiv Marbach erhalten. »1938 im Sommer« hat H. A. das Buch beendet (Brief an Jaspers, 7. Sept. 1952). Auf Initiative des Leo-Baeck-Instituts kam eine englische Ausgabe zustande (Titel Nr. 139). Die deutsche Auswahl »Aus Rahels Briefen und Tagebüchern« (1959, S. 213–281) ist nur teilweise identisch mit dem Anhang »Aus unveröffentlichten Briefen …«, wie er sich in deutscher Sprache in der englischen Ausgabe findet. Die Widmung lautet: »Für Anne seit 1921.« – Vorabdruck des letzten Kapitels: Titel Nr. 150. – Siehe auch in dieser Ausgabe S. 214–220.

(…) Die Krise der Erziehung.
Siehe Titel Nr. 138

150 Paria und Parvenu: Rahel Varnhagen und die Assimilation der deutschen Juden.
In: *Forum* (Wien) 6 (1959), Nr. 66, S. 227–230
Bem.: Leicht bearbeiteter Vorabdruck des letzten Kapitels (»Aus dem Judentum kommt man nicht heraus, 1820–1833«) von *Rahel Varnhagen* (Titel Nr. 149, S. 201–211).

151 Reflections on Little Rock.
In: *Dissent* 6 (1959), Nr. 1, S. 45–56
→ Dass. in: *Public Life: A Journal of Politics* 4 (1973), Nr. 3–4, S. 92–97
→ Dass. in: *Responsibility and Judgment* (Titel Nr. 319), S. 193–213
→ Dt. (übers. von Eike Geisel unter dem Titel »Little Rock: ›Ketzerische Ansichten über die Negerfrage und equality‹«), in: *Zur Zeit* (Titel Nr. 269), S. 95–117; ferner in: *In der Gegenwart* (Titel Nr. 312), S. 258–279
Bem.: Der Artikel, den H. A. ursprünglich für die Zeitschrift *Commentary* geschrieben hatte, löste kritische Kommentare von Sidney Hook, David Spitz und Melvin Tumin aus; H. A. antwortete ihren Kritikern in *Dissent* 6 (1959), Nr. 2, S. 179–181, 203f. Vgl. zur Geschichte des Artikels: Young-Bruehl, *Hannah Arendt* (engl. Ausg.), S. 313–318. – Der von Eike Geisel gewählte deutsche Untertitel ist ein Zitat aus einem Brief H. A.s, siehe in dieser Ausgabe S. 169.

1960

152 *Vita activa oder Vom tätigen Leben.*
Stuttgart: Kohlhammer, 1960. – 375 S. → Dass. Lizenzausg. München: Piper, 1960 (Piper Paperback)
→ Dass. München: Piper, o. J. (1967) (Piper Paperback 56). – 375 S.
→ Dass. München: Piper, 1981 (Serie Piper 217). – 375 S. [*]

---

[*] Auf diese Ausgabe beziehen sich die angegebenen Seitenzahlen.

→ Dass. (mit neuem Satzspiegel, verlagsintern durchgesehen) München–Zürich: Piper, 1996 (Serie Piper 217, 2002: Serie Piper 3623). – 485 S.
→ Engl.: *The Human Condition* (Titel Nr. 137)
Bem.: H. A. hat die deutsche Fassung auf der Grundlage einer Rohübersetzung von Charlotte Beradt geschrieben. – Vorabdrucke: Titel Nr. 155; Nr. 156. – Teilweise Wiederabdrucke: »Das Handeln«, in LENK, Hans (Hrsg.): *Handlungstheorien*, Bd. 2, I: Handlungserklärungen und philosophische Handlungsinterpretationen, München: Fink, 1978 (Kritische Information 63.1), S. 13–87; »Vom Sinn der Arbeit«, in: *Technologie und Politik: Das Magazin zur Wachstumskrise* 10, Hamburg: Rowohlt, o. J. (1978) (roak 4265), S. 64–174.

153 *Von der Menschlichkeit in finsteren Zeiten: Gedanken zu Lessing.*
Hamburg: Hauswedell, 1960. – 56 S.
→ Dass. *Von der Menschlichkeit in finsteren Zeiten: Rede über Lessing.* München: Piper, 1960 (Piper-Bücherei 148). – 50 S.
→ Dass. (unter dem Titel »Gedanken zu Lessing: Von der Menschlichkeit in finsteren Zeiten«) in: *Menschen in finsteren Zeiten* (Titel Nr. 273), S. 17–48
→ Dass. Mit einem Essay von Ingeborg Nordmann. Hamburg: Europäische Verlagsanstalt, 1999 (EVA-Reden 27). – 91 S.
→ Engl.: On Humanity in Dark Times (Titel Nr. 216)
Bem.: Rede, gehalten am 28. 9. 1959 bei Entgegennahme des Lessing-Preises der Freien und Hansestadt Hamburg; die Hamburger Veröffentlichung enthält auch die Laudatio von Senator Dr. H. H. Biermann-Ratjen (S. 5–14) und den Text der Preisurkunde (S. 15). – Auszugsweiser Abdruck von H. A.s Rede ferner unter dem Titel »Menschlichkeit in finsteren Zeiten«, in: *Neue deutsche Hefte* 6 (1960), Nr. 66, S. 930–934. – Auch als Sonderdruck der Hessischen Landeszentrale für Heimatdienst. – Siehe auch in dieser Ausgabe S. 163 f., 166.

154 **Freedom and Politics: A Lecture.**
In: *Chicago Review* 14 (1960), Nr. 1, S. 28–46
→ Dass. (überarb. und unter dem Titel »What Is Freedom?«) in: *Between Past and Future* (Titel Nr. 159), S. 143–171
→ Dt.: Freiheit und Politik (Titel Nr. 142)
Bem.: Die deutsche Fassung wurde im Auftrag der Zeitschrift *Encounter* übersetzt (aber von ihr nicht veröffentlicht). Die so zustandegekommene englische Fassung benutzte H. A. zunächst für einen Vortrag im Februar 1959 (Bryn Mawr College, Bryn Mawr, Pa.) und überarbeitete sie anschließend für die Publikation in *Chicago Review*. – Eine zweite Übersetzung, die H. A. vielleicht nicht einmal gekannt hat, wurde vom Schweizerischen Institut für Auslandsforschung ohne Untertitel veröffentlicht, in HUNOLD, Albert (Hrsg.): *Freedom and Serfdom: An Anthology of Western Thought.* Translated by Lieut.-Col. R. H. Stevens, Dordrecht, Holland: Reidel, 1961, S. 191–217.

155 Der Mensch, ein gesellschaftliches oder ein politisches Lebewesen.
In: *Deutsche Universitätszeitung* 15 (1960), Nr. 10, S. 38–47
Bem.: Vorabdruck der Paragraphen 4 (»Der Mensch, ein gesellschaftli-
ches oder ein politisches Lebewesen«), 5 (»Die Polis und der Haushalt«)
und 6 (»Das Entstehen der Gesellschaft«) aus *Vita activa* (Titel Nr. 152),
S. 27–49.

156 Der Mensch und die Arbeit.
In: *Merkur* 14 (1960), Nr. 8, S. 701–719
Bem.: Gekürzter Vorabdruck der Paragraphen 16 (»Das Werkzeug und
die Arbeitsteilung«) und 17 (»Die Gesellschaft von Konsumenten«) aus
Vita activa (Titel Nr. 152), S. 107–123.

(…) Menschlichkeit in finsteren Zeiten.
Siehe Titel Nr. 153.

157 Revolution and Public Happiness.
In: *Commentary* 30 (1960), Nr. 5, S. 413–422
Bem.: Ursprünglich eine Vorlesung an der Princeton University im Frühjahrssemester 1959, siehe *On Revolution* (Titel Nr. 171). – Siehe auch in
dieser Ausgabe S. 163 f.

158 Society and Culture.
In: *Daedalus* 89 (1960), Nr. 2, S. 278–287
→ Dass. in JACOBS, Norman (Hrsg.): *Culture for the Millions?: Mass
   Media in Modern Society.* With an introduction by Paul Lazarsfeld.
   Boston: Beacon, 1961, S. 43–52
→ Dass. in MATSON, Floyd W. (Hrsg.); MONTAGU, Ashley (Hrsg.):
   The Human Dialogue: Perspectives on Communication. New York:
   Free Press, 1967, S. 346–354
→ Dass. (überarbeitet und erweitert unter dem Titel »The Crisis in Cul-
   ture: Its Social and Its Political Significance«) in: *Between Past and Fu-
   ture* (Titel Nr. 159), S. 197–226
Bem.: Ein Vortrag auf der Study Conference on Problems of Mass Culture and Mass Media, die die Zeitschrift *Daedalus* zusammen mit dem Ta-
miment Institute of New York im Juni 1958 abgehalten hat. Anschließend
hat H. A. das Thema im Deutschen bearbeitet (siehe Titel Nr. 144), und
auf der Grundlage einer nicht veröffentlichten Übersetzung des deutschen Textes ist wahrscheinlich die überarbeitete Fassung »The Crisis in
Culture« entstanden.

1961

159 *Between Past and Future: Six Exercises in Political Thought.*
New York: Viking, 1961. – 246 S. → Dass. London: Faber & Faber, 1961.
→ Dass. New York: Meridian Books, 1963. – 246 S.

Bem.: Enthält neben dem »Preface: The Gap Between Past and Future«, meist in überarbeiteter Form, die Titel Nr. 120; 160; 148; 154; 141; 158. – Die ersten drei Texte sind teilidentisch mit der Publikation *Fragwürdige Traditionsbestände* (Titel Nr. 128). – Die Widmung lautet: »For Heinrich after twenty-five years«. – Eine zweite, erweiterte Auflage erschien 1968 (Titel Nr. 208). – Siehe auch in dieser Ausgabe S. 151 f.

160 The Concept of History: Ancient and Modern.
In: *Between Past and Future* (Titel Nr. 159), S. 41–90
Bem.: Ein dreiteiliger Essay, in dem die Veröffentlichungen »The Modern Concept of History« (Titel Nr. 145) als Teil I (S. 41–63) und »History and Immortality« (Titel Nr. 131) als Teile II, III und »Epilogue« (S. 63–90) zusammengefaßt wurden. – Vgl. auch die Angaben bei »Natur und Geschichte« (Titel Nr. 134) sowie »Geschichte und Politik in der Neuzeit« (Titel Nr. 130).

(…) The Crisis in Culture.
Siehe Titel Nr. 158.

(…) Freedom and Revolution.
Siehe Titel Nr. 165.

(…) What Is Authority?
Siehe Titel Nr. 148.

(…) What Is Freedom?
Siehe Titel Nr. 154.

1962

161 Action and the »Pursuit of Happiness«.
In: DEMPF/ARENDT/ENGEL-JANOSI (Hrsg): *Politische Ordnung und menschliche Existenz* (Titel Nr. 168), S. 1–16
Bem.: »Paper« auf der Jahrestagung der American Political Science Association (8.–10. September 1960), siehe auch *On Revolution* (Titel Nr. 171).

162 The Cold War and the West.
In: *Partisan Review* 29 (1962), Nr. 1, S. 10–20
→ Dt. (übers. von Ursula Ludz unter dem Titel »Der Kalte Krieg und der Westen«) in: *In der Gegenwart* (Titel Nr. 312), S. 127–137
Bem.: Die Redaktion der Zeitschrift *Partisan Review* hatte Feststellungen und Fragen zum Thema »The Cold War and the West« versandt; H. A. reagierte darauf mit dem o. g. Artikel.

163 Interview/BESCH, Lutz, et al. (Interviewer).

In: *Auszug des Geistes: Bericht über eine Sendereihe.* Bremen: Heye, 1962
(Bremer Beiträge 4), S. 14–16, S. 206
Bem.: Auszüge aus einem Gespräch, das Reporter von Radio Bremen
(Redaktion: Lutz Besch) im Mai 1958 mit H. A. führten. Eine etwa halb-
stündige Rundfunksendung war in der Reihe »Wissenschaftsgeschichte in
den Jahren 1933 bis 1958« ausgestrahlt worden. Die o. g. Publikation dokumentiert die ganze Sendereihe.

164 The Poet Bertolt Brecht.
In DEMETZ, Peter (Hrsg.): *Brecht: A Collection of Critical Essays.* En-
glewood Cliffs, N. J.: Prentice-Hall, 1962, S. 43–50
→ Dt.: Der Dichter Bertolt Brecht (Titel Nr. 092)
Bem.: Übersetzt von J. F. Sammons und gekürzt.

165 Revolution and Freedom: A Lecture.
In TRAMER, Hans (Hrsg.): *In zwei Welten: Siegfried Moses zum fünf-
undsiebzigsten Geburtstag.* Tel-Aviv: Bitaon, 1962, S. 578–600
→ Dt. (übers. von Ursula Ludz unter dem Titel »Revolution und Freiheit«) in: *Zwischen Vergangenheit und Zukunft* (Titel Nr. 293),
S. 227–251
Bem.: Ursprünglich als »principal address celebrating the 50th anniversary of Connecticut College« am 21. Oktober 1961 gehalten. Der Festvor-
trag wurde als Henry Wells Lawrence Memorial Lecture for 1961 unter
dem Titel »Freedom and Revolution« vom Connecticut College (New
London) veröffentlicht. – Siehe auch in dieser Ausgabe S. 239 f.

166 To the Editor.
In: *Midstream* 8 (1962), Nr. 3, S. 85–87
Bem.: H. A. beteiligte sich an der Diskussion von Bruno Bettelheims Ar-
tikel »Freedom from Ghetto Thinking« (*Midstream,* 8 [1962], Nr. 2,
S. 16–25) und berichtete u. a. über ihre Internierung in Gurs. Bettelheim
antwortete in *Midstream* 8 (1962), Nr. 3, S. 87–88.

167 ARENDT, Hannah (Hrsg.):
JASPERS, Karl: The Great Philosophers.
Bd. 1–2. Edited by Hannah Arendt. Translated by Ralph Manheim. New
York: Harcourt, Brace & World, 1962 (A Helen and Kurt Wolff Book).
→ Dass. London: Hart & Davis, 1962, 1966
Bem.: Einzelne Kapitel wurden als »Harvest Book« auch separat veröf-
fentlicht: *Kant*; *Plato and Augustine*; *Socrates, Buddha, Confucius, Jesus.*
Alle drei Teilveröffentlichungen sind ebenfalls 1962 erschienen.

(…) ARENDT, Hannah (Hrsg.):
JASPERS, Karl: *Kant.*
Siehe Titel Nr. 167.

(…) ARENDT, Hannah (Hrsg.):
JASPERS, Karl: *Plato and Augustine.*

Siehe Titel Nr. 167.

(…) ARENDT, Hannah (Hrsg.):
JASPERS, Karl: *Socrates, Buddha, Confucius, Jesus: The Paradigmatic Individuals.*
Siehe Titel Nr. 167.

168 DEMPF, Alois (Hrsg.); ARENDT, Hannah (Hrsg.); ENGEL-JANOSI, Friedrich (Hrsg.): *Politische Ordnung und menschliche Existenz: Festgabe für Eric Voegelin zum 60. Geburtstag.*
München: Beck, 1962
Bem.: Die Festschrift enthält H. A.s Aufsatz »Action and the ›Pursuit of Happiness‹« (Titel Nr. 161).

169 ARENDT, Hannah (Gesprächsteilnehmerin)/Beiträge ohne Titel.
In: *Sachverstand und Politik in der Demokratie: Zehntes Europäisches Gespräch in der Engelsburg Recklinghausen.* Im Auftrag des Deutschen Gewerkschaftsbundes hrsg. von Heinz Küppers. Köln-Deutz: Bund, 1962, S. 176–177; 234–237; 290–294
Bem.: Die Veranstaltung fand vom 8. bis 10. Juli 1961 statt; H. A. nahm am 9. und 10. Juli teil.

1963

170 *Eichmann in Jerusalem: A Report on the Banality of Evil.*
New York: Viking, 1963. – 275 S. → Dass. London: Faber and Faber, 1963
→ Rev. and enl. ed. New York: Viking, 1965. – 312 S. → Dass. New York: Penguin, 1977
→ Dt.: Eichmann in Jerusalem (Titel Nr. 178)
Bem.: Leicht erweiterte und veränderte Buchausgabe von »A Reporter at Large: Eichmann in Jerusalem«, in: *The New Yorker* 38 (1963–02–16), Nr. 52, S. 40–113; 39 (1963–02–23), Nr. 1, S. 40–111; (1963–03–02), Nr. 2, S. 40–91; (1963–03–09), Nr. 3, S. 48–131; (1963–03–16), Nr. 4, S. 58–134. – Die überarbeitete und erweiterte Auflage enthält, zusätzlich zu den Verbesserungen und kleineren Veränderungen (die überwiegend aus der deutschen Ausgabe übernommen wurden), ein »new Postscript, which deals with the controversy that followed the original publication«. Dieses ist weitgehend identisch mit der »Vorrede«, die H. A. 1964 für die deutsche Ausgabe verfaßte. – Siehe auch in dieser Ausgabe S. 171, 173 f., 181 f., 222–240.

171 *On Revolution.*
New York: Viking, 1963. – 343 S. → Dass. London: Faber & Faber, 1964.
→ Dass. (verb.) New York: Viking, 1965 (Compass Book C 166). – 344 S.

→ Dass. (wie 1965) Harmondsworth: Penguin, 1973 (Pelican Books). – 350 S.[*] → Dass. New York: Penguin, 1977

→ Dass. (wie 1963) London: Greenwood, 1982 – VIII, 343 S.

→ Dt.: *Über die Revolution* (Titel Nr. 188)

Bem.: Hervorgegangen aus Vorlesungen im Frühjahrssemester 1959 an der Princeton University unter dem Titel »The United States and the Revolutionary Spirit«. Teile des Kapitels III »The Pursuit of Happiness« sind vorab erschienen (Titel Nr. 157), siehe auch »Action and the ›Pursuit of Happiness‹« (Titel Nr. 161). Wiederabdrucke von Kapiteln und Teilkapiteln wurden nicht berücksichtigt. – Das Buch enthält die folgende Widmung: »To Gertrud and Karl Jaspers. In reverence – in friendship – in love.« – Siehe auch in dieser Ausgabe S. 162 ff.

172 Adolf Eichmann: Von der Banalität des Bösen.

In: *Merkur* 17 (1963), Nr. 8, S. 759–776

Bem.: Vorfassung (von der Redaktion gekürzt) der Kapitel II (»Der Angeklagte«) und III (»Fachmann in der Judenfrage«) von *Eichmann in Jerusalem* (Titel Nr. 178).

173 (Kennedy and After).

In: *The New York Review of Books* 1 (1963–12–26), Nr. 9, S. 10

→ Dt. (übers. von Ursula Ludz unter dem Titel »Kennedy und danach«) in: *In der Gegenwart* (Titel Nr. 312), S. 280–282

Bem.: H. A.s Beitrag zu der Nummer der *New York Review of Books*, die dem Thema »Reflections on the Fate of the Union: Kennedy and After« gewidmet ist.

174 (Man's Conquest of Space).

In: *The Great Ideas Today 1963*. Chicago: Encyclopaedia Britannica, 1963, S. 35–47

→ Dass. (überarb. unter dem Titel »The Conquest of Space and the Stature of Man«) in: *Between Past and Future* (Titel Nr. 208), S. 265–280

→ Dt. (nach der überarb. Ausg. übers. von Ursula Ludz unter dem Titel »Die Eroberung des Weltraums und die Statur des Menschen«) in: *In der Gegenwart* (Titel Nr. 312), S. 373–388

Bem.: Ein Vortrag, den H. A. 1962 auf dem »Symposium on Space: ›Has Man's Conquest of Space Increased or Diminished His Stature ?‹« gehalten hat; in der Veröffentlichung der Encyclopaedia Britannica ist er nicht betitelt. Unter dem o. g. Titel erschien ein Vorabdruck (ohne Anmerkungen) in: *The American Scholar* 32 (1962–63), Nr. 4, S. 527–540.

175 Das Phänomen der Revolution.

In: *Politische Vierteljahresschrift* 4 (1963), Nr. 2, S. 116–149

Bem.: Deutsche (von H. A. übersetzte) Fassung des ersten Kapitels »The

---

[*] Auf diese Ausgabe (Reprint 1968) beziehen sich die angegebenen Seitenzahlen.

Meaning of Revolution« aus dem Buch *On Revolution*, in überarbeiteter Form als Erstes Kapitel (»Der geschichtliche Hintergrund«) in *Über die Revolution* (Titel Nr. 188).

(...) A Reporter at Large: Eichmann in Jerusalem.
Siehe Titel Nr. 170.

(...) Sie haben mich mißverstanden.
Siehe Titel Nr. 177.

176 To the Editor.
In: *The New York Times Book Review* (1963–06–23), S. 4
→ Dass. in FREEDMAN, Morris (Hrsg.); DAVIS, Paul B. (Hrsg.): *Contemporary Controversy: Readings for Composition and Discussion*, New York: Scribner, 1966, S. 292–296
Bem.: H. A. reagiert auf die Rezension, die Michael A. Musmanno in *The New York Times Book Review* ([1963–05–19], S. 1; 40–41) veröffentlicht hatte; Musmannos Antwort ist anschließend an H. A.s Brief (S. 4–5) erschienen. – Die drei Texte sind in o. g. Sammelwerk wiederabgedruckt. – In deutscher Sprache wurde Musmannos Rezension unter dem Titel »Der Mann mit dem unbefleckten Gewissen« (übers. von Erwin und Marianne Viefhaus) in KRUMMACHER, F. A. (Hrsg.): *Die Kontroverse: Hannah Arendt, Eichmann und die Juden*, München: Nymphenburger, 1964, S. 85–90, veröffentlicht. – Siehe auch in dieser Ausgabe S. 232.

177 SCHOLEM, Gershom; ARENDT, Hannah:
Ein Briefwechsel über Hannah Arendts Buch »Eichmann in Jerusalem«.
In: *Neue Zürcher Zeitung* 184 (1963–10–19), Nr. 287, S. 20–21, Fernausgabe[*]
→ Dass. in: *Nach Auschwitz* (Titel Nr. 274), S. 63–79
→ Engl.: SCHOLEM; ARENDT (Titel Nr. 187)
Bem.: Zwei privat ausgetauschte Briefe, die erstmals im *Mitteilungsblatt des IOME* (Jerusalem [1963–08–16], S. 3–5) veröffentlicht wurden. Scholems Brief aus Jerusalem stammt vom 23. 6. 1963, H. A.s aus New York trägt das Datum 20. 7. 1963. – Unter dem Titel »Sie haben mich mißverstanden: Die Autorin antwortet Gershom Scholem« erschien ein Auszug aus H. A.s Brief in *Aufbau* (New York [1963–12–20], S. 17–18). – Beide Briefe auch aus dem Nachlaß Scholems veröffentlicht in SPARR, Thomas (Hrsg.): SCHOLEM, Gershom: *Briefe II, 1948–1970*. München: Beck, 1995, S. 95–105. – Siehe auch in dieser Ausgabe S. 229, 234.

---

[*] Arendts Brief in dieser Ausgabe S. 31–38.

1964

178 *Eichmann in Jerusalem: Ein Bericht von der Banalität des Bösen.*
Aus dem Amerikanischen von Brigitte Granzow. Von der Autorin durchges. und ergänzte deutsche Ausg. München: Piper, 1964 (Piper Paperback 35). – 344 S.
→ Dass. Reinbek: Rowohlt, 1978 (Sachbuch rororo 7117). – 344 S.
→ Neuausgabe. Mit einem einleitenden Essay von Hans Mommsen. München: Piper, 1986 (Serie Piper 308). – XXXVII, 357 S. [*]
→ Dass. (wie Neuausgabe) als Erweiterte Taschenbuchausgabe (mit neuem Satzspiegel, verlagsintern durchgesehen). München–Zürich: Piper, 1996 (Serie Piper 308). – 435 S.
→ Engl.: *Eichmann in Jerusalem* (Titel Nr. 170)
Bem.: Die Übersetzung erfolgte aufgrund der ersten Buchfassung bei Viking; H. A. hat sie überarbeitet und vor allem um eine deutsch geschriebene »Vorrede« (hierzu in dieser Ausgabe S. 237) erweitert. – Vorabdrucke von Teilen des Werkes erschienen in: *Merkur* (Titel Nr. 172), ferner in *Die Zeit* ([1964 – 09 – 18], Nr. 37, S. 8: »Schuld bleibt Schuld: Wider die Theorie vom ›Rädchen im Getriebe‹«) sowie in *Aus Politik und Zeitgeschehen: Beilage zur Wochenzeitung Das Parlament* ([1964 – 11 – 04], S. 39 – 47; Abdruck der »Vorrede«). – Hans Mommsens Essay in der Neuausgabe von 1986 trägt den Titel »Hannah Arendt und der Prozeß gegen Adolf Eichmann«; ferner wurden dieser Auflage »aktualisierende Anmerkungen« hinzugefügt.

179 »The Deputy«: Guilt by Silence?
In: *New York: The Sunday* »New York Herald Tribune« *Magazine* (1964 – O2 – 23), S. 6 – 9
→ Dass. in BENTLEY, Eric (Hrsg.): *The Storm Over The Deputy.* New York: Grove, 1964, S. 85 – 94
→ Dass. in BERNAUER, James, S. J. (Hrsg.): *Amor Mundi: Explorations in the Faith and Thought of Hannah Arendt.* Boston: Nijhoff, 1987, S. 51 – 58
→ Dass. in: *Responsibility and Judgment* (Titel Nr. 319), S. 214 – 226
→ Dt.: »Der Stellvertreter« in USA (Titel Nr. 183)
Bem.: Zur Verteidigung von Rolf Hochhuth gegen die Angriffe auf sein Stück *Der Stellvertreter: Ein christliches Trauerspiel* (1963).

(…) The Destruction of Six Million: Why Did the World Remain Silent?
Siehe Titel Nr. 186.

(…) Der »Fall Eichmann« und die Deutschen: Ein Gespräch mit Thilo Koch.
Siehe Titel Nr. 250.

(…) Labor, Work, Action.
Siehe Titel Nr. 271.

---

[*] Auf diese Ausgabe beziehen sich die angegebenen Seitenzahlen.

(...) Nachwort.

In BROCH, Hermann: *Hofmannsthal und seine Zeit.*
Siehe Titel Nr. 125.

180 Nathalie Sarraute.

In: *The New York Review of Books* 2 (1964–03–05), Nr. 2, S. 5–6
→ Dt.: Nathalie Sarraute (Titel Nr. 181)
Bem.: Rezension von SARRAUTE, Nathalie: *The Golden Fruits.* Translated by Maria Jolas. Braziller.

181 Nathalie Sarraute.

In: *Merkur* 18 (1964), Nr. 8, S. 785–792
→ Dass. in SARRAUTE, Nathalie: *Das Planetarium: Roman.* Mit einem Essay von Hannah Arendt. München: dtv, 1965 (dtv-Sonderreihe 43), S. 229–241
→ Dass. in: *Menschen in finsteren Zeiten* (Titel Nr. 273), S. 298–306
→ Engl.: Nathalie Sarraute (Titel Nr. 180)
Bem.: Übersetzt von Wolfgang von Einsiedel.

182 Personal Responsibility Under Dictatorship.

In: *The Listener* 72 (1964–08–06), Nr. 1845, S. 185–187; 205
→ Dt. (übers. von Wolfgang Heuer unter dem Titel »Diktatur und persönliche Verantwortung«) in: *Befreiung: Zeitschrift für Politik und Wissenschaft* o. Jg. (1985), Nr. 29, S. 13–23
→ Dt. (übers. von Eike Geisel unter dem Titel »Was heißt persönliche Verantwortung unter einer Diktatur?«) in: *Nach Auschwitz* (Titel Nr. 274), S. 81–97
Bem.: Druckfassung eines Vortrages, den H. A. in New York auf Band gesprochen hat und der im Dritten Programm der BBC gesendet wurde. – Das ungekürzte Vortragsmanuskript wurde erst postum veröffentlicht in *Responsibility and Judgment* (Titel Nr. 319), S. 17–48. Aus dem Nachlaßmanuskript übersetzte schon vorher Eike Geisel unter dem Titel »Die persönliche Verantwortung in der Diktatur« in: *Israel, Palästina und der Antisemitismus* (Titel Nr. 276), S. 7–38.

183 »Der Stellvertreter« in USA.

In: *Neue deutsche Hefte* 11 (1964), Nr. 101, S. 111–123
→ Engl.: »The Deputy« (Titel Nr. 179)
Bem.: Aus dem Englischen übers. von Lieselotte Rittermann; H. A. hat die Übersetzung vor Drucklegung nicht gesehen und auch nachträglich nicht autorisiert.

183a Vorwort.

In Carl Heidenreich. Gemälde und Aquarelle. Ausstellung im Karmeliterkloster Frankfurt/Main, 25. Juli bis 16. August 1964. – o. S. [S. 1–2].

184 Wahrheit und Politik.

In (SCHLEMMER, Johann [Hrsg.]): *Die politische Verantwortung der Nichtpolitiker.* München: Piper, 1964 (Piper Paperback 32), S. 161–176

→ Dass. (überarb.) in: *Philosophische Perspektiven: Ein Jahrbuch* 1 (1969), S. 9–51

→ Dass. (Fassung von 1969) in: *Wahrheit und Lüge in der Politik* (Titel Nr. 241), S. 44–92

→ Dass. (Fassung von 1969) in: *Zwischen Vergangenheit und Zukunft* (Titel Nr. 293), S. 327–370

→ Engl.: Truth and Politics (Titel Nr. 207)

Bem.: Die erste Veröffentlichung ist ein für den Druck bearbeiteter Rundfunkvortrag (aufgenommen in New York am 15. 12. 1963 und vom Süddeutschen Rundfunk unter dem Titel »Die Wahrheit in der Politik« gesendet). Danach hat H. A. das Thema im Englischen weiterverfolgt. Den deutschen Text von 1969 hat sie teilweise neu geschrieben, nachdem eine Rohübersetzung der englischen Fassung von 1966 (die die Studenten-Zeitschrift *Der Politologe* organisiert hatte) mißglückt war. – Siehe auch die Bemerkungen zu »Truth and Politics«.

185 Was bleibt? Es bleibt die Muttersprache.

In GAUS, Günter: *Zur Person: Porträts in Frage und Antwort.* Bde. 1–2. München: Feder, 1964, Bd. 1, S. 13–32 *

→ Dass. (unter dem Titel »Das Gespräch mit Hannah Arendt«) in: *Adolf Grimme-Preis 1964.* Schriftenreihe des Zweiten Deutschen Fernsehens. Heft 1, S. 18–37

→ Dass. als GAUS, Günter: *Gespräch mit Hannah Arendt.* München: Piper, 1965. – 26 S.

→ Dass. (mit Titel »Was bleibt? ...« und Untertitel »Ein Gespräch mit Günter Gaus«) in REIF, Adelbert (Hrsg.): *Gespräche mit Hannah Arendt* (Titel Nr. 252), S. 9–34

→ Dass. in *Eingriffe: Jahrbuch für gesellschaftskritische Umtriebe*, Berlin: Tiamat, Mai 1988 (critica diabolica 17), S. 7–31

→ Engl. (übers. von Joan Stambaugh unter dem Titel »›What Remains? The Language Remains‹: A Conversation with Günter Gaus«), in: *Essays in Understanding* (Titel Nr. 292), S. 1–23

Bem.: Ein Fernsehinterview, aufgenommen am 16. September 1964, das in der ZDF-Reihe »Zur Person« am 28. Oktober 1964 gesendet wurde und für das Günter Gaus den Adolf-Grimme-Preis (Fernsehpreis des Deutschen Volkshochschulverbandes Marl) erhielt. – Siehe auch in dieser Ausgabe S. 183 f.

186 ARENDT, Hannah (Symposiumsteilnehmerin) / Beitrag ohne Titel.

In: *The Jewish World: An Independent Illustrated Monthly Magazine* 2 (1964), Nr. 11, S. 42; 86; 90

→ Dass. (unter dem Titel »European Humanism and the Jewish Catastrophe«) in: *Hannah Arendt Newsletter*, Nr. 4, April 2001, S. 11–14

Bem.: H. A. antwortete im Rahmen eines schriftlichen »Round Table« der hebräischen Zeitung *Maariv* (Jerusalem), Ausgabe vom 17. Juli 1964, S. 7.

---

* In dieser Ausgabe S. 46–72.

The Jewish World veröffentlichte den englischen Originalbeitrag – zusammen mit Äußerungen von N. Goldmann, A. Toynbee, A. Maurois, Y. Herzog – unter dem Titel »The Destruction of Six Million: Why did the World Remain Silent?«

187 SCHOLEM, Gershom; ARENDT, Hannah:
»Eichmann in Jerusalem«: An Exchange of Letters.
In: *Encounter* 22 (1964), Nr. 1, S. 51–56
→ Dt.: Ein Briefwechsel (Titel Nr. 177)
Bem.: H. A. hat ihren Brief selbst ins Englische übersetzt. In der englischen Fassung sind beide Briefe mehrfach wiederabgedruckt worden, u. a. in: *The Jew as Pariah* (Titel Nr. 257), S. 240–251.

1965

188 *Über die Revolution.*
München: Piper, o. J. (1965). – 426 S.
→ Dass. München: Piper, 1974 (Serie Piper 76). – 426 S.
→ Dass. 3. Aufl., München–Zürich: Piper, 1994 (Serie Piper 1746).–426 S.*
→ Engl.: *On Revolution* (Titel Nr. 171)
Bem.: H. A. hat die englische Originalfassung selbst übersetzt und bearbeitet. – Vorabdrucke Titel Nr. 175; 191. Ein weiterer Vorabdruck (aus Kapitel 6) erschien in *Christ und Welt* (18 [1965–09–10], Nr. 37, S. 17; 23) unter dem Titel »Die gescheiterte Republik der Räte: Tradition und Geist der Revolution«.

189 The Christian Pope.
In: *The New York Review of Books* 4 (1965–06–17), Nr. 10, S. 5–7
→ Dass. (leicht überarbeitet und unter dem Titel »Angelo Giuseppe Roncalli: A Christian on St. Peter's Chair from 1958 to 1963«) in: *Men in Dark Times* (Titel Nr. 209), S. 57–69
→ Dt.: Der christliche Papst (Titel Nr. 194)
Bem.: Rezension von JOHN XXIII (Pope): *Journal of a Soul*. Translated by Dorothy White. New York: McGraw-Hill. – Unter der Überschrift »John XXIII« hat *The New York Review of Books* 5 (1965–09–16), Nr. 3, S. 25–26, zwei Leserbriefe zu H. A.s Artikel und (auf S. 26) Arendts Erwiderung abgedruckt.

190 Interviews / ALVAREZ, Alfred (Interviewer).
In ALVAREZ, Alfred: *Under Pressure: The Writer in Society – Eastern Europe and the U. S. A.* Harmondsworth, Middlesex (Engl.): Penguin, 1965, S. 103–104; 107; 109–110; 115

---

* Auf diese Ausgabe beziehen sich die angegebenen Seitenzahlen.

Bem.: Alvarez benutzt in seinem Buch Auszüge aus Interviews, die er für Sendungen der BBC in den Jahren 1962 und 1964 geführt hat. H. A.s Äußerungen erscheinen in dem Kapitel »Kennedy and the Intellectuals«.

191 Krieg und Revolution.
In: *Merkur* 19 (1965), Nr. 1, S. 1–19
Bem.: Ein zweiteiliger Essay, dessen erster Teil mit der »Einleitung: Krieg und Revolution« von *Über die Revolution* (Titel Nr. 188) identisch ist; der zweite Teil faßt weitere Gedanken aus dem Buch, z. T. in wörtlicher Übernahme, zusammen.

192 ARENDT, Hannah (Rednerin)/Rede ohne Titel.
In: *Proceedings of the American Academy of Arts and Letters and the National Institute of Arts and Letters.* 2nd Series. No. 15, New York 1965, S. 450–451
Bem.: Anläßlich der Aufnahme in das National Institute of Arts and Letters bei einem »dinner meeting« am 1. April 1964. – Siehe auch in dieser Ausgabe S. 237.

193 ARENDT, Hannah; ENZENSBERGER, Hans Magnus:
Politik und Verbrechen: Ein Briefwechsel.
In: *Merkur* 19 (1965), Nr. 4, S. 380–385
→ Dass. in SCHICKEL, Joachim (Hrsg.): *Über Hans Magnus Enzensberger*, Frankfurt/M: Suhrkamp, 1970 (edition suhrkamp, 403), S. 172–180
Bem.: Ausgelöst wurde dieser Briefwechsel dadurch, daß die Redaktion des *Merkur* H. A. bat, das Buch *Politik und Verbrechen* von Enzensberger zu besprechen (was sie ablehnte).

1966

194 Der christliche Papst: Bemerkungen zum »Geistlichen Tagebuch« Johannes XXIII.
In: *Merkur* 20 (1966), Nr. 4, S. 362–372
→ Dass. (unter dem Titel »Angelo Giuseppe Roncalli: Ein christlicher Papst«) in: *Menschen in finsteren Zeiten* (Titel Nr. 273), S. 75–88
→ Engl.: The Christian Pope (Titel Nr. 189)
Bem.: Ohne Angabe eines Übersetzers erschienen. Aus der Korrespondenz mit der Redaktion des *Merkur* im Arendt-Nachlaß in der Library of Congress geht hervor, daß (auf der Grundlage der Fassung in der *New York Review of Books*) zunächst Lilly von Sauter, dann Wolfgang von Einsiedel als Übersetzer tätig waren.

195 »The Formidable Dr. Robinson«: A Reply.
In: *The New York Review of Books* 5 (1966-01-20), Nr. 12, S. 26–30
→ Dass. in: *The Jew as Pariah* (Titel Nr. 257), S. 260–276
Bem.: H. A. antwortet auf Walter Laqueurs »Footnotes to the Holocaust«

(Rezension von ROBINSON, Jacob: *And the Crooked Shall Be Made Straight: The Eichmann Trial, the Jewish Catastrophe and Hannah Arendt's Narrative*. Macmillan), in: *The New York Review of Books* 5 (1965–11–11), Nr. 7, S. 20–22; Laqueurs Rückantwort in: *The New York Review of Books* 6 (1966–02–03), Nr. 1, S. 24–25. Leserbriefe zu der Kontroverse erschienen unter der Überschrift »The Jewish Establishment« in: *The New York Review of Books* 6 (1966–03–17), Nr. 4, S. 27–29, mit Arendts Antwort (S. 28–29). – In dem Band *The Jew as Pariah* sind auch Laqueurs Rezension und Rückantwort wiederabgedruckt (S. 252–259; 277–279).

(...) Germany 1950.
Siehe Titel Nr. 091.

196 A Heroine of Revolution.
In: *The New York Review of Books* 7 (1966–10–06), Nr. 5, S. 21–27
→ Dass. (überarb. und unter dem Titel »Rosa Luxemburg: 1871–1919«) in: *Men in Dark Times* (Titel Nr. 209), S. 33–56
→ Dt.: Rosa Luxemburg (Titel Nr. 217)
Bem.: Rezension von NETTL, J. P.: *Rosa Luxemburg*. 2 vols. Oxford. – In einem »Letter to the Editor« korrigiert H. A. ihre bibliographischen Angaben zu den englischen Übersetzungen von Rosa Luxemburg, siehe *The New York Review of Books* 7 (1966–12–01), Nr. 9, S. 46. – Siehe auch in dieser Ausgabe S. 196.

197 Introduction.
In NAUMANN, Bernd: *Auschwitz: A Report on the Proceedings Against Robert Karl Ludwig Mulka and Others Before the Court at Frankfurt*. Translated by Jean Steinberg. With an introduction by Hannah Arendt. New York: Praeger, 1966, S. XI–XXX
→ Dass. (gekürzt unter dem Titel »On Responsibility for Evil«) in FALK, Richard A. (Hrsg.); KOLKO, Gabriel (Hrsg.); LIFTON, Robert Jay (Hrsg.): *Crimes of War: A Legal, Political-Documentary, and Psychological Inquiry Into the Responsibility of Leaders, Citizens, and Soldiers for Criminal Acts in Wars*. New York: Random, 1971, S. 486–501
→ Dass. unter dem Titel »Auschwitz on Trial« in: *Responsibility and Judgment* (Titel Nr. 319), S. 227–256
→ Dt. (übersetzt nach der Originalfassung von Eike Geisel unter dem Titel »Der Auschwitz-Prozeß«) in: *Nach Auschwitz* (Titel Nr. 274), S. 99–136
Bem.: In den deutschen Ausgaben des Buches von Naumann (1965 und 1968) ist H. A.s Einleitung nicht enthalten. Erst dem Neudruck 2004 (Berlin–Wien: Philo) wurde sie in der Übersetzung von Geisel beigegeben (S. 309–331). – Siehe auch in dieser Ausgabe S. 193, 196.

198 Leserbrief.
In: *Der Spiegel* 20 (1966–10–17), Nr. 43, S. 12, 14

Bem.: H. A. äußerte sich zu Rudolf Augsteins Leitartikel »Die Moral des Schreckens«, in: *Der Spiegel* 20 (1966–09–12), Nr. 38, S. 18. Ihr Leserbrief wurde unter dem Stichwort »Vietnam« veröffentlicht.

199 The Negatives of Positive Thinking: A Measured Look at the Personality, Politics, and Influence of Konrad Adenauer.
In: *The Washington Post* 84 (1966–06–05), Nr. 182, Book Week, S. 1; 11
Bem.: Rezension von ADENAUER, Konrad: *Memoirs 1945–1953*. Translated by Beate Ruhm von Oppen. Henry Reguery.

200 On the Human Condition.
In HILTON, Alice Mary (Hrsg.): *The Evolving Society: The Proceedings of the First Annual Conference on the Cybercultural Revolution – Cybernetics and Automation*. New York: The Institute for Cybercultural Research, 1966, S. 213–219
Bem.: Ein mündlicher Beitrag auf o. g. Konferenz (19. bis 21. Juni 1964 in New York). H. A. hat das Tonbandprotokoll für den Druck bearbeitet.

(…) Die Räte des Volkes: Zum 10. Jahrestag der Ungarischen Revolution.
Siehe Titel Nr. 140.

201 Remarks on »The Crisis Character of Modern Society«.
In: *Christianity and Crisis* 26 (1966–05–30), Nr. 9, S. 112–114
Bem.: Am 25. Februar 1966 veranstaltete die Zeitschrift *Christianity and Crisis* zur Feier ihres 25jährigen Bestehens ein Kolloquium unter o. g. Thema. H. A. war als »panelist« eingeladen.

202 What Is Permitted to Jove.
In: *The New Yorker* 42 (1966–11–05), Nr. 37, S. 68–122
→ Dass. (überarb., mit Anmerkungen versehen unter dem Titel »Bertolt Brecht: 1898–1956«) in: *Men in Dark Times* (Titel Nr. 209), S. 207–249
→ Dt.: Quod licet Jovi (Titel Nr. 224)
Bem.: Ursprünglich ein Vortrag, den H. A. erstmals, soweit feststellbar, an der Emory University am 4. Mai 1964 gehalten hat. – John Willett, der britische Brechtspezialist und Mitherausgeber von Brechts Werken in englischer Sprache, hat H. A.s Brecht-Interpretation angegriffen. Darauf hat sie in Briefen geantwortet, aus denen Willett u. a. zitiert, vgl. *Times Literary Supplement* (1970–03–26), S. 334–335; (1970–04–09), S. 384; (1970–04–16), S. 430; (1970–12–18), S. 1493. Siehe ferner die Berichte über die Willett-Arendt-Auseinandersetzung in: *The New York Times* (1970–03–28), S. 25. – Zur Kontroverse mit I. Fetscher und S. Hook siehe die Bemerkungen zu Titel Nr. 224. – Siehe auch in dieser Ausgabe S. 115, 187.

203 ARENDT, Hannah (Diskussionsteilnehmerin) / Beitrag ohne Titel.
In: *Commentary* 41 (1966), Nr. 5, S. 34–35
Bem.: Am 14. Februar 1964 veranstaltete die Zeitschrift *Commentary* eine

Round Table Discussion unter dem Thema »Containing China«, deren Beiträge im o. g. Heft abgedruckt wurden. H. A. äußerte sich als Zuhörerin.

1967

204 Foreword.

In JASPERS, Karl: *The Future of Germany.* Translated and edited by E. B. Ashton with a foreword by Hannah Arendt. Chicago: Univ. of Chicago Press, 1967, S. V–XI

→ Dt. (übers. von Ursula Ludz unter dem Titel »›Wohin treibt die Bundesrepublik?‹ Vorwort zu Karl Jaspers, *The Future of Germany*«) in: *In der Gegenwart* (Titel Nr. 312), S. 64–69

Bem.: Das Buch ist eine Übersetzung des dritten Teils von Jaspers' *Wohin treibt die Bundesrepublik?* (1966) unter Einarbeitung einiger Passagen aus Jaspers' *Antwort: Zur Kritik meiner Schrift »Wohin treibt die Bundesrepublik?«* (1967).

205 Introduction to the Torchbook Edition.

In GRAY, J. Glenn: *The Warriors: Reflections on Men in Battle.* Foreword by author. Introduction by Hannah Arendt. New York: Harper & Row, 1967 (Torchbook edition), S. VII–XIV

→ Dt.: Vorwort (Titel Nr. 232)

Bem.: H. A. hat ihre Einleitung 1966 für die Torchbook-Ausgabe geschrieben; in der 1. Auflage des Werkes (1959) befindet sie sich nicht.

206 Randall Jarrell.

In LOWELL, Robert (Hrsg.); TAYLOR, Peter (Hrsg.); WARREN, Robert Penn (Hrsg.): *Randall Jarrell, 1914–1965.* New York: Farrar, Straus & Giroux, 1967, S. 3–9

→ Dass. (unter dem Titel »Randall Jarrell: 1914–1965«) in: *Men in Dark Times* (Titel Nr. 209), S. 263–267

→ Dt. (übers. von Ursula Ludz) in: *Menschen in finsteren Zeiten* (Titel Nr. 273), S. 335–340

Bem.: Ein Gedenkartikel für den mit H. A. und Heinrich Blücher befreundeten Dichter. – Siehe auch in dieser Ausgabe S. 187.

207 Truth and Politics.

In: *The New Yorker* 43 (1967–02–25), Nr. 1, S. 49–88

→ Dass. (mit Anmerkungen) in SPITZ, D. (Hrsg.): *Political Theory and Social Change.* New York: Atherton, 1967, S. 3–37, sowie in: *Between Past and Future* (Titel Nr. 208), S. 227–264

→ Dass. (leicht gekürzt und mit veränderten Anmerkungen) in LASLETT, Peter (Hrsg.); RUNCIMAN, W. G. (Hrsg.): *Philosophy, Politics and Society, Third Series: A Collection.* Oxford: Blackwell, 1969, S. 104–133

→ Dt.: Wahrheit und Politik (Titel Nr. 184)

Bem.: Zunächst in deutscher Sprache. Die englische Druckfassung ist hervorgegangen aus einem Vortrag, den H. A. erstmals am 30. April 1964 an der Emory University als Walter Turner Candler Lecture und dann häufig in den Jahren 1964 bis 1966 gehalten hat. Ein im Juli 1965 fertiggestelltes Manuskript schickte sie an Laslett, überarbeitete es jedoch anschließend nochmals. Diese neue Fassung (vom Mai 1966) wird die endgültige für alle Veröffentlichungen. H. A. sendet sie als Papier an die American Political Science Association für deren Jahrestagung 1966 (6.–10. 9. in New York, »Panel on Political Theory and Political Change«, organisiert von Spitz) und an Laslett. – Dem Text in *Between Past and Future*, der ansonsten gegenüber der Veröffentlichung im von Spitz herausgegebenen Sammelband kaum verändert ist, hat H. A. eine längere Anmerkung vorangestellt, in der sie darauf hinweist, daß dieser Essay aufgrund der sog. Eichmann-Kontroverse entstanden ist. – Siehe auch in dieser Ausgabe S. 187.

1968

208 *Between Past and Future: Eight Exercises in Political Thought.*
Revised edition including two additional essays.
New York: Viking, 1968 (Compass Edition). – 306 S.
→ Dass. (mit Zusatz »Enlarged Edition« auf Außenumschlag) Harmondsworth: Penguin, 1977. – 306 S.[*]
→ Dass. (ohne Untertitel) Magnolia, Mass.: Peter Smith, 1983. – 301 S.
→ Dt.: Zwischen Vergangenheit und Zukunft (Titel Nr. 293)
Bem.: Enthält die sechs Texte der ersten Auflage (Titel Nr. 159) sowie zusätzlich Titel Nr. 207 und Titel Nr. 174. Die Widmung wurde beibehalten. – Siehe auch Titel Nr. 229.

209 *Men in Dark Times.*
New York: Harcourt, Brace & World, 1968. – X, 272 S. → Dass. New York: Harcourt, Brace & World, 1968 (Harvest Book 167)[**]
→ Dass. London: Cape, 1970. – X, 272 S.
→ Dass. Harmondsworth: Penguin, 1973. – 268 S.
→ Dt.: *Menschen in finsteren Zeiten* (Titel Nr. 273)
Bem.: Enthält neben einem »Preface« (S. VII–X) die Titel Nr.: 216; 196; 189; 214; 133; 213; 211; 219; 202; 123; 206. – Siehe auch Titel Nr. 229.

(…) Angelo Giuseppe Roncalli.
Siehe Titel Nr. 189.

---

[*] Auf diese Ausgabe (Reprint 1983) beziehen sich die angegebenen Seitenzahlen.
[**] Auf diese Ausgabe beziehen sich die angegebenen Seitenzahlen.

(…) Bertolt Brecht.
Siehe Titel Nr. 202; Nr. 224.

210 Comment on »The Uses of Revolution« by Adam Ulam.
In PIPES, Richard (Hrsg.): *Revolutionary Russia.* Cambridge, Mass.: Harvard University Press, 1968 (Russian Research Center Studies 55), S. 344–351
Bem.: Vom 5.–9. April 1967 veranstaltete das Russian Research Center der Harvard University eine »Conference on the Russian Revolution«. H. A., als »commentator« eingeladen, trug o. g. »comment« vor und beteiligte sich an den Diskussionen; ihre Diskussionsbeiträge (zusammengefaßt) auf den Seiten 24, 62, 141, 163, 221, 353 des o. g. Konferenzbandes.

(…) The Conquest of Space.
Siehe Titel Nr. 174.

(…) Dwight Macdonald's Politics/He's All Dwight.
Siehe Titel Nr. 212.

211 Hermann Broch: 1886–1951.
In: *Men in Dark Times* (Titel Nr. 209), S. 111–151
→ Dt.: »Hermann Broch« in: *Menschen in finsteren Zeiten* (Titel Nr. 273), S. 131–171
Bem.: Englische Übersetzung (von Clara und Richard Winston) der »Einleitung« zu BROCH, Hermann: *Dichten und Erkennen* (Titel Nr. 125), von H. A. durchgesehen und mit redaktioneller Veränderung: Textverweise im deutschen Original erscheinen in der Übersetzung als Anmerkungen, so auch im deutschen Wiederabdruck in Titel Nr. 273 (der ansonsten nach Titel Nr. 125 erfolgte).

212 Introduction.
In: *Politics (ed. by Dwight Macdonald), 1944–49.* Bd. 1–6. Reprint ed. Westport, Conn.: Greenwood, 1968, vor Bd. 1 (1944), o. S. (4 S.)
→ Dass. in CONLIN, Joseph R. (Hrsg.): *The American Radical Press.* Bd. 1–2. Westport, Conn.: Greenwood, 1974, Bd. 2, S. 610–617
Bem.: Unter dem Titel »Dwight Macdonald's *Politics*« (Inhaltsverzeichnis) und »He's All Dwight« (S. 31) wurde die Einleitung zusätzlich in *The New York Review of Books* 11 (1968–08–01), Nr. 2, S. 31–33, veröffentlicht.

213 Isak Dinesen, 1885–1962.
In: *The New Yorker* 44 (1968–11–09), Nr. 38, S. 223–236
→ Dass. (überarbeitet) in: *Men in Dark Times* (Titel Nr. 209), S. 95–109
→ Dass. (nach der Fassung in *Men in Dark Times*) in DINESEN, Isak: *Daguerrotypes and Other Essays.* Foreword by Hannah Arendt. Chicago: University of Chicago Press, 1979, S. VII–XXV
→ Dt. (übers. von Meino Büning nach der Fassung in *Men in Dark Times*

unter dem Titel »Isak Dinesen«) in: *Menschen in finsteren Zeiten* (Titel Nr. 273), S. 113–130
Bem.: Anlaß für diesen Artikel war MIGEL, Parmenia: *Titania: The Biography of Isak Dinesen*, New York: Random, 1967. – Eine erste (gekürzte) Fassung der deutschen Übersetzung erschien in: *die tageszeitung* (Berlin) (1986–10–02), S. 19–22.

214 Karl Jaspers: A Laudatio.
In: *Men in Dark Times* (Titel Nr. 209), S. 71–80
→ Dt.: Karl Jaspers (Titel Nr. 143)
Bem.: Übersetzt von Clara und Richard Winston und von H. A. überarbeitet.

215 Lawlessness Is Inherent in the Uprooted.
In: *The New York Times* (1968–04–28), Magazine, S. 24
Bem.: Der Artikel ist eine Antwort auf die Frage »Is America by Nature a Violent Society?«, die *The Times Magazine* an eine »representative group of scholars and social critics« richtete.

216 On Humanity in Dark Times: Thoughts About Lessing.
In: *Men in Dark Times* (Titel Nr. 209), S. 3–31
→ Dt.: *Von der Menschlichkeit in finsteren Zeiten* (Titel Nr. 153)
Bem.: Übers. von Clara und Richard Winston und von H. A. mit einigen kleineren Zusätzen versehen.

217 Rosa Luxemburg.
In: *Der Monat* 20 (1968), Nr. 243, S. 28–40
→ Dass. in: *Menschen in finsteren Zeiten* (Titel Nr. 273), S. 49–74
→ Engl.: A Heroine of Revolution (Titel Nr. 196)
Bem.: Übersetzt von Hellmut Jaesrich (nach der Fassung in *The New York Review of Books*) und von H. A. leicht überarbeitet. *Der Monat* nennt keinen Übersetzer.

(...) Waldemar Gurian.
Siehe Titel Nr. 123

218 Walter Benjamin.
In: *Merkur* 22 (1968), Nr. 1–2, S. 50–65; Nr. 3, S. 209–223; Nr. 4, S. 305–315
→ Dass. in: *Walter Benjamin – Bertolt Brecht* (Titel Nr. 234), S. 7–62;
→ Dass. (nach der Buchfassung) in: *Menschen in finsteren Zeiten* (Titel Nr. 273), S. 185–242
→ Engl.: Walter Benjamin (Titel Nr. 219)
Bem.: Hervorgegangen aus H. A.s Einleitung zu der von ihr herausgegebenen Benjamin-Auswahl (Titel Nr. 220). – Die *Merkur*-Fassung enthält in der Anmerkung 4 (S. 57) u. a. längere kritische Ausführungen darüber, wie das Institut für Sozialforschung (Frankfurt) Benjamin und seinen Nachlaß behandelt hat. Siehe dazu H. A.s »Nachbemerkung« in: *Merkur*,

Heft 4/1968, S. 315; ferner die Leserzuschrift von Friedrich Pollock, in: *Merkur*, Heft 6/1968, S. 576, und H. A.: »Walter Benjamin und das Institut für Sozialforschung – Noch einmal«, in: *Merkur*, Heft 10/1968, S. 968.

219 Walter Benjamin.
In: *The New Yorker* 44 (1968–10–19), Nr. 35, S. 65–156
→ Dass. (mit Quellenangaben und Anmerkungen als »Introduction« unter der Überschrift »Walter Benjamin: 1892–1940«) in ARENDT (Hrsg.): BENJAMIN, Walter: *Illuminations* (Titel Nr. 220) S. 1–55
→ Wiederabdruck der Einleitungsfassung (mit kleinen Änderungen) in: *Men in Dark Times* (Titel Nr. 209), S. 153–206
→ Dt.: Walter Benjamin (Titel Nr. 218)
Bem.: Harry Zohn hat nicht nur die Benjamin-Texte, sondern auch das Einleitungsmanuskript übersetzt, das H. A. anschließend überarbeitete. – Die Fassung in *The New Yorker* ist zusätzlich (vermutlich von der Redaktion) bearbeitet worden. – Die englischen Fassungen unterscheiden sich von der deutschen stark im ersten Teil und stimmen in den Teilen II und III weitgehend mit ihr überein.

220 ARENDT, Hannah (Hrsg.):
BENJAMIN, Walter: *Illuminations.*
Edited and with an introduction by Hannah Arendt. Translated by Harry Zohn. New York: Harcourt, Brace & World, 1968 (A Helen and Kurt Wolff Book). – 280 S.
→ Dass. New York: Schocken, o. J. [1986]. – 278 S.
Bem.: H. A.s »Introduction« trägt den Titel »Walter Benjamin: 1892–1930« (siehe Titel Nr. 219). – Die im Suhrkamp Verlag als *Illuminationen* erschienene Auswahl von Benjamin-Texten besorgte Siegfried Unseld; sie ist ein eigenständiges Werk. – Siehe auch in dieser Ausgabe S. 199, 243.

1969

221 Ansprache.
In: *Gedenkfeier für Karl Jaspers am 4. März 1969 in der Martinskirche: Ansprachen gehalten von Kurt Rossmann et al. unter Beifügung des von Karl Jaspers selbst verfaßten Nekrologs.* Basel: Helbing & Lichtenhahn, 1969 (Basler Universitätsreden 60), S. 18–20
→ Dass. in ARENDT/JASPERS: *Briefwechsel* (Titel Nr. 268), S. 719 f.
→ Engl. (übers. von Robert und Rita Kimber unter dem Titel »Speech given by Hannah Arendt at the public memorial service for Karl Jaspers, University of Basel, March 4, 1969«), in ARENDT/JASPERS: *Correspondence* (Titel Nr. 278), S. 684–686

222 The Archimedean Point.
In: *Ingenor* (University of Michigan, College of Engineering) o. Jg. (1969), Nr. 6 (aller erschienenen Hefte), S. 5–9; 24–26

→ Dt. (übers. von Ursula Ludz unter dem Titel »Der archimedische Punkt«) in: *In der Gegenwart* (Titel Nr. 312), S. 389–401

Bem.: Druckfassung eines Vortrages am College of Engineering der University of Michigan am 14. November 1968. Das Tonband ist im Arendt-Nachlass in der Library of Congress erhalten, classification: RXA 5822–5823.

223 Martin Heidegger ist achtzig Jahre alt.

In: *Merkur* 23 (1969), Nr. 10, S. 893–902

→ Dass. in NESKE, Günther (Hrsg.); KETTERING, Emil (Hrsg.): *Antwort: Martin Heidegger im Gespräch*, Pfullingen: Neske, 1988, S. 232–247

→ Dass. in: *Menschen in finsteren Zeiten* (Titel Nr. 273), S. 172–184

→ Engl.: Martin Heidegger at Eighty (Titel Nr. 236)

Bem.: Ein Vortrag, der zu Martin Heideggers 80. Geburtstag am 26. September 1969 vom Bayerischen Rundfunk ausgestrahlt wurde. Ein kurzer Auszug erschien in der *Süddeutschen Zeitung* (1969–09–27/28), Nr. 232, Sonntags-Ausg. – Das Manuskript des Vortrags hatte H. A. mit Widmung an Heidegger geschickt, abgedruckt in ARENDT/HEIDEGGER: *Briefe* (Titel Nr. 310), S. 179–192. – Siehe auch Titel Nr. 256.

224 Quod licet Jovi …: Reflexionen über den Dichter Bertolt Brecht und sein Verhältnis zur Politik.

In: *Merkur* 23 (1969), Nr. 6, S. 527–542; Nr. 7, S. 625–642

→ Dass. (unter dem Titel »Bertolt Brecht«) in: *Walter Benjamin – Bertolt Brecht* (Titel Nr. 234), S. 63–107

→ Dass. (nach der Buchfassung) in: *Menschen in finsteren Zeiten* (Titel Nr. 273), S. 243–289

→ Engl.: What Is Permitted to Jove (Titel Nr. 202)

Bem.: H. A. hat ihr englisches Manuskript zunächst teilweise für einen deutschen Rundfunkvortrag selbst übersetzt und überarbeitet, anschließend, unter Berücksichtigung der englischen Druckfassung, für die Zeitschriftenveröffentlichung in deutscher Sprache erweitert. Deutsche und englische Fassung weichen voneinander ab. – H. A.s Brecht-Interpretation hat Kontroversen vor allem über Brechts Verhältnis zu Stalin ausgelöst, vgl. die Leserbriefe von Iring Fetscher und Sidney Hook (*Merkur* Heft 9/1969, S. 888–889; Heft 11/1969, S. 1082–1083) sowie Arendts Antwort (in Heft 11/1969, S. 1083–1084). – Zur Willett-Kontroverse siehe die Bemerkungen zu Titel Nr. 202.

225 Reflections on Violence.

In: *Journal of International Affairs* 23 (1969), Nr. 1, S. 1–35

→ Dass. (leicht gekürzt) in: *The New York Review of Books* 12 (1969–02–27), Nr. 4, S. 19–31

→ Dt.: Reflexionen über die Gewalt (Titel Nr. 231)

Bem.: Ursprünglich ein Vortrag, den H. A. an verschiedenen Universitäten gehalten hat, u. a. im Rahmen des »University Seminar on The History

of Legal and Political Thought« der Columbia University (17. 12. 68); für
den Druck im *Journal of International Affairs* hat sie ihn überarbeitet.
Eine abermals überarbeitete und erweiterte Fassung mit Appendices erschien als Buch: *On Violence* (Titel Nr. 227). – Unter der Überschrift »The
Technocratic Mind« hat *The New York Review of Books* 12
(1969–06–19), Nr. 12, S. 38, kritische Stimmen zum Artikel veröffentlicht,
auf die H. A. an derselben Stelle antwortet.

1970

226 *Macht und Gewalt.*
Von der Verfasserin durchgesehene Übersetzung aus dem Englischen von
Gisela Uellenberg. München: Piper, 1970 (Serie Piper 1). – 106 S.
→ Dass. 2., erw. Aufl. München: Piper, 1971 (Serie Piper 1). – 135 S. →
  Dass. Neuausg. 1995
→ Dass. (durchges. und mit in den Anmerkungsapparat integrierten Ex-
  kursen) in: *In der Gegenwart* (Titel Nr. 312), S. 145–207; 431–457
→ Engl.: *On Violence* (Titel Nr. 227)
Bem.: H. A. hat den übersetzten Text bei der Durchsicht überarbeitet, so
daß deutsche und englische Fassung nicht übereinstimmen. – Eine Vorfas-
sung von Teil I (S. 7–35) erschien unter dem Titel »Reflexionen über die
Gewalt« (Titel Nr. 231). – Ab der zweiten Auflage ist der Titel erweitert
um das Interview, das A. Reif mit H. A. führte (Titel Nr. 230). – Das Buch
enthält die Widmung: »Für Mary ein Unterpfand unserer Freundschaft«.

227 *On Violence.*
New York: Harcourt, Brace & World, 1970. – 106 S. → Dass. New York:
Harcourt, Brace & World, 1970 (Harvest Book 177) → Dass. London: Al-
len Lane, 1970
→ Dass. in: *Crises of the Republic* (Titel Nr. 240), S. 103–198
→ Dt.: *Macht und Gewalt* (Titel Nr. 226)
Bem.: Hervorgegangen aus »Reflections on Violence« (siehe die Bemer-
kungen zu Titel Nr. 225).

228 Civil Disobedience.
In: *The New Yorker* 46 (1970–09–12), Nr. 30, S. 70–105
→ Dass. (überarb. und mit Anmerkungen) in ROSTOW, Eugene V.
  (Hrsg.): *Is Law Dead?* New York: Simon and Schuster, 1971,
  S. 212–243
→ Dass. (nochmals überarb. und mit zusätzlichen Anm.) in: *Crises of the
  Republic* (Titel Nr. 240), S. 49–102
→ Dt. (übers. von Eike Geisel nach der Fassung in *Crises of the Republic*
  unter dem Titel »Ziviler Ungehorsam«) in: *Zur Zeit* (Titel Nr. 269),
  S. 119–159; ferner in: *In der Gegenwart* (Titel Nr. 312), S. 283–321
Bem.: Hervorgegangen aus einem Vortrag auf dem Symposium, mit dem
die Association of the Bar of the City of New York am 30. April und 1. Mai

1970 ihr hundertjähriges Bestehen feierte (siehe den von Rostow hrsg. Band).

229 Distinctions: To the Editors.
    In: *The New York Review of Books* 13 (1970–01–01), Nr. 12, S. 36
    Bem.: H. A. reagiert in einem Leserbrief auf die Besprechung ihrer Bücher *Between Past and Future* (Titel Nr. 208) und *Men in Dark Times* (Titel Nr. 209) durch J. M. Cameron, in: *The New York Review of Books* 13 (1969–11–06), Nr. 8, S. 4–9. Camerons Rückantwort an der gleichen Stelle wie Arendts Leserbrief.

230 Interview/REIF, Adelbert (Interviewer).
    In: *Macht und Gewalt* (Titel Nr. 226; 2., erw. Aufl.), S. 107–133
    → Dass. (unter dem Titel »Politik und Revolution: Ein Gespräch mit Adelbert Reif«), in: *Gespräche mit Hannah Arendt* (Titel Nr. 252), S. 41–67
    → Engl.: Thoughts on Politics and Revolution (Titel Nr. 238)
    Bem.: Reif interviewte H. A. 1970 in Tegna. Den Interviewtext hat H. A. für den Druck überarbeitet; Auszüge wurden in mehreren Zeitungen und Zeitschriften veröffentlicht.

231 Reflexionen über die Gewalt.
    In: *Merkur* 24 (1970), Nr. 1, S. 1–24
    → Engl.: Reflections on Violence (Titel Nr. 225)
    Bem.: Vorveröffentlichung von Teil I der Schrift *Macht und Gewalt* (Titel Nr. 226, S. 7–34). Die Gestaltung der Anmerkungen ist unterschiedlich, Exkurse wurden als Anmerkungen gedruckt. Der Text ist kaum verändert.

232 Vorwort.
    In GRAY, J. Glenn: *Homo furens oder Braucht der Mensch den Krieg?* Aus dem Amerikanischen von Monika Kruttke. Hamburg: Wegner, 1970, S. 7–12
    → Engl.: Introduction (Titel Nr. 205)
    Bem.: Monika Kruttke hat auch H. A.s »Introduction« übersetzt; eine weitere Übers. von Ursula Ludz unter dem Titel »Einführung zu J. Glenn Gray, *The Warriors – Reflections on Men in Battle*«; in: *In der Gegenwart* (Titel Nr. 312), S. 138–144.

233 ARENDT, Hannah (Konferenzteilnehmerin)/Beitrag ohne Titel.
    In: KNOLL, Erwin (Hrsg.); McFADDEN, Judith Nies (Hrsg.): *War Crimes and the American Conscience*. New York: Holt, Rinehart, & Winston, 1970, S. 44
    Bem.: Ein mündlicher Beitrag auf der Congressional Conference on War and National Responsibility (genaues Datum nicht bekannt), zu dem die Kongreßmitglieder Don Edwards, Robert W. Kastenmeier und Abner J. Mikva eingeladen hatten.

1971

234 *Walter Benjamin – Bertolt Brecht: Zwei Essays.*
München: Piper, 1971 (Serie Piper 12). – 106 S.
Bem.: Übernommen in *Menschen in finsteren Zeiten* (Titel Nr. 273), siehe
die Bemerkungen zu »Walter Benjamin« (Titel Nr. 218) und zu »Quod licet Jovi« (Titel Nr. 224). – Die Essays sind auch in englischer Sprache erschienen, jedoch nicht zusammengebunden, siehe »Walter Benjamin« (Titel Nr. 219) und »What Is Permitted to Job« (Titel Nr. 202).

235 Lying in Politics: Reflections on the Pentagon Papers.
In: *The New York Review of Books* 17 (1971 – 11 – 18), Nr. 8, S. 30 – 39
→ Dass. (leicht überarb.) in: *Crises of the Republic* (Titel Nr. 240), S. 1–47
→ Dt.: Die Lüge in der Politik (Titel Nr. 243)
Bem.: Ursprünglich Diskussionspapier für die Tagung des Council on Re-
ligion and International Affairs am 14. Oktober 1971 in Washington; ge-
kürzter Vorabdruck aus *Crises of the Republic* unter dem Titel »Washing-
ton's ›Problem-Solvers‹ – Where They Went Wrong?«, in: *The New York
Times* (1972 – 04 – 05), S. L 45, Op-Ed page.

236 Martin Heidegger at Eighty.
In: *The New York Review of Books* 17 (1971 – 10 – 21), Nr. 6, S. 50 – 54
→ Dass. in MURRAY, Michael (Hrsg.): *Heidegger and Modern Philoso-
phy: Critical Essays.* New Haven: Yale University Press, 1978,
S. 293 – 303
→ Dt.: Martin Heidegger ist achtzig Jahre alt (Titel Nr. 223)
Bem.: Übersetzt von Albert Hofstadter und von H. A. durchgesehen.

(…) Mißtrauen gegen die Kultur.
Siehe Titel Nr. 144.

(…) On Responsibility for Evil.
Siehe Titel Nr. 197.

237 Thinking and Moral Considerations: A Lecture.
In: *Social Research* 38 (1971), Nr. 3, S. 417 – 446
→ Dass. in: *Social Research* 51 (1984), Nr. 1, S. 7–37, 50th Anniversary Is-
sue; ferner in: *Responsibility and Judgment* (Titel Nr. 319), S. 159 – 189
→ Dt. (übers. von Ursula Ludz unter dem Titel »Über den Zusammen-
hang von Denken und Moral«) in: *Zwischen Vergangenheit und Zu-
kunft* (Titel Nr. 293), S. 128 – 155
Bem.: Mit Widmung »For W. H. Auden«. – Teile dieses Vortrags, den
H. A. am 30. Oktober 1970 bei einer Veranstaltung der Society for Pheno-
menology and Existential Philosophy an der New School for Social Research gehalten hat, sind in Arendts Werk *The Life of the Mind* (Titel
Nr. 258, Bd. 1, Einleitung sowie Kap. 17 und 18) eingegangen.

238 Thoughts on Politics and Revolution: A Commentary.
In: *Crises of the Republic* (Titel Nr. 240), S. 199–233
→ Dass. (leicht gekürzt und verändert) in: *The New York Review of Books* 16 (1971–04–22), Nr. 7, S. 8–20
→ Dt.: Interview/REIF, Adelbert (Interviewer) (Titel Nr. 230)
Bem.: Übersetzt von Denver Lindley und von H. A. überarbeitet und ergänzt.

239 ARENDT, Hannah (Diskussionsteilnehmerin)/Beiträge ohne Titel.
In KLEIN, Alexander (Hrsg.): *Dissent, Power, and Confrontation.* New York: McGraw-Hill, 1971 (Theatre for Ideas/Discussions No. 1)
Bem.: 1971 veröffentlichte die Vereinigung »Theatre for Ideas« den o. g. Band, in dem Diskussionspapiere und sonstige Beiträge zu eigenen Veranstaltungen zusammengestellt sind. H. A. diskutierte mit anderen »panelists« und Teilnehmern aus dem Publikum auf folgenden Veranstaltungen: »The Legitimacy of Violence as a Political Act?« (15. Dez. 1967, S. 96–133), »The Impotence of Power« (22. Mai 1969, S. 179–234) sowie »The First Amendment and the Politics of Confrontation« (19. März 1970, S. 1–31).

1972

240 *Crises of the Republic: Lying in Politics – Civil Disobedience – On Violence – Thoughts on Politics and Revolution.*
New York: Harcourt Brace Jovanovich, 1972 (Harvest Book HB 219). – 240 S.
→ Dass. Harmondsworth: Penguin, 1973. – 200 S.
Bem.: Enthält die im Untertitel genannten vier Titel: Nr. 235; 228; 227; 238. – Das Buch trägt die Widmung: »For Mary McCarthy in Friendship«.

241 *Wahrheit und Lüge in der Politik: Zwei Essays.*
München: Piper, 1972 (Serie Piper 36). – 92 S.
Bem.: Enthält Titel Nr. 184 und Nr. 243.

242 James Joyce und die Gegenwart.
In BROCH, Hermann: *James Joyce und die Gegenwart: Essay.* Frankfurt/M: Suhrkamp, 1972 (Bibliothek Suhrkamp 306), S. 5–7

243 Die Lüge in der Politik: Überlegungen zu den Pentagon-Papieren.
In: *Die neue Rundschau* 83 (1972), Nr. 2, S. 185–213
→ Dass. in: *Wahrheit und Lüge* (Titel Nr. 241), S. 7–43; ferner in: *In der Gegenwart* (Titel Nr. 312), S. 322–353
→ Engl.: Lying in Politics (Titel Nr. 235)
Bem.: Übers. (im Auftrag von *Die neue Rundschau*) von Helmut Lindemann nach der Fassung in *The New York Review of Books*; von Rudolf Hartung und H. A. überarbeitet.

244 Nachwort.
In GILBERT, Robert: *Mich hat kein Esel im Galopp verloren: Gedichte aus Zeit und Unzeit.* Mit einem Nachwort von Hannah Arendt. München: Piper, 1972, S. 133–141

→ Dass. (unter dem Titel »Robert Gilbert«) in: *Menschen in finsteren Zeiten* (Titel Nr. 273), S. 290–297

(…) Washington's »Problem-Solvers« – Where They Went Wrong?
Siehe Titel Nr. 235.

245 ARENDT, Hannah; et al.:
Crisis in the New York Public Library.
In: *The New York Review of Books* 18 (1972–06–29), Nr. 12, S. 38
Bem.: Ein wahrscheinlich von H. A. verfaßter Aufruf zur Unterstützung der New York Public Library.

1974

246 Karl Jaspers zum fünfundachtzigsten Geburtstag (1968).
In PIPER, Klaus (Hrsg.); SANER, Hans (Hrsg.): *Erinnerungen an Karl Jaspers.* München: Piper, 1974, S. 311–315
Bem.: Ursprünglich ein Rundfunkbeitrag, der am 23. Februar 1968 vom Bayerischen Rundfunk gesendet wurde. Das Redemanuskript hatte H. A. Jaspers zugesandt.

247 BARZUN, Jacques; ARENDT, Hannah; MEREDITH, William:
Recollections of W. H. Auden.
In: *Proceedings of the American Academy of Arts and Letters and the National Institute of Arts and Letters,* New York. 2nd Series, No. 24 (1974), S. 69–86
Bem.: Am 14. November 1973 veranstaltete das National Institute of Arts and Letters der American Academy of Arts and Letters ein Dinner Meeting zum Gedenken an den Dichter Auden. Ihre dort gehaltene Rede (*Proceedings …,* S. 70–76) hat H. A. später überarbeitet und erweitert zu Titel Nr. 248.

1975

248 Remembering Wystan H. Auden, Who Died in the Night of the Twenty-Eighth of September, 1973.
In: *The New Yorker* 50 (1975–01–20), Nr. 48, S. 39–40; 45–46

→ Dass. (unter dem Titel »Remembering Wystan H. Auden«) in SPENDER, Stephen (Hrsg.): *W. H. Auden: A Tribute.* London: Weidenfeld & Nicolson, 1975, S. 181–187

→ Dass. in: *Harvard Advocate* 108 (1975), Nr. 2–3, S. 42–45

→ Dt. (übers. von Ursula Ludz unter dem Titel »Ich erinnere an Wystan H. Auden«) in: *Menschen in finsteren Zeiten* (Titel Nr. 273), S. 324–334

Bem.: Hervorgegangen aus einer Rede, die H. A. zum Gedenken an Auden gehalten hat, siehe Titel Nr. 247. – Die Fassung in *The New Yorker*, obwohl zuerst erschienen, ist gegenüber der von Spender veröffentlichten leicht überarbeitet. *Harvard Advocate* druckte die Fassung des *New Yorker* nach. – Die deutsche Übersetzung ist auch erschienen in *Merkur* 43 (1989), Nr. 7, S. 603–610.

1976

249 *Die verborgene Tradition: Acht Essays.*
Frankfurt/M: Suhrkamp, 1976 (suhrkamp taschenbuch 303). – 169 S.
→ Dass. *Die verborgene Tradition: Essays.* Frankfurt/M: Jüdischer Verlag, 2000. – 184 S.
Bem.: Wiederabdruck der »Zueignung an Karl Jaspers« (Titel Nr. 080) und aller Essays aus der Sammlung *Sechs Essays* (Titel Nr. 069), mit Ausnahme von »Was ist Existenz-Philosophie?« (Titel Nr. 079), unter Hinzufügung von »Aufklärung und Judenfrage« (Titel Nr. 007) und »Der Zionismus aus heutiger Sicht« (Nr. 046). – Die Sammlung wurde zu Lebzeiten von H. A. geplant.

250 **Der »Fall Eichmann« und die Deutschen: Ein Gespräch mit Thilo Koch (1964).**
In: *Gespräche mit Hannah Arendt* (Titel Nr. 252), S. 35–40[*]
Bem.: Ein Fernseh-Gespräch für die Reihe »Panorama« der ARD, das am 24. Januar 1964 in New York aufgenommen worden war.

251 **Home To Roost.**
In WARNER, Sam Bass, Jr. (Hrsg.): *The American Experiment: Perspectives on 200 Years.* Boston: Houghton Mifflin, 1976, S. 62–79
→ Dass. (leicht gekürzt unter dem Titel »Home To Roost: A Bicentennial Address«) in: *The New York Review of Books* 22 (1975–06–26), Nr. 11, S. 3–6
→ Dass. in: *Responsibility and Judgment* (Titel Nr. 319), S. 257–275
→ Dt. (übers von Eike Geisel nach der Fassung in *The New York Review of Books* unter dem Titel »200 Jahre Amerikanische Revolution«), in: *Zur Zeit* (Titel Nr. 269), S. 161–178; ferner in: *In der Gegenwart* (Titel Nr. 312), S. 354–369
Bem.: Rede, die H. A. im Rahmen des Boston Bicentennial Forum am 20. Mai 1975 gehalten hatte. Der Band *The American Experiment* enthält weitere Reden dieser Veranstaltungsreihe zur 200-Jahr-Feier der Unab-

---

[*] In dieser Ausgabe S. 39–45.

hängigkeit der U. S. A. sowie zusammenfassende Protokolle der jeweils auf den Vortrag folgenden Diskussion (im Falle Arendt, S. 79–88). – H. A.s Vortrag wurde auch vom National Public Radio ausgestrahlt.

252 ARENDT, Hannah/Interviews und öffentliche Diskussionen:
Gespräche mit Hannah Arendt.
Hrsg. von Adelbert Reif. München: Piper, 1976 (Serie Piper). – 127 S.
Bem.: Enthält Titel Nr. 185; 250; 230; 253; 254 – Aufgrund eines Einspruchs der Arendt-Nachlaßverwalterin Mary McCarthy mußte der Band kurz nach Erscheinen eingestampft werden.

253 ARENDT, Hannah; et al.:
In der zweiten Phase der demokratischen Revolution? Krisensymptome westlicher Demokratie – Ausgangsbeispiel USA: Hannah Arendt in der Diskussion mit Hans Dichgans, Arnold Gehlen, Werner Maihofer und Dolf Sternberger (1971).
In: *Gespräche mit Hannah Arendt* (Titel Nr. 252), S. 71–100
Bem.: Nach dem Tonbandprotokoll von A. Reif redigierte (von H. A. bzw. der Nachlaßverwalterin nicht autorisierte) Fassung des Gesprächs im Düsseldorfer Bildungsforum, das am 11. Mai 1971 stattgefunden hatte.

254 ARENDT, Hannah; et al.:
Legitimität der Lüge in der Politik?: Hannah Arendt in der Diskussion mit Sebastian Haffner, Bernhard Vogel und Hans-Friedrich Hölters (1975).
In: *Gespräche mit Hannah Arendt* (Titel Nr. 252), S. 101–126
Bem.: Nach dem Tonbandprotokoll von A. Reif redigierte (von H. A. bzw. der Nachlaßverwalterin nicht autorisierte) Fassung des Forumsgesprächs im Düsseldorfer Bildungsforum, das am 27. Mai 1975 stattgefunden hatte.

1977

255 Public Rights and Private Interests: In Response to Charles Frankel (1974).
In MOONEY, Michael (Hrsg.); STUBER, Florian (Hrsg.): *Small Comforts for Hard Times: Humanists on Public Policy.* Introduced by Florian Stuber, with a foreword by James Gutmann. New York: Columbia Univ. Press, 1977, S. 103–108
Bem.: Am 15. Februar 1974 veranstaltete die Columbia University (New York) eine Conference on Private Rights and the Public Good. H. A., als »commentator« eingeladen, hatte zum Referat von Charles Frankel einen schriftlichen Kommentar ausgearbeitet.

(...) Thinking.
Siehe Titel Nr. 258.

256 ARENDT, Hannah / Beitrag ohne Titel (1969).
In: *Dem Andenken Martin Heideggers: Zum 26. Mai 1976*, Frankfurt / M:
Klostermann, 1977, S. 9
→ Dass. in ARENDT / HEIDEGGER, *Briefe* (Titel Nr. 310), S. 192 – 193.
Bem.: Blatt in der Martin Heidegger an seinem 80. Geburtstag am 26. Sept.
1969 überreichten »Tabula gratulatoria«, zugleich als Tonbandaufnahme
auf einer dazu gehörenden Kassette (im Besitz der Familie Heidegger).
Eine Auswahl aus den insgesamt 30 Gratulationen wurde, nachdem Hei-
degger am 26. Mai 1976 gestorben war, in dem o. g. Band gedruckt. – Dieses
persönliche Grußwort ist nicht identisch (auch nicht teil-identisch) mit
dem Rundfunkvortrag »Martin Heidegger ist achtzig Jahre alt« (Titel
Nr. 223).

1978

257 *The Jew as Pariah: Jewish Identity and Politics in the Modern Age.*
Edited and with an introduction by Ron H. Feldman. New York: Grove,
1978. – 288 S.
Bem.: Enthält nach Vorwort (S. 13 – 14) und Einleitung des Herausgebers
(S. 15 – 52) die Titel Nr. 023; 028; 066; 074; 022; 046; 054; 077; 096; 041;
070; 187; 195; ferner »The Moral of History« (siehe Titel Nr. 059), »Herzl
and Lazare« (siehe Titel Nr. 019).

258 *The Life of the Mind.*
Bd. 1–2. New York: Harcourt Brace Jovanovich, 1978. – XII, 258 S.; X,
277 S. → Dass. London: Secker & Warburg, 1978
→ Dass. (zwei Bände in einem und als Paperback) One-volume Edition.
New York: Harcourt Brace Jovanovich, 1981 (Harvest / HBJ Book). –
XIV, 238 S.; 283 S.
→ Dt.: *Vom Leben des Geistes* (Titel Nr. 261)
Bem.: Der erste Band »Thinking« ist aus Vorlesungs- und Seminarveranstaltungen hervorgegangen (erstmals Januar 1970 an der University of
Chicago, siehe auch Titel Nr. 237). H. A. hat dann ein vollständiges Manuskript zum Thema für ihre ersten Gifford Lectures (University of Aberdeen, Scotland, April–Mai 1973) ausgearbeitet. – Der zweite Band »Willing« geht auf Vorlesungs- und Seminarveranstaltungen (erstmals Mai
1972 an der University of Chicago) zurück. Für die zweiten Gifford Lectures (Mai 1974) hatte H. A. ebenfalls ein vollständiges Manuskript erarbeitet, aus Krankheitsgründen mußte sie die Vorlesung abbrechen.
Beide Manuskripte, die H. A. 1974 und 1975 auch Lehrveranstaltungen
an der New School for Social Research zugrunde legte und für den Druck
vorbereitet hinterließ, hat Mary McCarthy veröffentlicht (siehe ihre »Editor's Note« und »Editor's Postface«).
»Thinking« erschien zuerst (ohne Anmerkungen und leicht redigiert)
als dreiteiliger Artikel unter »Reflections« in *The New Yorker* 53
(1977 – 11 – 21), Nr. 40, S. 65 – 140; (1977 – 11 – 28), Nr. 41, S. 114 – 163;

(1977–12–05), Nr. 42, S. 135–216. – Zum unter dem Titel »Judging« geplanten dritten Band siehe die Titel Nr. 260; 263; 267.

259 From an Interview/ERRERA, Roger (Interviewer) (1973).
In: *The New York Review of Books* 25 (1978–10–26), Nr. 16, S. 18
Bem.: Auszüge aus im Oktober 1973 in New York aufgezeichneten Interviews, die Grundlage des am 6. 7. 1974 von O. R. T. F. in Frankreich gesendeten Films »Hannah Arendt« waren. Das vollständige Filmskript wurde erstmals in der vorliegenden Ausgabe, S. 116–133, veröffentlicht (Titel Nr. 307).

(…) Das Handeln.
Siehe Titel Nr. 152.

260 Postscriptum.
In: *The Life of the Mind* (Titel Nr. 258), Bd. 1, S. 213–216
→ Dass. (unter dem Titel »›Postscriptum‹ to ›Thinking‹«, in: *Lectures on Kant's Political Philosophy* (Titel Nr. 263), S. 3–5
→ Dt. (übers. von Hermann Vetter unter dem Titel »Nachschrift«) in: *Vom Leben des Geistes* (Titel Nr. 261), Bd. 1, S. 209–212
→ Dt. (übers. von Ursula Ludz unter dem Titel »Postscriptum«) in: *Das Urteilen* (Titel Nr. 267), S. 13–16

(…) Vom Sinn der Arbeit.
Siehe Titel Nr. 152

1979

261 *Vom Leben des Geistes.*
Bde. 1–2. München: Piper, 1979. – 241 S.; 269 S.
→ Dass. (aus dem Amerikanischen von Hermann Vetter), Bde. 1–2, München: Piper, Neuausgabe 1989 (Serie Piper 705, 706). – 240 S.; 269 S.
→ Dass. (zwei Bände in einem) München–Zürich: Piper, 1998 (Serie Piper 2555). – 507 S.
→ Engl.: *The Life of the Mind* (Titel Nr. 258)
Bem.: In der ersten Ausgabe fehlt die Angabe des Übersetzers. – Bd. 1 ist mit *Das Denken*, Bd. 2 mit *Das Wollen* betitelt. – Im übrigen siehe die Bemerkungen zur englischen Ausgabe.

262 ARENDT, Hannah/Diskussion mit Freunden und Kollegen:
On Hannah Arendt (1972).
In HILL, Melvyn A. (Hrsg.): *Hannah Arendt: The Recovery of the Public World*. New York: St. Martin's, 1979, S. 301–339 [*]

---

[*] Dt. (übers. von Ursula Ludz) in dieser Ausgabe S. 73–115.

Bem.: Im November 1972 hatte die Toronto Society for the Study of Social and Political Thought eine Konferenz über »The Work of Hannah Arendt«, an der H. A. persönlich teilnahm, veranstaltet. Auf der Grundlage von Tonbandprotokollen hat der Herausgeber des Konferenzbandes im o. g. separaten Kapitel Fragen an H. A. und ihre Antworten zusammengestellt.

1982

263 *Lectures on Kant's Political Philosophy.*
Edited and with an interpretive essay by Ronald Beiner. Chicago: The Univ. of Chicago Press, 1982. – VIII, 174 S.
→ Dt.: *Das Urteilen* (Titel Nr. 267)
Bem.: Ronald Beiner hat, zur Rekonstruktion des von H. A. unter dem Titel »Judging« geplanten dritten Bandes ihres Werkes *The Life of the Mind* (Titel Nr. 258), drei Texte zusammengestellt: Titel Nr. 260; 265; 266. – Seine erläuternde Abhandlung (S. 89–156) ist mit »Hannah Arendt on Judging« überschrieben.

264 Gedichte (1923–1952).
In YOUNG-BRUEHL, Elisabeth: *Hannah Arendt: For Love of the World* (siehe oben S. 257), Appendix 2, S. 478–489
Bem.: Eine Auswahl von Gedichten aus den Jahren 1923 bis 1952, die im Arendt-Nachlaß in der Library of Congress aufbewahrt werden, hat Young-Bruehl unter der Überschrift »German Texts of Arendt's Poems« veröffentlicht. – In der deutschen Ausgabe des Buches von Young-Bruehl sind die frühen Gedichte in den Text integriert (S. 77 ff.). – Siehe auch Titel 309.

265 Imagination (1970).
In: *Lectures on Kant's Political Philosophy* (Titel Nr. 263), S. 79–85
→ Dt. (übers. von Ursula Ludz unter dem Titel »Die Einbildungskraft«) in: *Das Urteilen* (Titel Nr. 267), S. 104–111
Bem.: Aufzeichnungen zum Seminar über Kants *Kritik der Urteilskraft* an der New School for Social Research, New York, Herbstsemester 1970, aus dem Arendt-Nachlaß in der Library of Congress, herausgegeben von Ronald Beiner.

266 Lectures on Kant's Political Philosophy (1970).
In: *Lectures on Kant's Political Philosophy* (Titel Nr. 263), S. 7–77
→ Dt. (übers. von Ursula Ludz unter dem Titel »Über Kants Politische Philosophie«) in: *Das Urteilen* (Titel Nr. 267), S. 17–103
Bem.: Im Herbstsemester 1970 hielt H. A. an der New School for Social Research in New York eine dreizehnstündige Vorlesung »Kant's Political Philosophy«, die sie wörtlich ausgearbeitet hatte. Das in der Library of Congress aufbewahrte maschinenschriftliche Manuskript hat Ronald Bei-

ner herausgegeben. – Auszüge waren zuvor als »Appendix/Judging« in
The Life of the Mind (Titel Nr. 258), Bd. 2, S. 255–272, erschienen; in der
deutschen Ausgabe (Titel Nr. 261), Bd. 2, S. 208–226: »Anhang: Das Urteilen«.

1985

267 *Das Urteilen: Texte zu Kants Politischer Philosophie.*
Hrsg. und mit einem Essay von Ronald Beiner. Aus dem Amerikanischen
von Ursula Ludz. München: Piper, 1985. – 224 S.
→ Dass. Durchgesehene Taschenbuchausgabe München–Zürich: Piper,
1998 (Serie Piper 2560). – 224 S.
→ Engl.: Lectures on Kant's Political Philosophy (Titel Nr. 263)
Bem.: Siehe die Bemerkungen zur englischen Ausgabe.

268 ARENDT, Hannah; JASPERS, Karl:
Briefwechsel 1926–1969.
Hrsg. von Lotte Köhler und Hans Saner. München: Piper, 1985. – 859 S.
→ Dass. Neuausgabe München–Zürich: Piper, 1993 (Serie Piper 1757). –
859 S.*
→ Dass. Neuausgabe (mit neuem Satzspiegel, verlagsintern durchgese-
hen) München–Zürich: Piper, 2001 (Serie Piper 1757). – 864 S.
→ Engl. ARENDT/JASPERS (Titel Nr. 278)
Bem.: Enthält zusätzlich zu den Brieftexten (mit Anmerkungen) den Titel
Nr. 221 sowie ein »Vorwort« der Herausgeber (S. 17–35). – Zum Brief
H. A.s vom 29. Dezember 1963 siehe Titel Nr. 311.

1986

269 *Zur Zeit: Politische Essays.*
Hrsg. von Marie Luise Knott. Aus dem Amerikanischen von Eike Geisel.
Berlin: Rotbuch, 1986. – 203 S.**
→ Dass. Aktualisierte, erweiterte Neuausgabe Hamburg: Rotbuch, 1999.
– 230 S.
Bem.: Enthält Titel Nr. 023; 033; 091; 119; 151; 228; 251. Beigefügt ist ein
»Nachwort« der Herausgeberin (S. 179–185). – Die Neuausgabe ist erwei-
tert um ein »Nachwort zur Neuausgabe« (S. 186–191) und Titel Nr. 35 a.

---

* Auszüge in dieser Ausgabe S. 135–247.
** Auf diese Ausgabe beziehen sich die angegebenen Seitenzahlen.

1987

270 Collective Responsibility (1968).

In BERNAUER, James, W., S. J. (Hrsg.): *Amor Mundi: Explorations in the Faith and Thought of Hannah Arendt.* Boston: Nijhoff, 1987, S. 43–50

→ Dt. (übers. von Frank Stühlmeyer und Ute Vorkoeper unter dem Titel »Kollektive Verantwortung«), in: *Debatte mit Beiträgen von Hannah Arendt et al.* Hrsg. von der Heinrich Böll Stiftung. Bremen: Bildungswerk Umwelt und Kultur, o. J. [1998] (Politik und Moderne 4), S. 4–16.

Bem.: Kommentar zu Joel Feinbergs Papier »Collective Responsibility«, schriftlich ausgearbeitet für ein Symposium beim 65. Jahrestreffen der American Philosophical Society am 27. Dezember 1968 in Washington. Aus dem Arendt-Nachlaß in der Library of Congress. Jerome Kohn hat H. A.s Manuskript in bearbeiteter Form in seine Sammlung *Responsibility and Judgment* (Titel Nr. 319), S. 147–158, aufgenommen. – Die deutsche Übersetzung wurde erstmals veröffentlicht als Beilage zum Programm der Tagung im Zusammenhang mit der Verleihung des Hannah Arendt Preises für politisches Denken 1997 an Freimut Duve und Joachim Gauck. Der Titel lautet: »Schuld, Verantwortung und die politische Würde einer Nation«.

271 Labor, Work, Action (1964).

In BERNAUER, James W., S. J. (Hrsg.): *Amor Mundi: Explorations in the Faith and Thought of Hannah Arendt.* Boston: Nijhoff, 1987, S. 29–42

Bem.: Maschinenschriftliches Manuskript des Vortrages, den H. A. am 10. November 1964 auf der Konferenz »Christianity and Economic Man: Moral Decisions in an Affluent Society« (veranstaltet von der Divinity School der University of Chicago) gehalten hatte. Aus dem Arendt-Nachlaß in der Library of Congress.

1989

272 *Die Krise des Zionismus: Essays und Kommentare 2*.

Hrsg. von Eike Geisel und Klaus Bittermann. Aus dem Amerikanischen von Eike Geisel. Mit einem Nachwort von Henryk M. Broder. Berlin: Tiamat, 1989 (Critica Diabolis 23). – 235 S.

Bem.: Enthält Titel Nr. 046; 054; 077; 070; 082; 096; ferner 10 Artikel aus der Zeitschrift *Aufbau*, siehe am Ende der Bibliographie. Dem Band ist ein »Nachwort« von Henryk M. Broder beigegeben (S. 219–228). Titel Nr. 082 und Nr. 096 wurden wiederabgedruckt in: *Israel, Palästina und der Antisemitismus* (Titel Nr. 276). – Band 1 der »Essays und Kommentare« erschien unter dem Titel *Nach Auschwitz* (Nr. 274).

273 *Menschen in finsteren Zeiten*.

Hrsg. von Ursula Ludz. München–Zürich: Piper, 1989. – 371 S.[*]

---

[*] Auf diese Ausgabe beziehen sich die angegebenen Seitenzahlen.

→ Dass. Ungekürzte, durchgesehene Taschenbuchausgabe München–
Zürich: Piper, 2001 (Serie Piper 3355). – 371 S.
→ Engl. *Men in Dark Times* (Titel Nr. 209)
Bem.: Enthält neben dem »Vorwort« (übers. von Ursula Ludz) Titel
Nr. 153; 217; 194; 143; 132; 213; 211; 223; 218; 224; 244; 181; 123; 248; 206
sowie eine Einleitung der Herausgeberin (S. 7–11). Die Sammlung wurde
gegenüber der englischen um vier Essays erweitert. – In der Taschenbuch-
ausgabe wurde die überarbeitete Einleitung der Herausgeberin als
»Nachwort« (S. 335–339) gedruckt, wodurch sich die Seitenzahlen bei allen abgedruckten Texten änderten.

274 *Nach Auschwitz: Essays und Kommentare 1.*
Hrsg. von Eike Geisel und Klaus Bittermann. Aus dem Amerikanischen
von Eike Geisel. Berlin: Tiamat, 1989 (Critica Diabolis 21). – 172 S.
Bem.: Enthält Titel Nr. 098; 044; 050; 177; 182; 197; ferner neun Artikel
aus der Zeitschrift *Aufbau*, siehe am Ende der Bibliographie. Titel
Nr. 044; 098; 182 wurden wiederabgedruckt in: *Israel, Palästina und der
Antisemitismus* (Titel Nr. 276). – Bd. 2 der »Essays und Kommentare« er-
schien unter dem Titel *Die Krise des Zionismus* (Nr. 272).

(...) Der Auschwitz-Prozeß (1966).
Siehe Titel Nr. 197.

1990

(...) *Was ist Existenz-Philosophie?*
Siehe Titel Nr. 079.

275 **Philosophy and Politics (1954).**
In: *Social Research* 57 (1990), Nr. 1, S. 73–103
→ Dt. (übersetzt von Wolfgang Heuer unter dem Titel »Philosophie und
Politik«) in: *Deutsche Zeitschrift für Philosophie* 41 (1993), Nr. 2,
S. 381–400
Bem.: Dritter Teil der dreiteiligen Vorlesung »Philosophy and Politics:
The Problem of Action and Thought After the French Revolution«, die
H. A. am 3. und 4. März 1954 an der University of Notre Dame (Indiana,
USA) gehalten hat. Der gedruckte Text ist eine von Jerome Kohn bear-
beitete Fassung der Manuskripte, die im Arendt-Nachlaß in der Library
of Congress aufbewahrt werden. Unter dem Titel »Socrates« hat Kohn »a
slightly different version« wiederabgedruckt in: *The Promise of Politics*
(Titel Nr. 324), S. 5–39. – Teile I und II von H. A.s Vorlesung sind bisher
nicht veröffentlicht.

1991

276 *Israel, Palästina und der Antisemitismus: Aufsätze.*
Hrsg. von Eike Geisel und Klaus Bittermann. Aus dem Amerikanischen von Eike Geisel. Berlin: Wagenbach, 1991 (Taschenbuch 196). – 123 S.
Bem.: Enthält Titel Nr. 182; 096; 098; 044; A 33; 082. Alle sind Wiederabdrucke aus Titel Nr. 272 und 274; ausgenommen Titel 182, bei dem das ungekürzte in der Library of Congress aufbewahrte Vortragsmanuskript übersetzt wurde (siehe dazu die Bemerkungen unter Titel Nr. 182).

1992

277 **Die Schatten (1925).**
In JELINEK, Elfriede: *Totenauberg: Ein Stück.* Hrsg. vom Burgtheater Wien. 1992 (Programmbuch 97), S. 161–165
Bem.: Hand- und maschinenschriftliches Manuskript mit der Datierung »Königsberg, April 1925« und dem Zusatz »Für M(artin) H(eidegger)«. Unautorisierte Veröffentlichung aus dem Arendt-Nachlaß in der Library of Congress; autorisierte Fassung (nach dem handschriftlichen Exemplar) in ARENDT / HEIDEGGER: *Briefe* (Titel Nr. 310), S. 21–25.

278 **ARENDT, Hannah; JASPERS, Karl:**
Correspondence, 1926–1969.
Edited by Lotte Kohler and Hans Saner. Translated from the German by Robert and Rita Kimber. New York etc.: Harcourt, Brace, Jovanovich, 1992. – XXV, 821 S.
→ Dt. ARENDT / JASPERS (Titel Nr. 268)
Bem.: Gegenüber der deutschen Ausgabe leicht verändert, siehe die »Notes on the U. S. Edition« (S. XXIV–XXV). Enthält wie die deutsche Ausgabe zusätzlich Titel Nr. 221.

1993

279 *Besuch in Deutschland (1950).*
Aus dem Amerikanischen von Eike Geisel. Mit einem Vorwort von Henryk M. Broder und einem Porträt von Ingeborg Nordmann. Berlin: Rotbuch, 1993. – 96 S.
Bem.: Enthält Titel Nr. 091. Broders Vorwort (S. 7–21) ist überschrieben: »Die Analität des Bösen«, Nordmanns Porträt (S. 67–95): »Erfahrungen in einem Land, das die Realität verloren hat«.

280 *Was ist Politik?: Fragmente aus dem Nachlaß.*
Hrsg. von Ursula Ludz. Vorwort von Kurt Sontheimer. München–Zürich: Piper, 1993. – X, 238 S. [*]

---

[*] Auf diese Ausgabe beziehen sich die angegebenen Seitenzahlen.

→ Dass. Ungekürzte (durchgesehene) Taschenbuchausgabe. München–Zürich: Piper, 2003 (Serie Piper 3770). – X, 238 S. → Dass. 2. Aufl. 2005.

→ Engl. (übers. von John E. Woods unter dem Titel »Introduction into Politics«) in: *The Promise of Politics* (Titel Nr. 324), S. 93–200
Bem.: Enthält acht Texte aus dem Arendt-Nachlaß in der Library of Congress (Titel Nr. 290; 288; 289; 285; 287; 291; 286; 282). – Außer dem Vorwort von Kurt Sontheimer (S. I–VII) ist ihm ein Kommentar der Herausgeberin: »Hannah Arendts Pläne für eine ›Einführung in die Politik‹« (S. 137–187) beigegeben, ferner ein Anhang mit Dokumenten (Titel Nr. 284; 281; 283). – Siehe auch in dieser Ausgabe S. 163.

281 Brief an Klaus Piper, 7. April 1959.
In: *Was ist Politik?* (Titel Nr. 280), S. 197–200
Bem.: Brief, in dem H. A. den Verleger über den Stand ihrer Arbeiten an der geplanten »Einführung in die Politik« unterrichtet.

282 Conclusion (1955).
In: *Was ist Politik?* (Titel Nr. 280), S. 181–185
Bem.: Maschinenschriftlich ausgearbeitete Schlußbemerkungen zur unveröffentlichten Vorlesung »History of Political Theory«, die H. A. im Frühjahrssemester an der University of California at Berkeley gehalten hat. Übers. von Ursula Ludz, ohne deutschen Titel. – Das Originalmanuskript hat Jerome Kohn später veröffentlicht in: *The Promise of Politics* (Titel Nr. 324), S. 201–204. – Siehe auch in dieser Ausgabe S. 153.

283 Description of Proposal (1959).
In: *Was ist Politik?* (Titel Nr. 280), S. 200–201
Bem.: Beschreibung des Projektes »Introduction into Politics« für die Rockefeller Foundation.

284 Einführung in die Politik.
In: *Was ist Politik?* (Titel Nr. 280), S. 191–197
Bem.: Handschriftliche Notizen, eine Art »outline«, für die geplante »Einführung in die Politik«, wahrscheinlich 1955/56 entstanden.

285 Einleitung: Hat Politik überhaupt noch einen Sinn?
In: *Was ist Politik?* (Titel Nr. 280), S. 28–35
→ Engl. (übers. von John E. Woods) in: *The Promise of Politics* (Titel Nr. 324), S. 108–114
Bem.: Maschinenschriftl. Manuskript, vermutlich 1958/59 geschrieben.

286 Einleitung: Der Sinn von Politik.
In: *Was ist Politik?* (Titel Nr. 280), S. 123–133
→ Engl. (übers. von John E. Woods) in: *The Promise of Politics* (Titel Nr. 324), S. 191–200
Bem.: Maschinenschriftl. Manuskript, vermutlich 1958/59 geschrieben.

287 Erstes Kapitel: Der Sinn von Politik.
  In: *Was ist Politik?* (Titel Nr. 280), S. 35–80
  → Engl. (übers. von John E. Woods) in: *The Promise of Politics* (Titel
    Nr. 324), S. 114–153
  Bem.: Maschinenschriftl. Manuskript, vermutlich 1958/59 geschrieben.

288 Das Vorurteil gegen Politik und was Politik in der Tat heute ist.
  In: *Was ist Politik?* (Titel Nr. 280), S. 13–16
  → Engl. (übers. von John E. Woods) in: *The Promise of Politics* (Titel
    Nr. 324), S. 96–99
  Bem.: Maschinenschriftl. Manuskript, vermutlich 1956/57 geschrieben.

289 Vorurteil und Urteil.
  In: *Was ist Politik?* (Titel Nr. 280), S. 17–27
  → Engl. (übers. von John E. Woods) in: *The Promise of Politics* (Titel
    Nr. 324), S. 99–108
  Bem.: Maschinenschriftl. Manuskript, vermutlich 1956/57 geschrieben.

290 Was ist Politik? (August 1950).
  In: *Was ist Politik?* (Titel Nr. 280), S. 9–12
  → Engl. (übers. von John E. Woods) in: *The Promise of Politics* (Titel
    Nr. 324), S. 93–96
  Bem.: Eintragung aus *Denktagebuch* (Titel Nr. 317), Heft I, 21, S. 15–18.

291 Zweites Kapitel: Die Kriegsfrage.
  In: *Was ist Politik?* (Titel Nr. 280), S. 80–123
  → Engl. (übers. von John E. Woods) in: *The Promise of Politics* (Titel
    Nr. 324), S. 153–191
  Bem.: Maschinenschriftl. Manuskript, vermutlich 1958/59 geschrieben.

1994

292 *Essays in Understanding, 1930–1954.*
  Hrsg. von Jerome Kohn. New York etc.: Harcourt Brace, 1994. – XXI,
  458 S.[*]
  → Neuausgabe (Paperback) mit Untertitel: Formation, Exile, and Totali-
    tarianism. New York: Schocken, 2005. – 496 S.
  Bem.: Enthält eine Auswahl aus H. A.s »unpublished and uncollected essays and lectures« aus den Jahren 1930 bis 1954. Zum Abdruck kamen insgesamt 39 Texte: Titel Nr. 185; 002; 003; 010; 009; 008; 015; 027; 296; 033;
  041; 040; 036; 044; 035; 043; 057; 079; 049; 052; 050; 056; 080; 299; 097;
  098; 091; 295; 100; 297; 117; 298; 300; 118; 115; 111; 116; 119; 294. – Für die
  Neuausgabe hat Kohn seine Einleitung leicht verbessert. – Weitere Bände
  sind geplant.

---

[*] Auf diese Ausgabe beziehen sich die angegebenen Seitenzahlen.

293 *Zwischen Vergangenheit und Zukunft:*
Übungen im politischen Denken I.
Hrsg. von Ursula Ludz. München–Zürich: Piper Verlag, 1994 (Serie Piper 1421). – 439 S. → Dass. 2, durchges. Aufl., 2000
→ Engl.: *Between Past and Future* (Titel Nr. 208)
Bem.: Gegenüber dem englischen Original veränderte Ausgabe. Sie enthält H. A.s Vorwort zu *Between Past and Future* (übers. von Ursula Ludz unter dem Titel »Die Lücke zwischen Vergangenheit und Zukunft«) sowie Titel Nr. 135; 134; 130; 117; 237; 127; 142; 165; 138; 144; 115; 184; ferner ein Nachwort der Herausgeberin (S. 371–375), schließlich, im Anhang (S. 379–380), H. A.s Vorwort zu *Fragwürdige Traditionsbestände* (Titel Nr. 128). – Band II der »Übungen im politischen Denken« erschien unter dem Titel *In der Gegenwart* (Titel Nr. 312).

294 Concern with Politics in Recent European Philosophical Thought (1954).
In: *Essays in Understanding* (Titel Nr. 292), S. 428–447
Bem.: Nach einer (der vermutlich letzten) Fassung der im Arendt-Nachlaß in der Library of Congress unter o. g. Titel aufbewahrten maschinenschriftlichen Manuskripte, herausgegeben von Jerome Kohn. Ursprünglich war dies ein Paper, das H. A. für die Jahrestagung der American Political Science Association in Chicago (9.–11. Sept. 1954) vorbereitet hatte.

295 The Eggs Speak up.
In: *Essays in Understanding* (Titel Nr. 292), S. 270–284
Bem.: Maschinenschriftliches Manuskript im Arendt-Nachlaß in der Library of Congress. Datierung ungewiß; Jerome Kohn vermutet, daß das Manuskript nicht vor 1951 geschrieben wurde.

296 Foreign Affairs in the Foreign-Language Press.
In: *Essays in Understanding* (Titel Nr. 292), S. 81–105
Bem.: Der Text wurde von Jerome Kohn aus einem unveröffentlichten, wahrscheinlich aus dem Jahr 1944 stammenden Manuskript unter obigem Titel, das im Arendt-Nachlaß in der Library of Congress aufbewahrt wird, und dem veröffentlichten Essay »Our Foreign Language Groups« (Titel Nr. 031) zusammengestellt; siehe Kohns Einleitung zu *Essays in Understanding*, S. XIX.

(…) Heidegger the Fox.
Siehe Titel Nr. 300.

297 Die Menschen und der Terror (1953).
→ In: MEINTS, Waltraud; KLINGER, Katherine (Hrsg.): Politik und Verantwortung: Zur Aktualität von Hannah Arendt. Hannover: Offizin, 2004 (Diskussionsbeiträge des Instituts für Politische Wissenschaft der Universität Hannover 31), S. 53–63
→ Engl., übersetzt von Robert und Rita Kimber, »Mankind and Terror« in Titel Nr. 292, S. 297–306

Bem.: Manuskript im Arendt-Nachlass in der Library of Congress mit dem Vermerk »RIAS Funkuniversität, 23/3/1953«. Das Sendeband ist erhalten, Aufnahmedatum 13. April 1953, Sendedatum nicht bekannt.

298 On the Nature of Totalitarianism: An Essay in Understanding.
In: *Essays in Understanding* (Titel Nr. 292), S. 328–367
→ Dt. (übers. von Regine Othmer unter dem Titel: »Über das Wesen des Totalitarismus: Ein Versuch zu verstehen«) in MEINTS, Waltraud (Hrsg.); KLINGER; Katherine (Hrsg.): *Politik und Verantwortung: Zur Aktualität von Hannah Arendt.* Hannover: Offizin, 2004 (Diskussionsbeiträge des Instituts für Politische Wissenschaft der Universität Hannover 31), S. 15–52
Bem.: Von Jerome Kohn aus zwei im Arendt-Nachlaß in der Library of Congress aufbewahrten (vermutlich um 1953 entstandenen) Manuskripten zusammengestellt und mit »Understanding and Politics« (Titel Nr. 117) koordiniert. Zum Vorgehen siehe Kohns Einleitung in *Essays in Understanding*, S. XIX f., S. 307.

299 Rand School Lecture (1948 or 1949).
In: *Essays in Understanding* (Titel Nr. 292), S. 217–227
Bem.: Maschinenschriftliches Manuskript aus dem Arendt-Nachlaß in der Library of Congress. Thema der Vorlesung ist der »Anti-Stalinismus« unter den amerikanischen Linksintellektuellen. – Bezeichnung und Datierung wurden von H. A. handschriftlich (wahrscheinlich zu einem späteren Zeitpunkt) hinzugefügt. Es ist anzunehmen, daß das Manuskript nach 1949 (und mit Sicherheit vor dem März 1953 [Stalins Tod]) verfaßt wurde.

300 ARENDT, Hannah/Denktagebucheintrag ohne Titel (Juli 1953).
In: *Essays in Understanding* (Titel Nr. 292), S. 361–362
Bem.: Englische Übersetzung (von Robert und Rita Kimber unter dem Titel »Heidegger the Fox«) aus H. A.s *Denktagebuch* (Titel Nr. 317, Heft XVII,7). Das deutsche Original erhielt einen Vorabdruck in ARENDT/HEIDEGGER; *Briefe* (Titel Nr. 310), S. 382–383.

1995

301 ARENDT, Hannah; BLUMENFELD, Kurt:
»… in keinem Besitz verwurzelt«: Die Korrespondenz.
Hrsg. von Ingeborg Nordmann und Iris Pilling. Hamburg: Rotbuch, 1995. – 408 S.
Bem.: Enthält neben den Brieftexten (mit Anmerkungen) ein Nachwort von Ingeborg Nordmann unter dem Titel »Eine Freundschaft auf des Messers Schneide« (S. 347–376). – Siehe auch in dieser Ausgabe S. 32, 33.

302 ARENDT, Hannah; McCARTHY, Mary:
Between Friends: The Correspondence of Hannah Arendt and Mary McCarthy, 1949–1975.
Edited and with an introduction by Carol Brightman. New York: Harcourt Brace, 1995. – XXXVI, 412 S.
→ Dt. ARENDT/McCARTHY (Titel Nr. 303)
Bem.: Enthält neben den Brieftexten (mit Anmerkungen) »Introduction: An Epistolary Romance« und »Epilogue« der Herausgeberin (S. VII–XXX; 390–392). – Siehe auch in dieser Ausgabe S. 170.

303 ARENDT, Hannah; McCARTHY, Mary:
Im Vertrauen: Briefwechsel 1949–1975.
Hrsg. und mit einer Einführung von Carol Brightman. Aus dem Amerikanischen von Ursula Ludz und Hans Moll. München: Piper, 1995. – 583 S.
→ Dass. Ungekürzte Taschenbuchausgabe München–Zürich: Piper, 1997 (Serie Piper 2475). – 583 S.
→ Engl.: ARENDT/McCARTHY: *Between Friends* (Titel Nr. 302)
Bem.: Siehe die Bemerkungen zum englischen Titel.

1996

304 *Love and Saint Augustine.*
Edited and with an interpretive essay by Joanna Vecchiarelli Scott and Judith Chelius Stark. Chicago: University of Chicago Press, 1996. – 240 S.
→ Dt.: *Der Liebesbegriff bei Augustin* (Titel Nr. 001)
Bem.: Die Herausgeberinnen bezeichnen ihre Ausgabe als »edited and revised English version« (auch »revised dissertation«). Sie haben sie unter Heranziehung von Arendts Überarbeitungen der Ashtonschen Übersetzung (siehe die Bemerkungen bei Titel Nr. 001) erstellt.

305 ARENDT, Hannah; BLÜCHER, Heinrich:
Briefe 1936–1968.
Hrsg. und mit einer Einführung von Lotte Köhler. München–Zürich: Piper, 1996. – 597 S.
→ Dass. (Ungekürzte Taschenbuchausg.) München–Zürich: Piper, 1999 (Serie Piper 2835). – 597 S.
→ Engl.: ARENDT/BLÜCHER: *Within Four Walls* (Titel Nr. 315)

306 ARENDT, Hannah; BROCH, Hermann:
Briefwechsel 1946 bis 1951.
Hrsg. von Paul Michael Lützeler. Frankfurt/M: Jüdischer Verlag, 1996. – 262 S.
Bem.: Enthält neben den Brieftexten (mit Anmerkungen) Titel Nr. 057, 085, 125 (H. A.s »Einleitung«, siehe auch Titel Nr. 211), ferner ein »Nachwort« des Hrsg. (S. 227–250).

307 ARENDT, Hannah; ERRERA, Roger (Interviewer)/**Transcripts of the Recorded Interviews (1973).**
Aus dem Englischen und Französischen übers. von Ursula Ludz.[*]
→ Dass. (in den Originalsprachen) in: *Hannah Arendt Newsletter*, Nr. 2, Dezember 1999, S. 53–61
Bem.: Abschrift der Tonbänder des 50-minütigen Arendt-Porträts, das das französische Fernsehen O. R. T. F. am 6. 7. 1974 in der Reihe »Un certain regard« ausstrahlte (Regie: Jean-Claude Lubtchansky). Die Interviews zum Film (Erreras Fragen in Französisch, Arendts Antworten in Englisch) wurden im Oktober 1973 in New York aufgenommen. Der in den Film eingegangene Text ist zunächst auszugsweise auf englisch veröffentlicht worden (Titel Nr. 259), dann erstmals in der vorliegenden Ausgabe vollständig in deutscher Übersetzung.

1998

308 *Über den Totalitarismus: Texte Hannah Arendts aus den Jahren 1951 und 1953.*
Aus dem Englischen übertragen von Ursula Ludz. Kommentar von Ingeborg Nordmann. Dresden: Hannah-Arendt-Institut für Totalitarismusforschung e.V. an der Technischen Universität Dresden, 1998 (Berichte und Studien 17). – 72 S.
Bem.: Enthält, in deutscher Übersetzung, das »Preface« und die »Concluding Remarks« zur ersten Auflage von *The Origins of Totalitarianism* (Titel Nr. 099), S. 11–31; die Besprechung des Buches von Eric Voegelin (in: *The Review of Politics* 15 [1953]), H.A.s Antwort (Titel Nr. 116) und Voegelins »Concluding Remarks« (ebda), S. 33–52. – Nordmanns Kommentar (S. 53–68) steht unter dem Titel »How to write about totalitarianism?«

309 Gedichte aus der Zeit 1923 bis 1926.
In ARENDT/HEIDEGGER: *Briefe* (Titel Nr. 310), S. 365–381
Bem.: Enthält alle im Arendt-Nachlaß in der Library of Congress vorhandenen Gedichte aus diesen Jahren; teilweise bereits von Young-Bruehl veröffentlicht (Titel Nr. 264).

(...) Schuld, Verantwortung und die politische Würde einer Nation.
Siehe Titel Nr. 270.

310 ARENDT, Hannah; HEIDEGGER, Martin:
Briefe 1925 bis 1975 und andere Zeugnisse aus den Nachlässen.
Hrsg. von Ursula Ludz. Frankfurt/M: Klostermann, 1998. – 435 S.
→ Dass. 2., durchges. Aufl. 1999. – 435 S.

---

[*] In dieser Ausgabe S. 116–133.

→ Dass. 3., durchges. und erw. Aufl. 2002. – 439 S.

→ Engl.: ARENDT / HEIDEGGER: *Letters* (Titel Nr. 322)

Bem.: Die 3. Aufl. wurde um einen nachträglich aufgefundenen Brief H.A.s (vom 6. April 1954) erweitert (S. 429–431). – Siehe auch Titel Nr. 223, 256, 277, 300, 309.

1999

311 Ein unveröffentlichter Brief Hannah Arendts an Karl Jaspers (1963).

In: *Hannah Arendt Newsletter*, Nr. 1, April 1999, S. 51–55

Bem.: Veröffentlichung von Elisabeth Young-Bruehls Exzerpten des Briefes, den H. A. am 29. Dez. 1963 an Karl Jaspers geschrieben hatte (in deutscher und englischer Sprache), mit einem kurzen Kommentar. Die Hrsg. des Arendt-Jaspers-Briefwechsels hatten erklärt, daß dieser Brief, für den sich Jaspers am 29. 1. 1964 bedankt, »im Nachlaß nicht vorhanden« sei (Titel Nr. 268, S. 813).

2000

312 *In der Gegenwart: Übungen im politischen Denken II.*

Hrsg. von Ursula Ludz. München–Zürich: Piper, 2000 (Serie Piper 2920). – 489 S.

Bem.: Enthält Titel Nr. 031; 035 a; 058; 091; 112; 119; 140; 151; 162; 173; 174; 204; 222; 226; 228; 232; 243; 251; ferner ein Nachwort der Hrsg. (S. 403–412). – Band I der »Übungen im politischen Denken« erschien unter dem Titel *Zwischen Vergangenheit und Zukunft* (Titel Nr. 293).

313 *Vor Antisemitismus ist man nur noch auf dem Monde sicher: Beiträge für die deutsch-jüdische Emigrantenzeitung »Aufbau« 1941–1945.*

Hrsg. von Marie Luise Knott. München–Zürich: Piper, 2000. – 244 S.

→ Dass. Taschenbuchausgabe München–Zürich: Piper, 2004 (Serie Piper 4178). – 244 S.

Bem.: Enthält 44 der insgesamt 52 auf S. 338–341 aufgeführten Artikel aus der Zeitung *Aufbau* (A 33 und A 34 in der [von der Hrsg. revidierten] Übersetzung von Eike Geisel); ferner ein Nachwort der Hrsg. (S. 185–221) und im Anhang Titel Nr. 314. Nicht aufgenommen wurden A 05; A 07; A 08; A 10; A 16; A 40; A 46; A 48.

314 Zur Minderheitenfrage: Brief an Erich Cohn-Bendit, Paris, Januar 1940.

In: *Vor Antisemitismus ist man nur noch auf dem Monde sicher* (Titel Nr. 313), S. 225–234

Bem.: Ein im Arendt-Nachlaß in der Library of Congress (Container 79) als Kopie aufbewahrter privater Brief.

315 ARENDT, Hannah; BLÜCHER, Heinrich:
Within Four Walls: The Correspondence Between Hannah Arendt and Heinrich Blücher 1936–1968.
Edited and with an Introduction by Lotte Köhler. Translated from the German by Peter Constantine. New York: Harcourt, 2000. – XXXII, 459 S.
→ Dt.: ARENDT/BLÜCHER: *Briefe* (Titel Nr. 305)

2001

(…) **European Humanism and the Jewish Catastrophe.**
Siehe Titel Nr. 186.

316 ARENDT, Hannah; MASCHMANN, Melitta:
Aus dem Briefwechsel (1963/64).
In: *Hannah Arendt Newsletter*, Nr. 5, Nov. 2001, S. 52–55
Bem.: Zwei Briefe (Arendt an Maschmann, 1963–09–14; Maschmann an Arendt, 1964–04–07) aus dem Arendt-Nachlaß in der Library of Congress mit einer Einleitung von Ingeborg Nordmann. Maschmann hatte Arendt ihr Buch *Fazit: Mein Weg in der Hitlerjugend* (1963) zugesandt.

2002

317 *Denktagebuch 1950 bis 1973.*
Hrsg. von Ursula Ludz und Ingeborg Nordmann. In Zusammenarbeit mit dem Hannah-Arendt-Institut, Dresden. 2 Bde., München–Zürich: Piper, 2002. – VIII, 1231 S.
→ 2. (unveränderte) Aufl., 2003
Bem.: Enthält alle Hefte des von H. A. handschriftlich hinterlassenen »Denktagebuchs« sowie ein Heft mit Notizen zu Kant (Heft I in der Library of Congress; Hefte II bis XXVIII sowie das Kant-Heft im Deutschen Literaturarchiv Marbach deponiert); ferner ein »Nachwort« der Hrsg. – Siehe auch Titel Nr. 290, 300.

317a Karl Marx and the Tradition of Western Political Thought (1953).
[Hrsg. von Jerome Kohn.]
In: *Social Research 69* (2002), Nr. 2, S. 273–319
Bem.: Teilstücke aus der Vorlesung, die H. A. im Rahmen der Christian Gauss Seminars in Criticism an der Princeton University im Oktober/November 1953 gehalten hat (siehe Titel Nr. 120, 131, 145): »The Broken Thread of Tradition« (Titel von H.A.), S. 273–287; »The Modern Challenge to Tradition (excerpts)« (Titel des Hrsg.), S. 287–318; »Notes«, S. 318 f. Zum Vorgehen des Hrsg. siehe seine »Introduction« in demselben Heft von Social Research (S. VII f.) sowie den Vorspann auf S. 273.

(…) **ARENDT, Hannah; JAENSCH, Hella**
Siehe Titel Nr. 318.

318 **ARENDT, Hannah; TILLICH, Paul:**
Briefwechsel (1942–1962).
In: *Zeitschrift für neuere Theologiegeschichte* 9 (2002), Nr. 1, S. 132–147
Bem.: Insgesamt 18 Briefe aus den Beständen der Andover-Harvard
Theological Library und der Library of Congress, hrsg. von Alf Christo-
pherson und Claudia Schulze, mit »Zusatzdokumenten« (S. 148–156), da-
runter ein Brief H. A.s an ihre Freundin Hella Jaensch (1965–06–12;
S. 153–156).

2003

319 *Responsibility and Judgment.*
Edited and with an Introduction by Jerome Kohn. New York: Schocken,
2003. – XXXVII, 295 S.
Bem.: Enthält die Titel Nr. 182; 320; 270; 237; 151; 179; 197; 251 sowie als
»Prologue« Titel 321.

320 **Some Questions of Moral Philosophy (1965–66).**
In: *Responsibility and Judgment* (Titel Nr. 319), S. 49–146
Bem.: Eine Nachlaßveröffentlichung, bestehend aus von Jerome Kohn be-
arbeiteten Manuskriptteilen zur gleichnamigen Vorlesung, die H. A. 1965
an der New School for Social Research hielt, unter Hinzuziehung von Manuskripten zur Vorlesung »Basic Moral Propositions« (1966, Univ. of Chicago). – Eine deutsche Übersetzung wird 2006 im Piper Verlag erscheinen.

321 **Speech Delivered upon Receiving Denmark's Sonning Prize (1975).**
In: *Responsibility and Judgment* (Titel Nr. 319), S. 3–14
→ Dt. (übers. und mit Kommentar von Ursula Ludz) in: *text + kritik: Zeit-
schrift für Literatur*, Nr. 166/167 (2005), S. 3–17
Bem.: Nach dem im Nachlaß in der Library of Congress vorhandenen Ma-
nuskript der Rede, gehalten am 18. April 1975 in Kopenhagen bei Erhalt
des Sonning-Preises für Beiträge zur europäischen Kultur. Ein weiteres
Manuskript befindet sich im Deutschen Literaturarchiv Marbach.

2004

(…) **Über das Wesen des Totalitarismus.**
Siehe Titel Nr. 298.

322 **ARENDT, Hannah; HEIDEGGER, Martin:**
Letters 1925–1975.
Edited by Ursula Ludz. Translated from the German by Andrew Shields.
Orlando etc.: Harcourt, 2004.– XXI, 335 S.

→ Dt.: ARENDT / HEIDEGGER: *Briefe* (Titel Nr. 310)

323 ARENDT, Hannah; JOHNSON, Uwe:
Der Briefwechsel 1967–1975.
Hrsg. von Eberhard Falke und Thomas Wild. Frankfurt / M.: Suhrkamp, 2004. – 342 S.
Bem.: Enthält außer dem Briefwechsel Johnsons Nachruf auf H. A. (S. 163–167), einen »Anhang« mit Texten von Johnson, die er H. A. zugesandt hat (S. 171–285), sowie ein »Nachwort« der Herausgeber.

2005

324 *The Promise of Politics.*
Edited and with an Introduction by Jerome Kohn. New York: Schocken, 2005. – XXXVI, 218 S.
Bem.: Eine Veröffentlichung aus nachgelassenen Vorlesungsskripten, Buchfragmenten sowie einem Vortragsmanuskript, aufbewahrt im Arendt-Nachlaß in Washington. Der Hrsg. gibt an, daß seine »principal sources« zwei Bücher waren, die »Arendt planned in considerable and evolving detail in the 1950s, and then abandoned«, das eine in englischer Sprache: »Totalitarian Elements in Marxism«, das andere für den Piper Verlag in Deutschland: »Einführung in die Politik« (vgl. Titel Nr. 280). Im einzelnen enthält der Band die folgenden Titel: Nr. 275; 328; 327; 329; 325; 280; 282.

325 The End of Tradition.
In: *The Promise of Politics* (Titel Nr. 324), S. 81–92
Bem.: Teilstück aus einem Vorlesungsskript (1. Hälfte 1950er Jahre), siehe die Bemerkungen zu Titel Nr. 324.

326 A Letter to Rose Feitelson, April 29, 1957.
In: *HannahArendt.net*, Ausgabe I / 2005, Document Nr. 3
Bem.: Ein bisher unbekannter Brief aus dem Nachlaß von Rose Feitelson, veröffentlicht im Rahmen eines Gedenkartikels für Feitelson (von Ursula Ludz).

327 Montesquieu's Revision of the Tradition.
In: *The Promise of Politics* (Titel Nr. 324), S. 63–69
Bem.: Teilstück aus einem Vorlesungsskript (1. Hälfte 1950er Jahre), siehe die Bemerkungen zu Titel Nr. 324.

(…) Socrates
Siehe Titel Nr. 275.

328 The Tradition of Political Thought.
In: *The Promise of Politics* (Titel Nr. 324), S. 40–62

Bem.: Teilstück aus einem Vorlesungsskript (1. Hälfte 1950er Jahre), siehe die Bemerkungen zu Titel Nr. 324.

329 Von Hegel zu Marx (1953).
In: *The Promise of Politics* (Titel Nr. 324), S. 70–80
Bem.: Englische Übersetzung (von John E. Woods) unter dem Titel »From Hegel to Marx« nach dem deutschen Manuskript, das H. A. im RIAS Berlin gelesen hat, aufgenommen am 12. Mai 1953. Das deutsche Original ist bisher nicht veröffentlicht.

330 ARENDT, Hannah; ADLER-RUDEL, Salomon:
Ein unbekannter Briefwechsel (1941–1943).
In. *HannahArendt.net*, Ausgabe I/2005, Document Nr. 1.3
Bem.: Briefe aus dem Nachlaß von Adler-Rudel im Zionistischen Zentralarchiv in Jerusalem und dem Leo Baeck Institute in New York. Sie werden präsentiert von Katrin T. Tenenbaum (Document Nr. 1.1), die sie zuerst im Heft 6 von *Micromega* (Rom) veröffentlicht hatte.

331 ARENDT, Hannah; KAZIN, Alfred:
The Correspondence between Hannah Arendt and Alfred Kazin.
In: *Samtiden* (Oslo), Nr. 1, February 2005, S. 120–141
Bem.: Insgesamt 40 Briefe (1947–1974), hrsg. aus den Nachlässen von H. A. (Library of Congress) und Kazin (New York Public Library) von Helgard Mahrdt, mit einer »Introduction« (S. 107–119) und »Commentaries to the correspondence« (S. 142–154).

A 01   (1941–10–24), S. 7
       Der Dank vom Hause Juda?: Offener Brief an Jules Romains
A 02   (1941–11–14), S. 1; 2
       Die jüdische Armee – der Beginn einer jüdischen Politik?
A 03   (1941–11–28), S. 2
       Aktive Geduld
A 04   (1941–12–26), S. 2
       Ceterum Censeo …
A 05   (1942–01–16), S. 3
       Eine jüdische Armee?: Diskussions-Abend im New World Club
       Bem.: Zuschrift von H. A. aus Anlaß eines Vortrages von Kurt Blumen-
       feld im New World Club, New York.
A 06   (1942–01–30), S. 15; 16
       Ein erster Schritt
A 07   (1942–02–20), S. 23
       Jungjüdische Gruppe im New World Club (zusammen mit Josef Maier)
A 08   (1942–02–27), S. 17
       Jungjüdische Gruppe lädt zu ihrem ersten Treffen (zusammen mit Jo-
       sef Maier)
A 09   (1942–03–06), S. 6
       Wer ist das »Committee for a Jewish Army«?
       Bem.: Letter to the Editor.
A 10   (1942–03–06), S. 26
       Gründung der »Jungjüdischen Gruppe« (zusammen mit Josef Maier)
A 11   (1942–03–27), S. 16
       Moses oder Washington*
A 12   (1942–04–03), S. 3
       Cui bono?: Case Against the Saturday Evening Post (zusammen mit
       Josef Maier)
A 13   (1942–04–10), S. 15; 16
       Papier und Wirklichkeit*
       Wiederabdruck in: *Die Krise des Zionismus* (Titel Nr. 272), S. 176–178

---

* Die mit Sternchen (*) gekennzeichneten Artikel erschienen in der Kolumne
  »This Means You«.

A 14   (1942–04–24), S. 18
Ganz Israel bürgte füreinander*

A 15   (1942–05–08), S. 20
Des Teufels Redekunst*

A 16   (1942–05–15), S. 3; 14
Die New Yorker Zionisten-Konferenz (zusammen mit Josef Maier)
Bem.: Bericht und Dokumentation über die sog. Biltmore-Konferenz.

A 17   (1942–05–22), S. 20
Die »sogenannte Jüdische Armee«*

A 18   (1942–06–05), S. 19
Ein christliches Wort zur Judenfrage*

A 19   (1942–06–19), S. 19
»Keinen Kaddisch wird man sagen«*

A 20   (1942–07–03), S. 19
Mit dem Rücken an der Wand*

A 21   (1942–07–17), S. 20
Wenn man dem kleineren Übel nicht widersteht*

A 22   (1942–07–31), S. 6
Für und gegen Paul Tillich
Bem.: Der Pro-Artikel von Hannah Arendt, der Contra-Artikel von
Heinz Pol.

A 23   (1942–08–14), S. 17
Konfusion*

A 24   (1942–08–28), S. 18
Die Rückkehr des russischen Judentums (1)*

A 25   (1942–09–11), S. 18
Die Rückkehr des russischen Judentums (2)*

A 26   (1942–09–25), S. 18
Was geht in Frankreich vor?*

A 27   (1942–10–23), S. 18
Die Krise des Zionismus I*

A 28   (1942–11–06), S. 17
Die Krise des Zionismus II*

A 29   (1942–11–20), S. 17
Die Krise des Zionismus III*

A 30   (1943–02–26), S. 7; 8
Französische politische Literatur im Exil

A 31   (1943–03–26), S. 8
Französische politische Literatur im Exil [Forts.]

A 51   (1945–03–16), S. 1; 2
       Völkerverständigung im Nahen Osten: Eine Basis jüdischer Politik

A 52   (1945–04–20), S. 7; 8
       Die jüdischen Chancen: Geringe Aussichten – Gespaltene Vertretung

Die Texte A 01, A 02, A 03, A 04, A 06, A 09, A 11, A 12, A 13, A 14, A 15, A 17, A 18, A 19, A 20, A 21, A 22, A 23, A 24, A 25, A 26, A 27, A 28, A 29, A 30, A 31, A 32, A 33, A 34, A 35, A 36, A 37, A 38, A 39, A 40, A 41, A 42, A 43, A 44, A 45, A 47, A 49, A 50, A 51 und A 52 sind wiederabgedruckt in: Vor Antisemitismus ist man nur auf dem Monde sicher, Piper 2019.

Die Texte A 02, A 04, A 17, A, 20, A 27, A 28, A 29, A 33, A 34, A 37, A 39 und A 44 sind wiederabgedruckt in: Die Krise des Zionismus, Tiamat 1989.

Die Texte A 15, A 19, A 32, A 35, A 40, A 42, A 43, A 45 und A 50 sind wiederabgedruckt in: Nach Auschwitz, Tiamat 1989.

Der Text A 33 ist wiederabgedruckt in: Israel, Palästina und der Antisemitismus, Wagenbach 1991.

Quellennachweis

Texte I/4 und I/5 von Ursula Ludz aus dem Amerikanischen übersetzt.

Text I/2 Wiederabdruck mit freundlicher Genehmigung von Thilo Koch.

Text I/3 Wiederabdruck mit freundlicher Genehmigung von Günter Gaus.

Text I/5 Abdruck mit freundlicher Genehmigung des Institut National de l'Audiovisuel (INA, Bry sur Marne), Roger Errera und Claude Lubtchansky.

Der Abdruck der übrigen Texte erfolgt mit freundlicher Genehmigung von Lotte Köhler, The Hannah Arendt Bluecher Literary Trust.

Drucknachweise auf den Seiten 31, 39, 46, 73, 116, 136.

»Jude sein gehört zu den unbezweifelbaren Gegebenheiten meines Lebens.«

Hannah Arendt

Wir Juden

Schriften 1932 bis 1966

Piper Taschenbuch, 464 Seiten
€ 18,00 [D], € 18,50 [A]*
ISBN 978-3-492-31773-3

Mit ihren Recherchen zu Rahel Varnhagen beginnt Hannah Arendt Ende der 1920er Jahre, sich mit der jüdischen Geschichte in Deutschland und Europa zu beschäftigen, denn bedingt durch den wachsenden Antisemitismus war die Zugehörigkeit zum jüdischen Volk eine „politische Frage" geworden. „Wir Juden" versammelt alle zu Lebzeiten veröffentlichten Aufsätze Arendts zum Thema. Herausgegeben, zum Teil erstmals übersetzt und eingeordnet von Marie Luise Knott und Ursula Ludz.

»Kein Mensch hat das Recht zu gehorchen.«

Hannah Arendt und das 20. Jahrhundert

Piper, 288 Seiten
€ 22,00 [D], € 22,70 [A]*
ISBN 978-3-492-07035-5

Das 20. Jahrhundert sei ohne Hannah Arendt gar nicht zu verstehen, schrieb Amos Elon. Arendt prägte maßgeblich zwei für die Beschreibung dieses Jahrhunderts zentrale Begriffe: Totale Herrschaft und Banalität des Bösen. Dabei blieben Arendts Urteile selten unwidersprochen. Der Band folgt ihrem Blick auf das Zeitalter und zeigt, wie sich in ihrem Werk und Leben die Geschichte des 20. Jahrhunderts spiegelt. Im Zentrum steht Hannah Arendt als politische Denkerin, die das Wagnis der Öffentlichkeit nicht scheute.

Eine Wiederentdeckung – aus aktuellem Anlass

*Cover- und Preisänderungen vorbehalten

Hannah Arendt

Was heißt persönliche Verantwortung in einer Diktatur?

Aus dem amerikanischen Englisch
von Eike Geisel
Piper Taschenbuch, 96 Seiten
€ 10,00 [D], € 10,30 [A]*
ISBN 978-3-492-23828-1

Wie handelt man richtig, wenn das moralische „Richtig" dem gesetzlichen „Richtig" widerspricht? Wie reagiert man auf Missachtungen der Menschenrechte durch höchste Regierungsinstanzen? Wie können wir urteilen über die, in deren Haut wir nicht stecken? Mit diesen Fragen werden wir heute wieder verstärkt konfrontiert. Es gilt: Persönliche Verantwortung muss sich von politischer Verantwortung unterscheiden. In Arendts klarer und bestechender Sprache gibt dieser Aufsatz Antworten auf die drängenden Fragen unserer Zeit.

PIPER

Leseproben, E-Books und mehr unter **www.piper.de**

Ein großartiges Dokument unabhängigen Denkens.

Hannah Arendt

Denktagebuch

1950 – 1973

Piper Taschenbuch, 1248 Seiten
€ 25,00 [D], € 25,70 [A]*
ISBN 978-3-492-31999-7

1950 begann Hannah Arendt, handschriftlich Aufzeichnungen in ein Buch einzutragen, das sie ihr »Denktagebuch« nannte. In der Tat haben die 28 vollständig erhaltenen Hefte kaum etwas mit einem herkömmlichen Tagebuch gemein. Sie enthalten vielmehr Denkexperimente und Denkresultate und dienten dem lebenslangen Ziel der Autorin, die Wirklichkeit des Jahrhunderts der Kriege, Revolutionen und totalitärer Systeme denkend zu bewältigen.

PIPER

*Cover- und Preisänderungen vorbehalten

Leseproben, E-Books und mehr unter **www.piper.de**